RÉSIDENTE PRIVILÉGIÉE

MARIA CASARÈS

Résidente privilégiée

Fayard

Aux « personnes déplacées »

LIVRE I

*Sous la tutelle de Pluton**

* *Pluton (Hadès).*

Maître du signe du Scorpion.

« ... et si l'accent est mis d'abord sur les valeurs noires : la souffrance, le mal, le drame, le trou, le gouffre, l'absurde, le néant, la mort... il convient de lui associer toutes les valeurs de renaissance...

Il opère la transmutation alchimique des valeurs matérielles en valeurs spirituelles. »

Éditions du Seuil. Collection « Le Zodiaque ».

Le voyage

« En una noche oscura con ansias en amores
inflamada... »

Saint Jean de la Croix
(*La Nuit obscure*).

J'ai préféré prendre le train. Je supportais mal l'idée du saut brutal que l'avion nous fait faire dans l'espace. J'avais besoin d'un plein-temps pour parcourir mon espace. Je voulais avancer lentement comme j'aimerais mourir lentement, en état de veille, pour ne pas être frustrée de ma mort. A la limite je serais partie à pied et pour la première fois, j'ai compris les longues marches des pèlerins.

J'avais voulu m'offrir un « single » pour ne pas être dérangée. Il me fallait voyager seule pour éviter toute distraction et me rendre totalement disponible afin de voir venir.

Pas de chance. Quand je suis arrivée devant la voiture où j'avais fait ma réservation, une épaisse face carrée issue sans doute d'un trou montagnard d'un quelconque Nord de l'Espagne se dressa dans la portière barrant l'entrée et m'annonça, dans quelque chose qui se voulait du français et que j'ai cru comprendre en dialecte espagnol, que ce wagon-lit était en grève parce que les wagons-lits espagnols étaient en grève et que ce wagon-lit était espagnol et que je n'avais plus qu'à chercher place ailleurs.

J'ai éclaté de rire. Moins que je ne l'aurais pu.

Mon compagnon, lui, ne riait pas du tout.

Pourtant, ailleurs, dans le wagon suivant, on aurait dit que tout était déjà prêt pour m'accueillir et l'on m'installa rapidement dans les conditions mêmes que j'avais souhaitées. On me prévint seulement que le dîner au restaurant aurait bien lieu, mais que pour le déjeuner du lendemain, étant donné que le personnel espagnol était en grève... il faudrait s'en passer.

André, tout en rangeant les bagages, insistait vivement pour que je me munisse le soir même de fruits, pain, lait ou café ; jamais je ne l'ai vu autant se préoccuper du fait que j'allais sauter un repas. Et quand enfin le train a démarré, son beau visage grave qu'une pudeur crispait n'était plus que la flamme d'un regard ami profondément renseigné.

J'ai rempli les papiers de la douane et je me suis assise. Pour attendre. Après le dîner, je suis revenue et comme il faisait très froid je me suis couchée. Pour attendre. Le parcours en France je le connaissais bien et nous n'atteindrions pas la frontière avant la nuit. J'ai dû m'endormir juste le temps de faire un rêve.

J'arrivais. J'entrais dans une vaste salle de cafeteria, peut-être celle de la maison de la culture de Grenoble. Là, debout, tout au long du comptoir, ils m'attendaient, chacun devant sa consommation. Ils m'étaient tous inconnus, mais parmi eux j'ai vite repéré la silhouette lourde d'Angèle. J'allais me précipiter vers elle quand j'ai vu combien elle était voûtée ; elle ne regardait pas le verre devant elle et moi, elle *n'osait pas me regarder.* Alors j'ai *compris* que Juan était mort et je me suis réveillée.

Le train ne roulait plus. J'entendais des voix, des bruits assourdis à la fois proches et lointains, ce paysage sonore de tous les quais de gare nocturnes. Mais cette fois le son était particulier. J'ai secoué les dernières torpeurs du sommeil et soudain j'ai eu la sensation que le train s'élevait. J'ai couru à la fenêtre. Je ne rêvais pas. Dans le halo des réverbères, au cœur d'un large tunnel, des hommes, les premiers Espagnols qu'il m'était donné de voir en Espagne, s'affairaient autour de nous pendant que le train, en effet, s'élevait.

Plus tard j'ai appris que l'écart des rails des voies ferrées ibériques n'est pas le même que dans le reste de l'Europe et qu'un train qui passe la frontière doit se prêter à subir une longue manœuvre pour s'adapter aux voies espagnoles.

Je ne m'obstine pas à voir partout des symboles, mais là, tout de même...

Une fois redescendus à terre, après l'étrange cérémonie d'initiation, branchés sur de nouveaux rails, nous reprîmes la course dans la nuit la plus obscure et je pensais aux chemins de saint Jean de la Croix. Je m'enveloppai de mon manteau et de toutes les couvertures que je pus trouver ; puis, recroquevillée près de la fenêtre, le nez contre la vitre, j'ai guetté la nuit.

J'étais extrêmement excitée sans rien trouver d'autre que l'excitation et le malaise que le cauchemar tissait au creux de ma conscience en éveil, qui nouait mon estomac et noyait maintenant dans sa lumière laiteuse l'espace ouvert que je m'étais si bien appliquée à rendre vacant pour laisser place à une entière disponibilité. Cette image seule m'occupait : Angèle. Ses épaules voûtées, ses yeux agrandis par une stupéfaction qui semblait s'interroger elle-même, et surtout sa honte — la honte du traître ou du lépreux.

Au bout du voyage, elle représentait pour moi le port, le connu, le pont qui devait relier les rives de mes existences. Elle serait pour moi le guide, celle qui m'aiderait à conjuguer les temps, le refuge qu'elle avait toujours été. C'est elle que j'avais choisie pour m'introduire dans ce monde, le mien, à la fois si familier et le plus inconnu.

J'avais écrit chez elle en Navarre pour lui demander si elle et son mari étaient libres et disposés à me rejoindre pour vivre avec moi le temps de mon séjour à Madrid. Ils avaient accepté avec joie et j'avais loué un appartement qui pouvait nous loger tous les trois et le visiteur éventuel – attendu ou inattendu – qui nous arriverait de Paris. La veille de mon départ, elle m'avait téléphoné pour me dire que Juan était malade (il avait toujours souffert d'un ulcère), qu'en premier lieu elle viendrait seule pour m'installer et s'installer et qu'ensuite elle ferait l'aller-et-retour en Navarre pour y chercher Juan quand il irait mieux. Elle devait donc se trouver à la gare avec les autres.

Quels autres ? — J'avais choisi le train de nuit pour arriver à 9 heures du matin, à peine l'aube pour les Madrilènes, et j'avais bien recommandé de ne pas ébruiter la date de mon arrivée. Mais quelques-uns, sans doute, seraient là — pour me recevoir.

En cas de besoin je m'étais munie d'une paire de lunettes de soleil énormes et presque noires. Les derniers temps, par deux fois, j'avais été prise à la gorge d'une irrésistible envie de pleurer et je n'avais trouvé nulle force pour la maîtriser. La première fois cela m'avait pris devant André, au moment des dernières condamnations à mort. Puis, lorsque j'ai appris que Franco était mourant. J'étais seule à la campagne. Un soir je voulais voir un film et en attendant j'écoutais les informations devant mon poste de télévision. Il y a eu les informations, il y a eu le film et je ne sais quoi d'autre.

Il y eu la nouvelle et puis, plus rien, le vide. Je suis restée hébétée devant la fuite des images télévisées et j'ai éteint le poste quand il n'y a plus rien eu sur l'écran. Alors, j'ai gagné ma chambre et j'ai pleuré, doucement d'abord, puis à gros sanglots, pendant un long temps, longtemps, certainement plus d'une heure. Je ne pensais à rien. Je ne sentais rien. Je me regardais et m'entendais pleurer sans discontinuer, impressionnée et impuissante, et quelque part près du rire imaginant d'éventuels témoins de ma réaction à la nouvelle. Je pleurais comme s'il me fallait résoudre en cataractes de larmes cette lame de fond géante qui montait de si loin, d'un lieu si profond, si enfoui qu'il m'était impossible de le reconnaître et de le nommer. Une poussée ineffable qui pouvait venir d'avant la naissance, une secousse tellurique, un raz de marée (Carlos Fuentes m'avait dit un jour derrière un regard perplexe que j'étais femme tellurique).

Maintenant, l'idée qu'un pareil événement puisse se déclencher sur le quai de la gare me remplissait d'épouvante et, en fin de compte, cette part de moi que je mettais tant de soins à libérer pour la « disponibilité » n'était plus rien que bastion de terreur contre la débâcle.

J'étais à Grenoble quand j'ai vu apparaître les Espagnols qui m'avaient proposé ce projet pour me ramener auprès d'eux, dans ce pays, le mien, où je n'avais pas mis les pieds depuis quarante ans. J'étais à Grenoble pour y jouer une pièce d'Ibsen : *Les Revenants.* (Sans commentaire.)

Depuis le jour où j'avais signé le contrat qui m'engageait à prendre le train pour Madrid, le 19 juillet 1976, afin d'y répéter et jouer *Le Repoussoir* de Rafael Alberti, j'avais vécu des mois de fervente et folle exaltation où le monde qui m'entourait, Grenoble, Paris, *La Vergne,* étaient broyés dans la quête aveugle de cette part d'inconnu si intime, si profonde, qu'il me fallait enfin affronter. Plus que jamais vampire, j'aspirais, je faisais miens les êtres les plus chers pour y puiser une sève nouvelle et eux – inconscients ou conscients –, ils s'y prêtaient avec une délicatesse que seuls l'amour et une certaine connaissance savent inventer.

Maintenant derrière les vitres la nuit se décomposait lentement, ciel et terre s'entre-déchiraient dans un suprême effort pour s'arracher l'un à l'autre, l'unité compacte et chaude de la nuit — dernier refuge — se disloquait et le train roulait déjà entre deux murs blafards, vers cet instant de naissance ou mort, vers cette heure entre chien et loup, où rien n'est encore, dans cette lumière de bout du monde qui masque tout horizon, qui hante les cauchemars ; alors rien n'avait plus de sens, il ne restait plus qu'une douloureuse envie de dormir insupportable jusqu'à la nausée, un vertige qui appelait à la rescousse le saut dans un épais sommeil. Soudain, une déchirure si nette si brusque que j'ai cru entendre le premier craquement du dégel à *La Vergne*, le premier grognement de la terre avant de se mettre à trembler, fit éclater le chaos laiteux, et le premier rayon de soleil toucha les terres vierges du matin. La Castille, surgie des limbes, déroulait ses plaines à l'infini dans sa course éperdue et immuable — vers l'horizon — en quête d'un ciel irrattrapable — et il n'y eut plus que silence, lumière, et sérénité retrouvée.

« As Meigas * »

La première fois que je suis allée à Madrid j'ai fait le voyage en train de nuit. C était je crois fin 1930 ou début 1931, je venais d'entrer dans ma huitième année et du séjour que j'y fis alors, il ne me reste en mémoire que deux petits mondes bien nets et parfaitement cernés.

De la grande ville, rien.

De la Castille que j'allais découvrir plus tard, une nuit noire et le babillage excitant et monotone du train en marche. Seulement deux lieux, bien distincts, qui divisaient le temps que j'y ai vécu en chemins séparés et parallèles comme veille et sommeil.

D'une part, le *Florida*, un hôtel de la place *del Callao* où nous logions ma mère, ma sœur – je crois – et moi, durant notre séjour et qui depuis a été bombardé et détruit lors de la prise de Madrid. D'autre part, la *Cárcel Modelo*, prison où j'allais chaque matin visiter mon père dont l'arrêt de mort à Jaca avait été commué en emprisonnement politique, auprès de ses compagnons à Madrid.

Le *Florida* était un grand hôtel moderne, confortable, de mouvement et d'allure internationaux où j'ai vite compris que je pouvais aller et venir dans la parfaite indifférence d'une foule qui s'affairait dans son grand hall et ses couloirs, et qui s'y hâtait dans les croisements, les rencontres, les courses, les appels, les tintements de bouteilles, de verres, dans les lambeaux de conversations, les entrées, les sorties à travers cette curieuse porte tournante dont les quatre battants mesuraient comme les aiguilles d'une horloge, de leur bruit sourd et huilé, les étapes du marathon incessant qui menait tout ce beau monde habillé, chaussé, cravaté, ganté, chapeauté, parfumé, vers un but certainement de la plus haute importance.

Dans l'appartement que nous occupions, à l'aide d'un châle tendu entre deux fauteuils retournés, je m'étais soigneusement ménagé un coin où s'entassaient des revues, des livres d'enfant que je tournais et feuilletais sans cesse pour regarder mes mains se mouvoir comme celles des grandes personnes. Les grandes personnes – bien entendu –, à qui je trouvais de la grâce dans les mains... Mais mon insurmontable sauvagerie ayant été emportée par le flot mouvant et aveugle qui balayait les salons de l'hôtel tout en m'y ménageant une solitude royale, je pus enfin quitter ma tanière pour me faire vite un ami du garçon d'ascenseur ; et je passais la moitié de ma journée avec lui à monter et

* *Meiga* : fée ou sorcière (en galicien).

descendre d'étage en étage les clients aux yeux de verre et aux visages verrouillés. J'avais appris à manœuvrer le levier de commande et mon nouvel ami me faisait assez confiance pour s'absenter le temps de boire un café, me laissant ainsi maître absolu à bord pendant quelques minutes.

Je ne m'attarderai pas ici sur les aventures vécues dans ce bateau de fortune qui débarquait, monotones, ses passagers aux quatre ports d'étages de l'hôtel *Florida*. Et je dis bien aventures « vécues », car si je ne me souviens d'aucun visage, d'aucune parole, échangée ou aperçu dans cet ascenseur chargé et rechargé sans cesse d'hommes et de femmes, je n'ai rien oublié des expériences vitales que cette cage magique proposait à mon imagination — les difficultés d'une fillette sauvage et fière arrivée en ville de fraîche date — les secrets exploits de l'espionne étrangère en quête d'informations d'importance — la jeune révolutionnaire qui se déguise en groom pour renseigner un réseau mystérieux — ou la reine des Amazones capturée, réduite en esclavage et qui prépare le grand coup pour libérer son peuple — Toutes ces créatures de pure fiction, telle que j'étais fabriquée, non seulement ont occupé le plus clair de mon temps, mais, j'en suis sûre, m'ont plus appris de la vie que des conversations que j'écoutais à peine, perdue alors comme j'étais à regarder la personne qui parlait comme si ce que j'avais à trouver se cachait au-delà des mots. Chaque jeu, chaque journée m'enseignait les craintes, les victoires, les doutes, les joies et jusqu'aux larmes d'une vie nouvelle, d'un destin dont je connaissais le sens, que j'avais choisi, assumé, et, aussi simple qu'il pût paraître, créé.

Peut-être que la meilleure manière de raconter l'histoire d'une vie consisterait à rechercher et suivre de très près les jeux solitaires de l'enfance.

La *Cárcel Modelo* était comme son nom l'indique une prison modèle. J'y passais, en comptant l'aller et le retour, toutes mes matinées, et ce qui la différenciait pour moi de l'hôtel *Florida*, c'est que là, il n'y avait pas d'ascenseur.

Les prisonniers politiques occupaient le premier étage où l'on accédait par un large et impressionnant escalier. Les cellules se multipliaient le long d'un couloir d'enceinte, toujours égales à elles-mêmes, avec une grille, toujours la même, qui séparait la chambre du prisonnier d'un petit parloir qui lui était destiné et où familiers et amis s'entassaient aux heures de visite. Après une petite douane préliminaire passée à l'entrée, les prisonniers avaient le droit de recevoir des livres et des colis. Ils avaient le droit aussi, si je ne me trompe, de se rencontrer les uns les autres à certaines heures et pour ce qui est de moi, on avait pu en toute liberté essayer de me faire passer à travers les barreaux de la cellule de papa ; si je n'y étais pas parvenue c'est que j'étais trop grosse. Parfois je suivais ma mère dans son tour des parloirs, pour saluer les compagnons de mon père dont beaucoup formeraient bientôt le gouvernement de la Seconde République Espagnole, et remettre en main propre à Niceto Alcalá Zamora, futur président, des bonshommes en chocolat, afin de satisfaire sa gourmandise et de réjouir un véritable amour qu'il avait pour les enfants. J'ai beau me méfier de ma vision enfantine et fouiller ma mémoire, je ne vois rien qui ressemblât alors – là – à de mauvais traitements. Et d'ailleurs, là comme au sanatorium quand il lui fallait s'y rendre pour guérir d'une nouvelle poussée de tuberculose, là comme en sana où enfin la charge des responsabilités peut être mise en quarantaine sans souffrir du sentiment de culpabilité – cet affreux rongeur –, mon père a commencé à reprendre un peu de poids, à retrouver visage humain, sourire, rire et dynamisme.

Il est vrai que lorsque je l'avais revu pour la première fois, le jour où il fut transféré de Jaca à Madrid, quand enfin je le reconnus, il m'avait fallu en appeler à toutes les forces de caractère et de cœur qu'il m'avait apprises pour maîtriser mon effroi. Les mains tremblantes, la peau sur les os, la voix rauque et voilée, une barbe en broussaille tournée subitement au gris, et surtout le regard, un regard véhément, quêteur, affamé, qui s'est cramponné à moi en interrogation muette, et me cloua sur place, glacée, paralysée par une terrifiante timidité. C'était le fantôme de mon père. Ou plutôt, le fantôme dérisoire ou tragique du Père Noël qui venait me visiter chaque année à La Corogne le soir du 24 décembre et qui me remettait une énorme hotte de jouets pour moi et mes amis et me parlait bas, si bas, pendant que ma sœur tapait à corps perdu sur le clavier du piano afin d'aider cette voix feutrée à me demeurer inconnue. Oui, le spectre de ce Père Noël qui aurait échangé sa blanche barbe d'hydrophile immaculé contre cette charpie grise et qui m'interrogeait non plus de son œil ironique et faussement sévère mais avec des yeux ternis qu'une lueur folle animait. Quand j'y songe encore, un vertige s'ouvre, béant, au creux de mon estomac ; c'est la première fois que j'ai manqué à mon père ; cela devait se renouveler à deux reprises encore, comme pour Pierre, le chant du coq ; devant la faim de ce regard, je suis restée là, fermée, pétrifiée, sans trouver de réponse.

Plus tard, beaucoup plus tard, j'ai su qu'à Jaca il n'y avait pas de prison modèle ; j'ai su que pendant trois semaines, il avait guetté chaque jour à l'aube la main qui ouvrirait son cachot pour le conduire devant le mur des exécutions. Plus tard, encore plus tard, j'ai brûlé de lui poser des questions sur ces semaines, ces heures passées dans ce cachot d'un mètre cinquante au carré où il disposait en tout et pour tout — nourriture et besoins — d'une vieille boîte de sardines et où chaque nuit et chaque matin il attendait.

Je ne l'ai pas fait. Je ne l'ai jamais interrogé, malgré ma profonde curiosité, ni sur cela ni sur le reste, sur rien qui aurait pu rouvrir les anciennes brèches qu'il s'appliquait à colmater dans le silence et qui ont peut-être contribué à me donner de lui l'image de cette figure admirable que j'ai vu vivre et mourir près de moi, vers la fin des années quarante à Paris.

Oui. La différence essentielle qui séparait pour moi l'hôtel *Florida* de la *Cárcel Modelo,* c'est qu'ici il n'y avait pas d'ascenseur et que l'imagination exaltée de l'enfant que j'étais s'y bloquait.

Je ne sais plus quand ni comment nous avons regagné la Galice ni combien de semaines ou de mois nous étions restées à Madrid. Je sais seulement que déjà avant le voyage de retour et surtout une fois rendues à la Corogne, le monde semblait basculer. Je ne me souviens plus d'avoir retrouvé Montrove et ses merveilles avant notre déménagement pour Madrid, je ne me souviens même plus de l'humeur de l'océan à ce moment-là, et, rue Panaderas, les jeux, les rêves avaient été oblitérés. Bien que mon père restât absent, les couloirs de la maison, les salles du premier étage, le fumoir, la salle à manger, le jardin, les cuisines et jusqu'à mon clair et paisible troisième étage, semblaient pris de fièvre, envahis qu'ils étaient par des va-et-vient incessants, des rumeurs, des discussions, des projets, des conspirations, des gens qui sortaient et entraient traînant avec eux l'odeur iodée de la mer, la pluie fine et les premières bouffées du printemps mêlées à la ferveur, à l'excitation des rues. J'appris que nous attendions non plus que mon père arrive, mais « l'arrivée de mon père » et pour la première fois j'ai entendu parler de Ministère de la Marine.

Quant à mes propres sentiments il ne m'en reste rien en mémoire. Peut-être étais-je vide — comme bien des fois après.

En attendant, la monarchie espagnole s'écroulait, la famille royale était chevaleresquement reconduite à la frontière, et la Seconde

République était proclamée avec un gouvernement provisoire dans lequel mon père devait occuper le poste de ministre de la Marine.

Et tout d'un coup, un après-midi, La Corogne déversa sur nous sa population entière, charriant avec elle tout ce que les autres provinces galiciennes avaient pu lui envoyer pour grossir le flot. La foule envahissait les étages, bouchait l'escalier et quand ma mère rayonnante de gravité, de joie et de peur me prit contre elle auprès de la fenêtre pour me protéger, je vis à travers la vitre la rue et une masse compacte qui l'occupait toute, à perte de vue, jusqu'à la gare, trop lointaine et invisible. Bientôt dans les cris qui s'approchaient j'ai pu apercevoir une mince silhouette que des hommes portaient en triomphe, sur leurs épaules, émergeant d'une marée humaine qui resserrait autour d'elle son étau aux cris de *« Viva Casaritos »*; et enfin, j'ai reconnu mon père, ballotté d'épaules en épaules, réduit à avancer au-dessus de la foule, passant de l'un à l'autre quand ceux qui le portaient ne trouvaient plus de chemin libre pour marcher. C'est ainsi qu'il est parvenu jusqu'à la maison, c'est ainsi qu'on l'a hissé tout au long de l'escalier jusqu'au premier étage. Dans la rue on l'appelait, on le réclamait et une fois de plus il a fallu recomposer l'image classique du balcon. Entraînée par la solide poigne de maman effrayée à la seule idée de me lâcher, j'y ai pris place. Brusquement les cris ont cessé, il y eut un profond silence et des milliers de mouchoirs blancs se sont levés pour saluer mon père. Je me tenais entre lui et ma mère qui pleurait doucement et j'étais assez petite pour ne pas dépasser la balustrade. Entre les barreaux, je contemplais cette mer muette mouvante et blanche ; et pour vaincre je ne savais quelle peur, j'essayais de toutes les forces de mon instinct de me mêler à elle, de m'y perdre, de m'y dissoudre, afin de lui échapper, incapable de soutenir le face à face avec ce dragon aux milles visages. Au-dessus de ma tête, dans le silence bercé par les pleurs en sourdine de maman j'ai entendu la voix un peu lasse, sereine et nette de mon père : « Regarde-les, Gloria. Je leur donne deux ans pour me jeter des oranges. »

En effet, quand, plus tard, il est revenu de Madrid à l'occasion d'un grand meeting, on lui a jeté des oranges à la figure (c'est moins sale que les tomates et ça fait plus mal), pendant qu'il essayait de parler.

Quant à moi, encore aujourd'hui, lorsque le hasard me mène devant cette toile de Goya *El pelele*, où quatre personnages de tapisserie, armés d'un drap, font virevolter sous un ciel champêtre un mannequin dans les airs, je ne peux m'empêcher de revoir la frêle silhouette de mon père projetée d'ici de là sur cette masse compacte qui nappait la rue Panaderas. Et comme toujours quand je pense fort à lui, je me surprends à sourire le cœur serré.

Combien de temps écoulé entre cette journée mémorable et notre installation à Madrid ? Je ne sais pas. Je pourrais m'en informer, demander, calculer, mais je ne crois pas que le nombre de jours, de semaines, de mois, soit ici de la moindre importance. Je sais qu'à partir de ce moment-là, La Coruña, Montrove, la *calle Panaderas*, l'océan, le soleil, la pluie et moi, nous n'étions plus les mêmes. Je savais que dorénavant je ne pourrais plus suivre avec eux le cours des saisons d'un bout de l'année à l'autre, que le temps de ce pays me serait désormais compté, et du coup mes rapports avec lui en étaient bouleversés. Pour la première fois je connaissais la déchirure d'une séparation prochaine, donc toujours possible, un avant-goût de la mort, la saveur fade qu'elle soulève dans la bouche et l'éveil en moi de ses appétits suicidaires. Braquée sur la défensive, je ne « contemplais » plus ce qui jusque-là pour moi avait été merveilles où j'aurais voulu me fondre à en mourir dans une totale innocence. Avec la férocité de l'enfance, je me détournais de tout ce qui m'avait été donné ici en prodiges de vie, pour me rendre libre de vivre ailleurs. Afin de parer à cette douleur que je pressentais comme la plus grande, je m'abstrayais, et *dorénavant*, je regardais cet univers — le mien — avec un sentiment allègre de cruauté vive et la tentation vitale de tout saccager, détruire, de tuer tout ce qui m'entourait et cette part de moi-même la plus précieuse qui voulait s'y attarder. D'un geste, j'aurais tout annihilé : je refusais de vivre à présent ce que maintenant je savais qu'il m'était impossible de vivre à jamais.

Todo o nada. Tout ou rien. Il m'a fallu beaucoup de vies et la rencontre et la parole d'un homme que plus tard j'ai entendu, un frère certainement du « tout ou rien », pour que j'apprenne enfin à me contenter du soixante-quinze pour cent... par moments ; et quel a été mon émerveillement en constatant qu'alors et seulement alors j'ai vraiment vécu le tout... et le rien.

Je préparais mon changement de résidence et si dans le voyage j'allais perdre la fréquentation assidue de mes premiers petits compagnons — filles — garçons — arbres — bêtes — recoins de sable — d'herbes — d'algues — sels — prés — plages et brises galiciennes, je venais de trouver, en revanche, un petit copain parfaitement fidèle qui dorénavant allait sans cesse me filer au train, joyeux — crampon — collant — avec des sacs de facilités plein les poches, dont le charme le plus efficace consistait à se présenter comme la flamme innocente de la vie même.

Maintenant je « regardais », avec un démon dans l'œil, et tapi dans mon oreille droite mon « petit pote » bavard et tentateur.

Il y avait eu métamorphose.

Je n'étais plus une enfant.

L'enfance, la première, la vraie, celle qui est toujours naissance et prodigue des privilèges et des interdictions qui nous accompagnent toute une vie durant, s'achevait. Je la laissais dans les terres humides, vertes et sombres, douces-amères de la Galice, son ciel mouvant, rapide, inespéré, la pluie menue, fine, indéfinie, masque de poussière d'eau qui couvre de voiles de mélancolie gris-bleu les forêts de hêtres, de pins et d'eucalyptus, les collines lointaines, les prés dessinés d'ajoncs et de genêts, les vergers sauvages, les chemins creux, les routes hasardeuses, les vastes étendues sauvages, les champs enclos durement labourés, les vieilles pierres qui érigent leurs croix au détour du chemin, les chapelles tapies partout et n'importe où, les sources, les lavoirs, les monceaux odorants de fumier, les vaches qui n'arrivent jamais à faire un troupeau, les chiens errants, les cochons qui pataugent dans la boue des sentiers et des carrefours autour d'un berceau qu'une femme garde en épluchant des marrons, vieille comme le monde, vêtue de noir jusqu'aux pieds, un fichu noir noué sur ses cheveux invisibles autour d'un visage de grès raviné de mystérieux labours.

La Galice, cette veuve qui chante doucement avec la pluie sa nostalgie de « l'ailleurs » dans les climats tempérés du Gulf Stream. Brusquement, une brise se lève et l'air — pêche magique — mûrit d'un coup ses teintes jaunes et rouges. Le fin rideau étincelant glisse, s'évanouit en gouttes précieuses sur les arbres fruitiers, l'herbe brillante et neuve, les bois touffus et noirs ; il éclate sur les tuiles romaines, et les toits d'ardoise, noirs et pointus, qui chapeautent les « villas à la française » avec pignon-sur-rue tout au long des routes vacancières, ou qui témoignent ici et là du retour au pays d'un oncle — un frère — un cousin qui a fait fortune au loin, de l'autre côté de la mer, à Buenos-Aires, à La Havane, ou ailleurs, et qui est revenu, riche de toute une rangée de dents en or et de moyens suffisants pour devenir *señor*, avec villa — chauffeur — grand parc et – quelquefois – la dose qu'il faut d'extravagance pour transformer dans son jardin un colossal sapin deux fois centenaire en salle à manger de plein air, en salon de jeux, avec terrasses et escalier-escargot qui serpente en tournant autour du tronc vénérable pour aboutir aux « étages » — rondes plates-formes jonchées de parasols hurlant leurs couleurs stridentes « d'ailleurs » à tous les vents.

Le ciel recule, la lumière bascule, l'arc-en-ciel se cambre pour embrasser la terre et au loin apparaît la ligne pure des vastes plages, énormes coquillages d'or accrochés à l'extrême limite des terres, enchâssés dans l'ocre sombre des rochers éclatants de sel et de pluie, peints par les amas iodés d'algues, par la multitude crayeuse des chapeaux chinois qui les couvrent, l'agglutinement bleu des moules, les rayons pâles et roses des étoiles de mer, le miroitement blanc des flaques salées et les trous d'ombre des grottes — Au-delà — le père — l'océan du Finistère — se retire en ressac rageur, en colères blanches, grogne sa tendresse et s'attarde en caresses que seule la force peut inventer sur cette grève étendue qu'il quitte avec peine, doucement ; fauve soumis, il suit lentement le soleil dans sa course, l'horizon saigne l'heure du couchant et des marées basses — et le jour finissant chante ses noces avec la nuit.

Cependant, de l'autre côté, l'ombre des collines étend sur la ría un drap d'argent d'un bleu-gris ineffable sous lequel, dans la tiédeur de la vallée, la mer continue à travailler secrètement les terres en viol d'une infinie douceur et champs et eaux se fondent en songes. La lumière du crépuscule berce les bateaux de pêche à l'abri. Et les chemins creux grouillent de torrents, de blondeurs d'enfants aux yeux clairs, noisette, bleus, verts, nés de ce va-et-vient des marées, de ces paysages mouvants, de ce long regard tourné vers les bateaux partants, vers cet horizon somptueux, vers ces eaux marines intériorisées dont l'intimité se berce de rêves, de légendes, de peurs ancestrales, de visions flamboyantes, de ténèbres, de nostalgie, de *morriña*.

J'étais née dans ce coin de terre qui tourne le dos au continent mais qui reçoit les pèlerins de Saint-Jacques-de-Compostelle ; à la Coruña, ville péninsulaire blottie dans une baie, sur le bout du nez que la péninsule ibérique pointe sur l'Atlantique. Une enfant de plus dans cette peuplade grouillante alors de familles nombreuses parfois de vingt enfants ; mais aussi « d'innocents », fadas errants des villes et des campagnes, respectés, bien-aimés, encore considérés comme sacrés ; de multitudes de mendiants, manchots, aveugles, boîteux, culs-de-jatte ; de femmes vieilles et jeunes portant et traînant derrière elles en véritable grappes des mioches qu'elles louaient ou empruntaient et qu'elles présentaient comme les leurs, pour mendier, pathétiques, les yeux et les bras levés au ciel, égrenant à l'image d'antiques pleureuses leurs litanies monotones, hautes et plaintives, dont on n'imaginait pas la fin — devant chaque porte — chaque église — sur les places — à chaque détour des sentiers.

Terres de paysannerie illettrée, méfiante, radine – disait-on –, réservée, rusée, catholique et profondément païenne, travailleuse, ivrogne, sensuelle et imaginative, familière de la Sainte Compagne, de la Charrette Fantôme, des *meigas*, du Bouc — *O Trasgo* [1] ! ; scatologique —

1. Démon.

avec un goût particulier pour les histoires de pets, de merde, de pisse — incroyablement robuste et saine bien que décimée par l'alcool, l'épilepsie et la phtisie — sournoise et bourrée d'humour ; vivant dans la fréquentation étroite des vaches, des porcs et du fumier, dans l'attente de ses enfants marins et pêcheurs ; chantant et dansant ses fêtes au son du bignou et du tambourin qui alternent les accents vifs et joyeux de la *muiñeira* [1] avec de longs chants d'une nostalgie à fondre l'âme, où, à travers la mère, l'aimée, le hameau, la Galice, l'océan, le seul thème répété jusqu'à l'obsession est celui de la séparation, et qui rappellent parfois quand ils sont beaux les divines *cántigas* de Alphonse X. Mes frères et leur langage guttural et rébarbatif quand il vient de la montagne, doux et chantant près de la mer ou quand il vient des femmes dont je ne sais quel don de séduction (en Galice, une fille qui a du charme on l'appelle *meiga* – sorcière –) les faisait passer dans le reste de la péninsule pour des putains. Mes frères, éparpillés aux quatre coins du monde, en Amérique, en Europe, en Espagne où leurs troupeaux serrés d'émigration laborieuse fournissaient Madrid et les grandes villes espagnoles en *serenos* [2], charbonniers, marchands de poisson, nourrices, poètes, politiciens idéalistes ou avisés ; et plus loin, à Buenos-Aires, à Cuba, créateurs de véritables villes dans la ville, avec hôpitaux, maternités, bibliothèques, clubs, écoles — Les émigrants, qui ont amené les Américains du Sud à dénommer les Espagnols dans leur totalité : *Gallegos* — *Los Gallegos*, ces extra-vagants qui chantonnent à travers le monde la musique obsessionnelle du retour et, dans leur terre, la plainte douce-amère de l'ailleurs et de la séparation —

J'étais née là. Mon père et ma mère étaient nés là et mon grand-père paternel et ma grand-mère paternelle et ma grand-mère maternelle et plus loin dans l'ascendance mes aïeux et leur progéniture.

Un seul *« forastero »* [3] peut-être – je n'en suis nullement certaine – dans cette famille nombreuse et si bonne pourvoyeuse de la mort.

Du côté de mon père, je n'ai connu que lui, ses parents et ses huit frères étant morts et enterrés avant ma naissance ; et du côté de ma mère, une tante Celia, obèse et dévastée par d'atroces crises d'épilepsie, les mêmes qui étaient venues à bout de la résistance de ma grand-mère paternelle surnommée *perla de Cambre*, perle à cause de sa douce beauté, et « de Cambre », parce que c'est dans le petit village de Cambre que

1. Danse populaire galicienne.
2. *Sereno.* Veilleur de nuit.
3. *Forastero.* Une autre dénomination pour *extranejo* : étranger, personne venant d'ailleurs, peut-être du village voisin.

mon grand-père, Don Santiago Casares Paz, l'avait reléguée pour y passer « à l'écart » le restant de ses crises et de sa vie. Ils avaient tous disparu, emportés par la phtisie, l'épilepsie, ou des accidents cardiaques. Quant au supposé *« forastero »* il s'agit de mon grand-père maternel dont je ne sais rien puisque, encore une fois, je n'ai pas su ou voulu poser de questions quand il en eût été encore temps. Tout ce que je sais c'est que la Galice est peut-être le seul endroit en Espagne, où une femme seule et célibataire, cigarière de son métier, Doña Pilar Perez, pouvait réussir le tour de force, au commencement de ce siècle, dans une ville de province espagnole, de mettre au monde trois enfants d'un même homme marié ailleurs, et à les élever, tout en gardant le respect et l'estime de ses concitoyens.

Après sa mort, le seul garçon qu'elle laissait s'égara dans la voie brûlante que les vapeurs de l'alcool proposaient à beaucoup de fils de la Galice pour mourir, nomades des chemins creux ou des villes nocturnes, dans les transes du délirium.

La fille aînée, Celia Perez, avait épousé un médecin-pharmacien et était devenue Perez de García, mère de quatre enfants, presque tous morts très jeunes, mais que j'ai eu le temps et la joie de connaître dans ma prime-enfance. Quant à ma tante, « rangée » comme on dit, elle restait malgré tout marginale, coupée du monde comme elle l'était par les accès ravageurs et scandaleux de l'épilepsie, tandis que sa jeune sœur Gloria partageait son temps d'adolescente entre les heures de garde auprès d'elle et un travail de petite main qu'elle s'était trouvé chez une modiste en vue qui coiffait toutes ces dames de la haute et de la moyenne à La Corogne.

Fine et forte, blonde, des yeux bleus et un visage couvert de taches de rousseur, Gloria Perez promenait une distinction rare, un port de reine, et son sourire d'un prodigieux éclat, entre l'atelier de couture et les horreurs du haut mal, en attendant l'homme qui allait l'entraîner dans son étrange destin, mon père. Il n'a pas tardé à venir. Et d'une certaine manière il venait de loin.

A l'encontre du petit groupe marginal modeste et restreint qui constituait ma famille maternelle, les Casares avaient fait souche depuis longtemps à La Corogne et non seulement on pouvait remonter loin dans leur généalogie, mais on y grimpait aisément, car ils étaient riches – l'argent fait connaître – et, de surcroît, leur caractère, leur brillante personnalité, leur culture et enfin leur activité politico-révolutionnaire avaient fait d'eux les enfants choyés ou honnis de la Galice.

En Espagne, chaque citoyen porte dès sa naissance les noms du père et de la mère, non seulement pour rendre hommage à la femme qui a subi les affres de l'enfantement, mais aussi et surtout pour distinguer le fils du père et la fille de la mère, car on a coutume d'appeler l'aîné de la progéniture du prénom du père, et l'aînée, de celui de la mère. Quant aux femmes, lorsqu'elles se marient, au lieu de prendre le nom de l'époux, elles gardent le leur en y ajoutant simplement : « de... tartempion ». Maman, par exemple, quand je l'ai connue s'appelait Gloria Perez de Casares. Mais Casares, lui, ne se présentait pas comme Tartempion.

J'ai beaucoup entendu parler de mes aïeux paternels. L'imagination de mon père et le goût romanesque de maman, en nourrissant mon enfance de contes et anecdotes les concernant, m'ouvraient à leur insu les portes du monde Valle-Inclanesque, où je suis entrée de plein pied quand j'ai pu lire et dont je ne sais plus s'ils en ont tiré leurs personnages, ou bien si Valle-Inclán [1] s'était servi de mes aïeux comme modèles.

A propos de mon arrière-grand-père, deux histoires, surtout, me sont restées. La première, c'est que cet homme occupait ses loisirs, rares, dans la chasse aux loups qu'il abattait armé d'un seul gourdin. L'autre, c'est que, ayant considéré, quand son fils atteignit l'âge de six ans, qu'il était temps pour ce rejeton d'apprendre à vivre et à trouver seul sa subsistance, il l'avait mis bel et bien à la porte de sa riche maison pour qu'il ne s'habitue point à trop de mollesse. Il est vrai que, d'après ce que l'on m'a dit, il avait secrètement veillé sur lui, jusqu'à ce que le petit soi-disant abandonné ait trouvé asile dans une église où le curé l'avait pris comme enfant de chœur.

On m'a dit aussi que quand ce fils eut enfin gagné le droit de revenir prendre sa place dans la maison paternelle, c'était « un homme fait » : je le crois volontiers.

De Don Santiago Casares Paz, mon grand-père, j'ai entendu dire de tous côtés qu'il représentait une force de la nature malgré sa stature moyenne, sa musculature fine et sèche ; ayant atteint la soixantaine, lors d'un pari, il soulevait encore une table de bistrot avec ses dents qu'il conservait dans leur totalité.

Il avait épousé Doña Rogelia, à qui il avait fait neuf enfants en neuf ans et quand les crises d'épilepsie commencèrent à terrasser peu à peu les forces restantes de cette sainte, féconde et malheureuse femme, il l'installa dans cette petite maison de Cambre, coin perdu, avec un couple

1. *Valle-Inclán.* Grand poète espagnol et galicien.

de gnafrons sûrs et pas trop sensibles qui, entre les visites de plus en plus rares du *Señor*, s'occupèrent d'elle avec un dévouement de bêtes, jusqu'à sa mort.

Plus tard, mon père voulut gratifier cet homme et cette femme en leur faisant don de la petite maison avec son jardin qu'ils avaient travaillé durant la moitié de leur vie. Il lui fallut des mois et des mois de tact et de patience pour les convaincre qu'il n'y avait pas là le moindre piège et qu'ils pouvaient accepter sans crainte. Après un an de discussion, de parlotes, de questions sournoises, de « on va réfléchir », convaincus enfin qu'il n'y avait pas là *gato encerrado*[1], ils éclatèrent en longues plaintes de reconnaissance et, après avoir beaucoup pleuré de joie, ils devinrent propriétaires de ce petit lopin de leur terre.

Il est probable que certains traits de caractère de la paysannerie en général et du paysan galicien en particulier expliquent une telle méfiance ; mais on peut aussi se demander d'où vient la somme d'ignorance et de mensonge qui s'est accumulée sur cette population depuis des siècles pour lui forger cette attitude devant la vie, et si quelque part il y a un « chat enfermé » c'est plutôt par là qu'il faudrait le chercher. Mais nous vivons l'époque des grandes villes et l'on songe plus volontiers à l'ouvrier qu'au paysan.

Don Santiago Casares Paz demeura donc seul avec ses domestiques, rue Panaderas, dans la maison héritée de son père, à La Coruña. C'était une grande maison de deux vastes étages, et d'un rez-de-chaussée loué, au moins depuis ma naissance, à un pharmacien qui y avait installé son commerce. Elle donnait d'un côté sur la rue et de l'autre sur un assez grand jardin, clos de murs ruisselants de lierre et de chèvrefeuille, qu'un haut escalier en pierre divisait aussi en deux étages, et qui aboutissait par sa seconde terrasse — la plus haute — à en juger par le coup d'œil quand j'étais petite, aux quartiers où s'agloméraient tous les bordels de la ville ; du temps de mon grand-père peut-être n'y avait-il là que des prés.

Devant ces prairies donc, il s'occupait, en l'absence de sa femme, de gouverner la maison, d'y recevoir ses concitoyens pour répondre aux charges qui lui incombaient en tant que conseiller municipal de la ville, et des consultations que son métier d'avocat lui procuraient. Entre-temps et au milieu d'autres activités, politiques, civiles ou personnelles que j'ignore, il se constituait une bibliothèque que mon père s'est chargé plus tard de soigner, d'embellir et de compléter jusqu'à vingt mille volumes, choisis, aimés, reliés souvent de sa propre main, pour que l'on

1. *Gato encerrado.* Anguille sous roche - littéralement : chat enfermé.

brûle le tout en place publique ou que l'on vende ce qu'il en restait aux enchères en 1936.

Il s'occupait aussi d'enterrer ses enfants, un à un, et d'élever ceux qui survivaient, bientôt trois, puis deux, et enfin, un.

De Ceferino, j'ai entendu parler parce que c'est la seule personne dans cette nombreuse famille qui rêvait de faire du théâtre ; il est mort à seize ans d'une crise cardiaque qui l'a tué dans son lit pendant le sommeil.

De Arturo Casares, j'ai beaucoup entendu dire par bien des gens, par mon père qui le considérait comme le plus brillant d'eux tous, et, enfin, par sa femme, la tía Candidita que mes parents ont accueillie plus tard à la maison, un ou deux ans avant que nous n'allions nous installer à Madrid, et qui, chaque soir, quand elle me conduisait à mon lit, me parlait longuement de cet oncle légendaire que j'avais manqué. Il était mort à l'âge de vingt-trois ans, un mois après son mariage. Le jour de ses noces, il eut son premier vomissement de sang ; un mois après la phtisie l'emportait dans son galop, laissant là une jeune veuve à jamais vierge, et son nom à une rue de La Corogne.

Dans les tribus de cette espèce, on est tenté de considérer la mort comme un régulateur ou un moyen naturel de sélection ; après les diverses initiations — maladies enfantines, accidents, combats, pestes, etc. — restent les plus sains, les plus forts, et ceux-là vivent vieux comme Noé. Mais dans ce tableau clair, logique et rassurant, ma famille paternelle fait tache d'encre.

Ainsi, de tous les survivants des différentes portées de Doña Rogelia, mon père était le plus chétif, le plus frêle, le moins fait pour durer. A cinq ans, à peu près, il s'était fait de la tuberculose une compagne à vie, qu'il porta d'abord accrochée à ses jambes, empêtrant sa démarche d'enfant, des années durant, et dont il lui fallut débarrasser ses os sous peine de mort. Elle s'était logée alors dans sa poitrine où elle prit de plus en plus de place jusqu'à sa mort, survenue d'un accident cardiaque mais due à une sclérose à peu près complète des poumons. Eh bien, afin de démentir les statistiques ou hypothèses, non seulement c'est lui et lui seul qui a survécu à tous ses frères, mais il s'est offert le luxe de la contradiction en mourant beaucoup plus jeune que Noé, et plus jeune même que beaucoup de ses contemporains, à l'âge de soixante-six ans.

Il était né en 1884, il s'appelait Santiago Casares Quiroga ou Santiaguito pour certains, ou Casaritos pour les Galiciens, ou Santiaguiño, Santiño et Santi pour sa femme. Il n'était pas l'aîné, quoiqu'il portât seul, par je ne sais quel hasard ou prémonition, le prénom de son père, et il fut élevé par ce père rigoureux, cultivé et barbare, avec ses frères restants, plus âgés que lui, et – comme seul apport féminin – l'image disloquée et très vite rare ou lointaine de la « sainte de Cambre ».

Il grandit, déplaça sa tuberculose, et après qu'il eut fréquenté le sanatorium en Suisse et l'université à Saint-Jacques-de-Compostelle, mon grand-père l'envoya rapidement à Madrid finir ses études de droit, d'où il lui revint tout aussi rapidement, avec un bébé sous le bras enveloppé dans une couverture, qu'il lui présenta comme étant sa fille Esther.

Ceux qui ont connu Casares Paz se demandent encore comment Casares Quiroga a osé une telle démarche et comment il est venu à bout des foudres et de la résistance de mon grand-père. Mais tout le monde oublie que, de sa nombreuse progéniture, l'aïeul ne pouvait plus compter que sur Santiaguito pour perpétuer le nom ; et personne n'a l'air de soupçonner ce qu'il me semble deviner de cette famille d'hommes, et qui me paraît expliquer pas mal de points à première vue obscurs ou insolites. Et c'est que, si un seul d'entre eux avait rêvé de théâtre, je pense que tous étaient le théâtre même.

Espagnols, athées, et par conséquent passionnés et ne croyant profondément en rien que dans la vie et la mort, appartenant à la bourgeoisie d'une société encore structurée par des valeurs vivantes mais qu'ils commençaient à contester par goût de révolution et esprit de justice, ils mettaient toute leur vitalité (ibérique et ce n'est pas la moindre), au service d'une idée qui, partant de valeurs encore bien enracinées, tendait sinon à les détruire du moins à les transformer. Riches, libéraux, tous républicains et francophiles enragés, se voulant cartésiens, progressistes, amoureux de la science, mais quelque part renseignés de père en fils sur l'impossibilité de faire de l'homme autre chose que l'homme, ils « jouaient » en quelque sorte le rôle de leur existence suivant le choix qu'ils avaient fait et qu'ils assumaient complètement et défendaient à mort ; le grand théâtre du monde se représentait dans cette maison comme un engagement total, et dans un tel contexte, le geste y prenait valeur de signe, symbole, mythe, exorcisme, rite, sacrement ; il était aussi beauté, et on y aimait la beauté. Et le geste de mon père ramenant dans son enveloppe ce petit fruit cueilli dans les secrètes réserves d'une pension madrilène pour étudiants n'était pas pour déplaire, il me semble, au sens de l'honneur, des responsabilités et de l'esthétique de mon grand-père.

Toujours est-il que, bien avant de naître, bien avant que ma mère n'existât pour mon père, j'avais déjà une sœur qui s'appelait Esther Casares, élevée par des amis que papa avait choisis comme parrains de l'enfant ; et des années et des années bien avant mon arrivée en France, cette sœur Esther, interne à Versailles, poursuivait ses études au lycée Victor Duruy, le même où, plus tard, le hasard a voulu que je prépare mon baccalauréat quand l'exil nous eut fixés à Paris. Et quelles n'ont été ma surprise et mon émotion, un jour en 1937 ou 38, lorsque, suivant encore des cours au pavillon des étrangères pour apprendre le français, j'ai lu sur la première page d'un livre de Daudet que j'avais emprunté à la bibliothèque du lycée, la signature haute et nette d'Esther Casares.

Mais pour revenir à mon père, ses études terminées, il s'installa à La Corogne, dans la maison paternelle près de laquelle il ouvrit son bureau d'avocat, et il y demeura jusqu'en 1931. Très vite, une grande part de son temps fut consacrée à l'activité politique, pendant que les ambiguïtés de sa profession l'obligeaient parfois à prendre des résolutions ou à faire des démarches qu'il assumait avec de plus en plus d'aversion. Bientôt il en vint à renoncer aux « grands procès » pour ne s'occuper que de petites causes. Pour défendre l'une des dernières – une histoire de locataire qui portait plainte parce que chaque matin, dans l'immeuble, elle trouvait sur le palier, devant sa porte, la crotte fraîche de son voisin –, il rédigea sa plaidoirie en vers octosyllabes et la récita à la façon des chansons de geste – ou *romances* –, au scandale de la magistrature galicienne.

Il m'est difficile d'imaginer mon père scandaleux. De mon temps, la responsabilité de « représentation » qui lui était échue pesait déjà lourd sur lui, écrasant tous ces démons ou génies de jeunesse ; et il m'est arrivé, par exemple, de marcher avec lui des heures dans une ville inconnue pour ne pas demander à un passant le nom de la rue que nous y cherchions. Le reste était à l'avenant ; j'ai rarement connu quelqu'un d'aussi discret et qui mette autant de soin à se faire tout petit. Mais à l'époque, à ce que l'on m'a dit, il s'aventurait facilement sur l'arrête aiguë de la provocation. Élégant et recherchant l'extravagance, il assistait, en dandy, aux meetings libertaires, ou bien il se mêlait aux manifestations interdites, chaussé de bottes dessinées par lui et faites à Madrid, portant une cape incroyablement vaste en pur cachemire commandée « in England » avec chapeau assorti venant tout droit « of London ». Quant aux livres, aux multiples appareils photographiques, aux microscopes, ils lui étaient fournis directement par Paris, l'Allemagne et la Suisse — Et les revues, les journaux, les disques lui parvenaient souvent de France — Et le bateau, et la Buick rouge, débarquaient de je ne sais où — Et sa fille Esther — Et sa femme — qu'il allait chercher dans un petit atelier de couture — qu'il courtisa longtemps en tant que *novio* [1] comme il était d'usage à l'époque — pendant huit ou neuf ans — entre deux voyages, deux séjours en sana, secrètement quand il était poursuivi, librement quand il sortait de prison où il hivernait assez régulièrement.

La dictature de Primo de Rivera vint mettre un couvercle sur tous ces débordements. Après un nouveau court passage en prison, mon père fut assigné à résidence, 12 rue Panaderas, où il dut se tenir tranquille quelques années. Il venait d'épouser enfin ma mère ; sa fille Esther rentrait de Paris et moi je naissais le 21 novembre 1922.

On m'appela María-Victoria, nom composé qui d'après les calculs de mon père ne se prêterait pas aux diminutifs dont l'Espagne et surtout La Galice sont particulièrement friandes. Le lendemain de mon baptême cependant, célébré à la hâte et dans la plus stricte intimité d'une chapelle perdue en pleine campagne afin de ne pas offusquer les idées de papa et de faire plaisir à maman – qui aimait les fêtes – , on ne s'adressait plus à ma personne que sous la dénomination de Vitoliña — diminutif tarabiscoté et galicien de Victoria. Papa, lui, partagé entre sa répugnance pour les mièvreries et... la longueur de mon nom, ne gardait celui-ci que pour les grandes occasions et le reste du temps il opta pour Vitola, bien content déjà d'avoir évité le « Viki » consacré. Je fus donc inscrite à la mairie sous le nom de María-Victoria Casares Perez.

Quand mes parents m'ont eue, ce fut par distraction ou maladresse. Ils ne me voulaient pas. La phtisie et l'épilepsie restaient pour eux des bêtes noires et menaçantes ; ma sœur, revenue de Paris d'où elle avait rapporté un fameux régime pour maigrir qui consistait à ne pas manger, s'en sortait avec une lésion aux poumons ; et malgré la robustesse de ma mère et la familiarité presque amicale dont mon père traitait sa tuberculose, ils craignaient le pire pour une éventuelle progéniture. Mais j'étais là et je n'étais pas un chat à jeter à la mer. Du coup les forces généreuses et saines de ma mère et toutes les connaissances de papa furent mises à ma disposition pour tenir à distance le danger tant redouté. Je n'étais pas encore née que maman se préparait corps et âme à me faire une santé. Elle avait décidé de

1. Fiancé.

m'allaiter elle-même et dans ce but, elle se nourrissait avec une rigueur qui ne lui était pas coutumière, non seulement en renonçant à ce qu'elle préférait, mais encore en ingurgitant en grosse quantité les aliments sélectionnés par Barbeito, médecin de la famille, des levures difficiles à avaler, et – je le crains – différents ingrédients ou « herbes » que la tradition populaire conseillait durant la grossesse.

Le résultat fut stupéfiant. Le nourrisson pesait cinq kilos, se portait à ravir mais souffrait d'énormes...flatulences ; pendant le sommeil, les bruits qui m'échappaient étaient si violents qu'ils me réveillaient dans la terreur et leur vacarme, s'ajoutant à la stridence de mes pleurs, empêchait à leur tour mes parents de dormir. Perplexe, mon père qui trouvait cela anormal et surtout difficile à vivre, rencontrant le médecin un jour dans la rue, lui fit part de son inquiétude, ce à quoi Barbeito répliqua sans la moindre hésitation : « Je sais ! le lait de nos vaches est trop fort pour les bébés ; il faut toujours le mélanger à un peu d'eau minérale. » Mon père lui rappela simplement que c'était maman qui me nourrissait et cette histoire fit la joie de bien des gens pendant quelques années. C'était encore le temps de l'innocence.

L'addition d'eau de « Cabreiroa » s'étant avérée efficace, j'ai continué à grossir, à forcir et à grandir en paix. Mais dès que j'ai pu marcher sur mes pieds, on décida pour m'aguerrir – cette fois, l'idée venait de la branche paternelle – de m'habiller hiver comme été d'un simple *mameluco* (en français, d'après le Larousse, « mameluck »), c'est-à-dire une sorte de barboteuse à ras du cou, qui laissait bras et jambes nus. Aux pieds, été comme hiver, des sandales ; et pour parer aux rigueurs de la mauvaise saison humide mais jamais trop froide, un petit paletot court en fourrure. Ainsi équipée, avec mes cheveux drus coupés au bol, j'étais armée en principe contre l'affreux microbe, et le fait est que ces armes n'ont pas encore fini de faire leurs preuves. Il fut décidé aussi que je passerais six mois de l'année rue Panaderas si possible du matin au soir dans le jardin, et six mois à la campagne, à Montrove, dans un superbe *pazo* [1] que mes parents louaient depuis des années. Ici ou là, l'océan limitait presque partout le paysage.

A La Corogne, après les balbutiements des toutes premières études dirigées par mon père avec l'aide d'un instituteur qui venait à la maison,

1. *Pazo.* Demeure ancestrale et campagnarde.

je suis entrée vers ma cinquième ou sixième année au « Collège Français », situé sur une hauteur, face à la plage de l'Orzan et entouré de jardins. Là, j'ai fini d'apprendre à lire et à écrire, j'ai fait connaissance avec « l'urbanité » – qui n'était pas la même que celle de mon père –, avec le cinéma – on nous passait des courts métrages de Betty Boop ou de Mathurin Popeye – et j'ai appris à dire « oui », « non » et « merci » en français, pour justifier le nom de l'établissement tenu par un couple de pure origine gauloise comme leur nom l'indiquait : Monsieur et Madame Perez.

J'ai dû aussi y faire un peu de calcul bien que je n'en garde aucun souvenir, et peut-être, mais vraiment là je ne peux en aucun cas l'assurer, quelque peu de catéchisme. En revanche, je me rappelle encore les poèmes ou *romances* qu'il nous fallait déclamer par cœur au cours de récitation. Il est vrai que – depuis toujours il me semble – mon père m'avait initiée à la poésie en lisant à haute voix ou en disant pour moi, en castillan ou en galicien, des morceaux de son anthologie personnelle ; et Rosalía de Castro, Ruben Darío, Valle-Inclán, Curros Enriquez, Thérèse d'Avila, Saint Jean de la Croix, Calderón, Bequer, J.R. Jimenez, m'étaient devenus familiers. Moi-même je déclamais dans leur intégralité des morceaux de bravoure, à tue-tête perchée sur un arbre du jardin, en sourdine et tremblante d'une étrange émotion à l'école ou devant mon père, dans sa grande bibliothèque.

Cette belle et grande bibliothèque il s'en occupait avec un véritable amour, rêvant, avant de les commander, les livres, les bois, les tissus ou papiers, les marqueteries du parquet, les luminaires, les longues tables basses d'architecte, les divans et jusqu'aux espagnolettes qu'on lui forgeait spécialement d'après ses propres dessins, toute la maison étant meublée en style moderne. Dans un angle il avait aménagé un petit laboratoire où il passait des heures à chercher je ne sais quoi ; et les bocaux, les bouteilles, les tubes, les éprouvettes, les microscopes, les lentilles accumulées, donnaient à ce recoin éclairé au bout de cette grande pièce sombre tapissée de livres, un petit caractère faustien qui appelait son méphistophélès. C'est peut-être lui qui est venu tout chambarder en 1936. Maintenant, même si l'occasion se présentait pour moi de récupérer cette maison, je ne peux imaginer d'y demeurer, amputée comme elle est de son jardin, où paraît-il on a construit une HLM, et surtout de ce lieu — creuset magique — où s'est créée cette part qui m'a été donnée et qui est une des meilleures de moi-même.

Quoi qu'il en soit, c'est là où mon père vivait pendant la durée de la dictature de Primo de Rivera – sauf pour manger et dormir, et encore ! – et c'est là où il me recevait. Des heures durant, nous étudiions ensemble la démultiplication d'une cellule avec dessins à l'appui et, ensuite, « vue panoramique » à travers la « lorgnette » ; ou bien les réactions chimiques de liquides mystérieux qu'il mélangeait pour me les donner en fabuleux spectacle. D'autres fois, il s'acharnait à m'inculquer les noms des os qui composent la charpente humaine, et cela, sur le vif – si j'ose dire –, car il avait acheté à cet effet deux squelettes en parfait état qui, en signe de reconnaissance sans doute pour les soins qu'il leur prodiguait, se trémoussaient d'aise quand il les faisait bouger pour me faire comprendre le jeu des articulations. A quatre ou cinq ans, j'en connaissais tous les noms par cœur et comme je n'arrivais pas à retenir ceux de l'ethmoïde et du sphénoïde qui se croisent – me disait-il – en forme de chauve-souris dont les ailes déployées soutiennent la voûte crânienne, il consentit à sacrifier la tête d'un de ses squelettes, la scia et me montra enfin l'oiseau d'ivoire qui s'y cachait et portait de si étranges noms. Depuis, je ne les ai jamais oubliés ; et dernièrement, comme André Cazalas, un compagnon de travail et ami, me demandait ce que je souhaitais pour mon petit Noël, je répliquai sans hésitation : « une tête de mort ». Il a pu s'en procurer une et « ma petite sœur », comme je l'appelle, réside chez moi, rue Asseline, intriguant mes visiteurs et me procurant, quant à moi, dans les moments où mon bel équilibre bat la campagne un point de contemplation pour retrouver sagesse et sérénité.

A la campagne, quand il pouvait nous y rejoindre, loin de son attirail qui lui aurait vallu des mésaventures en temps d'inquisition, papa m'emmenait de bon matin devant des toiles d'araignée, vrais chefs-d'œuvre récemment tissés dans la nuit, scintillantes de rosée, parfaites, et là, nous restions immobiles à regarder la maîtresse-ouvrière, tapie sous une feuille de lierre, se précipiter soudain au cœur de son royaume pour ligoter hâtivement et fortement avec ses fils d'argent la mouche ou le papillon pris dans le piège. Ou, encore, il m'appelait d'urgence pour découvrir sous une pierre qu'il soulevait délicatement, un scarabée irisé de reflets d'arc-en-ciel aux prises – minuscule Sisyphe – avec une grosse boule qu'il faisait tourner lentement et – aurait-on dit – éternellement.

Il y avait aussi les escargots et leurs amours dressées en interpénétration double.

Il y avait aussi les chiffons que le sommeil hivernal des chauves-souris pendait aux portes du grenier...

Et les fourmis...

Et les abeilles...

Enfin, pour les journées où la pluie trop drue nous empêchait de rester dehors, il me proposait le spectacle assuré par les mantes religieuses. Il en avait capturé quelques-unes et il les gardait et les nourrissait sur un gazon miniature aménagé dans une grande caisse à plantes qu'il avait recouverte d'une grosse cloche à melons, le tout placé dans la galerie vitrée de sa chambre. Là, tranquille et à l'abri, j'ai pu observer une mante faire le fantôme pour effrayer, comme un chien fait le beau pour plaire ; devant le danger, je l'ai vue se dresser sur son train-arrière, tout à coup immense, ses élytres déployées en triangle isocèle d'un vert tendre et transparent à ne plus pouvoir en cerner les limites et coiffé à sa pointe supérieure par la minuscule tête d'idole où deux traits dessinés à la place des yeux semblent fermer un regard sur le monde des vivants. J'ai pu aussi assister aux longs, très longs combats amoureux, pendant lesquels, une fois fécondée, la femelle, plus grande que le mâle qu'elle porte alors sur le dos, tourne soudain sa tête trianglulaire de minuscule vipère pour happer de ses mâchoires invisibles et féroces la tête de son compagnon, et commencer tout doucement à la manger, jusqu'au moment, tard, très tard, où il lâche prise et s'écroule en restes – résumés, à vrai dire, à ses pattes postérieures et à un bout d'abdomen.

Comme je demandais à mon père pourquoi cette bête se laissait ainsi dévorer sans exprimer la moindre révolte ni le plus petit signe de souffrance, il me répondit, mi-figue, mi-raisin : « Il faut croire que l'extase est telle qu'elle anesthésie toute douleur physique. » J'avais sept ans. Depuis, j'associe dans mon esprit les grands mystiques à cet insecte extraordinaire que l'on a curieusement dénommé mante religieuse. Et quand je songe à tous ces moments passés avec mon père, à toutes ces expériences qu'il faisait pour moi, à nos longues séances d'observation devant des phénomènes naturels ou provoqués, je suis frappée par le fait que jamais, sauf – et encore ! – si je le questionnais, il ne m'expliquait quoi que ce soit. Il me présentait le monde à sa manière et il se bornait à travers lui à me poser des questions, sans me procurer le confort d'une solution qui aurait coupé les ailes à l'imagination, à ma propre recherche, voire à mon inquiétude. De là vient peut-être ma répugnance pour certains débats auxquels je me suis toujours refusée, surtout au théâtre. Si après une représentation, on discute, on dissèque, on explique, on étiquette le phénomène théâtral auquel on vient d'assister, il me paraît absolument inutile qu'il ait eu lieu. Mais j'y reviendrai — peut-être... un jour.

La présence de mon père amenait aussi avec elle la musique et... le silence.

Bien qu'Espagnol, il détestait le bruit, le vacarme que la vitalité et la véhémence ibériques mettent dans la bouche de mes compatriotes ; et quand il était à la maison, tout ce petit monde s'appliquait à marcher, parler, travailler, vivre enfin, sinon dans le silence, du moins dans le respect de la paix et des oreilles du voisin. Les enfants, si j'avais des copains, au jardin ; les domestiques – leur nombre oscillait entre trois en ville et six à la campagne – se déplaçaient comme des chats et bavardaient comme des conspirateurs ; maman, surtout aux heures de sieste, marchait sur la pointe des pieds si elle se promenait en chaussures ; et l'on exilait les cinq grandes cages contenant une centaine d'oiseaux – dont la moitié au moins, des perruches – jusqu'au fin fond de la maison, ou bien, quand on était à la campagne, sur les terrasses.

En revanche ou plutôt en simple logique, il était grand amateur de musique et dès qu'il était là, Mozart, Bach, Beethoven Schumann, Wagner, Debussy, Falla, occupaient les lieux. Il en connaissait de grands passages par cœur et si je ne l'ai jamais entendu chanter, je ne l'ai jamais vu se raser par exemple, opération qu'il faisait avec une méticulosité incroyable, sans l'entendre siffler un air de Siegfried, des Walkyries ou de Parsifal, un concerto de Bach, un extrait de *L'Héroïque* ; et quand pour une raison quelconque il était chargé de me réveiller, il le faisait avec l'ouverture de *Don Juan*, qu'il dansait ou mimait en démarche matinale et allègre ponctuée d'une canne imaginaire.

Son temps de loisir qui ne m'était pas réservé, il le passait avec ma mère, avec ses compagnons de combat quand il lui était permis de les recevoir, avec ses livres, avec la nature, avec les microscopes, ou en constructions, avec les ouvriers, quand il a décidé d'ajouter à la maison un troisième étage pour me le consacrer.

Mais, un beau jour, il disparut de cet univers, clos de ciel d'arbres et de mer, cette retraite paisible où, coupé du monde, privé de liberté, il regagnait l'innocence, la vacance du cœur et de l'esprit, et où je dois me reporter pour le retrouver jeune, joyeux, serein, clair, comme je ne l'ai jamais revu depuis. Primo de Rivera ne saura jamais combien je lui suis reconnaissante de m'avoir donné ce père, en l'assignant à résidence forcée dans notre maison.

Et il y est revenu, et il est reparti pour revenir encore, pressé, occupé, sombre, lointain ; et il est reparti jusqu'au jour où, dans son absence, la maison s'est remplie de gens et de désolation, de pleurs étouffés, de pourparlers secrets dont les bribes cueillies au hasard ont appris à ma curiosité avide qu'il avait été pris à Jaca, qu'on l'avait condamné à mort, et qu'il était ou allait être fusillé. J'avais huit ans et je ne l'ai retrouvé que sous les traits du fantôme qui m'interrogeait de son regard, à la *Cárcel Modelo* de Madrid.

Pendant ce temps, maman, devenue par alliance membre honoraire de la haute bourgeoisie, muse des milieux intellectuels et artistiques, femme d'un des hommes les plus connus sinon le plus connu de la Galice, belle-mère, mère, employait tout son charme, sa grâce, son allure aristocratique, son art du mystère quand elle se trouvait à court d'arguments, son goût de la beauté et de l'éclat, son sens de l'organisation économique qu'une existence plus difficile lui avait enseignée, à gouverner la maison, à l'administrer, à l'embellir, à représenter son mari dans le monde, à combler ma sœur qu'elle gâtait trop par crainte sans doute d'être taxée de marâtre, et à m'élever, moi, avec la juste rigueur, un amour qui n'avait d'égal que sa générosité, et la crainte latente des maladies tant redoutées.

Mais je soupçonne que toutes ces occupations ne suffisaient point à sa forte vitalité. Habituée à aider et soigner sa sœur et à travailler sans relâche, elle avait beau chercher dans la vie sociale, dans les devoirs qu'elle avait ou qu'elle se créait, dans de longues rêveries, et même dans les classiques passe-temps artistiques que toute femme mariée recherche quand elle a des heures à perdre – peinture, modelage, tapisserie, journal intime, etc. – il n'empêche que l'image qui me reste d'elle à l'époque quand mon père s'absentait me fait irrésistiblement penser à un reflet blond et espagnol de Bovary.

En voulant parler de ma mère, je suis frappée par l'étrange impression que j'ai de ne pas la connaître. Si l'on me demandait à quel point elle apprécierait cet objet ou cette personne ou ce geste ou cette maison ou ce paysage ou cette musique, je serais incapable de répondre ; et d'elle, à cette époque, ne me viennent à l'esprit que deux images.

La première, sa silhouette dorée, mince et robuste contre la fenêtre de la bibliothèque de mon père absent, ses bras croisés sur la poitrine, son front appuyé contre la vitre et son regard bleu liquide perdu dans l'horizon que les immeubles d'en face de la rue Panaderas rétrécissaient.

La seconde, quand je me rappelle les retours de la plage de Bastiagueiro, à Montrove. On montait cette côte raide les uns derrière les autres, las, épuisés, dans cette détente totale que donnent les bains de soleil et de mer houleuse. Il était deux heures après midi et dans la chaleur torride du mois d'août, nous arrivions à la maison ivres de fatigue, de faim, de brûlure, de sel et de lumière. Ma mère marchait devant moi, dans un éblouissement de regards bleus, de rires, de cheveux dorés piqués çà et là de coquelicots et de pâquerettes cueillis au long du chemin creux ; elle portait une jupe blanche collée à ses flancs fermes et robustes et sur la peau ardente de sa poitrine brunie par le soleil et bigarrée de taches de rousseur s'ouvrait largement une chemisette éclatante. Droite, fière, libre, lourde de plaisir, de bonheur, de sel, de vent, de beauté, elle grimpait régulièrement et semblait à chaque pas river ses pieds au sol. A mesure qu'elle marchait, la trace profonde, nette, de ses espadrilles dessinait sur la poussière brûlante le chemin qu'elle parcourait. Je la suivais et en la regardant, frappée de tant de splendeur, je me surprenais à ne plus reconnaître ma mère, mais à découvrir une créature dégagée de toute personnalité, de toute parenté, membre isolé d'une race victorieuse, dépositaire du secret des forêts, du ciel, de la mer. Alors, je m'appliquais à marcher dans ses traces suivant le ligne droite qu'aucune hésitation n'altérait, peut-être, obscurément, pour trouver la voie vers ce monde de terre et de lumière qu'elle portait en elle ; mais bientôt lasse de fixer le sol je perdais pied et, découragée, je me retournais pour ne découvrir derrière moi que poussières déplacées brouillant les marques des pas fermes de maman.

Pourtant, malgré sa force, je l'ai toujours considérée comme une sœur aînée d'abord, puînée ensuite, presque ma fille pour finir. Et c'est que la trempe de cette amazone semblait trouver son terrain guerrier ailleurs, habillée pour nous en féminités des années vingt, avec ce que cela comporte de charmes doux, de fragilités, de mystères prometteurs, de distraction feinte ou vraie dans les mouvements de la vie quotidienne ; elle ne savait pas traverser une rue sans provoquer chez son compagnon un geste protecteur mais je l'ai vue se conduire en maîtresse-femme et réagir parfois en louve.

Elle n'étais pas cultivée et elle passait pour quelqu'un d'extrêmement raffiné.

Elle était d'origine simple, du moins du côté de sa mère qui l'a élevée et à La Coruña, à Madrid ou à Paris, elle passait pour une aristocrate ; comme d'ailleurs, à La Coruña, à Madrid ou à Paris, elle passait pour une étrangère.

Elle n'a jamais parlé le français et je l'ai entendue tenir à Paris de longues conversations avec des amis qui ne connaissaient pas un mot d'espagnol.

Elle était, je crois, intelligente, artiste et... *meiga* [1].

---

1. Cf. p. 18.

Je n'ai jamais su si elle était croyante. Mon père non plus : quand nous avons dû l'enterrer à Paris, il m'a demandé si l'on devait faire dire une messe pour elle ; dans le doute nous l'avons commandée.

A La Corogne, elle m'emmenait parfois prier Notre-Dame des Sept-Douleurs, mais toujours aux heures où l'église sombre et austère était déserte. J'ai l'impression qu'elle en aimait l'obscurité, la lourde odeur d'encens, son silence épais et le frôlement de l'habit du prêtre, fort beau par ailleurs, quand il se glissait devant l'autel.

A Pâques, le vendredi saint, elle me réveillait à cinq heures du matin, nous faisions vite notre toilette, nous nous habillions et, à jeun, nous partions dans la bruine, vers la vieille ville, pour attendre dans ses belles rues étroites le passage de la « Dolorosa » et de son « Fils » qu'on sortait en procession. Nous nous tenions toutes deux en rang serré parmi les fidèles tout au long de la rue, et quand défilaient devant nous les images saintes portées sur les épaules des *encapuchonados*[1], nous nous prosternions au comble de l'émotion déclenchée et portée au paroxysme par le roulement impressionnant des tambours, les *saetas*[2] criées par les trompettes, et la marche solennelle des gardes civils, en habit de gala, qui ouvraient le pas à la procession.

Ensuite maman m'emmenait au « Progreso », une très bonne pâtisserie où l'on faisait un succulent chocolat si épais que la cuillère pouvait tenir droit au milieu de la tasse et, avec ça, des *churros*[3] bien chauds et croustillants, un verre d'eau adoucie par un *azucarillo*[4], réconfortées et revenues sur terre, nous rentrions à la maison.

Mais ceci ne me dit pas vraiment si elle était croyante. En revanche, je sais qu'elle était superstitieuse et je l'ai vue blêmir un jour à Madrid, quand une glace vénitienne pendue à un mur de l'appartement s'est écroulée en mille éclats sans que l'on puisse s'expliquer pourquoi. Il est vrai que quarante-huit heures après éclatait la guerre d'Espagne.

Elle possédait aussi un pouvoir remarquable pour faire tourner les tables ou même déplacer sans le vouloir des objets qu'elle touchait ; mais à l'encontre de mon père que ce genre d'expérience amusait prodigieusement – malgré son « cartésianisme » –, elle détestait les séances de spiritisme et ses dons en cette matière l'effrayaient.

Si elle jouait à être femme-objet, elle était pourtant plus romanesque que théâtrale. Comme il lui arrivait de rêver de rapts romantiques, de princes gitans et de vies nomades, elle rêvait aussi de

1. *Encapuchonado.* Pénitent de la Semaine Sainte (qui porte la cagoule).
2. *Saeta.* Prière jaculatoire sur le passage de la procession.
3. *Churro.* Beignet strié, de forme allongée.
4. *Azucarillo.* Sucre parfumé.

théâtre. Quand il a été question que j'en fasse mon métier, elle me voyait déjà « toute petite, emmitouflée de fourrures blanches, au fond d'une grrrrande voiture noire, avec à mes pieds deux chiens danois noirs et blancs », mais quand elle m'a vue trimer en gagnant tout juste notre existence, sans autre moyen de locomotion que le métro, elle n'en a été nullement déçue ; et si j'ai décidé de devenir comédienne, c'est elle en fait qui a choisi pour moi. Je n'ai pas retenu un seul mot d'elle, aucun conseil, la moindre leçon concernant mon éducation ; sur ces questions, elle s'en remettait entièrement à mon père et, se garantissant de son autorité, c'est vers lui qu'elle me tournait, doucement, sans trêve, cultivant chez moi l'amour, la crainte, le respect, la curiosité pour tout ce qui me viendrait de lui.

En revanche, elle me racontait des histoires de fées, de belles sorcières, de sympathiques démons, d'anges et surtout de sirènes, et elle me chantait des *romances* qui me parlaient des *Rois Godos*, des califes, du Cid, de la Vierge et de son Enfant, des mages, des hauts faits héroïques chrétiens et musulmans.

Bien que ce soit mon père qui en ait importé la coutume, c'est elle qui dressait dans la salle de musique le superbe arbre de Noël qui faisait l'admiration du voisinage parce qu'il était beau et aussi parce que, en Espagne, on ne fête que la Nativité de Jésus et on connaît mal ce vieillard à la longue barbe blanche qui vient visiter les enfants le 24 décembre. Là-bas, ce sont les Rois Mages, *Melchor, Gaspar y Baltasar* qui se glissent par les cheminées la nuit de l'Épiphanie pour déposer dans l'âtre les cadeaux attendus — ou d'autres — ou rien —

Moi, toujours privilégiée, je trouvais ceux que j'avais demandés et d'autres en sus ; de surcroît, maman célébrait toutes les fêtes, le 15 août la Sainte-Marie, le 21 novembre mon anniversaire, le 23 décembre la Sainte-Victoria, le 24 décembre et le 6 janvier, Noël et l'Épiphanie, et à chaque cérémonie où elle rayonnait de sa lumière, de son sens de l'apparât et de son goût pour la beauté, on remplissait ma chambre de jouets.

Pour recevoir le Père Noël, la maison était sens dessus dessous une semaine avant le rendez-vous. Elle décorait l'Arbre avec la même grâce qu'elle composait des bouquets, art à rendre jalouse une Japonaise, et le même talent avec lequel elle rabibochait une robe ou un chapeau auxquels il ne manquait plus à la fin, du grand couturier, que la griffe.

Elle préparait les petits sacs avec les noms de mes amis ou voisins pour les accrocher aux branches du sapin étincelantes d'argent d'ors et de rouges et pincées un peu partout de bougies colorées.

Elle disposait tout autour dans la salle de grands plateaux qu'on remplissait de friandises, de fruits et de boissons. Dans un coin, elle plaçait un énorme fauteuil pour accueillir le Père Noël avec, aux pieds, un petit tabouret qui m'était destiné. Elle ornait de houx piqué de minuscules chrysanthèmes les vases, choisissait dans la garde-robe de ma sœur, bourrée de vêtements, la tenue qu'elle devait revêtir pour la cérémonie, m'habillait, allait se préparer à son tour et, après le dîner – le « hasard » voulait que mon père fût toujours en voyage ce jour-là – nous nous postions pour attendre.

Vers onze heures, les domestiques au grand complet, en tenue de gala, se plaçaient le long de l'escalier, ma sœur s'installait au piano et mes petits amis du quartier arrivaient, seuls ou accompagnés. Maman les recevait en haut de l'escalier et on les introduisait dans la pièce où se dressait « l'Arbre ». Ma sœur jouait des *villancicos* [1] et chantait qui voulait.

Vers minuit moins dix, un coup de gong annonçait l'approche du visiteur ; le piano s'arrêtait, les chants cessaient et on attendait dans la fièvre.

A minuit moins cinq, second coup de gong ; alors, on allumait l'Arbre, ma sœur se remettait au piano, maman me prenait par la main et me conduisait en haut de l'escalier d'entrée.

A minuit moins une, on entendait dans la rue les chevaux du Père Noël et un roulement de calèche.

A minuit il y avait un appel de cor, les lumières électriques s'éteignaient, la maison restait éclairée aux chandelles sorties de je ne sais où, et la sonnerie d'entrée retentissait.

Enfin, on ouvrait et j'assistais, tremblante de timidité et d'émerveillement, à la montée de ce personnage imposant, habillé et coiffé de rouge et de blanc, paré de sa longue barbe et portant sur son dos une énorme hotte remplie d'objets.

Léonor, Susita, Pilar, Arturo, Carmen, Mesías se précipitaient pour le dégager de sa charge ; il souriait, sortait de ses poches des enveloppes dont il gratifiait chacun d'eux ; puis, après avoir salué maman, il se tournait vers moi, me prenait par la main et me reconduisait auprès de l'Arbre. Là, il s'asseyait dans le grand fauteuil pendant que ma sœur tapait sur le piano à cor et à cri, me plaçait face à lui et me regardant droit dans les yeux de son regard clair et étrangement familier, il me posait des questions sur les études, ma conduite en classe, envers les domestiques, mes camarades, ma sœur, maman et... papa. Quand j'avais bafouillé quelques réponses et qu'il m'avait fait promettre de faire

1. *Villancicos.* Chants de Noël.

mieux la prochaine fois, il prenait la hotte que Léonor et Susita lui présentaient, en vidait le contenu sur le tapis et pendant que nous nous précipitions tous pour voir ce qu'il avait apporté, il disparaissait sans bruit, laissant sa place à mon père qui était arrivé « juste à temps » – disait-il – pour le saluer dans l'escalier, et qui me demandait à son tour comment je m'étais conduite avec Papa Noël.

Pendant ce temps, maman disparaît de ma mémoire, mêlée à la fête, fête elle-même ; mais un jour où l'Arbre a pris feu, c'est pourtant elle que je revois, armée d'une couverture, me poussant brutalement à l'écart et se précipitant sur le feu pour prendre les branches en flammes à bras-le-corps afin de les étouffer dans son étreinte.

Elle ne m'a jamais quittée, sauf une fois, plus tard, à Madrid, quand elle a accompagné mon père, encore ministre de la Marine, en visite officielle au Maroc ; et les Arabes ont eu beau déployer pour honorer leur accueil les merveilles des mille et une nuits, les joies du spectacle restaient pour elle assombries par notre séparation.

C'est peut-être à cause de sa constante présence auprès de moi que j'ai du mal à « la voir » ; dans ma jeune existence elle était l'air, la lumière, le rêve, la fête, la défense, l'abri, la vie de chaque jour jusqu'à faire partie de moi, et au moment même où toute ma curiosité et mon intérêt étaient tournés vers l'extérieur, à cet âge où l'on est encore à vouloir croquer le monde comme on avale un fruit afin de mieux l'appréhender et le faire sien, je ne la distinguais que quand elle m'échappait, quand à travers sa distraction, je devinais en elle un univers inconnu. Cette mienne attitude de boulimie devant la vie a duré au-delà des limites courantes ; le donjuanisme dans le sens le plus vaste du terme ne m'a jamais fait défaut ; et lorsque, malgré tout, je suis arrivée à l'âge où l'ogre n'était pas continuellement éveillé chez moi, lorsque je commençais à la regarder parfois avec cette distance compatissante que donne la profonde tendresse, elle est morte à Paris, en 1946, à l'âge de cinquante-deux ans.

Mais à part les éclairs-chocs qui provoquaient ma surprise ou ma fascination et qui l'arrachaient ainsi de moi pour me la présenter dans la gloire de l'été, à la fenêtre de la bibliothèque, ou bien marchant de longues heures comme un fauve, rapide et silencieuse, dans la cage de sa vaste chambre à coucher, un petit événement est venu tout de même la placer d'une certaine manière hors de cette molécule où nous faisions une. Dorénavant, nous allions être deux et, comme elle était femme, sans y penser, j'allais aimer ou rejeter chez elle ce qui pouvait être une part de moi-même ; j'allais inconsciemment en faire une amie ou une ennemie et parfois une rivale.

Cet événement se situe à peu près quand j'approchais de mon huitième anniversaire. Depuis toute petite, si petite qu'il me semble que ce fut de tous temps, dans mes réflexions solitaires, dans les jeux que je partageais avec mes camarades, dans mes recherches, dans mes rêveries, il y eut continuellement chez moi une vive curiosité pour tout ce qui se rapporte au sexe. Je ne crois pas avoir été une « femme sensuelle » – comme on dit –, malgré une forte sensibilité aux saveurs, aux odeurs, aux formes, aux voix et aux silences et surtout au toucher ; ma manie de caresser et même de « tripoter » une joue, un menton, une main, un cou ou une fesse m'a joué de mauvais tours lorsque, déjà grande, je me laissais aller distraitement à ma nature. Mais quand je malmenais le petit nez de maman par exemple, ou la fossette du menton de mon père jusqu'à l'usure, cela répondait surtout à une goinfrerie de tendresse, celle qui donne envie de manger un nourrisson quand il rit ou quand il pleure. Disons que j'étais sensitive ; mais si je n'ai jamais appartenu à la catégorie des femmes dites sensuelles, en revanche l'intérêt et l'attirance pour les rapports *sexuels* ne m'ont jamais fait défaut. Or donc, vers ma huitième année, un soir, le jeune peintre pour qui maman posait depuis quelque temps et qui finissait son portrait m'a offert en sa présence une corbeille de bonbons. Je peux encore décrire cette corbeille pansue en raphias multicolores avec sa haute anse, et quand il me l'a donnée – est-ce son sourire, est-ce l'attitude de maman, le diable seul le sait –, j'ai su à l'instant même que cet homme était son amant. Je n'ai pas eu de cesse avant d'en avoir la confirmation et dès ce jour la scission était faite ; je venais d'accoucher d'une femme qui était ma mère.

Depuis, j'ai rapidement dépisté chaque fois l'homme nouveau qu'il y avait dans sa vie et après, je les lui ai disputés.

Derrière tout cela et une sourde animosité qui me dressait parfois contre elle, s'érigeait bien entendu l'image de mon père que je croyais bafoué, sans savoir encore qu'ils vivaient séparés et que mon père menait de son côté une vie indépendante. Et maintenant, quand je pense à cette première aventure de maman, en songeant à sa silhouette solitaire, toujours en attente, à ses tapisseries renouvelées, à son esprit romanesque, à sa force vitale, à ses soifs, à ses nostalgies, je me réjouis d'avoir trouvé en moi la sagesse nécessaire pour me servir de moyens peut-être amoraux mais sainement efficaces qui m'ont permis, tout en luttant pour éviter le cumul d'aigreurs mauvaises, de sauvegarder intégralement l'amour que je lui portais et les rapports que j'avais avec elle.

Comme je l'ai déjà dit, tous les membres de la tribu familiale ayant disparu, à part la tía Celia qui traînait parfois son obésité jusqu'à la maison avec ses enfants, il ne restait plus que la tante Candidita, dont je parlerai plus tard, et ma sœur. Esther était de beaucoup mon aînée et menait déjà une vie de jeune personne au moment où ma mémoire se débloque. Je ne sais même pas quand elle a commencé à être présente dans mon enfance ; je ne sais même plus si j'ai assisté à la première brouille qu'elle eut avec mon père le jour où, fraîchement débarquée de Paris, maigre comme un clou, elle a tourné, à table, en signe de refus, l'assiette qui se trouvait devant elle et sur laquelle Léonor voulait déposer une tranche de colin ; mais je crois me rappeler les longs repas pris en commun qui ont suivi cette journée mémorable, où elle ne desserrait les dents que pour ingurgiter la plus petite quantité de nourriture possible devant le regard inquiet et gêné de maman et l'apparente indifférence de mon père qui ne s'adressait plus qu'à ma mère et à moi et gardait vis-à-vis d'elle un total mutisme ; et cela pendant des mois, « jusqu'à ce qu'elle retrouve l'appétit ». Trop tard, malheureusement, car la fragilité qu'elle recherchait était le plus sûr moyen d'appeler le bacille de Koch qui ne s'est pas fait attendre.

La seconde brouille qui a installé de nouveau le mur du silence entre père et fille dura plus de deux ans, et Esther – alors – ne partageait plus que très rarement nos repas ; elle était amoureuse de Enrique Varela, un jeune militaire de carrière, membre d'une famille parfaitement réactionnaire, qu'elle épousa d'ailleurs à Madrid sans la présence ni le consentement paternels et qui, des années plus tard – ses idées personnelles s'étant avérées plus que libérales – est devenu un des collaborateurs les plus intimes et les plus fidèles de mon père.

En attendant, Esther subissait passivement, sans broncher, les foudres silencieuses de ce dernier, le mutisme étant la manière qu'il avait de nous faire connaître sa colère. Jamais pendant notre enfance nous n'avons reçu une gifle ou une fessée, jamais nous n'avons été privées de ceci ou de cela ; nous essuyions seulement les engueulades violentes et vite oubliées de maman, ou bien – l'horreur ! – nous nous butions à ce redoutable mutisme de mon père et à l'insupportable sentiment de ne plus exister pour lui.

Personnellement je n'ai eu droit à sa disgrâce qu'une fois. Nous fêtions l'anniversaire de mes six années d'existence, nous finissions de déjeuner, il était à peu près trois heures après midi et j'avais plié ma serviette « comme il convient », juchée sur une de ces chaises d'enfants encore trop petits pour atteindre le hauteur de la table et auxquelles on grimpe par une petite marche placée devant. Je ne sais pas ce qui m'a pris ; peut-être l'image de cet aïeul considéré par son père comme majeur à l'âge de six ans m'a-t-elle traversé l'esprit, toujours est-il que j'ai décidé de quitter la table sans en demander la permission. J'étais lourde, froussarde et ce n'était pas une petite affaire de descendre seule de cette haute chaise. Mon père n'a pas bronché ; il a attendu patiemment que j'atteigne le sol avec mes pieds et quand je prenais mon élan pour m'envoler vers le jardin, il m'arrêta : « María-Victoria, veux-tu te remettre à table et demander la permission de la quitter ». Je revis encore cet instant ; pétrifiée, j'ai senti tout mon sang affluer aux joues, brûler mon visage jusqu'aux larmes. Sans dire un mot, je me suis hissée péniblement sur cette damnée chaise et, une fois assise, j'ai déplié ma serviette et je m'en suis couvert la tête pour cacher ma face, ma honte et mon humiliation. A quatre heures, on était encore là, tous les quatre, à attendre que je veuille bien parler. J'entendais mon père essayer de soutenir seul une conversation anodine avec ma mère, le silence de ma sœur, et de temps en temps la voix de plus en plus impatiente de maman qui me demandait si je ne voulais pas aller dans ma chambre, dans le jardin ou... chez les Papous ! Je lui répondais d'un signe de tête violemment négatif sous ma serviette et l'attente reprenait. Enfin, vers quatre heures et demie, à bout de nerfs, elle m'a prise brusquement dans ses bras et elle m'a emmenée « faire pipi », réussissant ainsi à nous libérer tous.

Le lendemain et le surlendemain, mon père ne m'a pas adressé la parole ; mais jugeant sans doute que dans cette histoire l'enfant n'était peut-être pas celui que l'on pense, le troisième jour, comme je le rencontrais de but en blanc dans un couloir, il voulut mettre fin à la crise en écartant ses jambes devant moi afin de me boucher le passage. J'étais encore assez petite pour pouvoir continuer mon chemin, droite comme un i, sans me baisser d'un pouce, sous l'arc de triomphe qu'il tendait au-dessus de ma tête et, à son tour, il a dû attendre une bonne huitaine de jours pour que je lui adresse la parole.

Il paraît qu'il a beaucoup ri, mais depuis, il ne s'est plus jamais servi avec moi de cette sorte de stratégie ; il se bornait à relever son sourcil droit jusqu'au milieu du front, à prendre son visage de bois et à me dire avec une courtoisie glaciale « ce qui n'allait pas » ; cela suffisait amplement à me mettre dans un état voisin de la dépression et à me ramener dans le chemin qu'il souhaitait de la manière la plus efficace.

En revanche, c'est moi qui, une fois encore, devais employer sa tactique à des fins de vengeance, pour mettre à l'épreuve l'intérêt que pouvaient me porter tous ceux qui m'entouraient ou bien tout simplement par pur jeu théâtral, je ne le sais toujours pas. J'avais alors neuf ans, nous passions nos vacances à Montrove et comme mes amygdales grossissaient à vue d'œil, on décida de m'en débarrasser. Ce fut mon père qui me conduisit chez l'otorhinolaryngologiste à La Corogne, en me priant de son air le plus britannique de « ne pas me donner en spectacle s'il te plaît on allait me faire une anesthésie locale et je ne sentirais rien il comptait donc sur mon calme et ma dignité ». J'ai serré les dents.

Il est resté près de moi pendant qu'on me faisait les piqûres et qu'on m'extirpait ces horribles bourses roses que le médecin est venu me « présenter », à la fin, au fond d'un bocal. Cependant mon père s'intéressait à tout sauf à mes difficultés qu'il semblait totalement ignorer ; il a même demandé comment on se servait de cet instrument à trous pour saisir l'amygdale sans danger de blessures aux alentours, et c'est lui qui m'a remis la souris blanche que le docteur m'offrait pour avoir été « sage et courageuse ».

Nous sommes rentrés à Montrove. Dans la voiture, les effets de l'anesthésie ont commencé à disparaître et la sensation effrayante de ne plus avoir de gorge cédait la place à la rassurante brûlure de la douleur. Je gardais toujours un parfait mutisme que le médecin avait recommandé pendant quarante-huit heures et que, moi, j'ai prolongé quatorze jours. D'abord il y eut la douleur qui n'invitait guère au bavardage, ensuite il y eut la colère, et quand on a commencé à s'inquiéter de mon silence trois ou quatre jours après, il y eut... une irrésistible tentation de les faire tous attendre. Papa était reparti pour Madrid, tout le monde commençait à se poser des questions, à se demander si les cordes vocales n'avaient pas été touchées. On appela le médecin qui, après examen, perplexe, a soutenu que tout était normal ; puis, au bout de dix jours on rappela mon père. Devant son visage inquiet et l'angoisse de maman j'ai trouvé que « ça commençait à bien faire » et cependant, ne trouvant pas par où sortir de cette situation avec panache, j'ai continué obstinément à me taire. Enfin, un magnifique orage, de ceux qui éclairaient la maison mieux que l'électricité domestique et qui paraissaient en ébranler les fondations, m'a procuré l'issue tant cherchée pour sortir de ce tunnel. Profitant de la transe d'enthousiasme où me mettaient les phénomènes naturels, je me suis mise à hurler d'allégresse avec une voix tonitruante, et mes parents, trop heureux de constater que leur fille n'était pas devenue muette, m'ont fait simplement remarquer que si je recommençais on n'y prêterait plus foi. Je n'ai pas récidivé.

A l'instar de mon père qui avait trouvé le secret pour obtenir de mon grand-père tout ce que ses frères n'avaient jamais obtenu du moins sans difficultés, moi, à l'encontre de ma sœur, j'avais découvert à mon tour la manière de le séduire — lui ; et je me souviens que plus tard quand Esther, retenue à La Corogne en résidence forcée après avoir fait des années de prison, mère alors d'une petite fille devenue grande, a écrit à papa exilé à Paris pour lui apprendre que María-Esther voulait épouser un jeune Allemand sorti tout droit des jeunesses hitlériennes et réfugié sans doute dans l'Espagne franquiste, il fallut mon intervention véhémente pour éviter la rupture entre la branche aînée des Casares et leur géniteur.

En quoi ce secret pouvait-il bien consister, je ne l'ai jamais su. Peut-être lui ressemblais-je davantage du côté du caractère, peut-être était-il plus sensible à mes réactions fortes et naturelles, peut-être avais-je l'art de toucher son inaltérable sens de l'humour, peut-être pensait-il déjà qu'il y avait en moi cette pépite de sagesse qu'il estimait. Un jour à Paris, quand après la guerre européenne, il est rentré d'Angleterre et qu'il a appris ou deviné certains faits survenus durant son absence, je l'ai entendu me dire qu'il me fallait détenir quelque part une rare qualité pour être restée ce que j'étais malgré... la vie. J'étais si peu habituée à ses compliments et nos rapports affectifs étaient si pudiques que si cette remarque m'avait été faite par un ange descendu des cieux me parlant au nom du Seigneur, elle ne m'aurait pas plus illuminée.

En attendant, Esther, qui l'adorait et qui en était aussi chérie que moi-même, n'arrivait pas aux mêmes résultats et c'était à moi de lui éviter les rigueurs paternelles et à maman de les pallier. Aussi, surtout quand il s'agissait de sa vie sentimentale, elle se confiait à ma mère et, comme celle-ci s'inquiétait parfois de certains rendez-vous, elle priait ma sœur de m'emmener avec elle, me chargeant ainsi à mon insu des fonctions de duègne. Alors, durant les entrevues plus ou moins intimes, quand Esther m'invitait à « aller jouer un peu plus loin », je me postais dans le coin le plus propice pour assister aux échanges amoureux, bien innocents d'ailleurs, auxquels le couple, vite distrait de ma petite personne, se laissait aller ; et je les guettais avec une excitation redoublée par le sentiment que j'avais du « péché » que commettait sans aucun doute ma sœur en se laissant ainsi embrasser et de ma propre culpabilité à regarder ce qu'il m'était défendu de voir. C'est à ces occasions peut-être que j'ai commencé à connaître le goût du fruit défendu et depuis, en recherchant souvent son exquise saveur, je me suis toujours appliquée à inventer des tabous là-même où il n'y en avait pas. Quant à Esther, j'ignorais à cette époque qu'un jour prochain, séparée d'elle d'abord un peu par son mariage, ensuite totalement par la guerre civile, je ne la reverrais plus qu'en 1955 en Avignon, quand elle a pu quitter enfin La

Coruña avec sa fille pour rejoindre au Mexique Enrique Varela, son mari, dont la coupure de l'Espagne en deux camps l'avait isolée, puis séparée pendant dix-huit années, et qui s'était, lui, à la fin de la guerre espagnole, après un bref séjour auprès de nous à Paris, exilé à Mexico.

Mais avec Esther et mes parents, il y avait aussi les domestiques, une autre famille chez laquelle je trouvais aussi un foyer.

Il y avait Léonor, imposante, toujours impeccable, d'une propreté à croire qu'elle se mouvait dans une clinique. Elle faisait office de gouvernante et de femme de chambre ; elle servait aussi à table et s'occupait du repassage. A La Corogne comme à Montrove, tous les samedis j'allais la regarder travailler avec son grand fer chargé de braises qu'elle frottait de temps en temps à une toile émeri et qu'elle essayait avant de s'en servir sur un torchon éblouissant ; c'était le jour où elle faisait la literie ; et voir ces immenses chiffons froissés et humides devenir sous son fer et l'eau amidonnée dont elle les aspergeait, des draps blancs immaculés, lisses, suaves, à désirer la nuit pour s'y coucher sans plus attendre, était un des moments dont je garde un souvenir fasciné. Léonor était célibataire, silencieuse jusqu'au secret, d'une honnêteté et d'une discrétion incurables, autoritaire ; elle savait lire et écrire. Quand nous nous sommes installés à Madrid, elle ne nous a pas suivis ; maman, qui avait en elle une confiance à toute épreuve, l'a laissée en Galice gouvernante et gardienne de la rue Panaderas ; elle était chargée aussi de préparer la maison de campagne à nous accueillir l'été, et de veiller sur ma tante Candidita qui vivait déjà avec nous. L'été de 1936, toutes les deux, elles avaient préparé comme chaque année « Villa Galicia » pour nous reçevoir maman et moi d'abord, plus tard mon père à qui la double charge de président du Conseil et de ministre de la Guerre laissait à peine un mois de repos. Elles ne nous ont jamais vu arriver et elles ne nous ont jamais vus depuis ; la tía Candidita est morte très vieille, à moitié infirme, après une existence digne d'un roman de Galdós [1], mais Léonor, pour qui mon père avait obtenu un débit de tabac, vit toujours, retirée à Lugo, la Ville de sa Galice natale.

Si quand je suis née, Léonor servait chez mes parents depuis longtemps, Susita, elle, a été engagée seulement à cette occasion pour

---

1. Benito Perez Galdós, romancier espagnol de la fin du XIXe siècle.

s'occuper de moi. Dès que j'ai pu ânonner quelques bribes de mots je l'ai appelée Susita mais en réalité son nom de baptême qu'il m'était impossible de prononcer était Generosa (Généreuse) et elle l'a porté et le porte encore avec splendeur. Célibataire aussi, plus jeune que Léonor, maigre et minuscule, dotée d'un visage ingrat éclairé seulement par le regard extraordinairement attentif et souvent ironique de ses grands yeux gris qui luttaient dans ses orbites pour devancer son long nez aquilin et toute sa personne, parfaitement illettrée, riche seulement de ce que l'expérience lui avait enseigné, elle était cependant incroyablement forte et possèdait un arsenal d'armes forgées à l'ère paléolithique pour affronter la vie et flairer de loin ce qu'il faut fuir et approcher, désirer ou écarter. Parlant un patois fermé, guttural, où le castillan et le galicien se bousculent pour trouver des mots et des expressions à faire rêver un linguiste averti, elle portait avec elle – et j'en ai encore été frappée en la revoyant dernièrement – l'essence même de la Galice, ses qualités et ses défauts, et cette générosité inouïe doublée d'une telle méfiance qu'on en vient à conclure de l'extérieur que le Galicien est avare.

A Madrid, où elle nous avait suivis, je voulus lui apprendre à lire et à écrire. Sur le tableau noir que mes parents m'avaient offert à cet effet, je lui indiquais une lettre : « – Susita, qu'est-ce que c'est ?

– ... Qu'est-ce que c'est quoi ?

– Cette lettre ?

– ... Tu l'as bien dessinée ?

– Oui !

– Je ne la reconnais pas ; tu as dû mal la dessiner.

– Elle est bien tracée.

– ... Peut-être bien que c'est un A.

– Non.

– Tu en es sûre ?

– Oui !

– Alors qu'est-ce que c'est ?

– Un R.

– Un R ? ... noooon !

– Si.

– Tu veux me faire marcher ; mais je ne me trompe pas, c'est un A.

– Je te dis que c'est un R !

– ... Ah !

– R!!!

– Bon, bon ! Je disais simplement – « AH ! » – ... alors... peut-être bien que c'est un R. »

Comme la patience n'a jamais été une de mes qualités et que je ne voulais pas me laisser aller à la violence qui peut devenir facilement un de mes défauts, j'ai renoncé à poursuivre les leçons et j'ai pu uniquement lui apprendre à signer son nom.

Auprès de nous, en même temps que moi, elle a connu la ville, la grande ville, l'aisance, voire un certain luxe, « l'urbanité », les petits mystères de la bourgeoisie et même, à travers la vie publique de mon père, des éclaboussures de la gloire et ses pièges. Fidèle comme un chien de garde mais bavarde, juge parfaitement renseigné quant aux secrets domestiques, convaincue dans sa simplicité que j'étais trop petite pour comprendre ce qui était dit à mots couverts, et sauvagement attachée à mon père, c'est elle qui a déclenché, à son insu, mon animosité contre maman dont les aventures étaient plutôt mal vues aux endroits où je me tenais souvent quand je restais dans la maison : l'office et la cuisine.

Maintenant, avec ses soixante-quinze ans qu'elle porte avec une vivacité de bête aux aguets, elle est placée chez un vieillard impotent qu'elle soigne du matin au soir, qu'elle lave et qu'elle habille, chez qui elle est chargée des travaux du ménage, blanchissage, courses, cuisine, ce pour quoi elle reçoit des fils de la maison employés dans une banque la mirifique somme de mille pesetas par mois, c'est-à-dire moins de cent francs. Avec cela, elle insistait à Madrid, quand elle est venue me voir avec Pilarita, pour payer la note du restaurant où nous allions dîner toutes les trois, sous prétexte qu'elle avait pu faire des économies : « Hé ! à la maison tout m'est payé ! résidence et nourriture », et c'était tout juste si elle n'affirmait pas, avec tout de même un éclat de rire dans l'œil, qu'elle était particulièrement privilégiée.

Pilar et Arturo, je ne les voyais qu'à la campagne, ou en ville lors des fêtes de Noël.

Elle, de stature moyenne, pleine sans lourdeur, avec des cheveux noirs et une peau mate qui sur son visage enchâssé dans le jais de ses bandeaux prenait l'éclat doux et uni de la perle, elle venait l'après-midi s'occuper des travaux de couture et avec ses yeux sombres, magnifiques, le piquant de quelques grains de beauté, un sourire éclatant ouvert jusqu'aux oreilles, elle emmenait avec elle je ne sais quelle épaisseur de fécondité. Lui, beau garçon, clair et avenant, le seul des deux à savoir lire et écrire, était revenu, pour l'épouser, de La Havane, où il avait émigré et d'où il avait eu le bon goût de ne rapporter qu'une dent en or et quelques économies ; il s'occupait de la voiture et – comme nous n'avions plus le *pazo* avec ses vergers et ses terrains de culture – d'approvisionner la maison en légumes et fruits. Ils avaient une fille, plus âgée que moi, Carmiña, ma principale camarade de jeux à la campagne ; ils avaient perdu un garçon, Pepiño, qui partagea aussi avec sa sœur mes après-midi, et enfin une autre fille leur était née dont maman fut la marraine et à qui elle donna son nom : Gloria.

Mais il y avait aussi Mesías, le jardinier dont le jeune fils a été tué devant moi, sous les pierres d'un vieux colombier où il se tenait pendant que nous jouions à cache-cache et qui s'est écroulé sur lui.

Et il y avait « el Pigo », à moitié demeuré et qui l'est devenu tout à fait quand il a vu la foudre lui arracher des mains la faux avec laquelle il coupait l'herbe de la pelouse pendant l'orage.

Quant aux cuisinières, j'en ai connu deux, Carmen et Rita.

Carmen servait chez mes parents depuis les temps de mon grand-père ou presque et l'on s'est toujours demandé quel démon farceur l'avait poussée à inventer une stratégie particulièrement farfelue pour s'approprier le revenu du quart des fruits-et-légumes qui poussaient dans le jardin. Pendant que son complice entrait la nuit dans la propriété avec une charrette pour emporter la moitié de la récolte à laquelle ils avaient décidé de s'en tenir, elle, de son côté, afin de détourner l'attention de l'extérieur, se livrait à l'intérieur, habillée pour les besoins de la cause, au jeu pour le moins extravagant de la « maison hantée ». Mon père a mis longtemps pour découvrir l'origine des bruits qu'on entendait dans la nuit, des objets déplacés, des bouteilles brisées et des visions dont certains membres de la communauté avaient été victimes. Il lui a fallu veiller pendant deux longues semaines, relayé par les serviteurs et quelques voisins accourus par amitié et curiosité, jusqu'au soir où l'un d'eux, caché près des chambres du personnel, a pu enfin s'emparer du fantôme qui en sortait et sans la moindre considération l'a tout bonnement démasqué, découvrant ainsi, sous le drap blanc, la bonne et épaisse carrure de Carmen sous un attirail fabriqué avec porte-manteau et fils de fer qu'elle mettait au-dessus de sa tête pour se grandir. Quand on lui a demandé pourquoi elle avait fait une chose pareille, elle a répondu simplement qu'elle n'avait jamais voulu voler quoi que ce soit au *señoritiño* [1], mais qu'ayant appris que la moitié des produits du jardin allaient tout droit aux Marchesi, elle trouvait regrettable de ne pas mieux en profiter.

Quant aux Marchesi, propriétaires du domaine, ils n'ont jamais connu cette abracadabrante histoire, comme ils ont toujours ignoré, en reprenant leur *Pazo*, le véritable chagrin qu'ont eu mes parents en

---

1. *Siñoritiño.* Diminutif galicien de *señor* (monsieur).

quittant ce vieux manoir du XVIe siècle, les vastes terres, closes d'une murette basse et moussue, qui les cernait entièrement, et qui descendait avec elles du côté du bois comme du côté des vergers, en pente douce, vers la ría ; le parc immense, soigné et sauvage, coupé par un long tunnel de myrte dont on cherchait la fraîcheur, à l'abri du soleil ; les lavoirs où s'affairaient Marica la lavandière avec d'autres gens de la maison ; la pinède sombre, tapissée d'aiguilles et de pommes de pin bourrées de pignon dont nous nous gavions. Et ces vergers croulants de pêches de toute espèce — prunes — pommes — cerises — figues — coings — d'une qualité rare — si rare, et dont je sens encore le jus couler sur mon menton. Et enfin, la grande cour aux divines proportions, ouverte sur un terrain de basse-cour, entourée sur trois côtés par une longue galerie avec balustrade et colonnettes en pierre ouvragée dont les alvéoles accueillaient des centaines d'hirondelles revenues là, dans leurs nids, avec nous, chaque année, pour la bonne saison.

C'est dans cette cour que le fils de Mesías est mort ; c'est là aussi que la foudre a abattu le seul arbre qu'il y avait, un immense cyprès qui cachait un nid où nous avons retrouvé une bague que maman avait cherchée partout sauf chez la pie qui l'avait dérobée.

C'est là aussi qu'à la Saint-Jean, on allumait les feux que les garçons enjambaient en un saut qui les faisait voler dans la nuit étoilée, méconnaissables, transfigurés dans la lueur des flammes ; puis, à l'aube on remplissait — là — d'eau et de pétales de roses, de grands baquets où les jeunes filles se baignaient au lever du soleil pour faire trois vœux dont un devait s'accomplir dans l'année.

C'est là, enfin, que j'ai été mordue à la cuisse par un lapin apeuré et que j'ai essayé — pour la première et la dernière fois — Paco, le poulain arabe que papa avait acheté pour moi, qu'il m'a fait monter à cru, et qui n'a pas mis deux minutes pour se débarrasser de moi.

« El Pazo » — cette demeure toute en longueur, d'un seul étage recouvert d'un immense grenier condamné afin d'empêcher les rats, énormes, de descendre à travers la maison jusqu'aux cuisines, au rez-de-chaussée — Les revenants, les fées, les sorcières, le « Bouc », les contes de Poe que mon père me lisait avec délices, tout devenait possible dans cette masure toute en recoins et en vastes salles reliées au-delà du pont suspendu aux dépendances et au long escalier en pierre taillée que l'on prenait pour descendre dans les jardins.

J'eus un pincement au cœur en apprenant par ma nièce, il y a trois ans, qu'un avion venait de s'écraser sur cette superbe bâtisse en la détruisant presque entièrement ; et quand il m'arrive d'être assaillie par un de ces rêves ou cauchemars qui, pendant de longues périodes, se prolongent, obsessionnels, c'est toujours dans un cadre emprunté au *Pazo* et à la maison de la rue Panaderas que je les vis.

Pourtant, le lieu que j'ai le mieux connu en raison de l'âge où je l'ai habité, c'est celui que les Marchesi ont proposé à mes parents quand ils ont décidé de récupérer leur *Pazo*.

Villa Galicia était une de ces villas à la française genre 1920, haute de trois étages, surmontée d'un toit d'ardoises avec des tours pointues « comme il se doit » et ouvrant sur le jardin classique 1900 deux terrasses superposées, au premier et au deuxième étage, et une troisième, tout près des toîts, qui me permettait aisément de grimper jusqu'à la girouette et au paratonnerre où j'aimais me tenir. Par une murette basse, la propriété donnait sur une route peu fréquentée et pour le reste, elle était entourée d'une épaisse haie de troènes parfaitement entretenue, mais que nous nous plaisions à trouer mes camarades et moi pour faire des échappées dans les bois de pins qui cernaient presque la maison, ou en pleins champs. De nos virées, nous rapportions parfois une citrouille pour fabriquer une tête de mort ; après l'avoir évidée et montée sur un porte-manteau, nous y introduisions une bougie allumée, nous recouvrions l'ensemble d'un drap blanc et nous le placions dans la pièce noire où s'entassait le charbon. C'est ainsi que les fantômes de Carmen sont venus hanter les caves de la nouvelle cuisinière, Rita.

Dans le jardin, nous nous amusions aux jeux de plein air qui amusent tous les enfants, et, cachés dans les chambres désertes du troisième étage, à ceux, plus troubles, « du papa et de la maman » ou « du docteur ». Comme je l'ai dit, Carmiña était alors ma compagne attitrée, celle qui, à la campagne, occupait la place de Pilarita absente ; et quand je me rappelle la passivité avec laquelle cette grande fille acceptait toutes mes propositions, malgré la bonne dose d'ennui qu'elle devait trouver à partager des heures durant les jeux d'une gosse bien plus jeune qu'elle, en songeant à la facilité avec laquelle je menais à mon gré tout ce petit monde autour de moi, je ne peux m'empêcher d'entrevoir – non sans quelque malaise – le canal par où le goût de la domination s'est insidieusement infiltré dans mes veines. Mais à l'époque je jouissais de mes privilèges en toute innocence, ignorant s'ils empiétaient sur la liberté de mes semblables ; et riche de mon innocence, tout au long de ces journées vacancières qui m'éclairent aujourd'hui d'un souvenir ébloui, je me modelais un caractère.

Chaque matin tôt levée, sauf le dimanche où la fanfare du bourg venait nous faire la sérénade avec *gaita* [1] *pandeiro* [2] et ses terrifiants *cohetes* [3] qui me faisaient fuir au fin fond de la maison et qui m'ont dégoûtée à jamais des feux d'artifice, je m'arrangeais toujours pour assister à la visite de la marchande de poissons. C'était une paysanne bien baraquée – elle me paraissait immense – et elle arrivait portant son étalage sur la tête, une grande corbeille ronde, bien creuse, très vaste, tapissée de feuilles de vigne. Devant l'entrée de la cuisine, Leonor, Rita et parfois maman ou tía Candidita, choisissaient, dans la belle marchandise présentée en double éventail, le colin – les soles – sardines – dorades – maquereaux, ou les crustacés, placés à part, au centre, dans une corbeille plus petite qui débordait aussi de fruits de mer.

Et moi — devant cette créature immense, fraîche et luisante comme sa marchandise, dressée dans la lumière bien lavée du matin — saisie soudain de tant de beauté, à la fois émerveillée et vorace, je restais là — chaque matin — à la regarder, avec le désir de plus en plus pressant, aigu, clamant en moi : celui de pénétrer et vivre cette magnificence. Et quand enfin ma mère m'a offert une corbeille pour y placer les pièces achetées et les promener quelques minutes sur ma tête avant de les « revendre » – à mon tour – à Léonor, j'ai connu les mystères de royauté qui se cachent dans le port des paysannes de mon pays.

Le second geste du rituel quotidien consistait à parcourir le long escalier où les lumières électriques de la nuit avaient attiré toute une collection de papillons plus beaux les uns que les autres. Malgré ma répugnance pour leurs corps au creux de ma main, je les saisissais un à un avec d'infinies précautions et les rendais à l'air et au jardin où, parfois, pour ma plus grande joie, ils s'envolaient.

Je n'ai jamais joui de la cruauté « innocente » des enfants. Comme il m'est arrivé ensuite avec mes semblables, j'ai toujours eu une imagination extrêmement vive qui me plaçait automatiquement dans la peau de la bête qui pouvait souffrir et lorsque quelqu'un tuait sur ma demande une araignée ou un mille-pattes – deux de mes sources de terreur – j'insultais le bourreau s'il n'était pas assez ferme ou assez rapide. A La Coruña, où Rita avait l'habitude de poser des souricières bien garnies de fromage, dès qu'elle s'absentait, je parcourais les coins de la cuisine pour ôter de chaque piège le redoutable appât. Un jour une

1. *Gaita.* Sorte de cornemuse.
2. *Pandeiro.* Tambourin.
3. *Cohetes.* Fusées.

minuscule souris s'y était prise étrangement par la queue ; je l'ai dégagée, je l'ai soignée comme j'ai pu en entourant sa blessure d'un sparadrap ; et lors d'une autre tournée, plus tard, comme j'étais seule dans les lieux, j'ai revu, émerveillée, ma petite patiente sortir de dessous une armoire et venir, tranquille, traîner autour de moi sa queue baguée ; j'en ai pleuré de joie.

Cependant deux bêtes échappaient pour leur malheur à ma compassion. Pour les gros pucerons des sables qui sautent partout sur la grève atlantique et qui en criblent la surface lisse et vierge découverte par les marées basses, je n'avais pas un brin d'imagination affective, et je ne sais pourquoi je les coupais en deux comme on brise les crevettes pour les décortiquer. Et puis, il y avait les belles couleuvres rouges et noires, vertes et blanches, qui traversaient paisiblement les allées du jardin ; pour celles-ci j'éprouvais une telle fascination, les dessins sur leur peau lisse me paraissaient si mystérieux et si beaux que — j'en arrivais à tuer les bêtes — avec une énorme pierre que j'écrasais — aveugle — sur leur tête, le plus brusquement possible « afin que mort subite s'ensuive » ; et cela pour les dépouiller moi-même de cette parure et la garder bien lavée et soigneusement poudrée de talc dans une boîte que l'on m'avait donnée et où je rangeais mes bijoux.

Ces vilaines anomalies, quand j'y songe, m'ont toujours laissée perplexe ; elles font partie de ces données que j'accepte telles quelles ; et tout en y mettant bon ordre avec ce qui m'est venu de raison, je préfère laisser aux analystes le soin d'en élucider le mystère. Car, à part les réactions meurtrières levées chez moi par la peur et par ... « ça », que ce soit avec les animaux sauvages ou domestiques, j'ai toujours entretenu des rapports affectueux ou, du moins, courtois. Je peux d'ailleurs en dire autant pour les ressortissants des règnes végétal, minéral – j'aimais et j'aime la pierre –, et aussi pour les objets : un tableau au mur de travers ou une poupée mal assise sur l'étagère m'empêchaient de me reposer, gênée que j'étais dans mon corps de leur position inconfortable. Et mes parents racontaient que quand j'étais très petite, un jour où maman balayait avec humeur un coin resté sale, comme je la regardais le faire avec brutalité, je lui demandai : « Maman, est-ce que les balais ont une âme ? »

Il reste les humains et avec eux les rapports se chargent de complexité et de difficultés.

Habituée à vivre en pleine nature et à fréquenter seulement un nombre restreint de figures familières, l'approche de personnes étrangères à cet univers, surtout quand elles se présentaient en groupe, m'inquiétait jusqu'à la panique. Or, comme mon père, j'avais des mains qui – sans doute à cause des relents sournois d'épilepsie que nous traînions encore – tremblaient déjà d'elles-mêmes, mais qui, à la moindre émotion, se mettaient soudain à battre la campagne entraînant dans leur danse le reste du corps. Les accès de timidité suffisaient à déclencher chez moi cet état et quand maman me voyait ainsi, les poings serrés autour de mon pouce et frémissante comme le peuplier d'Italie sous la brise, cela évoquait certainement pour elle des images moins bénignes car elle aurait fait n'importe quoi pour que cela cesse. Seul mon père s'efforçait encore de combattre une sauvagerie qui me rendait – à leur goût – un peu trop « zoulou » ; mais lui aussi dut déclarer forfait___.

Un jour il m'envoya avec Susita au *Relleno*, un parc corognais au bord de la mer où, au milieu des palmiers, se réunissaient l'après-midi pour jouer tous les rejetons de la bonne société. Quand je suis arrivée sur les lieux et que j'ai aperçu tous ces *señoritos* et *señoritas*, habillés de tissus aux couleurs de riche, bien lavés, bien peignés, impeccables à se demander à quoi ils pouvaient bien jouer pour rester si propres, munis chacun de voitures miniatures, de vélos à leur taille, de tricycles, de patinettes, de poupées, la peau brillante de nourritures choisies et légères, s'avancer vers moi avec une aisance de diplomates-nains et un sourire de club nautique, ne sachant pas par où m'évader, j'ai eu la bienheureuse idée de tomber. Ils n'ont même pas ri tellement ils étaient « élevés ». Quant à moi, aidée par Susita qui s'est précipitée sur moi, j'ai essayé vainement de redresser ma jambe droite et nue – je portais encore le *mameluco* – où l'on percevait sur le genou une légère éraflure. Susita, inquiète, essayait sans succès de me faire marcher. Le visage fermé, les dents serrées, les yeux embués, cramoisie et tremblante comme une feuille, je me suis bornée à dire et à répéter que je ne pouvais redresser ma jambe. Ils m'entouraient tous___ ces enfants civilisés___ avec leurs visages « désolés », et je me demande encore s'ils n'ont pas enfin éclaté de rire quand Generosa, au comble de l'affolement, m'a chargée dans ses bras frêles – et je n'étais pas des plus légères –, pour m'emmener chez le premier pharmacien___ qui ne se trouvait pas à côté. Aucun de ces petits messieurs pourtant n'a eu la courtoisie de lui donner un coup de main.

L'examen du pharmacien n'ayant rien donné, comme je prétendais toujours ne pas pouvoir déplier ma jambe, Susita a appelé un taxi et m'a ramenée à la maison et sans plus tarder à la bibliothèque où se trouvait mon père. Il se tenait à l'autre bout, près des fenêtres. Moi, dressée sur un pied et appuyée contre Susita dans le chambranle de la porte, j'écoutais avec lui le rapport rapide et désordonné qu'elle lui faisait de l'événement. Quand elle eut fini de parler, papa qui n'avait pas bougé et m'avait seulement regardée de loin avec attention, me dit : « Vitola, viens ici. » Et je courus à lui pour cacher mon visage contre ses jambes. Il paraît que pour une fois il a été vraiment tenté de me ficher une bonne raclée ; mais comme il hésitait encore, j'ai posé sur sa main un baiser furtif et j'ai couru de nouveau vers Susita que j'ai prise à bras-le-corps et à qui j'ai demandé instamment pardon. Comme de ma courte vie on ne m'avait jamais vue dans une quelconque attitude d'humilité, mon père a jugé – je pense – que mon auto-punition suffisait et en tout cas il a renoncé à l'idée de me civiliser.

C'est ainsi que ma sauvagerie fut entretenue et qu'aujourd'hui encore, bien que les années et le théâtre soient passés par là pour pallier les manques de mon éducation et me rendre apte à une certaine maîtrise, je rencontre rarement hors de la scène plus de deux ou trois personnes à la fois, je tremble encore intérieurement quand je sors en société et lorsqu'il m'apparaît comme impossible de quitter une réunion nombreuse je peux aller jusqu'à l'évanouissement.

Quant à mon orgueil on le connaissait et on savait de qui je le tenais. Plusieurs fois, on avait voulu le mettre à l'épreuve, mais rien ne l'entamait. On avait beau me dire que j'étais moche, « Zoulou » et froussarde, m'appeler *nariz de patata* à cause de l'épaisseur de mes narines, *cagallón,* ou crotte, pour me réduire, rien n'y faisait ; je restais intégralement orgueilleuse, et quand un jour, en me racontant une histoire sur un certain *Julio Carreras que corta los culos con unas tijeras* [1], on m'a soutenu que ce monsieur avait coupé le mien parce que j'étais trop fière, j'ai demandé avec une véritable ferveur : « Seulement le mien ? Je suis la seule à avoir le derrière coupé en deux ! » — et l'on n'a plu insisté.

Mais mon père savait – et pour cause ! – que si l'orgueil est un affreux péché, il est aussi une colonne qui, plus tard, pourrait me tenir, et qui d'ores et déjà pouvait servir de point d'appui à ceux qui se chargeaient de mon éducation pour m'élever.

Et pour m'élever et m'apprendre l'humilité il y avait aussi le grognement sempiternel de l'Océan.

Je crois que j'avais deux ans et demi quand on m'a jetée dans une grande flaque salée au creux des rochers, pour m'y laisser barboter

1. *Tijeras.* Ciseaux.

jusqu'à ce que je flotte. J'ai flotté comme un bébé canard. Et c'est ainsi que j'ai commencé à nager.

A terre, la peur physique a toujours été une de mes caractéristiques. Même pour grimper aux arbres et aux toits, les seuls exercices qui semblaient échapper à l'interdiction imposée à mes élans sportifs par la pusillanimité de ma nature, il fallait voir de quelles garanties je m'entourais.

En mer, à l'encontre de beaucoup de marins, je n'ai jamais pu supporter le bateau ; et des quelques virées que j'ai faites avec mes parents dans leur petit voilier *El Mosquito* [1] je ne me souviens que du reflet vertigineux de mon visage penché par-dessus bord — la gueule ouverte — sur la surface brisée de l'eau de mer que je polluais, et d'une seule idée claire dans mon esprit : retrouver un sol ferme où poser mes pieds.

Aussi, quand je pense à la peine que j'ai toujours eue à m'arracher aux vivifiantes écumes de Bastiagueiro ou de Camaret, je me demande quelle est la voie qui – quand je cherchais pour m'y planter une maison en Bretagne – m'a menée par le chemin de Saint-Jacques à cette bâtisse qui est la nôtre, sise au pied du Limousin, aux confins de la Charente et de la Vienne, à plus de cent kilomètres de l'océan à vol d'oiseau, et où je viens retrouver maintenant auprès des eaux douces et glauques de la rivière la musique et le silence du *Pazo* —

La plage était presque déserte, long et mince croissant de sable fin à marée haute, vaste demi-lune quand l'océan se retirait. Seuls quelques pêcheurs de crabes se mouvaient lentement dans les rochers et là-bas, tout au bout, un groupe de paysannes montagnardes à qui le médecin avait recommandé un mois de bains de mer s'appliquaient à réduire le temps de leur cure en accumulant six, sept, huit plongeons par jour pour repartir au plus tôt. De loin, nous les voyions s'avancer au bord de l'eau, vêtues de sacs en toile de jute destinés à empaqueter les pommes de terre, et qui les recouvraient entièrement jusqu'aux pieds ; frissonnantes de froid et de peur, elles mouillaient vite de leurs mains le sommet de leur crâne et la nuque pour éviter la congestion : et quand les vagues venaient lécher leurs genoux, elles s'accroupissaient enfin brusquement, en agitant leurs bras de marionnettes folles hors de l'eau pour retenir les ballons que leurs « tuniques » relevées gonflaient autour d'elles. Puis elles revenaient en courant sur le sable et comme le jute collait à leur peau, elles fuyaient cacher le scandale derrière les rochers. Et de nouveau nous restions maîtres absolus de la grève avec les mouettes et les pucerons du sable.

1. Le Moustique.

NOUS, c'était maman Susita et moi.

Il y avait aussi Pilarita, mon amie ; et avec elle, quelques personnes de La Corogne qui venaient avec leurs enfants se baigner à Bastiagueiro et qui, là, *dans mon royaume*, ne m'intimidaient plus.

Il y avait Celia, une vieille fille maigre, petite, laide et adorable dont je me souviens particulièrement parce qu'elle passait son temps à cueillir de grosses pâquerettes qu'elle faisait sécher afin d'avoir son stock de camomille pour l'année.

Parfois, il y avait aussi des visiteurs venus de Madrid, gens incroyablement frileux qui ne s'aventuraient hors de la maison que par temps « au beau fixe » ; mais qui, alors, ne sortaient qu'enfouis sous de grands chapeaux pour se cacher du soleil. A la plage, où ils se rendaient en voiture, ils avaient la curieuse habitude d'enduire leur peau de substances grasses et odorantes qui leur attiraient toutes les guêpes du pays, et quand à notre tour nous arrivions par les chemins creux du mont en vue de la mer, avant de descendre la dernière côte qui dévalait à pic sur la grève déserte, nous les voyions, seuls, minuscules — se démener fous, secoués de danses frénétiques, portés de tous côtés par un halo d'or mouvant qui les poussait jusqu'à l'eau où ils plongeaient la tête la première.

Enfin, il y eut un nouveau venu, familier de l'océan même si dans son pays on l'appelait Cantabrique.

Il s'agit de Maximino, jeune gars basque, beau « dans le genre buriné », délicat et viril, silencieux malgré une voix superbe qu'il employait surtout pour chanter des airs de son pays, assez raffiné bien que peu cultivé, d'une droiture à toute épreuve malgré quelque semblant de contradiction, remarquable mécanicien, et que mon père nous avait envoyé de Madrid dans une Plymouth cabriolet décapotable qu'il offrait à maman pour son anniversaire. A notre service nous avions donc une personne de plus qui faisait office de chauffeur de la *señora*, et dans la maison, un nouvel amant de ma mère. Naturellement, je l'ai reconnu immédiatement en tant que tel, et comme maman se souciait de moins en moins d'occulter sa vie privée, j'ai dû subir d'une part l'humiliation infligée par les commentaires de l'office, et d'autre part un chatouillement trouble, tout nouveau au creux de mon ventre, quand je surprenais par hasard – ou volontairement blottie derrière une porte fermée – quelques bribes échappées à leur intimité. C'est le moment où j'ai atteint la puberté ; je m'en suis aperçue en sortant de l'eau de la mer ; j'avais onze ans et déjà pendant neuf mois de l'année j'habitais Madrid où j'allais encore trouver Maximino.

En rentrant de la plage, un repas savoureux, copieux et bien lourd, attendait notre voracité pour disparaître et, à table, nous retrouvions quelquefois papa, et toujours tante Candidita.

La *tía Cándida* (Candide) que nous appelions tous par son diminutif, était la veuve que mon oncle Arturo avait laissée dans ce monde après leur mariage non consommé.

Quand je l'ai connue, sa beauté défiait encore les mauvais traitements qu'elle lui infligeait. La *tía Candidita* se lavait, oui, elle était extrêmement propre, mais pour ce qui était des soins ou du plus petit ornement qui aurait exalté peu ou plus une maturité certainement séduisante, elle refusait même qu'on en parle. Assez grande — de son corps je ne puis rien dire car une housse noire jusqu'à terre interdisait toute conjecture sur ses formes ; pourtant son visage auréolé d'ondulations grisonnantes qu'elle rassemblait sur sa tête en chignon haut de vieille dame, d'une forme parfaite, avec des traits doucement réguliers et justement équilibrés, malgré les cavités qui trouaient son joli sourire laissées là par des dents absentes qu'elle n'avait jamais consenti à remplacer, ne trompait personne sur ce qu'elle aurait pu être.

Dans la maison elle avait pris une place de choix et tous l'aimaient, malgré sa surdité irritante dans un lieu où l'on avait coutume de parler bas et la méfiance que cette tare de l'âge entraînait chez elle. (De l'âge ou d'une mystérieuse volonté ?)

Dans l'organisation domestique, elle aidait maman quand celle-ci était présente et la représentait en son absence.

Le reste de son temps était consacré à son mari qu'elle visitait chaque matin au cimetière — et à moi, qu'elle avait prise en affection passionnée, faute de mieux. Les fonctions de Susita s'étant élargies au-delà de ma personne au fur et à mesure que je grandissais, c'est la tía Candidita qui assistait maintenant à mon coucher et qui me veillait jusqu'à ce que je m'endorme ; mais auparavant, pour appeler le bienfaisant sommeil sur mes nerfs toujours en éveil et apaiser ma monstrueuse vitalité, elle me racontait longuement chaque soir ses souvenirs du mois qu'elle avait vécu avec Arturo agonisant, harcelé par la toux, vidé de son sang et essayant malgré tout de lui parler et de l'aimer entre deux accès d'étouffement. A un moment donné, toujours le même, quand ses jolis yeux noisette se remplissaient de larmes, elle coupait court et « pour nous changer les idées » — disait-elle, elle me racontait alors des contes galiciens dont le plus apaisant était celui-ci :

Dans une maison isolée – « Comme celle-ci » ! s'écriait-elle – *en pleine campagne, par une nuit de tempête* – « Comme aujourd'hui ! » – , *une femme pauvre et impotente remet à sa fillette, avec laquelle elle vit dans la solitude, une petite somme d'argent pour aller chercher au village lointain une livre de viande, en lui faisant mille recommandations de prudence parce que la nuit va bientôt tomber et en lui confiant pour sa défense un petit couteau. María, la petite fille, parvient tant bien que mal au bourg, non sans chuter plusieurs fois le long du chemin, poussée par le vent, glissant dans une flaque, prise aux multiples pièges de cette heure sinistre entre chien et loup. Une fois arrivée au village, elle s'aperçoit avec épouvante que, sans doute lors d'une de ses chutes, elle a perdu son argent. Désespérée, elle s'en revient, luttant contre la tempête déchaînée qui secoue les ténèbres. Soudain, à mi-chemin, un éclair illumine la route qui longe le petit cimetière au pied de la colline. Elle s'arrête, réfléchit, s'assure de son couteau et, sans hésiter, elle s'avance parmi les tombes, tâtant leurs formes une à une jusqu'à ce qu'elle trouve celle qui garde le cadavre enterré le jour même de bon matin. La terre est encore molle, fraîchement remuée, rendue boueuse par la pluie. Ignorant, dans son impatience, l'eau, le vent, la foudre, les feux follets qui dansent autour d'elle les fêtes de l'enfer, elle s'affaire avec ses mains d'abord, avec son petit couteau ensuite, jusqu'à ce qu'enfin elle parvienne à obtenir ce qu'elle cherchait, une livre de viande dans le jarret. Alors elle rentre chez elle, enveloppe vite le beefteak dans un morceau de papier et le remet à sa mère. Elles dînent. Elles gagnent leurs lits jumeaux* « Comme ceux-ci ! » – me criait tía Candidita me montrant le mien et celui de maman côte à côte ; *et à peine sont-elles couchées qu'on entend trois coups sinistres frappés à la grande porte d'entrée.*

PAN ! PAN ! PAN !	Poum ! Poum ! Poum !
et une voix caverneuse, souterraine	
MARÌAAA...	Mariaaa...
DAME LA PATA QUE ES MÌAAA !	Rends-la-patte-qui-est-à-moi !
et la petite affolée	
– *Ay mamaita mía ! quién será ?*	Ah ! ma petite mère ! qui est là ?
et la maman	
– *Déjalo, hijita mía ; ya se irá.*	Laisse, petite fille ; il partira.
et la voix	
NO ME VOY NOOO...	Nooon ! Nooon ! Je-ne-pars-pas...
QUE ABRIENDO LA PUERTA ESTOY...	Voici-que-le-portail-s'ouvre-déjà...

Un bruit bizarre comme les pas de quelqu'un qui boiterait en montant l'escalier

MARÌAAAA...	Mariaaa...
DAME LA PATA QUE ES MIA	Rends-la-patte-qui-est-à-moi !
– *Ay mamaita mía quién será ?*	Ah ! ma petite mère, qui est là ?
– *Déjalo hijita mía, ya se irá*	Laisse, petite fille ; il partira.
NO ME VOY NOOOO...	Nooon ! Nooon ! Je-ne-pars-pas.
QUE LLEGANDO A TU PISO ESTOY	Je-suis-à-ton-étage-déjà...

et ainsi de suite, précipitant le débit à mesure que le mort approche lentement, elle me tenait haletante, jusqu'au moment où le spectre, tout près de mon lit, hurlait d'une voix tonitruante par la bouche même de la tía Candidita ; et quand la maman décidément bouchée à toute inquiétude répétait pour la vingtième fois *« Déjalo hijita mía, ya se irá :*

NO ME VOY NOOO...	Nooon ! Nooon ! Je-ne-pars-pas...
QUE AGARRANDO TU PATA ESTOY	J'empoigne-ta-patte-pour-moi

et là, une main leste à laquelle je ne m'attendais pas se saisissait de l'une de mes cuisses, me faisant faire un bond d'un mètre au-desus de mon lit.

Alors tía Candidita, de sa voix la plus douce, avec un soupir, me disait : « Et maintenant dodo », et elle éteignait la lumière.

Encore aujourd'hui, quand on m'appelle par mon nom tronqué MARÍA, auquel je n'ai jamais pu m'habituer quand il est prononcé en espagnol, je ne peux m'empêcher de penser ou même de dire *« dame la pata que es mía ».*

Avec les sirènes, les reines, les princes charmants, les elfes, les fées de maman, et les revenants, les monstres, les démons, les charrettes fantômes et la Sainte Compagne de ma tante, il y aurait de quoi composer un long recueil, bien équilibré, où toutes les forces obscures de la nature humaine seraient représentées.

Pourtant, tía Candidita a vécu une de ces existences de sainte femme – comme, pour d'autres raisons, Doña Rogelia, ma grand-mère paternelle – qui étaient en Espagne les fruits du *machismo* et de coutumes qui ont sévi ouvertement jusqu'à il y a peu de temps, qui sévissent peut-être encore au fond du cœur des grandes villes, plus clairement dans certains coins de province et qui réduisent les femmes à la vocation de béatitude. Mariées, mères et parfois légèrement délaissées, elles devenaient bigotes ; coupées de la vie par des deuils répétés qui les bouclaient parfois durant les meilleures années de leur jeunesse derrière les persiennes de leur demeure, ou de leur éducation, elles se vouaient bon gré mal gré à la « sainteté ». Tía Candidita appartenait à cette seconde catégorie, et ni l'amour porté à l'homme assoiffé de progrès qu'elle avait épousé, ni la fréquentation quotidienne de ce qui restait de lui (cette famille contestataire dressée face à certains vieux usages du pays) n'ont pu ébranler d'un pouce la ligne droite de sa sainteté. Élevée par ses tantes (je crois – car même dans cette famille progressiste il est remarquable de constater le peu que l'on vous raconte sur les femmes qui en font partie), elle était tombée amoureuse, très jeune, de Arturo. Après huit ans de la fréquentation requise par les normes en vigueur à l'époque, elle l'avait enfin épousé juste à temps pour assister à sa mort, et elle était revenue chez ses tantes, sinistres créatures qui m'effrayaient au plus haut point quand toute petite on m'emmenait chez elles pour lui rendre visite. Là, elle avait vécu cloîtrée dans son deuil et dans une odeur qui – je l'espère – n'est pas celle de la sainteté, ne sortant qu'à l'aube pour aller au cimetière d'où elle rentrait à midi. Vers 1929, comme elle avait perdu en peu de temps ses deux duègnes, mon père eut l'heureuse idée de la prendre avec nous à la maison, et après quelques mois de discussions, elle a quand même consenti à accompagner maman dans ses courses et à se déplacer avec nous, l'été, jusqu'à Montrove sous condition d'être conduite en ville au moins trois fois par semaine pour se rendre au cimetière de La Corogne. Quand nous nous sommes installés à Madrid, maman n'a eu de cesse qu'elle ne l'ait convaincue de venir nous rejoindre. Appâtée par ma présence dont elle pouvait alors difficilement se passer, elle y a vécu cependant dans un véritable malaise loin de la tombe d'Arturo ; et quand elle s'est fait renverser dans la rue par une voiture qui lui a fracturé un bras, elle en a naturellement conclu que c'était là un signe de « l'abandonné » pour la faire retourner auprès de lui ; alors, sans tarder, elle est repartie pour La Corogne en emportant son plâtre. C'est ainsi qu'il fut définitivement décidé qu'elle s'occuperait avec Léonor de la rue Panaderas et d'organiser « Villa Galicia » pour nos vacances communes. C'est à « Villa Galicia » que la surprit le soulèvement militaire ; et quand les émissaires franquistes sont venus vider la maison, c'est de la deuxième terrasse de « Villa Galicia » qu'elle s'est jetée dans le jardin, réussissant seulement une fracture du bassin qui l'a laissée tordue et bancale pour le restant de ses jours. Comme les représentants de ce qui allait devenir le nouveau régime la jugèrent sans doute trop sainte femme pour l'embarquer, ils la laissèrent là, cassée en deux ; et c'est la belle et généreuse Pilar avec son mari Arturo qui l'ont recueillie chez eux, dans leur simple et petite maison de Montrove, et qui l'ont soignée et gardée des années durant. Plus tard elle réussit à se rapprocher du domicile de son défunt mari sans pouvoir le visiter néanmoins comme elle l'avait toujours fait ; et enfin, après des années d'une existence purement végétative, aidée paraît-il par des membres de sa famille — les premiers dangers de compromission avec « les rouges » passés —, elle parvint à rejoindre cet homme — si leur curieux destin ne les a pas toutefois poursuivis pour le garder, *lui*, en enfer, pendant qu'*elle* s'envolera, légère, au paradis.

De Candidita, je n'ai rien eu en héritage, car malgré quelque culture et une finesse qui touchait à la poésie, elle n'avait aucune expérience d'une existence qu'elle ne vivait pas ; et tout ce qu'elle m'a appris — sauf la colère quand je pense à cette part qui existe encore malgré les masques chez toute femme espagnole — c'est ce qu'elle me transmettait des lectures qu'elle me faisait à voix haute pendant les longs après-midi où la pluie diluvienne m'empêchait de courir dans le jardin ou sur les toits.

Mais ce sont les heures solitaires que j'ai passées enfouie dans le feuillage touffu des arbres du jardin ou sur la crête du toit de la maison le dos appuyé contre la paroi d'une cheminée qui accaparent les coins privilégiés de ma mémoire. En plein ciel, avec à perte de vue ce paysage aimé, compris, à la fois mystérieux et familier — et là-bas, au loin, la mer — je pouvais rester des après-midi entiers en pure contemplation ; et tapie contre un tronc de sapin, dans les senteurs de résine et à califourchon sur une branche chevauchant des pays imaginaires — sources d'aventures fantastiques où j'incarnais mille et un personnages sans jamais venir à bout de mon imagination — le temps, tout en s'épaississant jusqu'à la densité où l'on hume soudain des effluves d'éternité, fuyait sans que je m'en aperçoive avec une effarante rapidité. Mais que dire de ce monde solitaire de l'enfance, le plus secret, le plus intime, le plus grouillant d'événements et cependant le plus silencieux et le plus quiet... Et pourtant c'est cet univers-là — les souvenirs vivaces qu'il m'a laissés de peurs, de joies, de plaisir, de morosité —, et la véracité avec laquelle il se représente dans ma mémoire, qui me font penser comme à Sigismond

que la vida es siempre sueño
y los sueños sueños son [1]

1. Calderón de la Barca, *La Vie est un Songe*.

Trois fois j'ai été sujette à des visions. Oui. Comme Jeanne entendait des voix, par trois fois, moi, j'ai eu des visions, toujours la même d'ailleurs, en différentes couleurs. J'ai vu, assis sur la pelouse de mon jardin au beau milieu de l'après-midi, le bidendum Michelin, rouge ou blanc et taille humaine ; et la frayeur que j'ai éprouvée devant ce spectacle vaut bien celle ressentie quand une voiture vous fonce réellement dessus, comme il m'arriva bien plus tard place du Trocadero.

Vingt fois j'ai prévenu mes parents que d'étranges personnages rôdaient curieusement depuis quelque temps autour de la maison. De ma tour de guet, là-haut, sur la girouette, je les voyais se promener, lentement, à deux dans les champs près de la haie, ou solitaires, étendus sur la couche sèche d'aiguilles de pins à l'orée du bois voisin. Ils ne m'inquiétaient nullement, mais leur présence, assidue dans ces parages d'habitude déserts, m'étonnait. Papa, qui était arrivé de Madrid avec son escorte de nuit – deux gardes civils à cheval qui chaque soir faisaient leur apparition spectaculaire, drapés dans leurs capes sombres sous la toile cirée noire de leurs bicornes –, souriait en écoutant mes rapports et me demandait s'il s'agissait de terriens que j'avais vus ou de martiens et s'ils étaient déguisés en diplodocus ou en pneus. Un soir, comme j'avais oublié dans un arbre deux beaux coussins que j'avais la manie d'emporter avec moi avec d'autres objets pour me fabriquer un nid dans les branches, mon père, toujours féru de rigueur, m'a envoyée les chercher quand minuit allait sonner ! J'ai fait l'aller et retour en un temps record dans un véritable état de terreur ; mais quand j'ai rapporté enfin les maudits coussins, d'un air parfaitement calme, et que je me suis bornée à dire le plus naturellement du monde qu'en revenant j'avais vu l'ombre de quelqu'un traverser l'allée devant moi, mon père m'a répliqué qu'à douze ans il était temps pour moi d'apprendre à faire la part des choses, de la réalité et de la fiction. Le lendemain nous dînions avec des amis de mes parents. La maison était toute illuminée, les fenêtres s'ouvraient béantes sur les terrasses éclairées ; en bas, les serviteurs se tenaient au grand complet et le couple de gardes civils prenait son petit café du soir avec eux. Après dîner, quand tía Candidita m'a accompagnée au deuxième étage dans la chambre que je partageais avec maman, en ouvrant la porte, nous avons aperçu le temps d'un éclair une forme se glisser vers la terrasse ; mais là encore ma tante a parlé d'effets optiques. Deux jours plus tard, j'ai cherché vainement le coffret de mes bijoux – quelques chaînes, deux petits bracelets, des médailles et « mes peaux de serpent » – pour l'emporter dans mon nid. On m'a soutenu que je l'avais laissé sans aucun doute dans un arbre ;

mais ma mère qui le cherchait aussi, a vite découvert que non seulement il avait réellement disparu mais que son bracelet et son collier de diamants, les seules pièces de valeur qu'elle possédât et qu'on lui avait offertes quand elle avait baptisé le *Canarias* – bateau de guerre qui plus tard devait être coulé par les forces franquistes, italiennes ou allemandes pendant la guerre –, ne se trouvaient pas non plus dans le poudrier où elle les avait placés, au milieu de la pacotille qu'elle se plaisait à mettre autour de son cou et de ses poignets.

Mon père s'est refusé à porter plainte et il me félicita alors pour mes dons d'observation, en m'invitant à insister une prochaine fois si l'on venait à contester mes dires — Or, dans mon esprit, les gens que j'avais vu guetter jour après jour nos allées et venues domestiques n'avaient pas plus de réalité que le bonhomme Michelin qui se prélassait dans le soleil sur la pelouse du jardin.

Les fées qui ont présidé à ma naissance, l'éducation reçue, ma courte existence dans les douces terres galiciennes frappées par l'eau de l'Atlantique, m'ont dotée de quelques trésors. Une santé à toute épreuve, le sens du balancement des saisons, le goût de la nature et partant du naturel, le pouvoir de concentration, l'imagination, un intérêt passionné pour le cœur humain, l'attrait du mystère, la quête d'univers poétiques, le dégoût de la vulgarité où qu'elle se trouve, les richesses de la solitude, un caractère fort, la générosité, l'auto-exigence, l'amour de ceux qui m'avaient faite, la fierté de ce qu'ils m'avaient donné, la familiarité des textes, des rituels, de la musique, du spectacle théâtral, une prescience de la vie publique, des marées humaines, des vanités de la gloire ; et surtout le sens du sacré, une acceptation vivante, profonde et véhémente devant la vie et la mort et l'ébauche d'un désir pour réussir l'une et l'autre, en essayant d'en chercher ou de leur donner un sens.

Ces dons, bien entendu, portaient avec eux leurs revers ; et la sauvagerie, la peur des villes, un individualisme forcené dans une époque qui nous mène droit à la fourmilière, le besoin féroce d'indépendance et de vie multipliée, la démesure, une morale personnelle mais rigoureuse aux prises avec la revendication constante de libertés, un manque d'indulgence vis-à-vis de moi et plus tard vis-à-vis des autres, les inhibitions nées de l'orgueil, une répulsion pour la foule ; et aussi un penchant certain vers un redoutable despotisme inconscient d'abord, révélé ensuite, déguisé enfin, et que je dois encore combattre comme la violence, malgré ce remarquable exutoire qu'est le théâtre ; tout ceci ajouté à cela et à des élans profonds et obscurs, interdits à ma connaissance et qui trouvent peut-être leur emploi sur scène, forme le lot que la méchante fée a déposé dans mon berceau pour compliquer mes rapports avec la vie et mes semblables.

Mais quand je pense à ce labyrinthe qu'est l'homme et à ses sublimes ambiguïtés, je ne sais plus où se cachent la fée et la sorcière, et mon émerveillement devant cette infinie complexité, c'est encore là, durant mon enfance, en Galice, que je l'ai découvert.

Eh bien, c'est à peu près avec ce bagage et mon nouveau copain, le « petit pote » tapi dans mon oreille droite, que je suis montée en voiture en 1931 avec maman, Esther et Susita vers la Castille, forte de mes racines solidement plantées en terres galiciennes dont je ne pourrais plus dorénavant puiser la sève que trois mois par an, et cela seulement pendant quatre ans.

Je ne sais plus quelle était cette voiture ni à qui elle appartenait. Une grande voiture où je me tenais, à l'arrière, avec maman et Susita je crois. Esther était assise devant, auprès du conducteur.

Nous étions partis avec l'intention de faire le voyage dans la journée ; mais après la traversée de la Galice et surtout des monts de Ponferrada, j'étais devenue une telle loque qu'il nous a fallu passer la nuit à Astorga pour me permettre de reprendre souffle. Je crois n'avoir jamais autant vomi de ma vie. Maman chantait pour me distraire tout son répertoire de *romances, villancicos,* en y mêlant des airs de *zarzuela, tangos, pasodobles, chotis,* qu'elle connaissait ; mais ni les califes, ni les *Rois Godos,* ni la Vierge, ni l'Enfant, ni *el Pichi* [1], ni les sanglots de Gardel, ni *mi abuelita la pobre !* [2] ni *la madre que la parió* [3] n'ont pu venir à bout du haut-le-cœur qui tordait mes entrailles. J'avais rempli en chemin tous les bérets basques dont ma mère possédait une impressionnante collection et que l'on jetait au fur et à mesure à travers les portières aux vitres largement ouvertes pour me donner de l'air.

Et quand je n'eus plus rien à rendre à la Sainte Nature, je vomissais encore — rien — l'air de la Galice.

Le lendemain, après un bon sommeil, je me suis levée fraîche, vide, propre, nette, avec un appétit d'ogre pour honorer les *mantecadas* [4] de Astorga qui ont tant contribué à la réputation de la ville. J'étais neuve et désormais la route était droite. Mais il me restait une légère appréhension et je ne pouvais plus compter sur les secours de maman

1. *El Pichi.* Personnage d'une *zarzuela.*
2. *Mi abuelita la pobre* (ma pauvre petite grand-mère), autre personnage de *zarzuela.*
3. *La madre que la parió.* Juron doux (la mère qui l'enfanta).
4. Gateaux typiques de la ville d'Astorga.

qui, elle, n'avait pas fermé l'œil de la nuit. Pourtant je n'avais pas à m'inquiéter.

C'est dans le silence que nous avons débouché vers la fin de l'après-midi, au détour de je ne sais plus quelle route, sur les plateaux castillans, à cette heure où le soleil encore haut mais déjà avancé dans le ciel, les burine de sa lumière oblique. Et — rien — rien que toute cette terre étalée sous ce ciel de pierre bleue. Terre, ciel, ou lumière ? — Et le silence.

Du coup j'ai oublié mon corps et mon rêve enfoui de la nuit m'est revenu, entier, en mémoire.

Je mourais et je me réveillais dans un paysage indéterminé, profondément inconnu — rien — qu'un ciel bas parcouru de reflets ineffables — Le sol, transparent de vapeurs lentes, s'étendait à l'infini jusqu'au ciel, à la fois fixe et mouvant d'effluves jaunes, rouges, oranges, et je comprenais que j'en faisais partie — j'étais rouge et je m'élevais doucement, continuellement, toujours au même point — un souffle — une respiration — dans ces couleurs chaudes et métalliques comme je n'en ai jamais vu — dans une parfaite quiétude en mouvement perpétuel — au cœur d'un silence comme je n'en ai jamais entendu. Et soudain la voix de mon père — le silence même — qui interrogeait — « N'est-ce pas qu'on est bien ici ? »

La voiture avançait dans les jaunes, les ocres, noirs et blancs, violets du soir. Nous traversions un minuscule bourg castillan : trois maisons au milieu du vaste plateau désert, qui se tenaient là, blotties autour d'une chapelle – le tout passé à la chaux –, sans qu'on sût bien pourquoi ici plutôt qu'ailleurs, avant de découvrir le puits, au centre, aussi soigné que la maison de Dieu. Et — personne, sauf, devant la dernière maison, la silhouette d'un homme immobile, seul, sec, debout et silencieux, appuyé contre le mur dans sa cape noire, le regard perdu dans l'ombre d'un chapeau noir à larges bords —

Je ne saurai jamais parler de la Castille ; tout ce que je puis dire c'est qu'il m'est difficile d'imaginer comment on peut marcher toute une vie sur ses plaines et sous son ciel sans être tenté de suivre les chemins de Jean de la Croix ou de Thérèse d'Avila.

Quant à moi, en la retrouvant, intacte, dans le train qui me ramenait dans mon pays en 1976, j'ai compris qu'à travers les pays, les lumières, les êtres, l'art ou le poème, je n'ai jamais cessé obscurément de quêter sa présence avec celle de l'océan ; comme j'ai toujours cherché à provoquer dans ma vie la même rencontre : *celle qui m'a placée, pendant quelques instants, devant l'homme immobile et silencieux appuyé contre le mur blanc.*

La Baguette du Sourcier

Madrid – 1931-1936.

De la neuvième à la treizième année de mon existence.

Les révélations, les frissons, les inquiétudes, le secret, l'enthousiasme, la quête obscure, la dissimulation et la royale jouissance du temps infini de la première adolescence. La puberté. Le premier saut hors de la terre natale, du giron familial, du cocon protecteur d'une enfance privilégiée. Le premier exil. L'œuf éclatait et il me fallait en sortir une fois pour toutes.

Les images de la Galice sont restées intactes dans ma mémoire : celles de la prime enfance et celles qui sont venues s'y surajouter, cueillies aux trois mois de vacances qui me rendaient chaque année à Montrove pour retrouver les paysages et ce plein écoulement des journées qui épousaient si parfaitement mon temps et mon espace. Depuis que j'ai quitté l'Espagne en novembre 1936, je ne suis jamais retournée à La Corogne et si les souvenirs que j'en ai gardés aussi jalousement que mon accent galicien trahissent ou déforment la réalité extérieure, c'est que j'ignore encore ce qu'est cette réalité. Les images nettes et vives qui se présentent à ma mémoire restent, en tout cas, vierges de tout apport postérieur qui les métamorphoserait, telles des photographies fixées dans le temps qu'aucune nouvelle vision n'est venue brouiller, pour en remodeler sournoisement les contours, dans le souvenir. Sauf mon temps et mes propres métamorphoses.

A Madrid, j'ai vécu dernièrement sept mois et les nouvelles images se superposant déjà aux anciennes, les cinq années que j'y ai passées alors ne m'apparaissent plus tout à fait dans la même lumière quand j'essaie de les ressaisir.

La ville elle-même, cette partie de la ville qui est restée telle quelle et que je parcourais tous les jours, échappe insidieusement à mes premiers souvenirs en se jouant même des constructions que ma méfiance avait dressées devant les pièges de la mémoire.

Je m'attendais cette fois-ci à retrouver les lieux familiers rapetissés, ayant grandi moi-même et venant d'une ville bien plus vaste : Paris. Je comptais sur le rétrécissement des rues, *Alfonso XII, Alcalà, Gran Vía, Recoletos* ou le *Paseo-del-Prado.* Or, bien qu'en fait elles soient restées les mêmes (après tout cela !), elles m'ont paru sinon plus larges, du moins moins intimes. Et je ne veux pas parler des anciens pavés noyés maintenant dans l'asphalte, ni des constructions nouvelles ; ni, d'autre part, de la place exacte qu'occupent toujours (après quarante ans et tout cela !) les cinémas auxquels je me rendais tous les samedis et dimanches. Non ; ce n'est pas à cette exactitude que je me réfère ; mais – comment dire ? – à l'air, à l'espace où l'on se situe, aux ombres et lumières, à ce lien mystérieux qui se tend entre chacun de nous et le monde où nous nous mouvons ; au point que l'on y occupe ; à la manière d'y exister. Les animaux réagissent quand quelque chose ou quelqu'un franchit leur espace vital ; leur zone de sécurité envahie ou violée, ils fuient, ils mordent ou ils tuent. Il y a des gens qui, en pleine nature, incapables de s'y trouver, dépérissent ; elle est pour eux un lieu d'exil.

Pour moi, en Castille comme en Galice, en Bretagne comme aux abords du Sahara, nulle question ne m'est posée : je suis. Mais dans une grande ville, quand j'ai pu enfin m'y adapter, ce fut toujours en creusant un trou où me retirer, pour me retrouver et trouver l'autre, et d'où je ne sortais qu'enfouie sous la carapace comme la tortue.

J'ai mis cinq ans au début des années trente à creuser ma demeure au cœur de la cité, mais dans le Madrid que j'ai si vite reconnu en 1976, elle avait disparu, enterrée avec mon père et ma mère ; le temps m'a manqué sans doute pour chercher un nouveau trou, et devant mon regard avide et égaré, la ville basculait de quelques degrés, la même et une autre, familière et étrangère. Comme en 1931. Et pas tout à fait de même. Les nuances de l'exil sont innombrables et d'une rare subtilité.

Vivre en ville signifie aussi vivre en société et lorsque je suis arrivée à l'âge de neuf ans à Madrid rien ne m'y préparait. C'est alors qu'il m'a fallu apprendre à connaître le lieu et l'éclairage, où respirer et vivre aisément deviennent conditions vitales pour communiquer avec les autres. Trouver la place exacte où l'on existe au maximum pour établir un contact avec l'autre, poursuivre à tâtons ce point de l'espace – intérieur et extérieur – où l'on se trouve à même de mieux appréhender et de mieux se projeter, ce sont là des préparations intimes que les tribuns, les interprètes, les sportifs, connaissent bien, quand ils cherchent à créer les liens secrets avec ceux qui les attendent ; et ce n'est pas pour rien que les lieux publics recherchés sont ceux qui, chacun s'y retrouvant, permettent la réunion ou la communion de tous.

A Madrid alors, le temps et l'espace ne ressemblaient en rien à ce que, jusque-là, j'avais connu, même à La Corogne, une petite ville ouverte au ciel mouvant et inondée par l'océan.

Ici — les marées absentes, le ciel immuable interdit à mon regard sauvage qu'une soudaine inhibition tournait continuellement vers le sol, il ne me restait plus – pour m'orienter – que pavés et macadam où j'épiais comme une bête craintive les approches ; et la nuit et le jour se fondaient dans l'ombre des trottoirs, le halo des réverbères, le *no man's land* du trafic, les hoquets multicolores des lumières publicitaires. Je ne reconnaissais l'hiver qu'à la morsure du vent que la sierra aiguisait dans les rues, en pointes fines et glaciales ; et l'été, à la dictature barbare du soleil, le gril du béton chauffé à blanc, l'air irrespirable qui vidait les rues aux heures où le jour atteint sa plénitude, et que je passais, moi, à m'asperger d'eau, étalée sur les dalles de la salle de bains, nue, en attendant le départ vers les clémences galiciennes.

Le paysage, où la pierre même apparaissait rarement, se refusait à tout renseignement sur une quelconque vie naturelle et familière. Les arbres se dérobaient au regard et se tenaient là, encagés dans des grilles, isolés chacun dans son cercle de terre pâle, chétifs, masqués de poussière, incognito, méconnaissables ; dans les jardins, ils étaient parqués comme les huîtres à Montrove ; et j'avais du mal à les contempler pour guetter les signes d'un printemps ou d'un automne possibles, sans souffrir de ce profond malaise où me mettaient la vue d'un tableau mal accroché au mur, une poupée nouée sur l'étagère, un livre placé à l'envers, ou bien notre grand chien loup courant le long du couloir de l'appartement rue Alphonse XII.

Avec la même cruauté vive qui m'avait détournée tout à coup en Galice de ce qui m'était cher et que la séparation désormais allait frapper d'interdit, j'ai voulu amputer Madrid de tout ce qui pouvait éveiller les regrets de ce que j'avais quitté. Bientôt j'en suis venue à assimiler ses rares spécimens de verdure au néon, à la tôle, au macadam ; et j'ai cherché ailleurs la voie pour échapper à l'espace cloisonné de la ville qui multipliait autour de moi d'épais paravents, d'où toute transparence était absente — sauf dans les tranches de ciel bleu que je ne regardais plus, les miroirs – où je me butais à des yeux interrogateurs sur ma silhouette trapue –, et l'obscurité de la nuit.

Quant au temps, dans le silence enfui il s'était déguisé en horloge ; les heures, les moins-le-quart, les demies. La course, les attentes, les retards avaient chassé l'aube, les couchers du soleil, les saisons, le va-et-vient des marées ; et dans le vacarme des klaxons qui hurlaient les refoulements de chaque citoyen, mes journées glissaient, insaisissables, entre le pied et l'asphalte.

C'est alors que j'ai commencé à aimer dans les villes la chaleur de leurs hivers, l'intimité de leurs nuits ; et il y a peu de temps, encore, comme en 1932, il m'arrivait de m'enfermer l'été derrière les volets clos pour créer, au milieu du jour, le temps ouaté, fécond, bienfaisant, qui ne m'était donné dans les cités que durant leur sommeil. Et ce n'est qu'à

Paris, lors de mon retour d'Espagne l'année dernière que, pour la première fois de ma vie, une soif m'a prise de parcourir en tout sens les avenues, les quais, les jardins d'une ville qui m'était enfin révélée autour de moi, en moi, et qui, à chaque coin de rue, me parlait.

En attendant, Madrid, hier comme autrefois, se murait à mon œil étranger ; et des deux visions qui s'entremêlent dans le temps pour brouiller les souvenirs, il ne se dégage nettement que les contours effilés d'un lieu d'exil, terrifiant quand pour la première fois j'y suis allée pour m'y planter, subtilement douloureux quand, après quarante ans d'absence, j'y suis revenue pour retrouver mes racines.

Maintenant, je ne sais plus si la *Puerta del Sol* était à l'époque coupée dans son centre par d'étroits terres-pleins ; j'aurais juré que non, qu'elle était couverte alors des seuls pavés, et, à l'encontre de la *Gran Vía* ou de la rue *Alcalá,* elle m'est réapparue moins vaste, moins ovale, plus en couloir que l'image que j'en avais gardée. Maintenant elle ressemble à un boulevard tronqué, moins apte à accueillir le 31 décembre les milliers de personnes venues là pour avaler, un à un, les douze grains de raisin, aux douze coups de minuit scandés par la grande horloge du Ministère de l'Intérieur, qui — lui — est étrangement resté le même — Mais, à vrai dire je ne puis rien affirmer ; car cette fois-ci, bien que me trouvant dans ses parages, la nuit de la Saint-Sylvestre je jouais *Le Repoussoir* de Rafael Alberti et, enfermée dans un théâtre, j'avalais mes raisins sur scène, au moment de l'entracte, devant des spectateurs blasés. Cette nuit où les douze coups égrenaient là, à la *Puerta del Sol,* les vœux secrètement fervents d'une foule soudée dans le vertige du temps, ici dans la salle close, l'instant exaltant où nostalgies, rêves, projets, interrogations ouvrent le seuil de l'année nouvelle se décalait déjà pour les besoins du théatre[1] ; la fête avec ses rites magiques s'effaçait devant la représentation de la fête, et face à un public qui nous regardait composer les gestes d'un rituel auquel il ne participait plus, incapable de m'isoler pour formuler le moindre vœu, je n'avais plus qu'un souci : inventer un comportement, un masque qui, tout en coupant avec le personnage que je jouais dans la pièce — « Gorgo »[2] — me permit — au moins — d'en garder vivant le costume sans le vider de son contenu — afin que personne ne puisse s'écrier à la reprise du second acte : la gorgone est

1. Dans les théâtres espagnols, la nuit de la Saint-Sylvestre, les comédiens ont coutume de prendre les grains de raisin « de minuit » pendant l'entracte – rideau levé –, devant les spectateurs.

2. Gorgo, personnage de Rafael Alberti (*Le Repoussoir).*

nue ! — Aussi, si la fête maintenant n'était plus que mascarade triste, elle restait pour moi signifiante en réinventant ses nouveaux rites.

C'est à Madrid, en effet, que, pour la première fois, j'avais pris conscience qu'il me fallait « représenter » — quelqu'un ou quelque chose — mon père — la fille d'un homme de la République — une certaine Espagne. J'y étais devenue par intérim personnage public et si jusqu'alors, malgré la réputation des Casares en Galice, j'avais échappé à la prise de conscience des privilèges et des charges que cette situation m'imposaient, à Madrid, ils devaient commencer à peser si bien sur ma jeune existence, qu'ils allaient modeler mon comportement, mon caractère, ma sensibilité, la conduite de mon existence ; et, en tout cas, me charger sans nul doute d'une maturité précoce et, peut-être, d'un destin.

Comme bien souvent dans ma vie, les deux lieux voisins où j'ai habité les années 31 à 36 correspondent curieusement à deux périodes à première vue semblables et pourtant distinctes.

Il y eut d'abord la rue Alfonso XI, rebaptisée naturellement à l'avènement de la République d'un nouveau nom que j'ai oublié, par le besoin bien connu de changer les appellations des rues, des places et parfois des villes, selon les nouveaux hommes ou événements qui viennent ajouter leur grain de sable aux grèves de l'histoire. Et ceci dans des pays et aux époques qui se réclament de haute civilisation et de vieille culture ! N'y aurait-il pas moyen de rappeler les uns et d'honorer les autres sans toutefois transformer le monde en Babel et sans enterrer ou déterrer perpétuellement ce qui fait de nous ce que nous sommes ? Heureusement Paris, Rome, Athènes, Tolède, Londres, ont pu jusqu'à maintenant garder leurs syllabes magiques. Et le Nil. Et le Gange. Et nous. Supposons qu'à chaque maladie ou à chaque révélation nous nous mettions à arborer un nouveau patronyme, quel problème pour la Sécurité Sociale !

Et puis, un nom — ce n'est pas seulement une cravate ou un foulard ; il charrie avec lui des mondes enfouis, l'écho de galaxies lointaines, le vertige du temps, une mystérieuse identité, et dans son chant comme dans ses lettres, qui sait ? — peut-être les signes d'un destin.

Le fait est que nous, les Casares, suivant notre propre sort, pendant notre séjour à Madrid, nous avons habité d'abord le petit appartement de la rue Alfonso XI, près du Retiro et du Prado ; puis un second appartement à peine plus grand rue Alfonso XII, face au Retiro, tout près d'Atocha.

Alfonso XI — Alfonso XII — La dynastie — Quant à Alfonso XIII, au lieu de nous accueillir dans sa rue, il nous attendait avec sa famille royale au-delà des Pyrénées où nous n'avons pas tardé à le suivre dans le chemin de l'exil.

Le souvenir de notre passage rue Alfonso XI – un an et demi ou deux ans – me revient comme une masse marécageuse, un temps de gestation, d'initiation, qui aboutit à une crise aiguë, à la première maladie de mon existence, car si l'on ne compte pas les indigestions – nombreuses –, il faut bien dire que jusque-là, cuirassée dans mon *mameluco*, j'avais échappé à tout mal, même aux rougeoles, coqueluches et autres misères qui affectent l'enfance. Dans ce chaos, quelques rares éclaircies me donnent l'impression, comme alors sans doute, de reprendre pied et souffle : les moments où je retrouvais enfin les sensations de regarder, entendre, et que je reprenais conscience de mon corps, de mon identité, de la continuité de ma vie.

L'appartement ? – Un long couloir comme on en trouve beaucoup dans les immeubles bourgeois construits vers cette époque. Il reliait trois pièces donnant sur la rue à une cuisine minuscule qui se cachait à l'autre bout, dans la demi-obscurité d'une cour, et où Susita, dans ses nouvelles fonctions de cuisinière, arrivait à combiner des plats compliqués, grâce, je crois, à sa petite taille.

Les chambres s'ouvraient, sages et moroses en rang, tout au long du couloir ; et la salle à manger, éclairée par une lumière fade qui s'infiltrait péniblement jusqu'au deuxième étage par l'étroit orifice d'une haute cour, fermait sur le vestibule une double porte coulissante en verre dépoli, parfaitement prétentieuse. Le tout disposé en cubes et peint en blanc cassé. Presque pas de meubles. L'indispensable pour vivre et recevoir en toute et exiguë simplicité, je dirais même nudité.

Et pas le moindre recoin, débarras où tapir son nid, sauf la salle de bains peut-être – le coin le plus intime – ou bien les toilettes pour le service où – je ne sais pourquoi – on pouvait rêver.

Là-dedans, ma sœur – toujours en disgrâce auprès de papa – qui se préparait aux noces ; Susita, maintenant cordon-bleu ; une très jeune et très belle personne que maman avait emmenée de la Corogne pour recevoir les visiteurs et servir à table et qui allait bientôt être remplacée par sa sœur María-Luisa, presque aussi jeune qu'elle, à peine moins jolie, mais plus piquante. Mon père. Ma mère. Et moi. Et durant la journée, les collaborateurs de mon père qui venaient parfois travailler avec lui à la maison, Enrique Varela, le fiancé de ma sœur, et les visiteurs éventuels.

Je dormais dans la même chambre qu'Esther depuis que papa avait pris la sienne et je ne pouvais décemment, étant donné l'affluence, m'installer tranquille dans la salle de bains ou le wc...

Alors, peu à peu, j'ai quitté l'appartement du deuxième étage pour prendre mes quartiers au rez-de-chaussée, dans la loge des concierges, qui ont fini par m'adopter.

J'y prenais même mes repas. Leur pot-au-feu madrilène me tentait particulièrement et petit à petit j'en suis venue à le partager. Ils buvaient, je me souviens, de l'eau teintée d'une goutte de vin rouge, où ils versaient un sachet de poudre du Dr Lithiné pour rendre le tout effervescent et, sans goûter au vin – jamais je n'avais bu quoi que ce fût d'alcoolisé –, je reproduisais dévotement chacun de leurs gestes, même pour couper les bouchées de pain et les porter, avec le couteau, à la bouche. C'est ainsi que j'avalais avec délice une part considérable de leur repas. Tant et si bien que quand je remontais au deuxième étage, je touchais à peine aux fines nourritures dont Susita nous comblait. Heureusement d'ailleurs ! – Maman, effarée devant mon manque d'appétit comme elle l'aurait été si elle m'avait vue soudain dépouillée de mes sourcils, chercha à se renseigner sur mes activités d'avant le déjeuner et, ayant découvert les raisons de mon étonnante abstinence, fit ce qu'il fallait pour que mes amis puissent me prendre en charge sans y laisser le tiers de leur salaire.

Mais moi, je n'en étais pas à me soucier de ce genre de détails. Dans ce magma qu'était devenu le monde en moi et autour de moi, la vie que je retrouvais dans cette loge, auprès de cet homme et de cette femme, seigneurs et maîtres de leur petit espace concassé où tout un jeu d'escaliers remplaçait le long et sinistre couloir, et où – dans un réduit qui tenait du débarras – ils offraient leur pot-au-feu avec noblesse et élégance, il m'était impossible d'imaginer qu'ils puissent ne pas partager cette sensation de vie que je retrouvais auprès d'eux ; et il me paraissait évident que là où je m'épanouissais, ceux qui m'accueillaient éprouvaient sans nul doute la même allégresse. L'idée que la position de mon père pouvait influencer leur comportement n'effleurait pas encore une seconde mon esprit ; et aujourd'hui même, je prétends que si cela a pu peser un instant dans leur amitié pour moi, mon innocence d'alors nous a sauvés tous les trois de toute vulgarité et je crois toujours que leurs yeux humides quand il a été question pour moi d'un prochain déménagement ne mentaient pas.

En attendant, et durant les journées qui nous ont réunis, j'essayais de leur rendre de petits services. Je les aidais ; je dressais le couvert sur la toile cirée de la table ; je balayais ici et là avec application ; et quand l'un ou l'autre, ou tous les deux, s'asseyaient sur les chaises préparées à cet effet sur le trottoir pour respirer la brise plus fraîche du soir, je leur tenais compagnie — Et je restais là, sage, tranquille, à jouer moi aussi de l'éventail, devant la porte où se tenaient avec nous deux gardes civils, relayés trois fois par jour, pour veiller à la sécurité de Casaritos, vieilli d'un coup et pour toujours par le nom de Casares Quiroga. Nous nous tenions — là — ensemble, à humer la tiédeur du soir, à contempler le va-et-vient des voisins et des passants, pendant que la longue queue formée devant le bureau de location du « Jaï-Alaï », énorme bâtisse dressée en face, vidait ses *aficionados* de la boxe à l'intérieur de la carcasse aveugle qui se mettait soudain à frémir et à hurler d'enthousiasme ou de colère durant le « match » qu'elle accueillait. Je me souviens

¡ SABADO !
PRIMO CARNERA...

Nous attendions, silencieux. Parfois on n'entendait que le bruissement bref et mouillé des éventails, coupé de quelques mots, brins de phrases qui flottaient, suspendus dans la lumière du soir, jetés là dans le seul but, semblait-il, de saisir cet instant de trêve. Rois du lieu. Sereins. Avec, toutefois, un léger trouble du côté de mon tabouret, quand un des gardes civils avait belle allure ou un regard particulièrement brillant et sombre sous son bicorne. Alors — le temps pesait de nouveau son poids et l'espace se structurait en chaleurs et lumières.

Comme avec le petit liftier de l'hôtel Florida, j'eus bientôt gagné la confiance de mes nouveaux amis ; il m'arrivait parfois quand mari et femme s'absentaient pour faire une course ou le tour du pâté de maisons de rester seule gardienne de l'immeuble ; et je revois encore l'expression médusée de maman, venue dans la loge pour demander je ne sais quels renseignements et me trouvant unique hôtesse des lieux. Quand on connaît la *cursilería*, ce snobisme si particulier à une certaine classe espagnole, la hantise du qu'en-dira-t-on qui étouffe la totalité de la population autant ou presque que n'importe quelle dictature, et que je songe à ce que nous étions censées représenter dans les circonstances du moment, je ne peux que saluer les qualités d'esprit et de cœur de la femme qui, dans cette « conjoncture », n'a trouvé que ceci à dire : « Ne fais pas de gaffe qui puisse leur compliquer la vie », et qui, sur ce, est montée. Mes véritables privilèges ne se trouvaient certainement pas tous là où l'on pense, et de ceux-ci j'allais encore pouvoir m'enrichir quelques années durant. Mais déjà quelque chose avait changé dans la manière dont j'appréhendais le monde : j'ai oublié le nom et les visages de ce couple avec qui j'ai vécu.

Cependant, là-haut, au deuxième étage, le noyau de vie familiale éclatait en morceaux disparates.

Le rituel des journées rompu, il ne restait plus qu'allées et venues, entrées et sorties, visages absents — profils qui se croisaient dans le long couloir.

Maman passait son temps à se déshabiller pour se rhabiller en « déjeuner », « salon-de-thé », « dîner-de-gala », « réception-officielle », pressée, harassée, maussade ; ou bien, surexcitée, couverte de taches rouges que l'énervement mettait sur son cou et son visage juste au moment où elle devait se rendre à une ambassade en décolleté et qui, venant ajouter à ses nerfs exacerbés une humeur à la rendre enragée, la transformaient à la fin, tout entière, en betterave.

Esther – elle – promenait de fenêtre en fenêtre son regard absent de fiancée, dans l'attente de son *prometido.*

Susita essayait de ruser avec son analphabétisme qui, dans la grande ville, prenait des proportions de véritable infirmité.

Quant à la toute jeune femme de chambre — elle était restée, en fait, je crois, à La Corogne — où elle s'en est retournée sans avoir vu ni senti Madrid — après avoir prêté seulement durant quelques mois sa beauté de vestale absente au regard goulu et curieusement possessif des visiteurs, quand ce n'était pas au coup d'œil emprunté des visiteuses.

Des ombres pâles dans mon souvenir, furieusement agitées ; obéissant à des appels incontrôlables, dans les sonneries têtues du téléphone, le froissement des journaux, les coups de sonnette vrillants de la porte — tout ce qui remplaçait ici la musique, la lecture ; ou alors, dans un mutisme quasi total qui nous réunissait autour d'un repas hâtif — à hurler ! afin de rappeler les silences perdus.

De son côté, mon père s'initiait au labeur âpre, amer, ingrat, de gouverner démocratiquement un peuple — latin — et espagnol de surcroît ; sans se douter encore de ce qui l'attendait quand, ayant fermé le portefeuille de la Marine d'abord, puis ceux des Communications et des TP ? [1] qu'il eut à peine le temps d'ouvrir, il lui faudrait prendre en charge les responsabilités du ministère de l'Intérieur pour arriver enfin à bout de lui-même dans la présidence du Conseil et le ministère de la Guerre. Mais si, pour l'instant, la Marine n'exigeait pas encore de lui un

1. Travaux Publics ? Je ne me souviens pas exactement quelles furent les charges ministérielles qu'il occupa, à part celles dont je parle plus longuement.

don total jusqu'à la moelle, il le dépouillait déjà de sa jeunesse, d'une part de sa fortune, de l'une de ses filles et de sa femme.

Un jour, j'ai surpris sans le vouloir la seule querelle dont j'ai été témoin entre mes parents. Maman, les cheveux en broussaille et l'œil dément, criait quelques insanités où revenait sans cesse la même déchirure : « Je suis toujours seule. » Un formidable coup de poing sur la table et la voix soudain tonitruante de mon père quand il remarqua ma présence, les changèrent tous deux en statues de sel, et je n'ai pas pu en savoir davantage ; mais dans les deux sourires figés, dans les yeux mouillés de maman et les balbutiements dont mon père me gratifia pour me poser, blême, quelques questions anodines, j'ai vu qu'une irréparable cassure s'était produite et que, si la construction tenait encore, c'était moi qui, par ma seule présence, gardais joints les deux pans de mur éclatés. Dans le même temps, sous prétexte de soigner la grippe qui le terrassait chaque hiver sur son lit, grelottant de fièvre une semaine durant, papa quittait pour toujours la chambre de maman et s'installait dans celle d'Esther qui, du coup, se trouvait reléguée dans la mienne.

Pas pour longtemps. Après les fiançailles officielles, les bans étaient publiés ; et bientôt, maman et moi l'avons accompagnée à l'église. Nous avons assisté alors à ses noces devant Dieu, assises sur les bancs opposés à ceux où se tenait la famille de son mari, dont tout regard fuyait notre discrète présence et où l'absence de mon père mettait un soupir de soulagement. La guerre civile était déjà là, en filigrane.

Quant à la maman d'Esther, je me demande maintenant si elle était présente. Je l'avais rencontrée une fois, je crois, au *Florida*, lors de notre premier séjour à Madrid ; ma sœur, je me souviens, après avoir demandé la permission de ma mère qui se tenait au bout du grand hall, me prit par la main pour m'emmener jusqu'au bout opposé du même hall, où elle me présenta à une dame qui s'est écriée, ravie : *« ¡ Qué feita es ! »*, ce qui me laissa stupéfaite, rendit ma sœur furieuse et fit beaucoup rire maman quand Esther, hors d'elle, lui raconta que l'on m'avait traitée de « petit laideron ».

Mais avant que ma sœur ne quitte la maison, toute de blanc parée pour l'amer destin qui lui était réservé, elle fut cause, à son insu, du tourment de mes journées et de mes nuits.

Toujours tenue par mes fonctions de duègne auprès d'elle, quand Enrique venait la retrouver à la maison suivant la coutume des dernières semaines avant le mariage, on nous abandonnait tous les trois dans la pièce où dormait papa, restée officiellement « le petit salon » et où l'on avait peine en effet à imaginer, le jour, la possible présence de mon père à une heure quelconque de la nuit. Là, le jeune couple s'asseyait sur un divan, pendant que je me pendais littéralement à la fenêtre, toute mon attention furieusement concentrée sur les affiches qui couvraient les murs du « Jaï-Alaï » :

¡ SABADO !
PRIMO CARNERA...

afin de rester sourde et aveugle à ce qui se passait derrière moi — rien d'ailleurs, que le souffle raccourci de l'homme, les légers silences des baisers discrets, et la voix d'Esther, altérée.

Mais cela suffisait depuis quelque temps à m'accabler du poids de tous les péchés du monde et se mêlait dans mon esprit et mon nouveau malaise aux jeux du papa et de la maman que je pratiquais enfant, à l'image de la corbeille de raphia offerte par le jeune peintre qui terminait à La Corogne le portrait de ma mère, à la dispute interrompue qui dressait mes parents devant moi, à mes propres émois – un regard noir sous un bicorne ciré – et aux positions obscènes chères à un gros et affreux loulou de Poméranie que l'on nous avait offert et qui ne pouvait voir un oreiller, un coussin, une épaule ou une jambe, sans se donner en spectacle.

Un dégoût mêlé de fascination m'occupait parfois de longues heures tout entière, et dans l'attrait et le désagrément que j'éprouvais, je me sentais glisser vers une étrange confusion, l'informe, le chaos, à mi-chemin entre lumière et ténèbres, un univers qui ne pouvait être que celui du péché. Et je priais avec force. Moi qui ne connaissais même pas les paroles du credo, j'inventais des prières, je rêvais de communion et d'épuration ; et j'invoquais la Vierge et l'Enfant pour le salut d'Esther, de maman, de papa, de Susita, du loulou, du monde entier — de moi-même.

D'où diable pouvait-il bien me venir cet affreux sentiment de culpabilité devant l'une des plus belles aventures que nous propose cette terre ? Rien dans l'éducation que j'avais reçue ne pouvait le susciter. Rien de ce que j'avais vu, lu ou entendu. Trop axée d'aussi loin que je me souvienne sur la mystérieuse présence du sexe, peut-être ne m'en avait-on pas assez parlé pour que je parvienne à l'exorciser. Dieu merci ! d'ailleurs. Où donc seraient passés les sentiers profonds, les secousses secrètes, les approches avides et réticentes, le chant rauque, les jeux électriques, les vertiges, les lourdeurs tendues au creux du ventre, le désir vorace et retenu qui transfigure l'autre, le monde, et soi-même — qui aiguise la volonté en vouloir — où tout l'être devient vouloir — l'attente pour la rencontre ; et enfin, ce bond figé dans l'espace et le temps, l'acte d'amour, divin tremplin pour sauter et saisir, à deux en un — l'éclair d'éternité où tout et rien se confondent —

Non ; personne à la maison n'avait jamais évoqué par quoi que ce fût en ma présence les clairs-obscurs brûlants du sexe ; les uns parce qu'ils étaient enfants de l'époque et de l'Espagne très catholique ; les autres — maman sans doute parce qu'elle ne trouvait rien à dire à une fillette de huit ans ; et mon père, par pudeur peut-être ou parce que, devant cela comme pour tout le reste, il se bornait à provoquer chez moi l'éveil de la curiosité sans avancer de réponses. Mais les amours de la mante religieuse, de l'araignée, de l'escargot, l'accouplement du taureau et de la vache, des chiens, ne m'avaient jamais été voilés ni déguisés ; et dans la bibliothèque, j'avais toujours été libre de feuilleter n'importe quel ouvrage sans avoir le sentiment de dérober un fruit défendu. C'est ainsi qu'un jour, vers ma sixième année, j'ai montré à mes parents un petit bout de papier cartonné qui avait glissé du ventre d'une femme représentée nue sur une pleine page, et que l'on pouvait dépouiller de sa peau pour découvrir les muscles, de ses muscles pour connaître l'emplacement des viscères, de ses viscères enfin pour n'en retenir que le squelette ; le petit bout cartonné qui figurait un œuf enfermait une forme recroquevillée sur elle-même ; et j'ai demandé à mon père si c'était cela l'âme – j'étais décidément poursuivie par l'idée de l'âme ! Alors, sans la plus légère hésitation ni la moindre ambiguïté, papa m'a répondu que c'était la représentation de l'enfant avant de naître, dans le ventre de la mère, et que je n'avais qu'à lire le gros livre pour mieux me renseigner. Ce que j'ai fait dès que je l'ai pu.

Tout y était dit, clairement, dans un langage simple et accessible ; mais je n'ai rien su des réseaux obscurs que l'esprit tend entre un homme et une femme, héritiers de siècles de judéo-christianisme, d'atavisme catholique, pour aboutir à la création du fœtus, cet étrange mot prononcé par mon père.

Maintenant, les premières inquiétudes qui annoncent la puberté me plongeaient subitement dans un univers chaotique où rien ne trouvait plus nulle part les traits nets et sûrs dessinés dans le livre, où le vieux sentiment du péché originel distortionnait les images, imprégnant mon comportement de duplicités sournoises et me ravalant, à mon insu, à un nouvel état fœtal dans les limbes du placenta, mais où le ventre de ma mère ne me servait plus de bouclier devant l'assaut du monde extérieur, et où je devais nommer seule ce qui se présentait autour de moi, en moi, et moi-même. Et c'est alors qu'il m'a fallu affronter l'entrée à l'*Instituto-Escuela* pour y suivre les cours des dernières années de préparatoire, avant d'entreprendre les six années d'études secondaires qui devaient me nantir du titre de bachelière.

La République honorait ses morts et ses vivants. Des hommages posthumes à Fermin Galán, García Hernandez, héros du dernier soulèvement où mon père, à Jaca, avait failli prendre place à leur côté, se multipliaient et nous réunissaient tous, grands et petits, autour de leurs effigies peintes, photographiées ou sculptées, mais toujours ceintes comme des paquets-cadeaux du nouveau ruban tricolore. Car on avait aussi changé le drapeau espagnol – sang et or – et une de ses bandes rouges était devenue violette, d'une couleur que les rayons du soleil et les ravages du mauvais temps font virer vers des nuances indéfinissables, tenant de la lie du vin. Quand à cela venaient s'ajouter les accents particulièrement agressifs à l'oreille de l'hymne de Riego qui chantait la nouvelle démocratie, on était en droit de douter que l'Espagne fût alors gouvernée par des gens familiarisés avec l'art, la culture, le souffle révolutionnaire ou même le plus simple bon goût.

Cependant, on respirait déjà de timides brises neuves ; l'horizon s'entrebâillait et l'événement éclatait, surtout, justement, dans les domaines artistiques et littéraires. Azaña, Président du Conseil des Ministres, était lui-même un écrivain de talent, et une pléiade de poètes, philosophes, penseurs, artistes, portait témoignage de cette fragile renaissance. Rivas-Cherif, beau-frère de Azaña et homme de théâtre, renouvelait avec l'aide de Margarita Xirgu le répertoire poussiéreux des scènes madrilènes. Lorca, Alberti, Unamuno, Valle-Inclán, y prenaient droit de cité. Et une nouvelle école d'enseignement s'épanouissait : l'*Instituto-Escuela*.

Il occupait à Madrid deux vastes bâtiments fort éloignés l'un de l'autre ; le premier, situé à l'Hipódromo, où les enfants suivaient les cours préparatoires ; et le second, sur la butte d'Atocha, consacré à l'enseignement secondaire. On n'y souffrait point d'examens, cette hantise cauchemardesque des timides. On s'y fondait, pour passer d'une classe à la suivante, sur le travail et les résultats de l'année écoulée et quand on menait à bien la sixième et dernière année de baccalauréat, on était automatiquement muni du titre. Une grande part de l'horaire était consacrée aux sports, jeux, excursions, expériences pratiques, travaux manuels, visites de monuments, musées, usines. A partir de la troisième année, on partait une fois l'an, en long voyage en Espagne ou à l'étranger. On nous initiait à la musique, à la danse, au théâtre, et, chaque matin, avant de gagner nos classes respectives, nous nous réunissions tous, sous les vastes verrières du grand hall d'entrée, pour chanter. Les professeurs étaient triés sur le volet parmi les membres de l'enseignement, les familles intellectuelles ; et s'ils n'étaient pas toujours des maîtres incontestables – ils sont rares –, du moins ils avaient ceci en commun : un esprit ouvert et libéral. C'est ainsi que pour m'enseigner le castillan et sa poésie, j'ai eu tour à tour Amalia de la Fuente, à l'Hipódromo, devenue vite secrétaire de mon père et à peine plus tard compagne d'exil rue de Vaugirard ; puis, à Atocha, une sœur de García Lorca. Les salles de cours, disposées en deux étages autour du grand hall, s'ouvraient par de grandes baies vitrées sur le parc ou le terrain de sports ; elles accueillaient chacune une trentaine de filles et garçons, presque tous rejetons de famille progressistes.

Ceci se passait, il ne faut pas l'oublier, en Espagne et au début des années trente ; et je n'ai connu les tabliers écrus avec les noms et les numéros marqués en rouge sur la pochette de gauche, les cartes de sortie, l'obligation de porter un chapeau, des bas ou des socquettes, et, enfin, la discrimination et séparation des sexes, qu'en France (!), à Paris (!!), en 1937, où j'ai eu le sentiment en arrivant au lycée Duruy, que l'on m'enfermait dans un séminaire du Moyen Age.

L'*Instituto-Escuela* a fleuri et nous a épanouis durant les cinq années de la République ; à la fin de la guerre, le régime franquiste qui interdisait même la lecture de Stendhal ne pouvait décemment l'inclure dans ses vues ; aussi a-t-il disparu.

Mais, à travers le monde, au cours de mes voyages et dernièrement à Madrid, où j'ai assisté à une réunion des anciens élèves qui ont tenu à fêter mon retour, j'ai toujours reconnu, presque à première vue, l'homme ou la femme qui portaient les signes de l'*Instituto-Escuela* : une aisance ; un air d'indépendance, de liberté ; un regard de curiosité claire qui, tout en témoignant partout et profondément des racines espagnoles, respire à travers les frontières.

Pour moi, il m'est resté du temps que j'y ai passé à peu près tout ce que je sais des diverses matières que l'on nous enseigne ; une fraternité naturelle dans mes rapports avec les hommes, une absolue indifférence du « qu'en-dira-t-on » ; l'aptitude à me créer une discipline personnelle doublée d'un esprit critique aiguisé devant celle qui m'est imposée, et que j'ai appris à ne faire mienne qu'après examen ; l'acceptation et le goût d'une certaine société ; l'amour de la lumière et le souvenir bienfaisant du chagrin que je partageais avec mes camarades quand nous nous séparions pour partir en vacances. Enfin, une vieille chanson qui était devenue notre hymne :

Ya se van los pastores a la Extremadura
Ya se queda la sierra triste y oscura [1]...

Et si l'on songe à l'influence qu'un collège peut avoir sur ceux qu'il forme, il faut dire que c'est à l'Hipódromo et à Atocha que j'ai trouvé le chemin qui devait me réconcilier avec moi-même dans la ville et me mener à la place exacte que je pouvais y occuper : le théâtre.

Mais avant de savoir respirer dans les clairs jardins d'Atocha, il m'a fallu traverser les terrains vagues de l'Hipódromo. J'y arrivais dans un car confortable qui passait nous chercher à nos adresses respectives tant que nous n'avions pas atteint l'âge de onze ans. Et c'est lors d'un de ces premiers voyages qui venaient m'arracher à la conciergerie de la rue Alphonse XI, recroquevillée dans ma panique, sourde et aveugle à tout ce qui m'entourait et pourtant quelque part extraordinairement éveillée et attentive, que j'ai découvert d'abord à quel point le nom de Casares – ici, il n'était plus question de Vitola, Vitoliña ou María-Victoria, on nous appelait tous par le nom de famille – suscitait parmi mes compagnons tout un mouvement d'intérêt chuchoté ; et aussi, à quel point mon accent galicien provoquait les rires.

Alors voilà : dans ce lieu d'exil privilégié où je me trouvais soudain placée vis-à-vis de mes compagnons, deux sentiments sont apparus dans mon âme et conscience. D'une part, un attachement têtu aux accents et au chant profond de ma terre natale de Galice, et dont ni le séjour à Madrid ni les années et les exigences théâtrales en France n'ont pu venir à bout. D'autre part, un mouvement plus intime et plus complexe où la volonté d'affirmation, la nécessité d'être reconnue et nommée, la soif de conquête, se trouvaient aux prises avec le goût de l'indépendance et un individualisme forcené qui entretiennent encore aujourd'hui chez moi une indéracinable nostalgie de l'anonymat.

Des mois passés à l'Hipódromo, je ne me rappelle rien que les terrains désertiques destinés à entourer plus tard l'école d'un parc et où les garçons se cachaient, à plat ventre derrière les talus pour effrayer les filles ; une salle de classe sans doute claire où je me tassais sur une chaise derrière mon pupitre ; un garçonnet – le plus jeune fils de Negrin [2] – dont le visage ouvert, le beau sourire échancré et l'audace arrêtaient mon

1. Déjà les bergers s'en vont vers l'Estremadure. Déjà la montagne reste là triste et obscure...

2. *Negrin.* Président du Conseil des Ministres durant la guerre d'Espagne.

regard fuyant ; et — rien ; rien d'autre qu'un long couloir dans le temps, éclairé de lumière pâle, ma disgrâce, le flottement où je ne parvenais pas à avoir pied, l'absence grise, la présence douloureuse, enfin, sinon l'enfer, du moins le purgatoire.

Un seul souvenir vraiment vivant dans ces mornes faubourgs de la mémoire : le cours de littérature et le moment où Amalia de la Fuente, après avoir interrogé d'autres camarades, me demandait à mon tour de réciter par cœur un poème ; et quand, après les premiers moments d'effarement passés, j'arrivais à bout des rires que je déclenchais.

Il faut dire qu'il aurait été difficile à ces gosses de mon âge de se comporter autrement, et que, intimement, quelque part, je le savais. Quand je songe au spectacle que je leur offrais, quand j'imagine cette fillette de neuf ans, carrée, solide, nez rond et menton pointu, traînant encore l'odeur du nourrisson dans la disgrâce de l'âge ingrat, affublée de sa jupette courte qu'elle savait à peine porter, deux nattes attachées avec un nœud au-dessus du crâne, informe encore, fermée, butée, nouée, tremblant de tous ses membres, de toutes ses joues, de toute sa chair, se lever et attaquer d'une voix assurée et le visage couvert de larmes les malheurs du Roi Rodrigue dans une haute et longue complainte où l'accent du terroir et son chant se battaient avec les octosyllables castillans, je me demande d'où me venaient l'audace la force et cette charge de magnétisme qui parvenaient à imposer le silence autour, et qui me poussaient, moi, à rompre toute barrière d'inhibition, de pudeur, d'urbanité même, pour lancer ainsi, tête en avant, bête dans l'arène, cet étrange cri de ralliement ou de je ne sais quelle révolte :

Las huestes de Don Rodrigo	Les armées du Roi Rodrigue
desmayaban y huían	s'évanouissaient et fuyaient
cuando en la octava batalla	lors de la huitième bataille
sus enemigos vencían	quand ses ennemis l'emportaient

Moi, qui suis obligée de rapprendre le texte d'une pièce jouée des mois durant et abandonnée seulement depuis quelques semaines, je n'ai jamais oublié le *Romance de Don Rodrigo* ; comme je n'ai pas oublié le vertige qui s'emparait de moi quand mon tour venait de réciter ; ni l'impression de victoire, de paix soudaine, de fulminante communion ressentie quand ils se taisaient tous enfin autour de moi et que, dans leur attention concentrée, je pouvais revivre avec eux les défaites du Roi Rodrigue, ou les peines de la petite boiteuse de Juan Ramón Jimenez.

Si, à l'époque, il m'eût été impossible de formuler mes impressions, il reste cependant que c'est alors et alors seulement que j'éprouvais la sensation d'exister ; et avec une plénitude qui, malgré sa fugacité, me laissait, dans le trou où je retombais aussitôt après, comme... un souvenir — un secret ; et qui tout au long d'années passées en quête d'identité, prenait forme d'obscure et patiente attente lorsqu'en pleine confusion j'errais dans les grottes crépusculaires du « non-être », quand je vaquais dans les plates ruelles de l'âge ingrat, ou bien, quand les interrogations pressantes de l'exil sont venues me tanner.

Une voie s'ouvrait, il ne me restait plus qu'à la trouver, et ma mère s'est chargée de m'y conduire.

Maman — Pour elle aussi, je crois, ces premières années madrilènes s'avérèrent difficiles. L'éclat, les brillants échanges, la renommée, trahissaient ici en tout et pour tout l'image qu'elle s'en était faite. Projetée au cœur même de cette société féroce et si souvent frivole qu'est la jungle politique, juste au moment où elle se vouait, entière, au seul lien qui la rattachait encore à mon père dans ce compagnonnage guerrier qui était devenu le leur, il lui fallut apprendre la lutte quotidienne avec les pièges, l'animosité anonyme, les vociférations agressives, les attaques, les mensonges, les malentendus, les calomnies, qui se multipliaient autour d'elle comme petits pains de la gloire ; et j'imagine qu'elle a dû souvent regretter les longues plages de rêveries solitaires qui la rivaient à la fenêtre de la bibliothèque de la Corogne, la tête courbée contre la vitre par les langueurs de Bovary.

Mais pour elle, comme pour mon père, comme pour moi plus tard, peut-être à cause d'une vie trop chargée en événements, certainement poussés par un tempérament bien espagnol dont la vitalité nous enracinait au jour présent, ou bien à tout prendre, à l'élaboration du proche lendemain, il n'a jamais été question de se complaire ou de s'attarder dans les regrets du passé.

Et usant de son charme de *meiga,* derrière son sourire éclatant, elle entrait, sortait, s'habillait, se préparait, se cuirassait, recevait, jouait ; mais parfois, au fond de la voiture qui nous emmenait sur les routes du Pardo, en compagnie intime d'une amie chère – Lolita Azaña, Adela Menendez –, enfin détendue, je voyais son beau visage, éclairé d'une gravité nouvelle, s'assombrir de foudroyante colère, lorsqu'elle racontait comment, dans une ambassade, on avait cherché une fois de plus à humilier la femme de Largo Caballero, maçon de son métier, militant responsable socialiste, et maintenant ministre des Travaux Publics, dont l'allure n'enviait en rien celle du duc d'Albe, mais dont la femme, admirable matrone sortie tout droit des milieux les plus simples, tremblait à la seule idée d'un dîner officiel où elle se trouverait encore devant une rangée de verres et une collection de couverts qui, autour de son assiette, allaient lui poser autant de problèmes que de plats servis, exigeant chacun le choix approprié de ces instruments de torture. Une fois elle s'était trompée — lourdement ! pensez-donc ! elle avait découpé sa sole avec le couteau à viande ! — et depuis, l'on s'amusait parfois avec une étrange malveillance à la placer dans des situations délicates.

Cette histoire m'a frappée fortement ; autant, d'ailleurs, que le spectacle que maman m'offrait, au cours des mêmes journées quand, au retour de nos promenades dans les pinèdes du *Pardo,* nous nous arrêtions pour goûter à *Fuente-la-Reina,* un restaurant qui étalait sa piste de danse sur la hauteur d'une colline, dans le ciel bleu-marine du soir. Là, tout en plongeant mes dents dans le coussin moelleux et croustillant d'une pomme de terre soufflée — j'en avalais des rations avec du chocolat chaud (!) —, je contemplais, extasiée, les couples se rythmer sur les accords brefs et profonds du tango, le tric-trac de la rumba, les toupies de la valse, les klaxons du fox-trot, les langueurs du slow ; ou bien, transformer la piste en arènes de fête quand la marche typique du pasodoble redressait leurs torses, relevait leurs têtes, collait leurs poitrines, les clouait quelques instants à un carreau du sol où ils tournaient à tout petits pas secs, pour les lancer ensuite en promenade serrée dans les clairières qu'ouvrait ce bois mouvant, grouillant de vie, dans les tièdeurs du soir.

Déjà je commençais à me trémousser sur ma chaise cherchant des rythmes et c'est là que j'ai pris goût à la danse ; passion qui devait plus tard libérer à Paris mon trop-plein de vitalité dans les boîtes peu fréquentées ; et ceci, jusqu'à l'heure où l'orchestre commence à mijoter cette sauce sirupeuse, ce bouillon de marmelade qui annonce l'aube et la fermeture et que, maintenant, sans fréquenter les boîtes, il nous faut subir partout, nuit et jour, coupé parfois de la voix suave d'une hôtesse, dans les magasins, métros, aéroports, trains, gares, cafés, restaurants de notre nouveau monde, où seules sont interdites les drogues qui font rêver. A croire que les villes entières bâillent leur lassitude et s'apprêtent à fermer.

La présence de mon père, je ne la retrouvais que le matin, fugace, dans la salle de bains dont il laissait la porte ouverte pendant qu'il se rasait pour m'inviter à y entrer et dont je ressortais toujours avec un gros flocon de savon sur le bout du nez. A table, dans le mutisme quasi total des déjeuners. Et un jour par semaine (le matin du dimanche ?) dans

1. Arbós. Chef d'orchestre.

l'avant-scène d'un théâtre où Arbós [1] répétait le concert qui devait avoir lieu le soir même. Là, quand les passions beethovéniennes me traversaient d'un enthousiasme trop encombrant pour le porter seule – une poussée sauvage qui se tordait en cri dans ma gorge et qu'il me fallait partager sous peine d'étouffement –, je me tournais vers lui quêtant un signe de ralliement jusqu'au moment où son beau visage, soudain dénudé, me répondait d'un regard, d'un sourire, où enfin je le retrouvais, entier. C'est alors qu'un jour, en rentrant du concert, je lui ai demandé s'il ne pouvait user des pouvoirs qui lui étaient confiés pour faire construire en ville, à côté des vespasiennes qui se suivaient le long des rues, des cabines molletonnées afin de nous permettre à tous de crier notre enthousiasme sans provoquer de scandale. Il a beaucoup ri ; il m'a conseillé d'attendre le carnaval, les *verbenas* [1], les vacances, et les orages galiciens pour éprouver ma voix ; et il m'a parlé aussi de Dostoïevski.

Mais je ne pouvais pas encore me couler dans le monde dostoïevskien ; j'ai mis encore du temps à apprendre à me servir des exutoires de la ville, la Galice était loin, et sous la chape que ma monstrueuse timidité mettait sur mon comportement, une incroyable vitalité s'accumulait, forte à me nouer le souffle et pour l'instant féconde seulement en imagination.

C'est alors que nous avons commencé, au collège, à préparer le spectacle de fin d'année : un « ballet » sur *La Danse du Feu* de Falla, qui nous faisait tous gigoter comme des Sioux épileptiques autour d'un feu de carton, déguisés en flammes, et qui, déjà à l'époque – j'avais dix ans –, me pénétrait de honte ; puis, une pièce de Benavente, *El Príncipe que todo lo aprendió en los libros* [2], dans laquelle on me confia le rôle d'une fée ou sorcière, une petite vieille qui prodiguait ses bons ou mauvais conseils – je ne sais plus – au jeune prince parti en voyage à travers le monde en quête de quelque chose qu'il avait appris dans les livres. Je serais curieuse de relire cette œuvre car, à l'encontre des poèmes dont l'impact musical marquait longtemps ma mémoire, d'elle, tout ce qui m'est resté, c'est le temps et le climat où j'ai vécu pendant la période de préparation : un univers, un pays que je découvrais peu à peu, libéré de tous et de tout et de moi-même, et où – seules – demeuraient la fillette qui jouait le rôle du prince – Isabelita – transformée déjà par les soins de mon imagination en jeune homme bien avant d'avoir endossé le costume, et cette autre inconnue – moi – qui, à travers mes propres oripeaux et cette canne que j'avais souhaitée pour me tenir lieu d'appui ou de

1. *Verbena.* Kermesse-fête foraine.
2. Jacinto Benavente, *Le Prince qui a tout appris dans les livres.*

baguette magique, cherchais la voix, le port, la démarche, le comportement d'une vieillarde centenaire — fée ou sorcière ? — qui se cachait en moi... Dans un lieu vide, qui se peuplait de jour en jour de vie et de mystère... Dans le creuset isolant d'un état de parfaite disponibilité, d'acuité sensible et sensitive, de virginité, de total accueil... Une impression semblable à celle que je ressens quand, à marée descendante, je surprends la plage déserte du matin que les mouettes commencent à peine à marquer de l'hiéroglyphe de leurs pattes.

Quant à la représentation proprement dite, je sais maintenant que j'ai connu alors — la seule fois de ma vie peut-être et en tout cas à ce degré —, un jeu parfaitement pur, où il n'y avait rien d'autre que la découverte, sans aucun souci de recherche, de culture, de conquête, de combat, d'art ou de séduction. Exempt de tremblement, de trac, inconscient du public. Empreint d'une divine autorité.

Mais, à l'époque, je trouvais cela tellement naturel, qu'à part mon étonnement devant l'impact produit par ma présence en scène — c'était pourtant la même que je connaissais en moi ! —, et la joie de flatter l'orgueil de maman — qui s'y attendait —, cet événement n'a rien changé à mes difficultés du moment et je suis si vite et si bien retombée dans les affres du non-être, que j'ai failli pour de bon cesser d'exister.

En effet, une formidable bronchopneumonie (double ! c'est possible ?) est venue mettre fin aux vapeurs que le succès avait soufflées autour de moi, aux études primaires, à l'Hipódromo, à l'appartement même d'Alphonse-XI ; à toute cette période de fermentation sourde et si malaisée à porter.

Je me suis retrouvée dans le grand lit de ma mère, avec plus de quarante degrés de fièvre, baignée dans ma sueur ; attentive, quand je ne délirais pas, au tremblement d'angoisse qui courait tout au long des histoires que maman inventait pour me distraire, et pour exorciser le mal ; guettant l'effort de volonté folle qui dans l'aimant bleu de ses yeux semblait vouloir aspirer ma maladie ; ou bien, appliquée à retenir mes cris quand elle posait sur mon dos des cataplasmes de moutarde, portés à un tel degré de chaleur par la hâte de sa panique et supportés avec une telle endurance par la rigueur de caractère qui m'avait été apprise, que nous avons réussi, ensemble, des brûlures au troisième degré.

Elles auraient pu me tuer ; elles m'ont sauvée. Et petit à petit, dans le monde de héros et d'héroïnes que maman créait autour de moi, je me suis redressée triomphante, à peine mincie, grandie de deux centimètres et bientôt prête à accompagner mes parents en Andalousie, à Ronda, une petite ville admirable, perchée à mi-chemin des crêtes, au bord d'un gouffre à pic, en pleine sierra. Quel souvenir ! – Un dernier « bandit d'honneur » y rôdait encore, Flores de Rocha, qui se cachait dans le maquis des crêtes trouées de grottes ; et il attirait dans les parages la présence de la garde civile à cheval et de quelques curieux, parmi lesquels une vedette de cinéma, photographiée sous toutes les coutures, à chaque coin de l'hôtel où nous nous sommes installés pour un mois, et qui cherchait bizarrement, dans le bâtiment même ou dans les rues avoisinantes du village, à rencontrer le fameux marginal.

C'est là que j'ai réappris à vivre, au cœur de cette magnificence de couleurs, de senteurs ; à l'extrémité de cette petite ville blanche grillagée de fer noir ; carrelée de blanc, bleu, jaune et noir dans la fraîcheur des patios ; chuchotante de fleurs de fontaines et de jets d'eau. Ce bijou suspendu depuis je ne sais plus quel siècle au bord de l'abîme ; un gouffre où la lumière se perdait en jeux d'une richesse telle que les peintres, venus pour travailler, restaient là, les bras ballants — je me souviens — si beaux eux aussi dans leur contemplation — devant ces teintes qui s'engouffraient dans l'ombre ; cette ombre enfin, qui semblait paradoxalement rassembler en elle, jusqu'au noir, toutes les couleurs du prisme solaire reflétées par le pur miroir du ciel — dense et bleu de tant de vide — qui dessinait les crêtes escarpées en gueule ouverte autour du regard —

C'est là, au centre, où je me tenais entre mon père et ma mère enfin réunis, que j'ai retrouvé le silence, la musique, les plantes, les insectes, le temps, et de longues lectures où Nora (dans quel roman ?) après une dure maladie, reprenait lentement le goût de la vie (pourquoi si lentement ?) ; où Heidi la sauvageonne, qui ne se nourrissait que des produits de ses chèvres dans le printemps des montagnes suisses, éveilla chez moi de véritables fringales pour le lait et le fromage ; et où le Juif, errant et croquant ses radis le long des routes, déclencha ma passion pour ces racines que j'avais jusque-là ignorées.

L'amour et je ne sais quel génie avaient rassemblé mon père et ma mère autour de moi, dans ce lieu, pour me doter à vie, encore une fois, des trésors du monde ; ma convalescence se transformait en instants de grâce et ma maladie en privilège. Mais un appel urgent vint arracher papa à ce haut lieu préservé ; et peu de temps après son départ, nous l'avons rejoint à Madrid.

Rue Alphonse XII, où nous nous sommes installés au moment même où je commençais à suivre les cours secondaires sur la butte d'Atocha, bien que tout se présentât comme la simple continuité des années précédentes, rien ne ressemble dans mon souvenir à cette époque trouble que j'ai essayé d'évoquer avec la même difficulté que j'ai eue à la vivre. Et si, dès notre retour à Madrid, tout n'a pas été sans problèmes, l'âge ingrat, captant – en sa superbe – une bonne part de mes inquiétudes pour pavaner sa stupidité inhérente (en espagnol on appelle cette période *edad del pavo* : âge du dindon), et affirmer – dans sa prétention toute neuve – une personnalité balbutiante, m'a bien aidée pourtant dans mes efforts d'adaptation. Il m'a rendu, pour commencer, avec je ne sais quelle surprenante assurance, la pleine jouissance du temps, des heures qu'il m'était possible à nouveau d'étirer ou de rétrécir à mon gré, forte que j'étais d'une longue, très longue existence — cinquante ans de vie, alors, n'était-ce pas l'infini ? — Et je pouvais à nouveau me perdre en éternités de jeux et de rêveries solitaires, ou bien échapper au temps des classes par des trouées imaginaires. J'avais onze ans, on avait coupé mes nattes, et bien que toujours trop musclée et trapue, je m'étais un peu affinée ; je portais correctement mes toilettes et si ma tête gardait toujours sa position pliée en angle droit au bout du corps, prêtant à ma silhouette des airs de potence ou de pendue, j'apprenais déjà à déguiser mes terreurs urbaines derrière une ébauche de sourire.

La ville s'ordonnait peu à peu autour de moi en décors déjà familiers que je retrouvais chargés d'évocations, d'espoirs, prometteurs de rencontres, d'excitations inconnues et de nouvelles lumières.

En compagnie de María-Luisa, j'enrichissais mes connaissances sexuelles. Lors de nos promenades, elle traînait derrière elle une file d'hommes isolés, étrangement taciturnes, et je guettais leurs comportements, pendant qu'ils la suivaient à distance, tels des chiens, tout au long des rues, dans les jardins, sur les trottoirs, au cinéma ; et qui l'attendaient fixes et comme ensorcelés aux portes des magasins où, parfois, elle entrait pour les... « semer ». Oui, comme je l'avais fait avec les mantes religieuses ou les escargots, je les observais ; jusqu'à leurs paroxysmes ; quand l'un d'eux, soudain tout proche, lui effleurait le cou d'une caresse obscure, attrapait à pleines mains ses cheveux, pinçait le bout de son sein, ou bien soupesait d'un geste bref et brutal l'une de ses fesses. Le tout agrémenté de chuchotements salivés, pas toujours du meilleur cru, sauf, devant le café Chicote où se réunissaient sans doute les mâles les plus « spirituels » de Madrid. Là, pas d'attouchements ; tout au long de la terrasse bourrée d'hommes, on ne trouvait que des *señoritos* [1] bien élevés. Alors, quand ma belle et malheureuse compagne passait sur le trottoir,

1. *Señorito.* Jeune monsieur. On appelait aussi le rejeton de « bonne famille » : *niño bien.*

c'était à qui trouverait l'hommage – le *piropo* – le plus drôle, le mieux tourné, le plus original, et il le lançait à la criée, au milieu des *« Ole ! »* des uns et des huées des autres, pendant que le sol se tapissait des vestes de ces messieurs, qu'ils jetaient avec brio, en mouvements de *verónicas*, aux pieds de la jolie vachette trébuchante, cramoisie, affolée, qui traversait l'arène improvisée — je veux parler de María-Luisa.

Tous ces gestes alors typiques, sales ou brillants, mais témoignant toujours d'un superbe et profond mépris dont le *machismo* espagnol honorait ses femmes, ont, semble-t-il, complètement disparu aujourd'hui, à Madrid ; il ne reste plus que le *piropo* [1], ces mots d'hommage à la beauté – parfois des traits de génie –, et qui ne peut que flatter ou ravir. Mais alors, je me demande comment faisaient les femmes pour se retenir et ne pas se conduire à la première occasion avec leurs hommes comme les mantes avec leurs partenaires.

Le cinéma de son côté m'avait ouvert ses portes, et j'assistais le samedi ou le dimanche en officiante passive à la projection de tous les films qui se donnaient, afin d'accumuler assez de matière fraîche pour mes rêveries de la semaine. Ce que j'y cherchais n'avait rien à voir, bien entendu, avec la beauté des images ou de l'histoire racontée, et si j'étais plus sensible à Leslie Howard qu'à José Mójica, la substance dont je me nourrissais s'accommodait aussi bien de l'un que de l'autre. Deux exceptions pourtant à la mélasse où je me complaisais ; deux personnages de deux films de terreur. Le monstre de Frankenstein qui émut ma compassion et ma tendresse d'un sentiment fort, parfaitement pur ; et King-Kong dont l'image, gardée profondément en mémoire, s'est rappelée à moi quelquefois par la suite, quand je rêvais avec nostalgie d'un érotisme épuré de toute difficulté de rapports : l'amour avec la Bête. Et s'il ne m'est jamais arrivé dans ma vie de pratiquer des jeux sexuels avec les animaux, en revanche, quand le désir m'a prise d'annihiler – lorsque l'une ou l'autre me gênait – la tête d'un de mes partenaires ou la mienne propre, j'ai toujours pensé un moment – avec nostalgie – à King-Kong.

Enfin, dès le mois de février, les avenues de la ville, tièdes et tendres encore de brises neuves et des pousses fraîches du printemps, offraient enfin à ma trop puissante vitalité, dont les séances de danse solitaire à la maison ne venaient pas à bout, leurs exutoires. Et si les arènes m'étaient défendues par la volonté de mon père qui rêvait d'étendre cette interdiction à l'Espagne entière, le carnaval et les *verbenas*

1. *Piropo.* Mot d'hommage rendu à une femme en pleine rue.

s'ouvraient enfin à moi, et je pouvais remplir de mon cri l'allègre cauchemar du Mardi-Gras et les hauts vertiges de la grande roue qui se dressait, fin mai, au centre de l'immense fête foraine du Paseo del Prado.

A onze ans, à cause de la forme de mes yeux, obliques, maman qui s'occupait encore de frivolités décida de me déguiser en Chinoise. C'était la première fois que j'étais admise à partager vraiment la fête générale ; car jusque-là, j'avais dû regarder le défilé de chars du haut d'un balcon ou me contenter, dressée au milieu de la foule qui couvrait les trottoirs, de lancer mes serpentins et confetti le plus loin possible, jusqu'à la reine de la mascarade, idole immobile et souriante qui passait là-haut, tout là-haut, hissée au sommet d'une construction gigantesque. Maintenant l'âge me permettait de participer aux réunions, bals, et au long va-et-vient journalier pendant toute la semaine du carnaval, où chacun promenait son costume des heures durant, avenue de la Castellana, dans les rires, les sifflets, les hommages, les confetti, les fleurs de papier, le vacarme des crécelles, les propos échangés avec un *encapuchonado,* un cow-boy, un bandit armé jusqu'aux dents, un Indien emplumé, un Écossais grinçant, ou bien les masques grimaçants qui venaient vous crier en pleine figure : « Me reconnais-tu ? ». Maintenant je pouvais participer à part entière aux fièvres et aux succès de la fête, à ses cris ; mais, pour maman comme pour moi, il s'agissait – naturellement sans le formuler – d'en devenir la reine et c'est pourquoi on avait mis le plus grand soin à choisir et exécuter la parure. Alors, voilà, par je ne sais quelle exigence qui collait à ma peau, ce n'était pas une parure, ni un costume, ni un déguisement que je portais dans la longue promenade de ces journées, mais bel et bien un personnage — cette petite princesse asiatique que maman voulait reproduire ; et au lieu de lâcher mes forces vives dans le tohu-bohu général, muette, les yeux baissés et les mains jointes dans l'échancrure de mes manches, attentive seulement à ne pas me détourner de cette figure orientale que j'incarnais, je passais au milieu de la fête, victime et officiante d'un autre rituel que je ne savais pas encore nommer, à la fois présente et absente.

Je dis bien victime. Ma mère, dans son souci de ne trahir en rien l'image proposée comme modèle, avait commandé des chaussures surélevées par un talon carré cloué au milieu, juste sous le pont du pied. Bien que mes extrémités fussent petites, leur pointure dépassait largement celle des moignons dont on a torturé pendant des siècles les malheureuses Chinoises – encore une invention du *machismo* oriental, je suppose ! – et, après ma première sortie, le soir, une fois démaquillée, des cernes jusqu'au cou et une sinistre pâleur trahirent, malgré moi, un épuisement total. Du coup, sans écouter mes protestations comme quoi je n'avais souffert en rien durant la journée (et c'était vrai ! je m'en souviens), sans prendre en considération l'entêtement que je mettais à garder dans sa pure intégralité mon costume, l'on opta pour la chaussure japonaise (oui — c'est ce que l'on m'a dit), et l'on remplaça ce sacré talon par deux autres, le premier placé vers l'avant du pied et le second vers l'arrière, qui, tout en forçant ma démarche à de tout petits pas glissés, ne me transformaient plus en martyre.

J'ai pu ainsi malgré mes regrets (comme je me souviens de ces regrets...!) profiter d'une manière peut-être moins raffinée mais aussi moins douloureuse des journées qui me restaient ; et la liberté prise avec la mode chinoise ne m'empêcha pas d'être l'élue du bal de fermeture, où, après avoir fait encore de secrètes et véritables prouesses sur mes quatre talons pour suivre mon partenaire dans les évolutions de la valse, nous avons lui et moi gagné les honneurs du premier prix. Mais dans la fatigue, un étrange sentiment d'échec me revint, à l'idée de ne pas avoir tenu jusqu'au bout sur deux talons ; et j'ai pensé avec colère (oui — une colère que je retrouve encore) que je ne devais mon prix qu'à mon nom.

Aussi, l'année d'après – j'avais douze ans –, déjà une femme, je ne cherchais plus qu'à être parée pour ressembler le plus possible à toutes les femmes ; j'ai choisi alors la mode romantique très répandue parmi les filles de mon âge, et, cette fois, je n'en ai endossé que le costume qui, sans m'apporter le moindre accessit, m'a laissé cependant un souvenir de plaisir, conquêtes, danses, et troubles excitants – mais dépourvu aujourd'hui de tout intérêt.

Quant aux *verbenas*, il est difficile de nos jours où dans les pays civilisés la liesse populaire est chassée du cœur de la cité – comme la mort que l'on cache – d'évoquer ces fêtes foraines madrilènes qui trouaient le centre de la ville de leur éclat magique. Là, ivre de *horchata* [1], de *churros*, baignée dans les relents d'huile d'olive cuite et recuite, poussée en tous sens par les appels des bonimenteurs, par l'attrait des mystères, de l'oracle ; happée par la spontanéité du dialogue retrouvé, les jeux d'adresse, la représentation de la force, l'étalage des monstres, la liberté du cri, le tournoiement de la Roue, des balançoires, les chocs des voitures électriques, les petits bals, les lampions, le charivari des musiques, des appels, des hurlements, je me réconciliais avec la foule ; et, portée par elle, exempte de toute crainte, j'ajoutais aux vertiges du Grand Tobogan, en me dressant debout, pour augmenter la sensation de

1. *Horchata.* Boisson rafraîchissante à base d'orgeat.

chute ; et quand une fois – je m'en souviens – un grand gaillard s'est avisé de promener son index sur ma jupe étroite le long de ma raie culière, la baffe dont il a été gratifié n'était plus qu'un geste joyeux de libération, rien qu'une réponse au dialogue entamé.

Oui, la ville soudain conquise devenait amicale ; le ciel apparaissait sur les arbres de la Castellana, le temps divisé se tassait, dense, au Paseo del Prado, et je ne savais plus si le sol était couvert de pavés ou d'asphalte.

Par ailleurs, la fréquentation de l'*Instituto-Escuela* me retournait peu à peu — comme un gant — me projetant vers l'extérieur — et je muais ma peau comme les serpents. Durant l'été qui me ramenait à Montrove, enfermée dans une pièce de Villa Galicia où j'étais tenue de faire mes devoirs de vacances, j'avalais les romans de Galdós, cachés sous la table, sur mes genoux, pour parer à toute incursion éventuelle. A la plage, préoccupée par mon retour à Madrid, je veillais surtout aux effets du soleil sur ma peau qui m'obligeaient les années précédentes à découper des morceaux de mon pyjama collés sur les cloques éclatées, et qui transformaient mon nez en phare. Je ne contemplais plus, mais je ne regardais rien ; à Montrove je pensais à Atocha, comme à Atocha je rêvais de Montrove ; j'étais partout et nulle part ; et rue Alphonse XII, j'oubliais l'essentiel de ce qui m'entourait et moi-même.

Quand je rentrais de classe – où je passais d'ailleurs la plus grande partie de mon temps de présence à m'« évader » – , une fois à la maison, j'employais toute ma volonté à m'abstraire, à me détourner de toute approche qui aurait pu s'avérer lourde à porter, voire douloureuse, afin de jouir pleinement de la respiration nouvelle que je trouvais en ville et des vacances intérieures que le « petit pote-mon démon » me proposait.

C'est ainsi que j'écoutais avec agacement les critiques et les colères de Susita, dont les bavardages agressifs ne faisaient plus que m'exaspérer, non plus parce qu'ils mettaient en cause la vie personnelle de maman, mais surtout parce qu'en parlant ainsi devant moi, elle oubliait que je n'étais plus une enfant ni complètement stupide.

C'est ainsi que je préférais m'attarder à observer attentivement le maquillage méticuleux de María-Luisa, plus soigné encore ses jours de sortie ; et que, en revanche, la beauté de Tchéou, le superbe chien-loup qui poursuivait le long du couloir toute cheville féminine baguée de soie ayant le malheur de s'y aventurer, arrêtait à peine mon regard absent.

C'est ainsi que je mêlais pêle-mêle dans mes lectures la parole du

Ramayana au babillage de Delly ou de Max du Veuzit et les policiers d'Edgar Wallace aux tragédies de Shakespeare, ce gros livre qui m'a suivi dans l'exil – avec mes chaussures de Chinoise – et que j'avais ouvert un jour, dans le seul but de reproduire moi-même les gestes des belles mains aux ongles si longs de María del Carmen, secrétaire de mon père.

C'est ainsi, aussi, que les jeux pervers auxquels je me donnais depuis les fenêtres du salon, et qui consistaient en un va-et-vient de rideaux ouverts et refermés devant les regards hâves des exhibitionnistes qui hantaient le parc du Retiro, ont frappé ma mémoire. Tour à tour excités et déçus par la provocation que ma présence fugace mettait aux différentes vitres de la façade, projetés contre les grilles du jardin et cloués là comme d'énormes papillons faits de papier-journal, ils sont restés plus nets dans mon souvenir que les visites de ma sœur, la fin de sa brouille avec mon père, et même... l'image de cette créature minuscule que j'ai trouvée une fois à ses côtés, dans son lit, quand elle a accouché de María-Esther. Les marécages et les terrains vagues d'Alphonse-XI et de l'Hipódromo avaient disparu, mais la confusion allègre qui occupait depuis toute la place, brouille de contours vagues les événements mêmes qui allaient marquer à jamais ma vie ; car tout était vague en moi, autour de moi ; sauf cette force vitale, vorace et aveugle, qui voulait s'affirmer, cherchant avec une impatience brutale la manière de s'exprimer, me coupant de l'essentiel, et me rendant aussi opaque que le béton que je m'appliquais à oublier.

Quant à mes parents, je les voyais peu et à peine. Leurs conversations pendant les repas que mon père partageait de plus en plus rarement avec nous et qui concernaient les problèmes soulevés par la situation sociale, la politique, les responsabilités qui s'accumulaient sur lui depuis qu'il occupait le ministère de l'Intérieur, se butaient à l'entêtement féroce que je mettais à ne rien entendre, à ne rien voir de ce qui était susceptible de me débrancher de cette prise de terre que j'avais trouvée dans la ville — si longtemps fermée à mon souffle. Et c'est ainsi que la révolte des Asturies, les grèves, l'agitation sociale, le débat parlementaire, le meurtre de Calvo Sotelo dont on accusait et l'on accuse encore directement mon père – le prenant non seulement pour un assassin mais aussi pour le dernier des imbéciles –, tout cela et le reste est passé à l'époque au-dessus ou à côté de ma « petite personne occupée ailleurs », et sensible seulement à la crispation, la pâleur, la maigreur, la lassitude et parfois les vagues d'amertume et de mépris — signes concrets qui ravageaient le visage de papa. Alors, autre chose m'intéressait. Qu'y avait-il dans sa vie, à part les succès et les épreuves subies dans son ministère ?

Un jour, par hasard, lors d'une conversation téléphonique avec un interlocuteur qu'il n'a pas nommé, j'ai entendu derrière une porte sa voix, voilée d'accents particuliers que je ne lui connaissais pas. Figée par la surprise, le trouble et je ne sais quelle joie libératrice, je me suis trop attardée près de la porte close qui s'est ouverte soudain ; et j'ai eu beau me précipiter dans un petit salon où trônait... un Arbre de Noël (!), il était trop tard — Effarée, tremblante, prête à pleurer, je l'ai vu arriver derrière moi : « Vitola ! Vitoliña ! qu'y a-t-il ? » — et, terrorisée, je suis restée là, devant son regard clair, franc, vivant — si averti ! —, sans pouvoir énoncer le moindre son. Il a souri, il a caressé doucement mes cheveux, puis il est parti, sans rien ajouter. Je n'ai pourtant jamais su vraiment si mon intuition était juste.

Maman, elle, était restée la même — Après les longues randonnées dans la Plymouth décapotable qui l'éloignaient de « Villa Galicia » avec Maximino — pour apprendre à conduire ; après ses premières audaces qui frôlaient le scandale domestique à Montrove, là — à Madrid — elle s'essayait à plus de discrétion. Mais, moi, je n'en étais plus à l'espionner ; maintenant le seul qui m'intéressait était Maximino, que je guettais le long des couloirs obscurs jusqu'à ce qu'enfin il daignât s'occuper de ma personne. Je l'ai retrouvé à Buenos-Aires dans les années 60 et devant son regard loyal, fidèle, doux, je me suis demandé à quoi il pouvait bien penser pendant les jeux qu'il inventait, quand je recevais ses caresses dans une chambre d'Alphonse-XII — muette — les yeux fermés — feignant un profond sommeil. Ça, ça m'intéressait. Les soifs de l'éveil sexuel avalaient en moi toute autre préoccupation ; je venais d'atteindre la puberté à Bastiagueiro, dans l'eau iodée de l'océan ; et j'allais pouvoir enfin, à Madrid, offrir à mes compagnes de classe, ce dont ces bacchantes étaient friandes : mon sang.

Car – heureusement ! – sur la butte d'Atocha, je me trouvais encore confrontée à des problèmes qu'il m'était impossible d'écarter sous prétexte qu'ils ne concernaient que les adultes. Là, il me fallait encore souffrir mon adolescence, sans dérogations ; et malgré les progrès que j'avais faits en société et le clair accueil des lieux, ma première année d'études secondaires s'est quand même avérée assez éprouvante.

En classe, assise avec les filles sur les bancs de devant – durant les cours on reléguait les garçons à l'arrière pour éviter sans doute les distractions –, j'occupais d'après les notes de l'année la troisième place, après Gloria Blasco, deuxième, et Asenchi Medinaveitia, une créature blonde, aux cheveux courts, l'œil vif et bleu, sportive, curieuse de tout, tendue d'intelligences, rebelle, casse-cou et qui, avec une brillante aisance qui m'éblouissait, ne quittait jamais, malgré toutes ses incartades, la première place de la classe. Je viens de la retrouver à Madrid — la même — et, aujourd'hui comme alors, elle symbolise le type même de ce que j'aime chez ceux qui ont fréquenté l'*Instituto-Escuela.*

Quant à moi, je me battais pour rattraper le retard pris en dernière année de préparatoire durant ma maladie ; et je ne sais pas s'il y paraissait ou non, mais le fait est que sauf peut-être en littérature, langues vivantes, histoire naturelle, biologie et physiologie, je peinais en tout.

Pendant les leçons d'histoire, je regrettais que Charles Quint ou Napoléon ne fussent présents pour raconter eux-mêmes ce qu'ils avaient vécu. La géographie, à en juger par ce qui m'était dit de la Galice, n'évoquait en rien les cieux, les paysages, les sols que je connaissais et je me foutais royalement des sous-sols. Pendant les cours de latin, mon attention était entièrement happée par les lèvres lippues du professeur. Je ne comprenais rien aux mathématiques ; et si la physique et la chimie me fascinaient, j'étais trop trouillarde pour profiter des jeux magiques de leurs travaux pratiques.

Pour ce qui est du dessin, je n'oublierai jamais un canard que Asenchi a esquissé d'un trait net et élégant en trois temps deux mouvements, vivant à croire qu'il allait se déplacer sur le papier blanc ; celui de Gloria Blasco, plus appliqué, un peu figé, mais tracé sur une page immaculée ; et enfin le mien, une figure impossible à classer, filigranée d'une main tremblante, et perdue dans les traces de crayon gommé qui souillaient la feuille entière – déjà maculée par des doigts que l'hésitation et l'impatience rendaient moites. Ce sacré tremblement qui agitait si souvent mes mains me rendait inapte aussi à beaucoup de travaux manuels. La couture, par exemple, restait pour moi domaine interdit – sans regrets d'ailleurs ; mais je ne veux pas penser aux « sous-plats » de raphia, ondulés, criblés de trous, où les fibres tour à tour trop serrées ou trop lâches que je tournais avec application, se refusaient obstinément à prendre la forme d'un cercle et qui m'évoquent maintenant quand j'y songe, les peines d'un boa qui, ayant englouti un lapin, s'essaye vainement à rouler sur lui-même une spirale parfaite.

La salle de musique, lorsque nous n'étions pas là pour danser, devenait un lieu de torture quand il s'agissait de chanter. Pourtant – je me souviens – seule à la maison, je participais volontiers avec une voix de stentor au chœur formé par toutes les cuisinières de l'immeuble, pendant qu'elles préparaient les repas. Les airs que nous chantions à tue-tête assourdissaient la maison, remplissaient l'escalier de service, envahissaient la cour — où, maintenant, ils semblent éclater dans le soleil de mon souvenir pour s'accrocher en linges multicolores aux fils qui reliaient les fenêtres de chaque étage :

¡ Rocío ay ! mi Rocío...
¡ Ay ! María-Luz, Maria-Luz !
maravilla de mujer...
¡ María de la O !...

Mais en classe, quand il me fallait ouvrir la bouche pour reproduire une note – que j'entendais en moi juste –, le filet de voix qui en sortait m'échappait – fou – le long de la gamme, pour jouer à saute-mouton sur le clavier.

Quant à la gymnastique, aux sports, basket-ball, hockey, tennis, pelote basque, neige — Non ! Comme avec Paco, le poulain arabe que mon père avait amené au *Pazo,* tout cela et moi n'avions rien à faire ensemble. Mais face à Paco j'étais seule tandis que là, à Atocha, je faisais partie d'une équipe qu'il me fallait sinon défendre, du moins ne pas encombrer.

L'équipe — voilà une notion qui m'a été révélée à *l'Instituto Escuela* et qui avec celle de la responsabilité a contribué à structurer ma vie.

Dans les difficultés que je trouvais à suivre les cours et les activités scolaires – où j'avais le sentiment d'être la seule à me noyer –, j'ai commencé à me mettre en question.

Je comprenais mal pourquoi les professeurs s'abstenaient de plus en plus de m'interroger oralement ; et il m'était difficile d'admettre que certains d'entre eux pussent être si facilement joués et que les devoirs de couture – par exemple – ou bien les dessins que je rapportais de la maison – impeccablement exécutés par Amalia de la Fuente et mon père – pussent passer pour les miens. Car s'il est vrai que dans mon carnet trimestriel on s'attardait toujours sur « une trop grande inhibition dont il fallait activement s'occuper », il n'est pas moins vrai que l'on y parlait tout autant de « mon excellente conduite », sans l'associer en rien – à mon grand étonnement – à cette paralysante timidité. Aussi, toutes ces considérations ne me paraissant pas convaincantes, les bonnes notes que je récoltais alors me mettaient dans le même état que ce que j'eusse éprouvé à essuyer une injure ; un sentiment de curieuse culpabilité mêlée d'humiliation gâtait les succès mêmes qui ne me semblaient pas usurpés ; j'étais arrivée à douter que cette troisième place que j'occupais en classe me revînt de droit ; et enfin à penser enfin ne la tenir qu'au nom de mon père que, du coup, je me devais de représenter.

C'est ainsi que j'ai connu l'idée même de responsabilité qui dorénavant allait à la fois peser sur moi et me soutenir ma vie durant. Mais en attendant, là où je me trouvais elle me portait subrepticement à rejeter d'abord comme nulle toute place qui ne fût pas la première et, incapable de l'atteindre, je m'appliquais déjà à m'en inventer une autre, particulière, à l'index, qui, même si elle devait me charger des pires disgrâces, me situât en quelque sorte dans un lieu d'élection.

En fait à l'Hipódromo comme à Atocha, drapée dans la juste fierté que je tenais de ma terre et de mes pères, masquée derrière les exigences de ma responsabilité, mais au fin fond tout simplement pourrie d'orgueil, je ne voyais que mon nombril, je ne promenais qu'une douteuse humilité, j'évitais pour ne pas les décevoir la compagnie de ceux qui me paraissaient particulièrement brillants et je quêtais derrière chaque visage, derrière chaque regard, dans ce nouveau monde soudain dépouillé de l'innocence, quelqu'un ou quelque chose, sans savoir encore que je ne cherchais que moi-même. Et c'est en me cherchant à travers mes camarades dont l'attitude ne faisait aucun cas ni de mes problèmes ni de l'indulgence que je me plaisais à trouver chez les professeurs, ni de la balourdise dont je croyais empêtrer leurs jeux, ni surtout du nom que je portais, que j'ai trouvé là – dans l'équipe –, l'amitié désintéressée, exempte de toute ambition personnelle, qui allait me donner – avec le théâtre – la clé pour entrer dans le monde et m'y libérer.

J'y ai appris aussi à aimer en moi la femme. Entièrement occupée avec toutes mes compagnes à devenir celle qui devait compléter à part égale l'homme que chacune de nous attendait pour se réaliser, tout ce qui pouvait nous permettre d'atteindre ce haut but nous apparaissait, sans le formuler, comme chose sacrée. Aussi, la puberté réinventait de nouvelles cérémonies d'initiation ; et je revois, dans les toilettes réservées aux filles, les yeux de mes compagnes, écarquillés d'admiration, d'impatiente envie, de mystérieux respect, et où l'interrogation muette se mêlait à des connaissances, ancestrales pour regarder, étonnés, par-dessous les portes coupées des cabines, le sang que les premières filles pubères offraient en holocauste, hissées sur cet autel improvisé, les yeux fermés de pudeur et de triomphe, les jambes raidies et légèrement écartées, debout devant la cuvette des W.C., tenant dans leurs mains la serviette maculée — pour nous la montrer.

Enfin, c'est aussi à Atocha que j'ai connu les premiers regards de l'amour, leur force et ma perversité.

Le matin quand, groupés par classes, nous saluions le jour en chantant, tout en feignant ma participation au chœur – bouche ouverte et muette –, je mêlais activement le mien aux jeux amoureux qui organisaient tout un réseau secret entre les filles et les garçons des différentes années. Chacune de nous avait un élu attitré qui n'était pas toujours celui que l'on convoitait puisque seul l'homme exprimait alors clairement son inclination. Ainsi, moi, j'en avais deux. Le premier – officiel – un garçon de 16 ans, blond de cheveux et de gentillesse claire, avec des yeux immenses d'un bleu limpide, qui avait le tort de porter des pantalons de golf, ce qui le faisait paraître plus jeune, et surtout de rougir jusqu'à la racine des cheveux dès qu'il m'apercevait : Manolo del Campo. Et l'autre, le second, Faustino María, considéré comme le plus grand des voyous et qui se présentait comme un jeune individu sombre, au nez aquilin, au regard gris, le port hautain, indifférent, avec je ne sais quoi de cruel et de précocement mûr qui excitait particulièrement le « petit pote » tentateur que je portais toujours dans mon oreille droite.

Alors, pendant que s'élevait dans le vaste hall la prière solennelle d'un largo de Haendel, je passais mon temps à me servir de la présence de l'un — totale, pour happer celle de l'autre — diffuse.

Mais c'est à ce moment-là, aussi, que j'ai découvert un second petit compagnon qui me suivait sans doute depuis longtemps, qui faisait pendant à l'autre – mon démon devenu familier – et qui se tenait sur mon épaule gauche : un minuscule gardien. Et bientôt, au retour d'un voyage qui avait mené Manolo avec Faustino et toute sa classe jusqu'au Portugal, quand à son retour il a placé à mon doigt la bague ciselée qu'il m'avait apportée de Lisbonne en bredouillant des déclarations inaudibles, l'image de Faustino María et les chuchotements de mes démons ont éclaté en bulles, pendant que je découvrais, émerveillée, devant moi, le premier visage qu'il m'eût été donné de voir transfiguré par l'éblouissement de l'amour.

Dernièrement, à Madrid, parmi les anciens camarades qui ont assisté au banquet de retrouvailles, il y avait Manolo, et quand à la fin du repas nous nous sommes tous levés pour entonner notre hymne

Ya se van los pastores… [1]…

que, cette fois-ci, j'ai vraiment chanté sans en oublier – au grand étonnement de Asenchi – la moindre strophe, je suis tombée soudain sur le regard de Manolo, fixé sur moi – le même – éclairé seulement d'un beau sourire de complicité amusée et chargé d'audace par la

1. Cf. p. 87.

maturité. Alors, à mon tour, je me suis sentie rougir jusqu'aux yeux, et j'ai dû vite me détourner, incapable de soutenir cet ancien dialogue ouvert — si incroyablement présent ! — qui me ramenait de quarante ans en arrière — tout d'un coup bouleversée jusqu'à l'asphyxie par le premier grand trouble qui avait enflammé mon adolescence et que je retrouvais en moi intact.

Que serions-nous devenus si j'étais restée à Madrid ?

Que serais-je devenue ?

A ce moment-là quand on me posait la question classique : « Que veux-tu faire quand tu seras grande ? », je répondais : « La médecine » et parfois : « La danse », pour exulter ! Car si vocation il y a eu en moi – je n'ai pas eu le temps d'en prendre conscience –, elle m'apparaît aux premiers temps dans la nécessité que je portais avec moi d'exulter, de pousser le cri d'enthousiasme que je voulais déjà lâcher dans les « vespasiennes molletonnées » que j'avais demandées à mon père ; elle m'apparaît dans les moments de plénitude, d'accord avec le monde, trop lourds à porter seule sans les partager ; quand ma vitalité ne sachant pas trouver le chemin de la pure contemplation se muait en exaltation débridée qu'il me fallait absolument endiguer et exprimer.

Je me souviens des jours où, avec les élèves de ma classe, on nous emmenait au musée du Prado. Prostrée devant les Velasquez comme on l'est devant ce qui touche à la perfection, portée par le Greco dans les parages nus et silencieux que la Castille m'avait révélés, je pouvais rester des heures, comme anéantie. Mais quand je me suis trouvée au centre des grandes salles peuplées par les figures vivantes et foudroyées de Goya, là, je m'en souviens, j'ai su que le cri fou qui se nouait dans ma gorge, il me fallait le dénouer — en larmes — en chant — en danse — en allégresse — en —— « je ne savais pas quoi » ; mais qu'il me fallait à tout prix le dénouer, et cela pour me relier au monde.

Cependant, au théâtre, j'avais fait d'autres performances. Il y eut un spectacle monté par Rafael Alberti à *l'Instituto*, dont je me souviens à peine. Puis, chez des amis de mes parents, les enfants, bien plus âgés que moi, ont organisé la représentation de deux pièces en une seule soirée. La première était un drame d'Isabel de Palencia – maîtresse de la maison et écrivain –, où je jouais un personnage symbolique : LA MERE TERRE. La seconde, qui finissait le spectacle, était la mise en tableaux vivants d'un *romancillo de ciego* [1], ou je devais mimer les aventures d'une jeune coquette ; péripéties qui s'étalaient jusqu'à leur fin tragique en bande dessinée, sur une pancarte d'aveugle que Ceferino Palencia Jr tenait de sa main gauche dans un coin de la scène, tandis qu'il suivait de sa main droite armée d'une canne blanche les différents épisodes que son chant psalmodié racontait. Mais si c'est ici, dans la représentation de cette saynète, que j'ai trouvé le plus grand plaisir de participation, c'est naturellement là, dans le rôle de la Mère Terre – pour lequel il m'a fallu chercher les cris de la maternité blessée et les appels de la terre délaissée dans les affres de ma naissance, je suppose ! –, que j'ai atteint le plus fort impact.

Parmi un public composé de jeunes gens et d'intellectuels, se trouvaient Valle-Inclán et Lorca, étonnés, paraît-il ; et... maman, convaincue.

Mais, pour moi, Manolo et Faustino absents, je n'étais qu'à demi présente. Inapte encore à couler le « trop-plein » de ma vitalité ou de mon sentiment dans des formes qui ne les épousaient pas exactement, je ne savais pas que la tragédie peut se nourrir d'allégresse et que la représentation théâtrale est le creuset incandescent qui brûle tout sentiment pour n'en garder que l'essence — qui est une. Pourtant, sans le formuler, je m'en servais peut-être déjà de la juste manière ; et pendant que je croyais ne me prêter qu'à un jeu, un filet se nouait déjà autour de moi pour m'enserrer dans la cage magique du théâtre ; et dans le théâtre — en premier lieu — l'expression tragique du monde.

Cependant, les semaines et les jours s'écoulaient, gonflés de sèves nouvelles, de plénitudes retrouvées, d'une magnifique certitude quant à un avenir infini, pendant que la démocratie espagnole, harcelée à droite comme à gauche, essayait de trouver son équilibre sur un fil, et que mon père passait du Ministère de l'Intérieur à la Présidence du Conseil et au Ministère de la Guerre dans le nouveau cabinet qui remplaçait celui de Azaña, devenu, après Alcalá Zamora, président de la République.

Le temps passait, réconcilié, et cette année déjà, je pleurais ou presque d'avoir à quitter Madrid pour me rendre en vacances à Montrove. Esther avait déjà regagné La Corogne avec son bébé. A « Villa Galicia » où tout était prêt pour nous recevoir, Léonor et tante

1. *Romancillo.* Complainte.
Ciego. Aveugle.

Candidita nous attendaient. A Madrid, Maximino avait chargé la voiture de nos bagages, et nous devions quitter Alphonse XII avec ma mère, le lendemain avant midi.

Le lendemain, dès son lever, maman, encore impressionnée par un vilain pressentiment que la chute du grand miroir vénitien n'avait fait qu'aviver, décida de retarder le voyage de vingt-quatre heures. Et le soir même, un appel du Maroc annonçait à mon père le soulèvement de l'armée. La guerre civile scindait l'Espagne en deux parties où La Coruña se trouvait sous l'emprise de cet autre galicien, Franco ; les familles éclataient comme le miroir en camps ennemis, et pères fils frères amis, divisés, se jaugeaient, blêmes de la plus vieille colère et frappés d'étonnement.

Passeport diplomatique

Je me demande quelle est la raison vitale qui m'a poussée à écrire ce livre. Si toutefois il y en a une. Et si encore une fois ce n'est pas la même qui m'a projetée dans le théâtre, la construction sans cesse recommencée d'un foyer, d'une famille, de racines réinventées, d'amitiés et d'amours renouvelées et tenues à la force du poignet.

Quand j'ai reçu la première lettre me proposant une telle aventure, j'étais en Espagne. Je l'ai mise de côté. Pour y répondre plus tard et sans nul doute pour refuser. Mais je l'ai mise de côté. Elle est venue à un de ces moments où il y en a marre, où je n'en peux plus. Et c'est pourquoi, peut-être, dans mon premier mouvement de rejet, j'ai tout de même prêté l'oreille à un léger appel, une sorte de sifflement : « Tsss ! ». S'agissait-il de l'oreille gauche ou de l'oreille droite, voilà la question. Mais si le signal venait de « mon petit pote le démon », il avait trouvé là la forme de tentation la plus efficace : une trêve.

Une trêve qui me permettrait de souffler quelques mois durant.

« Nous nous reposerons, oncle Vania ».

Reposer. Loin de la ville. Hors du bûcher théâtral. A la fraîcheur de la Charente. Vivre l'écoulement de trois saisons peut-être, dans la paix de *La Vergne*, guettant les terres durcies par l'hiver, les premiers dégels, l'arrivée des jonquilles, l'éclatement tendre des fruitiers en fleurs, etc., etc. Oui j'ai mis la lettre de côté. Pour y répondre plus tard, à mon retour en France. Ou jamais. Comme il m'arrive toujours avec une partie de mon courrier que je traîne avec moi, de pays en pays, de maison en maison. Comme une ânée de mauvaise conscience. Me disant toujours que j'y répondrai au prochain répit – si court –, ou aux prochaines vacances – si brèves et si chargées ! – jusqu'au jour où, des années après, je jette le tout parce que, bien sûr, il est trop tard pour y répondre. Depuis que j'ai quitté l'Espagne en 1936, j'ai toujours vécu en état d'urgence. Avec une telle hantise d'un retard possible que je suis toujours en avance. Et croyez-le ou ne le croyez pas, mais toutes mes horloges et toutes mes pendules avancent ; sans parler des montres du poignet auxquelles j'ai dû vite renoncer. Cependant, la nostalgie du temps plein de mon enfance vrille au cœur même de mes journées, de mes nuits, de chacune de mes activités, une terrible exigence de lents cheminements et je me surprends sans cesse à repousser, au plus loin dans l'espace intérieur, l'aboutissement. C'est comme une plaie que je porterais sur le flanc – petit Amfortas [1] –, toujours refermée par l'élan

1. *Amfortas.* Le roi-pêcheur – personnage de la quête du Graal – souffrait d'une plaie toujours ravivée.

vital et déchirée par l'urgence. En fait, je n'ai le sentiment de réaliser une chose que quand je la cherche ; au bout, je ne trouve plus que mirages éteints et regrets de ce qui n'a pas été fait. J'aimerais bien que la mort se présentât à moi comme une sente et avoir la pleine possibilité de la voyager en toute conscience.

Quant à l'espace parcouru, quelle importance ? Jouer sur une scène, attendre l'homme qu'on aime, construire une maison, écrire, plonger dans l'océan, rôtir au soleil, humer l'odeur fermentée de l'automne charentais, passer avec soin l'aspirateur ou cirer un meuble avec rage ou avec tendresse, quelle différence ?

A. Camus me disait : « Toi, on te placerait au milieu d'un pâturage que tu brouterais avec la même passion. » Oui. Ou avec la même rage. Ou la même urgence. Mais, comme aux vaches, il me faudrait du temps — leur temps — pour ruminer.

Et voilà la clé. La vie m'apparaît bonne à être avalée et ruminée. Cette manière qui m'a été donnée d'appréhender le monde le cerne sans doute dans les limites d'œillères trop étroites ; mais du moins, elle m'a sauvée d'une sorte d'ambition qu'il me serait pénible de porter. Et puis, après tout, la vache qui broute en regardant passer un train ne fait de mal à personne. Pas plus de mal, en tout cas, que le train.

Non, je ne crois pas assez aux accomplissements sur cette terre pour leur sacrifier un instant de vie ; ou, du moins, je ne crois pas au parfait accomplissement d'un but convoité. Ce n'est que dans la quête qu'il me semble apercevoir parfois, fugace et fulgurante, l'image du rêve recherché. C'est là où je place l'Événement. Si j'avais la foi, je serais vite tentée par l'ascension mystique que je devine. Sans elle, c'est chez les grands poètes ou créateurs que je broute l'herbe magique pour ruminer le monde. Chez ces éternels veilleurs qui broutent, ruminent, et ont le pouvoir de nous restituer le monde transfiguré par leur grâce. Rembrandt n'avait nul besoin de quitter sa chambre pour voyager dans l'infini. Il se bornait peut-être à écouter la lumière.

Mais serait-il possible qu'il n'existât pas chez tout homme cette inclination propre à l'écoute profonde, à la vision nue qui le rive intimement, un instant, à tous et à tout ? Et, par ailleurs, celui qui connaît le secret, et qui sait l'évoquer, nous le faire partager, a-t-il au fond de lui en fin de compte le sentiment intime d'avoir traduit ce qu'il a entrevu ? Quoi qu'il en soit, pour moi, qui habite avec tant d'autres les cercles à distance égale du créateur et de la brute, mais qui possède le privilège de faire partager à l'une les divins paysages entr'aperçus par l'autre, la tâche est ardue et il s'agit de prendre un parti. Par tempérament, par nécessité, par je ne sais quoi, j'ai été amenée à choisir : brouter dans l'urgence et ruminer quand je le peux.

Et ce livre ?

Dans le *Littré*, il est écrit :

> RUMINATION : fonction particulière à un certain nombre de mammifères et qui consiste dans le retour des aliments de l'estomac à la cavité bucale, où ils sont soumis à une seconde mastication après laquelle ils sont avalés à nouveau.

et il ajoute :

> ... Spellanzani remarque que la rumination divise les herbes mangées par les animaux et que leur division favorise l'action du suc gastrique.

Voilà qui est clair et bien dit.

En rentrant de cette Espagne que je venais de retrouver après quarante ans d'exil, j'ai dû sentir confusément le besoin d'exciter, par une longue rumination, mes sucs gastriques.

Et un an après avoir reçu la lettre, j'ai accepté d'écrire ce livre.

Je ne suis pas en Charente. Trois semaines encore avant de pouvoir m'y nicher. Dures journées en représentations de *Faust*, lourdes à porter après ma rencontre avec l'Espagne, la pièce d'Alberti jouée deux fois par jour à Madrid et en tournée, une hépatite virale, le retour à Paris malade, la création de *La Mante polaire*, *La Première* à Bruxelles, *l'Agamemnon* à Châteauvallon et enfin *Faust* de nouveau à Paris, enchaînés, sans répit ou si peu. Et pourtant une partie de ce livre a déjà jailli en bousculade, comme une longue expiration. L'enfance lointaine et formidablement présente ; intacte et déjà transfigurée ; dépouillée, consacrée et dorée par le temps qui la restitue parée de charmes surannés et béante d'interrogations comme une chère et belle ruine.

Maintenant il s'agit de continuer, de changer de pays, d'âge, et je dirais même de siècle – le XXe a commencé pour moi en 1937 – ; il s'agit d'entrer dans ce nouveau monde qu'est devenu le mien et qui se refuse à être avalé par crainte de mort. L'autre jour, comme je passais en autobus devant une agence bancaire, avenue de l'Opéra, en regardant sans le plus petit pincement au cœur le nom : *Banco de Bilbao*, je me suis soudain sentie désertée et traversée par un étrange vertige. Comme quand, à présent, je croise dans les rues de Paris des Espagnols qui parlent ma langue maternelle dont les sonorités, à peine devinées, ont suffi pendant quarante ans à tourner le sang dans mes veines.

Si j'ai toujours dit oui devant la douleur et la mort parce que ma passion pour la vie m'a toujours portée à cette affirmation catégorique devant la seule existence qu'il nous soit donné de connaître et qui n'*est* qu'à condition de douleur et de mort, il n'empêche que j'ai toujours éprouvé une parfaite répulsion pour la souffrance où qu'elle se trouve. Mais si je ressens un véritable dégoût pour cette part en chacun de nous qui accouche périodiquement de temps et d'hommes qui font de la souffrance la substance même de leur vie, je comprends mal comment on peut vivre dans un constant rejet des conditions mêmes de notre existence. Je ne connais point l'Eden, et pour parvenir à une hypothétique béatitude révélée ou non révélée, promise par une quelconque religion pour des temps ou des mondes qui pourraient exister après nous, je refuse de détruire ou même de malmener le bref passage sur cette terre où il nous arrive de côtoyer — ne serait-ce qu'une fois — l'instant de grâce et d'éternité. Mais si les cilices et autres disciplines du même genre qui amputent l'homme me débectent, si les violences et les tortures faites au nom d'un monde meilleur et parfaitement incertain rencontrent chez moi une résistance sourde de mille murs d'hébétude, le non têtu et aveugle devant la mort et toute souffrance me semble porter en lui le refus même de la vie et de la lumière.

Mourir, oui. Nous naissons bien, non ? Que serait-ce, la vie sans la mort et si l'on n'est pas prêt à mourir pour elle ?

Souffrir, il le faut bien ; la naissance même est souffrance. C'est pourquoi j'ai toujours essayé, sauvagement sans doute, de rendre le malheur positif et cette misère seule me révolte qui anéantit dans l'être toute possibilité de métamorphose durant sa vie même.

Il est difficile de séparer la qualité, l'intelligence du cœur, de la douleur. On dirait que celle-ci est le creuset où celle-là est élaborée. Il y a la douleur et l'innocence dont la nostalgie illumine encore les regards. Aussi, je me suis toujours appliquée, plus ou moins consciemment, à rendre le malheur fécond, voire créateur. Ceci dans les périodes de plénitude ; et sans nul doute le théâtre a pris sur lui une grande part dans ces métamorphoses. Il reste, cependant, la traversée sur les sols stériles de la sécheresse du cœur ; alors, quand ils se sont présentés, devant l'horreur ou après la perte toujours prématurée des êtres les plus aimés et les plus nécessaires, j'ai fui comme une bête. Oui, confrontée aux ravages d'un horrible « no man's land » qui trouait soudain le monde, inapte à vivre comme à me laisser mourir, j'ai dormi. Je me suis échappée par l'orifice de longues et lourdes nuits de sommeil dont les bienfaits naturels ramenaient rapidement en moi la poussée vitale. Et amputée, boiteuse, manchote, cul-de-jatte, je recommençais. Je me suis débattue comme une forcenée dans le silence buté pour passer outre ;

pour bâillonner, enchaîner, maîtriser le cri spasmodique de la souffrance. Et c'était alors la chasse aux souvenirs pour les abattre. Enterrement sur enterrement. Et je t'enfonce bien loin dans le néant, sous la terre. Derrière la terre. Et j'entasse des montagnes pour boucher les trous et je piétine et je tasse et je remblaie pour que tout disparaisse, pour continuer, pour recommencer, pour retrouver innocence et liberté.

Pourtant, en fait, rien n'était inhumé et l'espace interdit creusé entre le souvenir et moi commandait à chacun de mes gestes et grouillait à même les entrailles.

Maintenant, quand je relis des lettres, des papiers auxquels je n'ai jamais pu toucher pendant des années, quand je m'apprête à aller à Madrid pour les besoins d'un film de télévision imaginé à l'occasion de ce livre, quand je m'entends parler presque librement de sujets ou de personnes disparues restés jusqu'ici tabou et dont la seule mention me coupait le souffle, je me sens chavirer. Quand tout sera dit, que va-t-il rester ? Si l'acte du comédien au théâtre exorcise en lui des forces secrètes et mystérieuses sans qu'il semble toucher en rien au déroulement même de sa vie consciente, l'écriture qui veut fouiller à même une existence à la seule recherche de je ne sais quelles rencontres, sens ou destin, serait-elle capable de venir à bout de mémoires brûlantes et refoulées qui tissent la matière même qui nous fait, et de tuer cette fois-ci pour de bon ce qui a disparu et ne vit plus qu'en nous ?

Maintenant il s'agit de ruminer des aliments non encore digérés et je ne sais comment m'y prendre. Je tourne autour. En approches prudentes. Avec l'impression d'exécuter les pas dangereux d'une danse guerrière.

Où se trouvent les pires horreurs dénoncées par l'immense tendresse à vif de Francisco Goya ? Dans les témoignages insoutenables engendrés dans ses rêves de guerre ou dans les monstruosités mises à nu par les caprices de la paix ; dans sa tauromachie ou dans le ver luisant de folie qui brille dans l'œil des personnages survêtus, parés, masqués, qui peuplent ses cartons conçus pour de riantes tapisseries ; dans le Saturne saignant d'enfants dévorés ou dans les jeux folâtres des créatures paisibles qui font sauter au-dessus d'un drap un mannequin démantelé, dans la clairière d'un paysage idyllique ?

La guerre qui a démembré l'Espagne, je suis heureuse de l'avoir vécue d'abord en Espagne, puis en France, mais encore tenue à l'écart par la méconnaissance de la langue, le manque de relations et l'âge des amis que j'ai pu alors me faire. Il m'eût été particulièrement difficile d'en entendre parler et je me souviens, plus tard pendant une autre guerre, celle de l'Algérie, de m'être terrée comme en temps de deuil ; longtemps après sa fin d'ailleurs, j'avais encore peine à traverser Saint-Germain-des-Prés sans tomber en état de pré-maladie.

Oui, là comme dans les grands deuils, le silence est de rigueur, ou le cri, la clameur muette. Et peut-être la sauvagerie et le rire ; mais ceux-ci sur les lieux mêmes de l'événement.

Aussi le vacarme de l'exode en France fut-il silencieux et les rues de l'occupation retentissaient des seules ponctuations des bottes allemandes Quant à l'Espagne, il y avait du soleil l'été de 1936, et le soleil hurle dans les regards hébétés et les blessures. Il fouille les masques, dépouille les passants dans la ville et proclame le scandale. Le roi est nu.

Le langage se réduit alors aux cris ou aux monosyllabes et ne se prolonge jusqu'à l'extrême que dans les regards, les poignées de main, le geste court et pudique, et des sourires furtifs d'étrange et timide gratitude. C'est l'heure de la communion sourde et de la vérité.

C'est l'heure du secret aussi, impossible à partager, même après, avec ceux qui ne l'ont pas connu.

Et que pourrais-je dire de la guerre d'Espagne pour la rendre tangible à ceux qui ne l'ont pas connue ? Que puis-je raconter, même de mon expérience personnelle, des quelques mois où je l'ai vécue ? Que m'en est-il resté en mémoire ? Devant un possible Jugement Dernier, en quoi, comment, de quoi pourrais-je témoigner ? Et le fait acquis qu'elle est venue bouleverser totalement l'existence qui était la mienne jusqu'alors, qu'a-t-elle fait de moi, que je sache, sinon moi-même ? Du mal ? Du bien ? *Chi lo sà !*

De ce que j'aurais pu être si elle n'avait pas eu lieu, je ne sais pas plus que de ce que j'étais avant ma naissance ou de ce que je serai après ma mort, et la seule certitude qui me reste, c'est qu'à l'âge et dans la situation où je me trouvais quand elle a éclaté, elle a été pour moi fin et mort d'une manière de vie, mais aussi commencement et renaissance. Pour le reste, les événements auxquels j'ai assisté ou participé, tout en les portant intacts, il m'est difficile d'en parler sans risquer de tomber dans l'anecdote ; or, je ne connais rien de moins anecdotique qu'une guerre.

Quand un typhon ravage une contrée, on peut en rappeler des images bien précises et toujours fortes. Une rencontre. Un arbre dangereusement penché, un taxi renversé au milieu de la rue. La bouche grande-ouverte d'une femme biffée du paysage par la chute d'un poteau. L'ombre hérissée d'un chat enragé dans l'espace vide, ou un nuage qui fuit sur la carte du ciel comme une folle navigation des îles Britanniques échappées à la terre. Une main qui tient la vôtre ou le cri d'un enfant... Mais le typhon *n'est pas là.* C'est comme quand sur des renseignements divers, on parvient à dresser, bout à bout, l'image-robot d'un bandit recherché ; le portrait terminé, une figure apparaît, mais l'homme *n'est pas là.*

Ainsi le typhon espagnol qui a duré deux ans nous a laissé un nombre écrasant de faits et d'histoires dans les récits de ceux qui l'ont vécu ; mais ce n'est pas là que se tient la guerre d'Espagne.

A l'instar de la vie même, la guerre n'est pas une suite de faits ou d'événements mis bout à bout. Aussi frappants soient-ils, ils ne peuvent renseigner quiconque qu'en tant que signes ; comme l'expectoration du sang nous avertit de la tuberculose ou la tumeur d'un cancer ; comme la forme du nez ou la couleur des yeux nous aide seulement à nous figurer un visage, ou le souvenir confié d'une caresse, à deviner un amour. Mais ni la phtisie, ni le cancer, ni l'amour, ni la personne ne se tiennent dans le sang craché, la tumeur, le rappel d'un geste ou les traits d'un visage. L'expérience de la guerre est inénarrable et ne peut être entendue que si celui qui en écoute la relation l'a vécue. L'état de guerre n'est pas uniquement dans les déclarations officielles ou le couvre-feu qui vide les rues nocturnes ; il est possession ; il nous tient et nous métamorphose ; et pour le transmettre il nous faut, à défaut de génie, un interlocuteur intimement renseigné ou bien quelqu'un que l'imagination, la capacité de passion, la sensibilité, la sympathie, rendent apte à vivre un récit jusqu'à en être entièrement possédé.

Le souvenir le plus terrifiant que m'ait laissé la guerre d'Espagne ne s'attache à aucun fait « réel ». C'est celui de la première nuit, celle qui a suivi le coup de téléphone annonçant le soulèvement militaire au Maroc. Aucune idée de la manière dont j'ai appris à mon tour l'événement ; je sais seulement que je me suis retrouvée avec mes parents et Susita et Maximino au ministère de la Guerre. Plus question de vacances galiciennes ; j'étais dans une grande salle solennelle, aux murs tapissés de portraits d'ancêtres.

Comme à la Comédie-Française.

Et là aussi, on marchait sur la pointe des pieds, on s'exprimait à voix basse, et, malgré l'urgence, on respectait le protocole.

La guerre était sur la scène et dans ces coulisses ouatinées, seuls les regards vitreux et les souffles courts en témoignaient.

Allées et venues. Chuchotements.

Une antichambre d'hôpital, une veillée qui n'oserait pas s'avouer funèbre.

Enrique Varela, mon beau-frère devenu par étroite collaboration le bras gauche de mon père, se tenait là, la bouche entr'ouverte, ses grands yeux noisette écarquillés, ronds comme jamais ; il n'était plus, tout entier, que pure stupéfaction rassemblée autour de sa fine moustache de *niño bien* [1] restée, elle, inexpressive.

Il était là, aux côtés d'un autre étroit collaborateur de mon père – son bras droit, je suppose –, qui s'appelait Fernando Blanco [2] et qui n'avait jamais si bien porté son nom.

Des gens, d'autres personnes, d'autres collaborateurs entraient, sortaient, susurraient, gesticulaient, s'activaient, pris d'une agitation éperdue et sans but, lourds et lents, comme dans un rêve.

---

1 Cf. señorito, p. 94.
2. *Blanco.* Blanc.

C'était pour moi comme si l'on avait coupé le son ; mais soudain il y eut papa devant moi — d'acier comme une épée, et j'ai entendu.

Il m'annonçait que je devais partir sans délai chez Amalita de la Fuente, à l'autre extrémité de Madrid, pour y passer la nuit dans le calme. Maman, elle, avait décidé de rester auprès de mon père, dans cette luxueuse caserne qui, sans doute, allait être bombardée le soir même (cette dernière information, je l'ai glanée dans les murmures).

Susita pleurait.

On m'emmena.

Là-bas il y avait des gens que je ne connaissais pas, ou à peine : la famille d'Amalita.

On me donna à manger. On me pria d'aller dormir. Je me suis couchée et aussitôt après — ce fut l'horreur.

Cela commença par le bruit scandé du galop d'une chevauchée fantastique. A croire que toutes les cavaleries de toutes les Espagnes attaquaient Madrid. J'écoutais. Je m'orientais mal et je ne savais pas très bien de quel côté se trouvait le Ministère de la Guerre. Je me suis levée pour écouter à la fenêtre. Des cris lointains. Des courses. Des crépitements. Et puis, la première détonation. Quelques minutes après, le ciel paraissait de feu derrière la fenêtre aux volets clos. La rage du bombardement secouait les vitres, le sol de ma chambre, et faisait vibrer le lit. Quelqu'un a ouvert la porte et m'a dit de très loin, d'un ton tranquille : « Ça va ? » J'ai répondu calmement : « Ça va.. » — « Dors ; ne crains rien, il n'arrivera rien. » Et la porte s'est refermée sur la sœur d'Amalita et sur le vacarme d'Apocalypse. Dans le silence revenu, mortel, j'ai commencé doucement à pleurer. Tout doucement, longuement, comme quarante ans après, lorsque j'ai appris la mort de Franco. Je n'éprouvais pas la moindre peine. Je pensais à mes parents morts ; mais l'urgence des décisions à prendre me coupait de tout chagrin et de toute émotion. Il me fallait à tout prix quitter Madrid, quitter l'Espagne, gagner la France. Il me fallait...

Et les yeux secs, je me suis endormie. Pour la première fois je faisais appel au sommeil pour fuir le malheur.

Le lendemain, j'ai appris qu'il ne s'était rien passé, que la nuit avait été parfaitement calme, et je crois bien que le jour même on me ramena chez moi, rue Alphonse XII. Là je ne rêvais plus : la maison que j'ai retrouvée était celle d'une famille bel et bien en deuil.

Il n'y avait pourtant pas eu mort d'homme et très vite j'ai compris que l'avènement de la guerre n'était pas l'unique cause du climat qu'on y respirait. A l'intérieur des volets clos, dans l'ombre des couloirs, à travers la présence de mon père – murée dans sa chambre – l'interrogation voilée qui dilatait les pupilles pâles de Susita et la chevelure batailleuse de vert défi qui auréolait maman redevenue l'ardente Amazone des plus mauvais jours, il y avait autre chose — innommable — une chose qui souillait l'air comme d'une fermentation de honte ou d'humiliation — Je n'avais jamais connu ça à la maison et je n'osais pas questionner ; mais très vite j'eus la clé du mystère. Papa ne faisait plus partie du gouvernement de cette République où il avait laissé ses énergies, toute sa ferveur, sa jeunesse et la meilleure part de lui-même. Parce qu'il voulait armer le peuple aux premières heures du soulèvement militaire, on l'avait contraint à « démissionner » ; et pour des raisons... d'État, à cause de son amitié pour Azaña, des circonstances aussi qui interdisaient toute scission parmi ceux qui avaient à défendre les libertés en Espagne, il fut réduit au silence, et accepta de rester pour toujours un exemple de capitulation ou d'incapacité.

Pourtant, peu de temps après sa prétendue démission, le peuple envahissait les arsenaux de Madrid pour s'armer tout seul. Trop tard peut-être, dans le désordre, et mal.

Au moment même, maman, qui parcourait la ville de pointe à pointe, visitant les lieux qu'elle avait l'habitude de fréquenter, guettant dans les yeux ou la bouche des commerçants, des connaissances, des amis ou ennemis, les signes irréfutables du déshonneur qui avait frappé la maison, revenait bredouille. Durant ces jours-là au moins, tout le monde s'en foutait ; seul mon père restait atteint à jamais. Et pendant qu'il prenait le chemin de la *sierra* * comme simple milicien, maman s'engageait au service d'un hôpital, l'*Oftálmico,* consacré jusque-là aux seuls soins des yeux, mais qui avait dû renoncer à sa vocation pour accueillir, avec tous les autres centres sanitaires, la masse de plus en plus compacte des blessés qui arrivaient du front tout proche.

En effet, l'Espagne avait éclaté comme une assiette que le feu fend en deux, et si Madrid était encore aux mains des gouvernementaux, et devait le rester encore grâce à la rage au-delà du courage de ses défenseurs, la ligne de démarcation qui séparait les deux camps la frôlait au point de faire entendre en son plein centre le grondement sourd et continu que le vent apportait du front du Guadarrama. Ce fut alors pour elle le temps des poursuites, des revanches, de la chasse à mort, des exécutions sommaires et sans appel ; ce fut aussi le temps des batailles pour éviter le siège, des combattants la traversant de part en part pour

---

1 *Sierra* Montagnes du Guadarrama et front de bataille.

rejoindre le front ou s'en éloigner ; ce furent enfin, aussi, les temps d'une révolution avortée, celle qui avait été évitée en 1931.

Dans cette guerre civile où le tracé de feu ne pouvait départir la terre entre deux camps bien distincts et où les frères ennemis se trouvaient mêlés d'un côté comme de l'autre, Madrid était à la fois forteresse de première ligne, ville occupée, foyer de révolution ; et ses rues brûlantes de soleil ravivaient à la fois la flamme de ses défenseurs, la révolte du peuple en armes et les vengeances haineuses et misérables des occupants d'arrière-garde. Les demeures aristocratiques étaient prises d'assaut par les miliciens qui y installaient leurs quartiers ou leur soif de revanche. Les églises, les couvents, les monastères, étaient saccagés et transformés en casernes. Les voitures réquisitionnées coupaient la ville en tous sens — hérissées de fusils, lourdes du silence des combattants, gueulantes de la forfanterie des miliciens armés jusqu'au cou pour assurer les arrières — closes enfin — moites et rouges — des nouveaux juges de l'épuration. Tout au début il y avait aussi les ambulances qui revenaient du Guadarrama ; puis ce furent de vieilles bagnoles débraillées qui se sont chargées de transporter les blessés. Quant aux corbillards, je ne me rappelle pas en avoir croisé un sur mon chemin. C'était à se demander où et quand on enfouissait les dépouilles de ceux qui tombaient. Les rues espagnoles qui avaient toujours fait une place d'honneur au passage de la mort ressemblaient alors à nos cités modernes, honteuses de leurs cadavres dont elles se débarrassent dans la hâte et l'anonymat. Il est vrai qu'à Madrid, la mort était à l'honneur dans toute la ville et que si aujourd'hui, ici, on camoufle les enterrements sans doute afin de faire oublier à ceux qui restent qu'un jour ils doivent partir, là-bas, en ces temps, on transpirait partout dans le suaire même de la mort, chauffé à blanc par le soleil torride de l'été, qui mettait dans les faces, les regards, le comportement de tous, l'éclat d'un incendie puisant sa lumière et sa fureur au foyer intérieur de chacun.

Du coup, toute vision personnelle, tout sentiment, toute considération se trouvaient autrement éclairés et l'idée même de tuer devenait justification de vivre. Sous ce nouvel éclairage, les slogans héroïques — ces cris désespérés de folle rodomontade qui, avec les chants révolutionnaires, sillonnaient maintenant la ville et remplaçaient dans les cours des immeubles les refrains de *Rocío* – *Mari-Cruz* – et *María de la O* — ces cris qui répondaient aux *Viva la Muerte* de ceux d'en face par le refus célèbre : *No pasarán,* et qui grossissaient au fur et à mesure que nos combattants reculaient — perdaient dans leur déchirement même toute teinte dérisoire, pour n'être plus que signes de ralliement, de fol espoir, de lucidité désespérée, d'affreuse nostalgie — et justification de mort. Parce que, comme dans l'acte de foi, d'amour, ou durant les agonies, un certain humour est banni de l'acte de guerre ; il ne revient qu'entre-temps, dans les trêves, ou après, quand tout est consommé. Mais alors, lorsqu'il surgit, il est aussi féroce qu'il est innocent ; comme le sommeil, il vient ouvrir une soupape à la récupération ; comme la représentation théâtrale, il exorcise — C'est l'humour « anthracite », ou bien le comique troupier.

Oui, on s'amusait à Madrid. On blaguait fort à l'hôpital. On y tournait ses maux en dérision. Il arrivait aux uns de faire rigoler les autres – que les blessures au ventre contraignaient au sérieux ; jusqu'à ce qu'ils en gémissent. Mais à certaines heures du soir, à l'apparition d'un nouveau venu, au départ d'un compagnon guéri qui reprenait le chemin du front, à la disparition d'un autre, inguérissable ; et aussi à l'écoute des cris *No pasarán* qui remplissaient soudain les cadres des fenêtres ouvertes, il y avait toujours un moment où les regards secs, brûlants de curiosité, d'amitié fugace, d'impatience ou d'angoisse, se tournaient vers l'intérieur, il n'était plus question de rire, tout s'arrêtait, et les respirations mêmes étaient étouffées comme autant de secrets —

Je me souviens — on n'entendait plus que le tic-tac d'un réveil minuscule qui appartenait à un vieil anarchiste, touché à une jambe et aux deux bras, et qui avait réussi à travers les balles et les obus à sauver sa pendulette — jusque là : ce lit — où il attendait le moment de pouvoir la remonter lui-même. Mais pour l'instant, il devait se résigner à la voir manipuler par quelqu'un d'autre, de même qu'il devait s'habituer à manger, à se laver, à se coiffer, à changer de vêtements, avec l'aide d'autre mains que les siennes, entravées, elles, dans d'interminables bandages. Et cette autre paire de mains valables étaient les miennes.

C'était à moi qu'il revenait de me mesurer avec la pudeur, la fierté, la timidité et les révoltes de cet homme fort et superbe qui devait friser la cinquantaine et que rien n'avait préparé à être emmailloté comme un bébé. Mais si, au début, mon jeune âge ajoutait à sa gêne, bientôt il nous aida tous deux à trouver le rapport juste et naturel — celui qu'il fallait établir entre nous ; et c'est à travers cet accord conclu avec lui, que j'ai pu créer la même relation avec les onze autres hommes qui, avec Francisco mon nouvel ami, occupaient les douze lits de la chambrée qui m'avait été confiée.

Il se tenait sur le troisième lit, à droite ; il avait ce petit réveil que je remontais chaque soir ; personne ne venait le voir parce que sa famille n'habitait pas Madrid ; il était chaleureux et taciturne ; quand j'ai quitté l'hôpital, fraîchement rétabli, il s'apprêtait à regagner le front. Il était beau, fort et doux comme un homme peut l'être. Son prénom était Francisco. C'est tout ce que je sais de lui.

Mais que connaissons-nous des autres ou de nous-mêmes ? Que sait-on de plus profond et de plus essentiel que ce que j'ai pu surprendre dans le regard de Francisco ou de ses compagnons ? Comment aurais-je pu imaginer, avant la guerre, qu'un jour de ma treizième année, je me retrouverais au cœur de cet hôpital avec l'assentiment de mes parents ? Pourtant cela s'était fait tout naturellement. Quand j'ai vu mon père quitter la maison pour le front et maman engager ses services à l'*Oftálmico*, j'ai demandé à la suivre et après un premier refus catégorique, comme j'insistais avec véhémence, papa, après m'avoir prévenue que ce serait dur, avait enfin accepté. Puisque je ne connaissais rien qui me permît d'aider les médecins, il fut décidé de me confier, après essai concluant, une salle de douze lits, où mon travail consistait à nettoyer les lieux, changer les draps, aider ceux qui se trouvaient invalides dans tous leurs besoins, toilette, nutrition, habillage, etc. A l'heure du déjeuner, après avoir servi ceux qui ne pouvaient pas bouger, j'allais à la cantine donner un coup de main pour présenter à table les grandes marmites de lentilles au lard dont le fumet appétissant me chatouille encore les narines et devant lesquelles je devais me tenir à quatre pour ne pas en avaler, dans un coin, une pleine louchée. Mon service, si j'en crois ma mémoire, commençait le matin à 9 heures et se terminait à 20 heures le soir. Avec une pause entre 14 et 15 heures qui me permettait de rentrer à mon tour pour déjeuner. Mais dans ces temps-là, on ne pointait pas, il n'y avait pas de revendications de temps, de grèves sur le tas, et il m'est arrivé de sauter la pause, ou d'être remplacée une matinée entière parce que j'avais dû veiller la nuit un homme dont l'état exigeait une continuelle présence.

Pour moi, la guerre d'Espagne se tient entièrement dans cet hôpital. C'est là où je pense l'avoir saisie et aujourd'hui encore, c'est là où je dois retourner pour la ressaisir. Dans cet hôpital, et dans la maison d'Amalita pendant cette nuit où, en fait, il ne s'était rien passé. Combien de semaines ou de mois suis-je restée à l'*Oftálmico* ? Je ne sais pas. Cette période m'apparaît à la fois d'une densité à gorger une vie entière, et incroyablement brève. Je sais seulement que vers la mi-octobre, mon père prit la décision irrévocable de nous envoyer à Barcelone, puis à Paris. « Pour que je ne gâche pas mon temps d'études », m'a-t-il dit avec une lueur d'ironie « anthracite » dans l'œil. Et aussi, a-t-il ajouté, parce que, après un troisième évanouissement, l'heure était venue de s'occuper de ma santé.

Mais de ceci je doute encore.

J'inclinerais plutôt à penser que la ligne du front se rapprochant dangereusement de jour en jour, il voulait nous mettre, maman et moi, à l'abri. Ou bien, qui sait ? Peut-être a-t-il pressenti alors la triste fin de cette histoire et a-t-il jugé préférable de me préparer le plus rapidement possible à vivre ailleurs. Cela a fait partie de ce que je pourrais appeler mes prérogatives.

Quoi qu'il en soit, si ma santé entrait en ligne de compte dans sa décision, elle n'en était certainement pas la seule raison ni la plus importante. Je me rappelle que, lors de mon premier évanouissement, il en avait reçu la nouvelle sans exprimer la moindre surprise, comme chose bien naturelle, saine réaction qui n'impliquait en rien un supposé ébranlement de ma santé, et il m'avait simplement criblée de questions — je me souviens — auxquelles il m'était si difficile de répondre — et au fur et à mesure qu'il me forçait à parler — je sens encore monter en moi une sourde colère : « Non ! je n'étais pas fatiguée ; non ! je ne comprenais pas ce qu'il entendait par choc ; j'étais tombée au milieu du couloir où il ne se passait rien ; oui j'étais allée dans la salle d'opération ! dans la matinée, et j'avais tourné de l'œil à la fin de l'après-midi ; il m'avait fallu aller dans la salle d'opération pour accompagner un blessé à moi qui était arrivé deux ou trois jours avant en charpie ; c'était un jeune prêtre de vingt-trois ans avec des yeux noirs et extrêmement doux ; il occupait tout l'espace de son étrange lit « à baldaquin », pendu par ses quatre membres aux quatre coins du plafond d'allure royale dressé au-dessus de sa couche, où seul le corps reposait avec la tête, presque entièrement recouvert d'un drap blanc, érigé en forme de tente, et qui évoquait dans la pénombre la danse macabre de je ne sais quel fantôme agitant un linceul ; mais le jeune curé vivait ! et lorsque les médecins mettaient son corps à découvert pour les soins, on se demandait ce qu'ils pouvaient bien espérer faire avec ces éponges de chair vivante, éclatée, cette bouillie rose, saignante, vivante, qui couvrait à peine l'os des jambes pendues au plafond ; et de son pâle sourire timide, gêné ; et de son regard mélancolique et doux ; il vivait encore au bout de deux ou trois jours ; mais il a fallu l'amputer d'une jambe ; et son état ne pouvant supporter l'anesthésie totale, il fallait le faire sous anesthésie partielle, lui-même restant parfaitement lucide. Je l'ai accompagné dans la salle d'opération ; là, on l'a étendu encore pendu cette fois uniquement par ses bras et le pied gauche, sa jambe droite posée sur une sorte d'étal, et on lui a dit ce qui allait se passer. Il s'est efforcé de sourire, il a regardé le plafond, puis sa jambe posée sur l'étal, puis le plafond, et, tout doucement, sans bruit, il s'est mis à pleurer. On m'a demandé de sortir. Je suis allée dans le couloir où je suis restée debout contre la porte. Soudain le crissement de la scie a commencé et j'ai couru jusqu'au milieu de ma chambrée. J'ai travaillé toute la journée. C'était un jeune curé qui se battait pour nous. Ce n'est que l'après-midi, en longeant le couloir que je suis tombée... »

Je me souviens : je ne pouvais plus parler parce que je ne voulais pas pleurer.

Mon père m'a dit seulement : « Je t'avais dit que ce serait dur. Tu veux continuer ? »

Je me souviens : j'ai failli pousser un cri.

– « Naturellement », j'ai murmuré.

– « Bien. »

J'ai continué. Sans qu'il songeât à m'écarter pour des raisons de santé, et aujourd'hui, je crois même que la santé qu'il souhaitait pour moi, à cette heure, se tenait là — au cœur de l'événement. Dans un monde bouleversé où les idées toutes faites sur l'éducation tombaient d'elles-mêmes et où il n'était plus question de couver un enfant dans le berceau douillet de la prudence ou de la pusillanimité, mon père, qui n'avait jamais manqué une occasion de me fortifier, trouvait bon et salutaire que je reste là.

J'ai donc continué à vivre au milieu de ces hommes auxquels je m'attachais d'autant plus fortement qu'ils étaient de passage et qu'ils m'étaient livrés nus et impuissants dans leur heure de vérité. C'est là, parmi eux, que j'ai découvert l'amitié virile, libre et pudique, sans mollesse, rugueuse et sans paroles, sans exigences superflues, sans complaisances romanesques ; cette complicité claire et chaude qui réunit deux hommes pour s'épauler. Un rapport qui ne peut exister entre deux femmes et qu'il est si difficile de trouver entre les deux sexes, pur de tout sentiment étranger. C'est cette relation qui m'a tant attachée à mon père et que je n'ai retrouvée, après sa mort – quand les premiers mouvements passionnels ont laissé la place à l'ardent sentiment pur et dur comme la pierre qui nous liait et qui me lie encore à lui – qu'avec Camus, le fraternel. Et – quand à son tour il disparut – avec André, le voyageur, le solitaire, mon compagnon et depuis quelques mois mon mari. J'y ai appris aussi, chose précieuse, une familiarité avec la mort, la douleur physique, la misère morale, l'impuissance et la révolte du corps, la chair blessée et malade, la force et le pouvoir d'un cœur bien trempé contre la douleur ; je n'aurais peut-être jamais pu supporter, sans mon passage à l'hôpital, la maladie de ma mère, puis de mon père, traînant tous deux des mois ou des années d'affreuses souffrances.

J'y ai connu aussi la paix, la vraie paix arrachée à l'orage entre deux coups de tonnerre, et je pense avec une infinie douceur aux séances de lecture que je faisais pour ceux qui ne savaient ni lire ni écrire. La solidarité, dont j'ai pris conscience là, et qui m'a reliée au monde. La pudeur et la sensibilité qui serraient comme l'étau les lèvres pâles de ceux qui refusaient de crier par respect des autres. La joie, jaillie comme une flamme au milieu de la chambrée, aux bonnes nouvelles. J'ai appris à déceler l'enthousiasme retenu, l'espoir secret, les éclairs de cruelle lucidité, la peur refoulée, l'angoisse, la nostalgie. Et l'innocence aussi ; car le plus grand événement qui transfigurait la chambrée tenait au fait que tous les hommes réunis et retenus là avaient retrouvé leur état d'innocence.

C'est là où j'ai appris à deviner, comprendre, aimer les hommes. Tels qu'ils sont.

Avec l'amour mêlé d'exigence que m'ont porté mes parents et les fraîches lumières de l'*Instituto-Escuela*, la douloureuse fréquentation de l'*Oftálmico* constitue un des plus grands privilèges qui m'aient été donnés — pour vivre.

Quant à ceux – là – qui ont tant contribué à faire ce qu'il y a en moi de meilleur, pour l'instant, après m'avoir reçue avec quelque étonnement au premier abord, et une légère méfiance, ils ont fini par accepter la gosse timide, têtue, curieusement efficace et silencieuse que la nécessité mettait au centre de leur intimité. Jusqu'à ceux-là mêmes pour qui je ne me sentais pas une sympathie spontanée.

J'essaie encore aujourd'hui de démêler les rapports que j'eus avec l'un d'eux. C'était un homme qui devait toucher à peine la quarantaine mais qui ne portait pas son âge. Ni aucun âge d'ailleurs. C'était l'Espagnol type, avec les exubérances des Espagnols de toutes les Espagnes. Il était assez grand, maigre, vigoureux et âpre. Il parlait haut et ricanait souvent.

Quand je suis arrivée, il arpentait déjà de sa silhouette efflanquée et véhémente le couloir qui séparait les deux rangs de lits.

Un éclat d'obus lui avait traversé un œil perdu à jamais, pour se loger dans sa tête, d'où il était impossible de l'extirper tant qu'il n'aurait pas bougé d'infiniment peu, un déplacement d'un rien de trop devenant mortel.

Il n'avait pas été informé de l'extrême gravité de son état, mais, à ce que disait Francisco, il le devinait.

C'était le seul qui se promenait librement, sans voiture roulante, béquilles, canne, et qui pouvait se servir de tous ses membres. Il portait seulement un bandeau noir sur le trou de son œil absent et les bandages qui enveloppaient une partie de sa tête. Ça et les airs de forban enragé qu'il prenait pour vitupérer contre les anarchistes qui l'entouraient, le faisaient ressembler plutôt à un méchant pirate qu'à un blessé.

Il s'appelait Antonio et il était communiste. La vue de cet homme violentant la paix fragile de ses compagnons me coupait de tout sentiment de compassion à son égard ; les crises mêmes, où la douleur le jetait comme un fou aux quatre coins de la pièce, insultant à tue-tête tous ceux qui semblaient souffrir moins que lui, ne sont jamais parvenues à vaincre mon hostilité. Pourtant il m'aimait ; il s'était attaché à moi par une insoupçonnable dévotion ; mais voilà que ce dévouement aveugle ne faisait qu'ajouter, à mon antipathie, ce vilain sentiment si pénible à porter d'une injustice dont on est l'auteur et non la victime. Aussi le mouvement de recul devant sa présence, au lieu de s'estomper, me devenait-il chaque jour plus difficile à dissimuler ; et quand je m'appliquais à n'en rien laisser paraître, la facilité du succès remporté portait à son comble mon aversion.

Oui ! Cet homme vivait — parfaitement isolé de tout ce qui l'entourait — dans une carapace imperméable — son *moi,* qu'il baladait avec la vitalité et le tempérament ibériques — aux dépens de ceux qui l'entouraient ; or, si ce fruit du caractère espagnol – courant comme l'orange – m'a toujours été difficile à avaler, dans les circonstances alors présentes il me donnait la nausée.

Un jour, j'ai été prise d'envies de meurtre. Le jour où les portes de la salle s'ouvrirent, béantes, pour laisser passer l'impressionnant catafalque qui nous amenait le jeune curé, en lambeaux.

Dans le silence absolu qui s'abattit sur la salle, où l'on n'entendait plus que le tic-tac du petit réveil de Francisco et le bruit caoutchouté du lit monumental qu'on faisait tourner sur ses roulettes, avec d'infinies précautions, pour le mettre en place, seul notre flibustier, imperturbable, osa reprendre sa marche saccadée d'amères injonctions, devant le regard absent et lumineux du nouveau venu. Brutalement, je le pris aux épaules pour l'asseoir sur sa couche et le forcer à *voir.* Il vit, il tourna vers moi son œil unique, interrogatif, et il se tut.

Il se tut longtemps, au point que je faillis croire qu'il avait reçu quelque chose ; il se tut jusqu'à ce que le nouvel arrivant eût quitté la salle pour ne jamais y revenir. Et c'est alors, en le voyant reprendre son ancien comportement que — moi — j'ai compris.

En effet, Francisco avait raison, il se savait condamné ; et dans cette fête de mort que nous vivions, la menace qui pesait sur lui, plus imminente que sur les autres, le couronnait d'une autorité funèbre dont il usait à discrétion. Pendant les trois jours où quelqu'un lui disputait la place d'honneur dans les lieux, il avait été réduit à renoncer à ses privilèges ; mais à l'heure même où il la récupérait, il redevenait le roi de la fête, sur laquelle il entendait régner d'un pouvoir absolu.

Oui, j'ai compris qu'Antonio, sans sa blessure, son éclat d'obus, sans les tourments dont il souffrait, était idiot ; et qu'un idiot, fût-il condamné à mort, reste toujours un idiot.

Pauvre Antonio — bouché dans sa souffrance, sa bêtise et son *moi*. Aux heures des douleurs les plus cruelles, où il ne supportait d'autre approche que la mienne, je devais lui présenter le plateau du déjeuner qui lui était destiné, venu tout droit des cuisines présidentielles, avec des aliments sélectionnés et spécialement préparés pour lui, au nom de je ne sais quels privilèges ou caprices de la bienfaisance. C'est probablement ce favoritisme qui a beaucoup contribué à me rebeller injustement contre cet homme ; pour aimer Antonio, je dois faire appel dans la mémoire au jour où le messager officiel reçut en pleine gueule le précieux plateau qu'il tenait à présenter lui-même ; le malheureux n'a jamais dû comprendre pourquoi la chambrée entière s'était mise à rire d'un seul coup — Avec Antonio.

Avant mon départ définitif de l'hôpital, où il régnait de nouveau quand je l'ai quitté, il fut encore une fois réduit à se taire pendant cinq jours ; une fois encore il dut céder son trône à un usurpateur fraîchement arrivé ; mais une fois de plus son silence fut de courte durée ; le nouveau venu fut vite retiré de la salle pour agoniser d'une gangrène dans une chambre à part. Et c'est le jour même de la mort de cet agonisant que j'ai eu mon second malaise.

Une nuit où je le veillais, il est mort à une heure du matin. On a prévenu sa famille et j'ai attendu l'arrivée de sa jeune femme que j'avais déjà rencontrée. Elle est venue vers 6 heures du matin et je suis allée l'accueillir dans la salle d'attente, vide et sinistre à cette heure.

Elle a posé quelques questions d'une voix sourde mais ferme. Elle était toute menue et elle se tenait juste un peu trop droite ; mais, dans sa raideur, elle paraissait parfaitement calme. Naturellement, elle a demandé à voir son mari. J'ai hésité une seconde, mais devant l'éclat sauvage qui assombrit ses yeux, je la conduisis à la chambre mortuaire. Je me sentais incapable de lui dire quoi que ce fût, de la prévenir. J'ai ouvert la porte. A peine entrée, elle a reculé, horrifiée. Elle s'attendait à tout sauf à ça : l'odeur, la puanteur douceâtre de la putréfaction de la chair qui se colle à la gorge pour la vie. Mais si elle la traîne encore —

quelque part — moi je porte toujours avec moi l'image de ses yeux dilatés, son regard incrédule, effaré, anéanti — d'enfant berné.

Elle est entrée enfin ; elle vacillait légèrement mais elle m'a demandé de rester seule. Je suis sortie. J'ai fait quelques pas pour l'attendre et je suis tombée devant maman qui arrivait.

Cette fois-ci, c'est elle qui a rapporté l'événement à mon père. Je ne sais pas ce qu'il en a pensé ; quelques jours après, lors d'un de ses brefs retours à la maison, il m'a demandé encore une fois si je voulais continuer.

– « Oui. »

Mais cette fois-ci, quand il m'a regardée, j'ai eu envie de l'embrasser, d'embrasser le monde entier ; j'avais envie d'embrasser tous les miens comme une mère embrasserait des enfants malheureux. Il ne me restait plus sur l'heure qu'un terrible poids de précoce maturité et la crispation intime d'un sentiment de solidarité — fraîchement découvert et déjà blessé.

La même solidarité qui unissait les hommes dans la salle d'hôpital unissait les passants dans les rues — D'une manière ou d'une autre tout le monde était touché — Le grognement sourd et entêté que le vent nous apportait de la *Sierra* mesurait de jour en jour l'avance lente mais irréversible des troupes franquistes — Le pilonnage de la ville avait commencé, et les sifflements réguliers, espacés, des obus, ouvraient dans le ciel de Madrid, du matin au soir, les baguettes de redoutables éventails — Après le coucher du soleil, les miliciens tiraient sur les sources des lumières que l'on refusait de calfeutrer en signe – je suppose – d'impossible défi — Et à mesure que les chances d'arrêter la marche ennemie s'estompaient, les cris *No pasarán* gonflaient, se multipliaient, se faisaient de plus en plus fréquents et véhéments — Les *paseos* [1] aussi, proliféraient. Je me demande où et comment on trouvait encore des victimes à fusiller ; mais pendant que les hôpitaux, surchargés, inventaient des couloirs pour déposer les blessés arrivés par paquets, on fouillait encore Madrid et ses faubourgs pour trouver ou accueillir les cadavres des hommes et des femmes abattus sans jugement.

C'est alors, par une matinée radieuse, sous un ciel parfaitement bleu, qu'un incident est venu faire basculer la lame bien trempée de ma foi.

Comme d'habitude, nous étions montées, maman et moi, dans la

1. *Paseo.* Littéralement, promenade, balade (on appelait « balade » le dernier voyage des condamnés à mort sans jugement).

voiture qui nous emmenait chaque jour à l'hôpital. Elle était conduite par un brave homme, fervent et dévoué, qui s'appelait Paco, comme le poulain arabe que mon père m'avait offert à Montrove. Mais c'est là tout ce en quoi il lui ressemblait ; sa lourdeur et certaines mollesses n'évoquaient en rien le nerf pur du jeune cheval. Celui-ci suait le bonhomme par tous ses pores et, comme tout un chacun, j'avais pour lui de la sympathie.

A peine installées dans la voiture, nous avons été saisies par les relents d'une curieuse odeur fade qui faisait penser aux menstrues abondantes. Chacune de nous a immédiatement pensé à l'autre ; mais soudain le regard de ma mère est resté fixé au sol de la voiture ; le tapis était parsemé de taches brunâtres.

Quelque chose a vacillé quelque part. Chez moi ? – Chez maman ? – Je ne sais pas. Mais la question s'est fait attendre légèrement.

Paco a d'abord répondu par un imperceptible haussement d'épaules ; puis :

– « On a promené un gars à l'aube et je n'ai pas trouvé le temps de nettoyer, pardonnez-moi. »

Et dans le rétroviseur, j'ai vu son petit sourire indéfinissable ; un sourire de forfanterie et de gêne à la fois ; et aussi de je ne sais quelle atroce innocence. L'expression d'un enfant pris en flagrant délit.

Maman a rougi jusqu'aux larmes et dans le silence qui a suivi, j'ai eu la révélation monstrueuse et répugnante de la torture.

J'ai vomi mon petit déjeuner en arrivant à l'hôpital ; et encore maintenant quand mes chats de *La Vergne* déposent à mes pieds des oiseaux agonisants et que je n'ose les gronder parce qu'il faudrait leur expliquer qu'il ne faut tuer que les rats – et encore ! d'un coup net et rapide pour ne pas les faire souffrir — je pense toujours à Paco.

Nous n'avons jamais plus repris la voiture pour aller à l'hôpital, mais maman s'est appliquée à trouver une excuse plausible. Plus tard, en France, à Rouen, quand Paco nous a reçues, entouré des membres de sa famille, tous exilés et menant une vie des plus dures mais prêts à mettre à notre disposition tout ce qu'ils avaient, nous avons mangé à sa table et embrassé ses enfants, non sans quelque répulsion.

Très peu de temps après cette matinée au ciel glorieux, j'ai eu droit à ma troisième défaillance ; cette fois causée par un fait banal comme il en arrivait chaque jour durant la cure, depuis plus de deux mois que j'étais entrée à l'hôpital. Les médecins soignaient une blessure bénigne. Ils sondaient l'orifice qu'une balle avait ouvert dans le bras d'un des hommes de ma salle. Le projectile n'avait pas touché l'os et on se bornait à nettoyer le trou. Comme toujours lors de la visite des docteurs, je tenais la cuvette où l'on jetait les gazes et les cotons souillés. Mais cette fois, je n'ai même pas eu le temps de m'écarter ; je suis tombée avec ma cuvette, à côté du lit, au beau milieu de la chambrée, et la perte de conscience s'est prolongée plus que de coutume — Et je ne suis revenue à l'hôpital que pour prendre congé et saluer une dernière fois ceux que j'aimais.

Mon père a toujours cru que ce dernier malaise n'était que le signe irréfutable d'une extrême fatigue ; mais malgré mon désir de le détromper, je n'ai jamais pu surmonter l'empêchement qui m'interdisait de lui raconter la scène de la voiture et dont je n'ai jamais dit un seul mot à quiconque. Pourtant, jusque-là, la chair seule, même ouverte et malmenée, ne m'avait jamais retournée à ce point ; mais alors, la seule vue de cette sonde, poussée dans cette ouverture vivante, m'était devenue insupportable.

Quoi qu'il en fût, nos valises faites, nous sommes parties maman et moi, pour Barcelone, où nous avons séjourné quelques semaines avant de quitter l'Espagne et où – à peine arrivées – nous fûmes rejointes par un nouveau personnage qui devait très rapidement — pour longtemps — partager notre intimité — faire partie en quelque sorte de notre famille par le bon vouloir de maman —

Enrique Lopez Tolentino était entré à l'hôpital pour soigner une légère blessure faite par une balle qui lui avait traversé le mollet. Il irradiait de beauté ; il avait les dix-huit ans des enfants du Sud, mûris avant l'âge ; et l'accoutrement fantaisiste des miliciens de l'époque, rehaussé d'un petit foulard rouge pour marquer son appartenance au POUM[1], lui seyait à ravir. Il était soigné dans la salle dont ma mère s'occupait ; et la première fois que je l'ai vu arriver dans la mienne — sur une des chaises roulantes destinées uniquement aux grands invalides — pour me crier dès le chambranle de la porte qu'il avait ouverte à deux battants — l'affection qui le liait à maman, j'ai immédiatement compris ce qu'il en était. Et sous le coup reçu — cette fois rude, un méchant soupçon m'a traversé l'esprit ; j'ai pensé que sa blessure était de celles qui nous ramenaient du front certains hommes dont le fusil s'était déchargé « par mégarde », et ceci sur une partie de leur corps bien précise, là où le mal – sans tirer à grave conséquence – les empêchait

1. POUM. trotskistes.

cependant, on ne sait pourquoi – une fois guéris – de retourner au front.

Que Zeus, Mars et Enrique me pardonnent cette idée malvenue. Je m'en suis aussitôt voulu, tout en regardant cette apparition parfaitement insolite et quelque peu fantastique.

Hissé sur son char, fringué avec grâce comme le sont certains jeunes gens de notre époque qui savent mêler au défi de la révolte la recherche de la coquetterie, son beau visage presque imberbe uniformément hâlé à croire qu'il nous revenait d'une plage d'estivants, un soupçon de barbe clairsemée avec bonheur sur son menton fin et au-dessus de ses lèvres charnues sans épaisseur, nimbé de boucles drues – châtain-clair – portées à la façon romantique, il me regardait de ses grands yeux à la forme parfaite, sans la moindre gêne, sans esquisser un seul signe pour saluer mes compagnons, tout en lançant à travers la salle d'une voix haute et claire :

– « C'est toi Vitoliña, n'est-ce pas ? »— Et c'était à se demander s'il s'agissait de l'apparition d'un ange ou d'un démon— Ou, simplement, de l'entrée en scène d'un histrion, cette autre essence – comme les oranges – assez répandue dans le pays— Mais malgré le misérable apparat de la chaise roulante, la théâtralité du costume, un sourire trop éclatant, le port du ténor prêt à entonner sa première romance, l'assurance d'un premier rôle sûr de son public, il échappait quand même au personnage d'opérette. Si jeu il y avait, c'était du grand théâtre. La royale liberté— la resplendissante jeunesse— la beauté— l'insolence inconsciente— l'indifférence à tout ce qui ne se trouvait pas dans la ligne de son regard— et jusqu'à la superbe impudeur que dégageait sa présence, happaient l'attention tout entière, interdisant ainsi toute complaisance bon marché ; et comme on le regardait encore, on pouvait déceler dans l'éclat vide de ses yeux une tristesse, comme une désertion de vraie vie, un poids vieux comme le monde involontairement porté, une douleur inconnue de lui-même mais qui le faisait ressembler à un enfant vaincu ou inconsciemment désespéré— A un paumé.

Il s'était fait dans la salle le même silence que lors de l'arrivée du jeune prêtre. Antonio, cette fois-ci, n'avait pas eu besoin de mes services pour rester cloué— comme ravi— à regarder. La sainteté n'a jamais été théâtrale, et pour capter tous les publics, il faut sur la scène le pouvoir érotique— ou magnétique, comme on voudra !— que dégage la présence de certains comédiens.

N'empêche que mon premier mouvement fut de recul, et le second, de pure agressivité ; une agressivité qui ne s'est jamais départie de mes rapports avec Enrique, même aux jours où ils furent les plus étroits.

Avec une courtoisie glacée, je l'ai foutu à la porte ; mais peu de temps après, à Barcelone, durant les siestes, je partageais déjà ses caresses furtives avec maman, et dès notre arrivée à Paris, ce frère adopté par ma mère, volontairement et toujours ignoré par mon père, devint mon premier amant.

Comme la guerre d'Espagne fut le premier signal de la débâcle européenne et le signe aussi – plus subtil – de la fin d'une société, Enrique Lopez fut l'un des tout premiers représentants d'une partie de notre jeunesse actuelle, révoltée, contestataire, amorale, extrémiste. Mais de son temps, il ne le savait pas, il ignorait où il en était, il se croyait seul, il se voulait marginal même à la guerre, il se disait terroriste, il reniait son père pour prouver les relations de sa mère avec un « seigneur » de Jaen dont il se déclarait le fils bâtard, il cherchait la chaleur d'un nid plus douillet et mieux placé que la loge où il s'était élevé et dont sa mère était concierge. Avec un esprit confus, il portait en lui la terrible vitalité, la morgue et la théâtralité de toutes les Espagnes.

Je l'ai donc retrouvé à Barcelone où il soignait une propension à la tuberculose, puis dans la salle d'attente de la petite gare du Perthus ; tous deux couchés sur un banc, la tête de chacun posée sur un genou de maman qui se tenait assise, droite, en larmes, nous attendions la personne qui devait venir nous chercher de la part du maire, M. Casademon, chargé de nous accueillir et de guider nos premiers pas en France. Un haut-parleur diffusait une rengaine de l'époque dont je ne comprenais pas encore les paroles :

« Tout va très bien, madame la Marquise »

Et sous de si bons auspices nous sommes arrivés à Paris, accompagnés par le gentil Casademon lui-même, le 20 novembre 1936, je crois. Je sais que le lendemain ou le surlendemain je fêtais mon quatorzième anniversaire en regardant la Seine.

LIVRE II

Avatars

1
Le miroir

Le canard laid

« Mais le pauvre petit canet qui était sorti du dernier œuf fut, pour sa laideur, mordu, non seulement par les canards, mais aussi par les poulets »

(Andersen, *Le Vilain Petit Canard*)

Le soir du 21 novembre 1942, peut-être parce que c'était la date de mon vingtième anniversaire, je me suis arrêtée un instant à regarder, perplexe, l'image que me renvoyait la glace de ma loge au théâtre des Mathurins. Et ce n'est pas là une manière de couper ou d'enchaîner avec le chapitre précédent. Je n'ai pas oublié cette courte pause arrachée à la précipitation et à la concentration démentielles qui m'avaient tenue dirigée vers un seul but, depuis mon arrivée en France jusqu'au moment où je me suis retrouvée devant cette glace à regarder mon visage gras de margarine. C'était le seul démaquillant de l'époque, et j'essayais de l'essuyer avec un coton humide imprégné d'eau de Cologne Leclerc.

Comment en étais-je arrivée là ? A quel prix ? Qu'est-ce qui m'avait poussée ? Quelles furent mes chances ? Ou mes sacrifices ? Ou mes privilèges ? Ou mes dons ? Ou ma foi ? Ou ma fureur ? Ma fidélité ou mon infidélité ? Mon orgueil ou mon ambition ? Autant de questions auxquelles je n'ai jamais eu le temps ou l'envie de répondre ; même maintenant, elles restent toujours posées, droites devant ma perplexité, m'interrogeant avec – comment dirais-je ? — avec une patte en l'air ; parce que même maintenant le temps me manque pour les fouilles archéologiques, et aussi la somme de curiosité qu'il me faudrait et de foi dans ces réponses qui se présenteraient à moi, en juste équilibre, sur leurs deux pattes.

Je crois que je voulais toujours être digne de... Comme quand j'étais petite. Mais je ne sais plus au juste de quoi. De mon père ? De l'Espagne ? De moi-même et mes racines ? De vivre ?

De vivre ! Oui ! En tout cas de vivre ! J'appartiens peut-être à une génération difficile à classer dans un lieu ou un temps précis, une génération qui vient d'ailleurs, en France, ou plutôt qui vient d'ailleurs, partout où elle se trouve ; l'éternel troupeau d'émigrants ou d'exilés qui, ailleurs, sortis de leurs terres, se retrouvent dans la situation où il leur faut se rendre dignes de vivre. J'héritais seulement du profond savoir de mes compatriotes galiciens, éparpillés depuis toujours dans le monde, et de leur douce *morriña,* source miraculeuse des grandes énergies ; et je tenais déjà des autres, des Espagnols qui allaient venir, le sens profond de la représentation ; déjà je les incarnais tous en les annonçant, eux et tous ceux qui allaient venir encore, des pays de plus en plus reculés, pour chercher refuge dans cette France qui s'est appliquée le mieux possible à ne pas les décevoir.

Mais il nous fallait mériter de vivre ; et pour cela, tout refaire, tout recommencer, *jusqu'à l'alphabet* qu'il nous fallait réapprendre à épeler. Et les manières. Et l'esprit. Et le cœur. Il fallait refouler jusqu'au néant si on le pouvait, les derniers vestiges de la personne que l'on avait été, pour devenir la même mais une autre. Il fallait enfoncer jusqu'au tréfonds de soi ce qui avait été, et accueillir, boire, avaler tout ce qui nous venait d'ailleurs.

Ce n'est pas pour rien que l'on dénomme du même terme « hôte », à la fois l'amphitryon et le convive, car si l'un offre abri et hospitalité, l'autre se doit de s'offrir lui-même et de gagner l'asile ainsi donné, en apprenant, en comprenant et en respectant les coutumes, les pensées, tout ce qui fait l'existence de l'autre. Et il ne s'agit pas ici d'idées surannées ou de morale rétro ; il s'agit d'un phénomène on ne peut plus primitif, d'une loi vieille comme la vie en société elle-même ; la loi de chacun pour défendre son espace vital. Si l'on s'y trompe, on le paye vite ; et de nos jours, où les règles sont rejetées d'un seul bloc avec les valeurs, on le paye parfois de sa vie, du côté de celui qui est reçu comme de celui qui reçoit.

Oui, l'exil ou l'émigration réapprennent les lois de la jungle et ils exigent pour être viables les raffinements des hautes civilisations.

S'adapter. Voilà un pouvoir qui ne peut être donné à tout un chacun ; c'est un privilège. Car pour s'adapter, sans toutefois se perdre, il faut un certain sixième sens de l'existence ; inné, je crois ; il faut une écoute aiguë et un regard d'aigle ; il faut beaucoup de compréhension et le goût de comprendre ; il faut aussi un but ou des buts, une raison ou des raisons ; ou tout simplement une ardente volonté de vivre pour vivre ; ou bien des charges ou des responsabilités ; il faut porter un âge où les racines puissent reprendre quelque part, ou bien l'espoir de les retrouver un jour là où on les a laissées. Il faut enfin une santé, une grande vitalité, des circonstances heureuses et de la chance ! mais là, je crois bien que tous les troupeaux se rejoignent sous un même sort ; les bonnes et méchantes fées mêlent leurs dons pour les offrir en vrac aussi bien au convive qu'à l'amphitryon.

Il est à croire que celles qui se trouvaient autour de mon berceau m'ont particulièrement douée pour l'exil ; jusqu'à la cruauté, la saine férocité des petits animaux de la jungle. C'est ici que commence la série d'enterrements pour vivre ; c'est ici que j'ai appris à *cortar por lo sano* [1], comme disait mon père. Du haut de mes quatorze ans tout frais accomplis, ramassée sur moi-même et ma sauvagerie, sourde et aveugle à tout ce qui n'était pas « m'en sortir » sur le moment même, et *vivre*, immédiatement consciente par éducation de ce que je devais à ceux qui m'accueillaient, passionnément curieuse des hommes quels qu'ils fussent, armée d'une vitalité à la limite du monstrueux, forte de ma timidité qui me coupait de toute distraction sociale et riche d'un pouvoir de concentration peu commun, aguerrie au mal, poussée par la nécessité des miens et de moi-même, je regardais le monde comme l'on considère une pomme à croquer, avec des dents de loup. Mais sans autre ambition que « m'en sortir » — et vivre.

Et je m'en étais sortie. J'étais là, à soupeser vainement dans la glace les chances qui m'avaient menée jusque là, à travers la guerre civile, l'exil, la seconde guerre mondiale, l'exode et enfin l'occupation allemande pendant laquelle je venais de faire mes débuts quelques jours auparavant, au Théâtre des Mathurins, dans une pièce irlandaise de J. M. Synge, *Deirdre des Douleurs*, où je jouais le premier rôle, écrasant, en français, à Paris, et qui, du jour au lendemain m'avait consacrée première actrice et m'avait assuré jusqu'à aujourd'hui la place que j'aurais convoitée si j'avais eu le temps et l'envie de la rêver. Et tout ça en six ans de temps, et partie de moins zéro.

Mais les chances... mon Dieu ! que de chances... Pour commencer, j'aurais pu débarquer dans un autre pays que la France ; ou plus tard, avec tous ceux qu'il a fallu entasser à Argelès ou ailleurs parce qu'ils étaient trop nombreux et qu'il fallait s'organiser. Non ; j'étais arrivée la première, introduite par le prestige de la personnalité de mon père, au moment même où la guerre d'Espagne nimbait de légende ceux qui y

1. *Cortar per lo sano.* Trancher dans le vif.

allaient ou en revenaient, touchante de jeunesse, auréolée de la grâce et du charme de ma mère, et « si fragile » comme on disait. Sans superflu, avec l'étrange brocante qui gonfle toujours le bagage des exilés, nous avions quand même l'argent nécessaire pour vivre un temps ; et très bien accueillies par des relations de je ne sais qui, dues à je ne sais quoi – peut-être la légion d'honneur dont la France avait gratifié la francophilie de mon père, qui sait ? tout est possible –, nous avons très vite été mises sur les bons rails pour trouver un chemin. Il me restait une toute petite part à ajouter à toutes ces données pour « m'en sortir », et assez de sagesse pour ne pas la manquer. La France et ma voracité de vie ont fait le reste.

Epaulée par mes deux « petits potes » tutélaires, bien dressés, vifs, blottis chacun contre chacune de mes deux oreilles, j'en avais fait du chemin sans même m'en rendre compte et en ne retenant autour de moi que ce que je me devais de retenir — pour continuer. J'avais tout enfoui pendant le trajet — tout — l'image encombrante de ceux que j'aimais et que j'avais quittés — les séparations — ma sœur dans sa prison de La Corogne éloignée de sa petite fille — Susita dieu sait où — *l'Instituto-Escuela* — les autres — et Montrove et Bastiagueiro dont je ne gardais que les souvenirs bons à vivre avec la distance — ceux qui n'étaient pas gênants — trop envahissants ou accablants — uniquement rappelés d'ailleurs pour y puiser une exaltation nouvelle — pour m'en servir — pour les malaxer et en faire matière à vie nouvelle. Même ma langue, je devais m'efforcer le plus possible de l'oublier. Il fallait en apprendre une autre, la perfectionner, la faire mienne ; et pour cela, il fallait éviter autant que possible de parler espagnol — me détourner même de la fréquentation des Espagnols — m'interdire les lectures en espagnol et renoncer ainsi à connaître les textes qui disaient l'Espagne — qui me disaient moi — Espagnole comme les autres — parce que — tout de même ! bon sang ! cela me faisait mal au cœur de les lire traduits en français. Mais le *théâtre* qui s'était mis à foncer sur moi comme une tuile ou comme une étoile, exigeait la totale intimité, la parfaite familiarité avec les textes — et les textes étaient français — ou traduits en français — et les spectateurs étaient français — et les comédiens et les directeurs étaient français — Dieu même – si dieu il y avait – était français, et il s'agissait de le rejoindre, de conquérir une place sous son ciel.

Et voilà où se tient peut-être le fin fond du cœur du nœud de toute l'affaire ! La part de donjuanisme que l'Espagne avait mise dans mes veines s'enthousiasmait de ce terrain offert ; aiguisée par la vitalité ibérique, exacerbée par l'urgence et la nécessité, exaltée par les difficultés à vaincre, elle galvanisait mes énergies afin, purement et simplement, de conquérir ; et depuis l'instant où mon pied toucha le sol du Perthus, les images de l'enfance, de la première adolescence, de la guerre, de l'hôpital, de ma personne même ailleurs que là, étaient ligotées – bâillonnées – matées – enfouies au fond d'un secret creuset, et tout ce qui pouvait m'écarter du chemin tracé, refusé – anéanti – sacrifié – brûlé et offert en holocauste aux dieux de la conquête.

Mais pour être juste et éviter toute complaisance, quelle qu'elle soit, il faut dire aussi qu'il s'agissait de la conquête de l'existence, la mienne et celle des miens ; et que pour faire face aux circonstances il ne pouvait être question de s'attarder, de se retourner (Eurydice !), de ne pas marcher droit. Car les événements se succédaient. Et à quelle cadence ! Je vivais dans un shaker.

Arrivées à Paris en novembre 1936, nous avons juste eu le temps de trouver un logement de prix abordable à l'Hôtel Paris-New York, 148 bis rue de Vaugirard, avant de prendre conscience de la dimension de notre aventure. C'était un appartement meublé, minuscule, dont les deux pièces et cuisine-salle-de-bains pourraient tenir toutes trois dans ma chambre à coucher de *La Vergne.* Il occupait une partie du quatrième étage je crois, sur la cour, avec vue sur les toits bas, en zinc, des entrepôts qui devaient appartenir, je suppose, à l'hôpital des Enfants-Malades ou Necker, notre voisin. La cour minuscule séparait notre immeuble de ces hangars, où logeaient d'énormes rats, gros et dodus comme de petits gorets, que je nourrissais de pain pour les attirer et les observer du haut de ma tour. A l'horizon, bouché en partie par des immeubles proches, on apercevait la Tour Eiffel.

L'ameublement datant de l'âge de Mathusalem dissimulait, derrière un bric-à-brac poussiéreux capable de résister à l'attaque de la plus savante ménagère, sa tristesse incomparable. Des différentes couches de moquettes superposées il ne restait que les trames, et les ustensiles domestiques mis à notre disposition étaient parfaitement inutilisables. Mais habituée à un autre train d'existence et à d'autres décors, tout ceci n'était pour moi que nouveauté, jeu, aventure et chaleur de vie. Quant à maman, après avoir versé toutes ses larmes à la frontière, on eût dit qu'elle était débarrassée de toute crainte et de toute peine pour la vie.

En un tour de main, elle étala partout sur le sol le contenu hétéroclite des valises de l'exil, où les trouvailles allaient des quelques bouquins personnellement reliés par mon père, à une cape de zibeline qu'elle avait sauvée on ne sait pourquoi ; ou plutôt si, on le saura bientôt, quand elle la jettera sur une robe en crêpe noir qu'elle transformera selon les besoins en tenue particulière à chaque moment de la journée, et qui lui permettra, coiffée d'une ravissante toque faite avec les queues qui servaient jusque-là à attacher au cou ladite cape, d'en jeter plein la vue aux fêtes de centième des Mathurins et de passer pour la plus élégante des élégantes invitées de Marcel Herrand et Jean Marchat. Il y avait aussi des éventails (?)— plein d'éventails jamais utilisés même dans les brasiers de l'Espagne— des châles de Manille— des mantilles qui n'ont jamais servi qu'à moi— bien plus tard— à une époque où je m'amusais à jouer les extravagantes aux soirées de l'Opéra de Paris. Il y avait même mon déguisement de Chinoise (?) au complet (!), avec chaussures à l'appui— la seconde paire— celle à deux talons. Il y avait aussi entre autres toute la pacotille des bijoux de maman qui pesaient un âne mort— en vrac avec des fourchettes (?) des couteaux (!) des flacons vides (??)— et les différentes éditions de la Constitution de la IIe République Espagnole— et toute une collection de rubans tricolores à l'emblème du drapeau de ladite République— et le gros volume Aguilar avec les traductions des pièces de Shakespeare que j'avais placé moi-même au fond de la malle— Eh bien ! avec tout ça, et les valises, oui, les valises en belle peau de porc, et des foulards et quelques plantes vertes, en deux temps trois mouvements maman a chassé de ce réduit toute trace de misérabilisme et l'on s'est retrouvé d'un coup dans une sorte de capharnaüm coloré chatoyant accueillant, comme le sont certains studios d'allure hippie à notre époque. Il fut décidé d'acheter un lit de camp pour installer Enrique dans le cagibi dénommé « salle à manger », tandis que nous partagerions, nous, le grand sommier de la chambre proposé par la maison, recouvert d'ores et déjà de la cape de zibeline ; et sur ce, nous sommes sortis tous les trois à la découverte de Paris.

Casademon, qui nous avait accompagnées et aidées jusque-là, dut retourner à sa mairie ; mais auparavant, il nous avait présentées maman et moi à un couple de ses amis dont le mari, originaire des Baléares, parlait encore l'espagnol. Il s'agissait d'Alcover, un acteur important de l'époque, et de sa femme, Colonna Romano, sociétaire de la Comédie-Française. Ils avaient une fille, à peine plus âgée que moi, Marianne, qui a inauguré la lignée de mes amitiés en France.

Les premières semaines, dans l'attente, furent consacrées à l'installation et au tourisme ; mais il n'était pas question de s'y attarder, il n'y avait pas de temps à perdre et, passé Noël et le Jour de l'An 1937, on s'organisa ; c'est-à-dire que j'ai dû me mettre au travail et pour commencer, à apprendre le français afin de reprendre mes études ; mais, hélas ! pas toujours là où je les avais laissées.

Au fond des jardins du lycée Victor-Duruy, avoisinant le musée Rodin, il y avait un petit pavillon consacré uniquement aux étudiantes étrangères, et où la très gentille madame Wurmser déclamait à tue-tête, avec gestes à l'appui, des textes de Corneille ou de Hugo, dont on entendait certainement l'écho; au loin, dans le grand bâtiment qui abritait les vraies salles d'études du lycée :

– *« Waterlooo ! Waterlooooo ! morne plaine... »*

La classe, très éclairée par une verrière au-dessus de nos têtes et comme bercée par le bruissement du vent dans les feuillages du parc, évoquait, on ne sait pourquoi, une chapelle protestante ; et les élèves, en comité réduit, ballottant selon les continuelles arrivées et les continuels départs entre douze et quinze au maximum, se tenaient au centre, derrière quatre rangées de pupitres, assises sur de longs bancs. On y parlait toutes les langues sauf le français, qui semblait réservé à l'usage de Mme Wurmser et de Hugo ; et quand on ne trouvait pas de partenaire pour se faire comprendre, on se taisait. Parfois, cependant, avec beaucoup d'efforts, nous baragouinions entre nous ou avec Mme Wurmser un charabia qui se voulait du français – il le fallait bien ! on était là pour ça ! –, mais un français assaisonné de déformations et d'accents si abracadabrants, que l'on se demandait comment, dans un tel bouillon, on pouvait arriver à un résultat. On y parvenait pourtant grâce à la fougue et à la générosité de Mme Wurmser peut-être, grâce aussi à la magie de Hugo ; mais pour y arriver il fallait rester et aimer ; ce qui advenait relativement souvent. Dans cette Tour de Babel aux allures de serre pour plantes exotiques, il régnait durant le cours et surtout lors des dictées ou des rédactions, le silence d'une concentration que je n'ai jamais sentie dans les autres classes que j'ai fréquentées. Or, c'est au cœur de cette quiétude heureuse, que ma voisine, une sympathique Américaine qui m'a fait découvrir tous les cercles – chapelles – clubs – piscines de la rive gauche où seuls étaient admis les membres associés des USA, c'est donc à l'apogée même du silence pastoral qui transformait le pavillon en temple, qu'Andy choisissait son moment pour émettre des bruits aussi insolites qu'incongrus ; toujours plongée dans son travail, sans préavis, sans la moindre contraction du plus petit muscle du visage, elle ouvrait – comme machinalement – ses deux jambes bien musclées, et pan ! elle pétait. Et – naturellement ! – c'est moi, qui – à ses côtés – rougissais jusqu'à la racine. Au début ! Car après, j'en pris l'habitude, comme les autres, dont aucune ne bronchait, même pas madame Wurmser, à croire que dans cette pépinière où toutes les essences, toutes les races, toutes les nationalités étaient représentées, on se tenait prêt à toute éventualité, ne sachant pas bien si – comme il arrive aux Arabes par exemple qui ont coutume de roter en signe d'approbation à la fin d'un exquis repas – certaines ressortissantes des USA – un si vaste pays ! – n'auraient pas coutume, elles, à l'instar par exemple des Thaïlandaises, d'exprimer leur contentement, leur intérêt, ou leur concentration, avec un chapelet de pets. Tous les us et coutumes sont de ce monde et le pavillon d'étrangères du lycée Victor-Duruy était encore un de ces lieux privilégiés comme on n'en trouve plus, où le respect du prochain, et ce qu'il apporte d'inconnu, mesurait la liberté de chacun jusqu'à rendre la liberté de tous, sinon totale, du moins bonne à vivre. Mais cette liberté ne s'arrêtait pas à la porte du pavillon ; elle passait les frontières et quand, à l'heure de la sortie, au milieu du groupe où se pressaient les élèves françaises ou « normales » exhibant leurs chapeaux-bas-gants obligatoires, nous passions, nous, cheveux-au-vent-pieds-nus-dans-des-sandales, nous n'avions qu'à brandir les cartes d'« étrangère » pour passer la frontière sans problème.

C'est là où j'ai appris que pour bien vivre en société quand on a le goût d'une certaine indépendance, il faut – tout en restant en heureuse harmonie avec ceux qui s'y intègrent – se tenir bel et bien en marge.

Mois bénis ! Il y aurait eu quelques garçons parmi nous et cette école n'aurait rien eu à envier à l'*Instituto-Escuela.* Et puis, il s'agissait d'apprendre à connaître une langue, ses écrivains, ses poètes ; j'ai vite été une des premières et, comme à l'*Instituto,* j'ai vite étonné mes camarades au cours de récitation. Quant à Mme Wurmser, qui aurait certainement choisi une scène au lieu d'une chaire si les circonstances – ou peut-être, qui sait ? un petit exil – l'avaient *poussée* vers le théâtre, elle s'est prise d'une passion au-delà de toute mesure, d'abord pour moi, pour maman ensuite, pour l'Espagne enfin.

Hors des heures de classe, elle nous invitait, nous sortait, nous apprenait Paris ; c'est elle qui nous fit découvrir sur la butte Montmartre le restaurant de « La Mère Catherine », que j'ai fréquenté assidûment, longtemps, avec maman et Enrique d'abord, plus tard avec Camus et où, dès notre entrée, les deux musiciens de service, un vieux et adorable violoniste qui semblait sorti tout droit d'un album d'images-Dickens, et son compagnon, plus jeune, un pianiste russe buvant sec et rêvant d'ailleurs, interrompaient aussitôt leur mélodie entamée, pour accompagner notre marche vers la table aux sons vibrants et cadencés du pasodoble : *« Pisa, morena, pisa con garbo, ta-ri-ra-ri – tarirariririri – tarirarará ».* Puis, tout doucement, au dessert, le violon tout près de mon oreille, c'était le tour de *« Voûs, qui pâssez sans me voir... »,* et enfin et plus tard, avec Camus, notre rengaine du moment : *La Vie en Rose.*

J'ai tout vu, tout connu avec Mme Wurmser, du Louvre jusqu'au musée Grévin, de la Tour Eiffel à la place des Vosges, de Notre-Dame au Sacré-Cœur. Et c'est elle encore qui a mis dans mes mains sans le savoir ce livre de Daudet, où j'ai vu sur la première page, en l'ouvrant, la signature d'Esther Casarès – un clin d'œil des dieux sans doute pour me rappeler que j'avais une sœur.

Oui, elle nous a emmenées partout, cette gentille femme, elle nous offrit tout ce qu'elle pouvait nous offrir, en attendant le moment – disait-elle – où nous pourrions la recevoir à notre tour en Espagne. Mais la guerre est venue, l'autre ou la même en France, et avec elle les atrocités contre les juifs. A-t-elle pu y échapper ? A-t-elle pu enfin connaître notre pays ? Et si cela a été, lui a-t-il rendu les générosités accumulées auprès de deux de ses filles ?

A la retraite elle s'était éloignée de Paris, si je m'en souviens, et je l'avais perdue de vue...

Mais comment m'en souvenir ? Les événements se précipitaient et me poussaient à coups de pied dans le derrière. De leur côté, Alcover et Colonna rivalisaient à qui mieux mieux, pour nous aider ; et avec eux ce fut la tournée des spectacles, du Casino de Paris où Colonna avait – je crois – des actions, à la Comédie-Française où elle n'allait pas tarder à les perdre. Un soir – je l'ai raconté trop souvent pour m'y attarder –, comme nous dînions avec eux, au dessert, Alcover, subrepticement inspiré par maman, voulut entendre dire en espagnol *« un romance castellano »*. Je me suis donc levée, j'ai commencé à trembler ; puis à pleurer ; puis :

> *« Las huestes de Don Rodrigo*
> *desmayaban y huían... »*

et voilà-t-il donc pas que c'était parti ! Ce fut le signal, le coup de sifflet ou de gong, avant la course.

A la fin de ma prestation, Colonna s'exclamait :

– « Mais il faut qu'elle fasse du théâtre ! », tandis qu'Alcover grognait en sourdine :

– « Il faut qu'elle joue, sinon, elle étouffera. »

Et je n'ai jamais su si ce sont mes dons qui l'ont emporté à cet instant, ou l'état où je me mettais quand il fallait les montrer.

Quoi qu'il en fût, maman n'a pas manqué le coche. De but en blanc, elle me demanda :

– « Tu veux faire du théâtre ? »

Comme ça, devant tout le monde.

J'ai répondu : « Oui ». Sans doute parce que je ne savais pas au juste de quoi il retournait ; parce que je ne voyais aucune raison valable pour répondre : non ; parce qu'il y avait là comme un pari ou un défi que je me serais gardé de ne pas relever ; parce que je ne connaissais encore et à peine que quelques mots de français et que, avant de m'engager définitivement, je devais finir mes études et passer les deux « bacs » ; parce qu'il me faudrait bien un jour gagner ma vie et celle des miens et parce que, en fin de compte, tout cela dans mon esprit était alors renvoyé à plus tard — à *beaucoup plus tard* — à un avenir indistinct — lointain — dans ce temps que ma jeunesse rendait inépuisable.

C'est ainsi que la course a commencé, le début de la course — à la montre — aux obstacles — trot — demi-trot — fond — demi-fond — couplé — tiercé — relais — de toutes les courses dont je suis devenue là le poulain chéri de quelques-uns, nourri, soigné, dopé même de chorydrane-mon-calmant — crinière en poupe — écume en tête — et le regard droit devant bien pris entre deux œillères. Avec ce seul point de repos possible, l'idée : ce n'est *encore* que de l'entraînement, l'épreuve est pour *plus tard*.

C'est ainsi que le marathon commença au dessert de ce dîner familial et, bien que je me sois toujours plu à croire qu'il s'est terminé dans ma loge des Mathurins à la fin de 1942, en vérité je ne vois pas pourquoi l'arrêter là, non plus qu'ailleurs dans mon existence. A moins que ce besoin de jalonner ma vie ne réponde à celui qui me pousse aujourd'hui à chercher dans ce livre une forme, un ordre, un sens, aux événements dans lesquels elle s'est incrustée.

Il n'empêche que dès lors, tout en poursuivant mes études, il était devenu urgent pour moi d'entreprendre une des conquêtes les plus difficiles parce que des plus troublantes qui soient ; je veux parler de celle — double — qui consiste à s'approprier une langue étrangère tout en restant fidèle à la sienne propre et aussi à celle — nouvelle — que l'on veut — comme on le dit grossièrement — dominer.

Paule Annen, une amie de prédilection – vive, imaginative, sensible, fantasque, intelligente et plus que nulle autre affamée de racines égarées – me disait un jour : « C'est fou ce que tu peux aimer les mots. »

C'est vrai ; un mot exactement employé – inventé, trouvé ou retrouvé – peut m'émouvoir aux larmes ou me faire rire de plaisir. C'est pourquoi j'ai toujours aimé au théâtre parler le langage des poètes et c'est pourquoi, placée devant un texte riche de fruits, une de mes plus dangereuses tentations sur une scène est celle qui me porte trop souvent à m'attarder sur une expression savoureuse ou à trop mettre en évidence des mots dont le sens, l'esprit, et la musique, vibrent pour moi en parfait accord. Et c'est aussi pourquoi, malgré une latente envie d'écrire qui est venue toujours tracasser mes rares moments de loisir, écartelée comme je le suis entre deux langues qui me narguent en se camouflant l'une l'autre, châtrée d'un vrai langage, j'ai préféré me rendre à l'authenticité — par l'interprétation — ou l'interpénétration — des trouvailles parfois divines créées par d'autres.

A bien y songer, je pense que mes rapports avec le français ressemblent à ceux que l'on pourrait avoir avec un homme : de conquête d'abord et d'amour ensuite ; et comme il arrive devant l'homme dont la rencontre va transformer la vie et jusqu'à la personnalité d'une femme, quand pour la première fois j'ai été confrontée à une tragédie de Racine, j'ignorais alors où me mènerait la voie ainsi ouverte tout au long de mon existence et qui, pourtant, devait me porter à réédifier ma personne la plus intime en vue d'épouser au plus près un esprit et une musique que je cherchais encore à déchiffrer, mais dont la quête accaparait déjà la totalité ou presque de mes forces d'attention.

Aussi, à cette heure, quand j'essaie de retrouver ce que furent pour moi ces années d'apprentissage, pendant que le plus clair de mon temps-souvenir reste consacré à déchiffrer les mystères des alexandrins, dans les arcanes moroses du lycée Victor-Duruy mes longues journées d'étude s'engouffrent dans l'arrière-plan de ma mémoire et, de toute l'instruction que j'y ai reçue, je ne retrouve clairement, au milieu d'une énorme confusion, que la formidable tension fixe appliquée à combler les lacunes dues à l'interruption de mes études et au changement d'école ; celle qui accaparait toute mon énergie à poursuivre — ou à rattraper des données géographiques manquées — à jouer à saute-mouton avec les événements historiques à travers les espaces et les temps — à rapprendre les symboles (*Na = sodium*) et les formules (*SO_4H_2 = ácido sulfúrico*) — les mêmes, mais qui prononcées autrement ne semblaient plus porter la même signification — à démasquer les villes éclipsées par l'orthographe nouvelle — Moscou = *Moscú*, Genève *Ginebra*, Gênes *Génova*, Maroc *Marruecos* La Corogne *La Coruña* — les prénoms *Santiago* Jacques *Jaime* Victoire *Victoria* — les noms — *mon nom* qu'il m'a fallu affubler d'un accent grave pour lui restituer le *s* de la fin = Casar*ès* — et enfin, à contourner les mathématiques – mon cauchemar — celles qui avaient le plus souffert de la déportation et dont je me bornais à éviter les trous creusés par la bousculade – des trous béants où je perdais mon latin (*sic*) — en me chargeant des devoirs de mes camarades en classe d'espagnol. L'espagnol — que j'avais choisi comme deuxième langue après l'anglais — afin de simplifier le reste de mon travail — pour pallier les autres difficultés — comme étalon de troc — et qui m'a permis du moins de n'avoir jamais à chercher la solution d'un problème d'algèbre car, par la loi universelle de l'*œil pour œil dent pour dent,* ils me tombaient tout résolus des arbres hispanisants et amis les plus proches.

Ce sont là des ruses que le déracinement apprend – autres méthodes d'enseignement obligatoire – quand le temps presse et qu'il faut avancer, sauter les ornières, refouler, dénouer, nouer, renouer, marcher, courir, pour avaler, assimiler, se mettre à l'unisson. Et après les premières vacances que j'ai passées en Bretagne — ô la Bretagne... ! mais j'en reparlerai, le temps me manque encore, le marathon continue — tout en suivant donc au lycée les cours de troisième — en tant qu'auditrice d'abord, puis en tant qu'élève — je fréquentais encore et toujours la classe de Mme Wurmser d'abord, puis Mme Wurmser hors classe — et les heures supplémentaires qui auraient pu m'aider à rééquilibrer mes connaissances dans les matières les plus malmenées par leur transfert en terres nouvelles étaient déjà remplies jusqu'à ras-bol — par les devoirs à faire à la maison — par Colonna Romano — par Alcover — qui m'introduisaient tous deux selon leur manière — à chacun particulière — aux secrets de Racine — ou de Corneille — vus, l'un et l'autre, à travers les conceptions d'André Antoine — réaliste — ou la vision de Sarah Bernhardt — baroque. Et ceci, quand l'idée ne prenait pas à mes maîtres de me faire travailler des textes d'Ibsen ou de Gabriele d'Annunzio pour mieux embroussailler dans la cacophonie des traductions ma pauvre cervelle hagarde de musiques étrangères. Et il y avait aussi Enrique — que l'on appelait maintenant Henri — et ses mots rauques — chuchotés à mon oreille — les seuls mots d'amour dits en espagnol par un Espagnol que j'aie entendus de ma vie, mais qui, passés à travers le fantastique sas qu'était devenue ma mémoire, se sont immédiatement perdus dans les filtres de l'oubli. Et il y avait aussi ma mère qui, débarrassée de la pesante charge de *représentation* qui encombrait son comportement en Espagne, ici, dans l'incognito des rues étrangères, retrouvait son innocence et la liberté de sa jeunesse et, avec ou sans Enrique, m'entraînait avec elle — dans de longues « parties de lèche-vitrines » — aux dancings de la Coupole et aussi dans les meilleurs restaurants de Paris, avec Guimet, un Catalan prospère d'âge mûr – certainement épris de maman – qui tenait à nous faire les honneurs de la cuisine française comme si c'était lui qui l'avait mijotée — comme il a tenu d'ailleurs, connaissant ma destination au théâtre, à m'offrir un accordéon — et même un professeur. « Ça lui servira à coup sûr », déclara-t-il avec son fort accent catalan. Et cette idée pour le moins insolite accueillie avec ravissement par ma mère qui rêvait déjà d'un bouquet de valses-musettes fusant en feu d'artifice de l'« étagère » que nous occupions à l'hôtel Paris-New York — cette idée de génie — m'a menée à perdre tout naturellement et « à coup sûr » trois précieuses heures de ma semaine pour les employer en exercices de la main droite — puis de la main gauche — sur des touches revêches et désagréablement rapprochées — et sous la haute surveillance d'un pâle et mince ectoplasme transalpin décourageant de gentillesse qui s'est entêté jusqu'au bout à « nous en tenir aux gammes » — « d'abord les gammes ! rien que les gammes ! » — qui n'a même pas été fichu de m'apprendre un seul mot nouveau de français à part les noms des notes — et encore les chantait-il avec l'accent vaudois. Mais il est vraì que pour enrichir mon vocabulaire il y avait un autre ami de mes parents, Roux de Villingly, ancien consul de France à La Corogne qui, lui, nous invitait tous les samedis soir ; et avec qui nous avons fait maman et moi le tour complet des restaurants exotiques de Paris. Là — abruties par les efforts de la semaine et tout en ingurgitant plus ou moins voracement les différents plats du « menu du jour » – chinois – grec – turc – finnois – anglais – roumain – russe – espagnol – italien – marocain ou mexicain ou algérien, nous nous ennuyions ferme en bonnes copines, auprès de ce vénérable vieillard qui nous racontait *en français* « pour nous habituer l'oreille » les mêmes histoires drôles qu'il nous avait déjà racontées *en espagnol* – à Montrove – devant un pantagruélique pot-au-feu galicien que lui et sa fille l'éthérée Viviane honoraient alors avec un brio tout ibérique au risque d'en crever. Et pendant que je m'efforçais de pénétrer le sens des mots mystérieux qui avaient le pouvoir d'abolir et de réinventer un monde, maman — elle — enfuie au loin — très loin — dans des régions ineffables — l'œil plus bleu et plus vague que jamais — glissait dans cette musique d'accompagnement la mélancolie de son désarmant sourire. Car forte de l'écoute que l'on prêtait à son charme incroyablement aiguisé par la *nécessité* et convaincue de l'inutilité de tout effort supplémentaire pour trouver une autre manière de communiquer, elle n'est jamais allée dans la langue française au-delà de « merci beaucoup », « bous êtes très belle », « comme bous êtes chentil », « che suis très heureuse ici », « au reboir » qu'elle roulait à ravir, et « bonchour ». Pour le reste tout se passait en mimiques, en regards caressants et nostalgiques, en gestes chaleureux et en époustouflants sourires. Et tout le monde comprenait *sauf* quand il s'agissait d'obtenir à prix modique du marchand de poisson, une tête de colin, ou du boucher quelques os à moelle, deux mets que – accommodés avec des pommes de terre – nous appréciions particulièrement autant pour la délicatesse de leur goût que par souci d'économie. Et c'est alors que je devais intervenir avec un dictionnaire d'abord, avec mon charabia ensuite, et pour cela il me fallait encore trouver du temps pour l'accompagner dans ses courses. Jusqu'au jour où la fréquentation, l'habitude, la sympathie qu'elle éveillait autour d'elle sont venues faciliter ses rapports avec les commerçants, libérant ainsi un peu de mon temps pour le consacrer à mes multiples études, ou à mes nouvelles connaissances — les camarades du lycée, étrangères d'abord, les françaises ensuite — ces ménades aux tabliers écrus marqués comme le mien en rouge — Marie-Victoire Casarès 3^eB — mais sevrées d'hommes, elles, et qui sentaient dans leur respiration même l'odeur marine des vierges en chaleur. Et je me devais de partager leurs jeux, leurs soucis, leurs rêves — quand à part quelques-uns – très peu – je m'en foutais comme de l'An Quarante qui — pourtant — menaçait déjà du côté du Levant.

Ma nécessité était autre et autre ma condition. Aux prises avec *ma* nouvelle langue et tout entière projetée dans la quête goulue de cet esprit *différent* que je me devais de saisir pour le vivre et le goûter, je m'appliquais vainement à trouver auprès de mes nouvelles compagnes les signes qui pourraient me le révéler, mais qu'elles-mêmes, perdues dans les lentes métamorphoses de leur adolescence, cherchaient encore fébrilement à déceler. Et pendant que – tout absorbées à trouver et à nommer leur appartenance – elles enduraient le douloureux accouchement de la maturité — moi, riche d'une maturité précoce, comme une amputée qui souffre dans sa jambe tranchée d'un fourmillement au bout de son pied absent, je souffrais encore et toujours de mon enfance, qui, coupée sur le vif de mon existence et comme arrachée hors de tout contexte, était restée telle quelle, à jamais fixée dans les éclatements du déracinement et de la guerre d'Espagne.

A la fois enfant et femme, passée brutalement en brusque convulsion d'un état à l'autre, forcée de cacher mon savoir *autre* pour ne pas me singulariser et réduite ainsi à une ingénuité anachronique, je me sentais inapte à accompagner dans leurs méandres subtils ces jeunes créatures ébranlées sur *leur sol* et dans *leur sécurité* par les affres d'une adolescence qui me restait à jamais étrangère. Et attentive seulement à trouver un terrain fort et fécond pour y accrocher mes radicelles ballantes, sourde et aveugle à tout ce qui pouvait me détourner de ma quête essentielle, je ne reconnaissais même plus le sentiment si familier de l'exil qui agitait pourtant insidieusement le comportement de mes nouvelles compagnes ; aussi, toujours à contre-courant, en constant hiatus avec elles, je me voyais réduite, pour les rejoindre, à courir clopin-clopant à côté de leurs traces, à les devancer pour les suivre, à réinventer les sauts de la carpe pour leur emboîter le pas, à retrouver enfin, pour ne pas les perdre, la démarche syncopée et bancale que j'avais toujours imaginée pour le vilain petit canard du conte d'Andersen.

Comme le greffon vert inséré dans la branche étrangère, je cherchais le point vigoureux pour resserrer autour de lui en dure attache les forces vives de ma jeunesse, et la fragilité de ces filles à peine pubères me détournait d'elles pour aller découvrir ailleurs, dans une plus grande maturité ou dans le théâtre, le canal ouvert par où boire, à la source, la nouvelle sève que réclamait pour mon existence l'appel vital. Et lovée comme la semence dans une matrice inconnue, toute hérissée d'antennes, à la fois fixe et prodigieusement active, je fonçais droit en moi-même pour me re-faire. Car, par un ultime privilège, le sentiment qui me tenaillait *moi* de l'exil, tout en me rendant de manière irréversible à la condition du bannissement et de la singularité, noyait pour l'instant les douloureuses inquiétudes de l'âge des initiations dans les transes avides de la re-naissance.

La guerre d'Espagne avait fini de tuer ses deux millions d'hommes, bien qu'elle ne fût pas encore au bout de ses morts. Mais on ne pouvait plus crier nulle part dans la péninsule *No pasarán,* car ils étaient passés, et ils étaient partout, et le flot de ceux échappés au second massacre, plus sourd plus secret mais aussi féroce, envahissait en silence le Sud de la France. Les Pyrénées étaient verrouillées par les soins du nouveau gardien Francisco Franco qui gouvernait le royaume de Don Juan père – toujours en exil –, en « tuteur » absolu de la monarchie promise à Don Juan fils, notre roi actuel.

Et le gouvernement républicain s'installa au grand complet à Paris, où il était encore sinon reconnu, du moins accueilli.

Tous les militants des partis de gauche, tous les hommes qui avaient sympathisé de près ou de loin avec la démocratie et qui avaient trouvé le temps et le moyen d'échapper aux suites de la guerre civile, arrivaient par masses. Les artistes, les écrivains, les poètes, la majeure partie des intellectuels espagnols, cherchaient sur les routes de France d'abord, puis d'Amérique — du Mexique, surtout — resté toujours fidèle à la République — un lieu où pouvoir s'implanter et travailler. D'autres, les moins privilégiés, se retrouvaient parqués près de la frontière dans les premiers camps concentrationnaires dont j'ai entendu parler. Et après que l'on eut fusillé Lorca en Andalousie, au nom de je ne sais quelle aberration, et pendant que Miguel Hernandez succombait à la phtisie des prisons de Franco, un autre de nos plus grands poètes, Antonio Machado, mourait à Argelès.

L'hôtel Paris-New York devint alors pour les proches et les amis une sorte de halte, de salle d'attente où ils s'arrêtaient pour souffler avant de prendre les routes qui les éparpilleraient aux quatre coins de l'horizon ; et pendant que mon « frère » le quittait pour éviter les foudres silencieuses de mon père, les nouveaux arrivants s'y succédaient ou s'y entassaient au point qu'il fallut bien à un moment donné se cotiser pour louer un second, puis un troisième appartement, jusqu'à ce que la tribu ait enfin occupé l'étage tout entier.

Il y eut de passage Maximino, qui n'avait pas quitté mon père d'une semelle pendant toute la guerre, se comportant avec lui comme le meilleur, et qui, maintenant, s'embarquait pour Buenos-Aires, pendant que María del Carmen Patiño, la secrétaire aux belles mains qui tournait rue Alphonse XII les pages du volume consacré à Shakespeare, prenait, elle, le chemin du Mexique où je l'ai retrouvée en 1968, et que Sergio Andión, dont je reparlerai, s'installait chez des amis basques à Paris.

Mais parmi tous ceux qui sont passés là, seuls Amalita de la Fuente, et Enrique Varela mon beau-frère, qui partagea quelques mois l'appartement de papa avant de partir pour Mexico, se sont attardés auprès de nous.

Quant à mon père, il nous était rendu en bien piteux état. Usé jusqu'à la corde, il traînait avec lui une nouvelle poussée de sa tuberculose ; mais comme il lui arrivait toujours avec sa maladie, c'est en elle, et dans le repos forcé, et dans le renoncement à « toute prise en charge de responsabilités nouvelles » auquel elle l'obligeait, qu'il trouva peut-être son salut.

En attendant, pour arrêter le mal, il lui fallut se rendre d'urgence en Suisse, à la montagne, et, dès son arrivée à Paris, profitant de mes vacances scolaires, nous sommes partis ensemble pour Bienne et Interlaken, où je suis restée la première fois un mois ; et où je suis revenue à Noël pour passer les fêtes avec lui.

Ce furent là, peut-être, les dernières fois que nos passeports – diplomatiques –, loin de poser des problèmes, nous facilitaient les choses au-delà même de la bienséance. Je me souviens, lors de notre premier retour à Paris, au passage de la frontière, d'un douanier au garde-à-vous devant mon père, fulminant des « Excellence » à tout bout de champ, fiché comme un pieu dans une incroyable raideur par le seul effet prestigieux du petit livret aux pouvoirs magiques, et qui, l'œil fixe et atone, muré derrière la barrière du protocole, tout entendement bouché à ce qui aurait pu l'en détourner, restait imperturbablement sourd aux propos de papa, lequel, pour sa part – toujours féru d'honnêteté – s'entêtait à vouloir payer des droits de douane pour deux paires de bottes achetées en Suisse, enfouies dans le fond d'une valise, dont il ne restait à peu de chose près que la semelle ; car lors de leur première « sortie », nous en avions été réduits, après les avoir traînées le long des sentiers comme des instruments de torture, à les découper à l'aide d'une lame de rasoir jusqu'à en faire une véritable dentelle.

De ces voyages, il me reste surtout en mémoire les nouveaux rapports qui se sont établis entre nous, après une guerre civile vécue à part entière par lui et seulement un peu par moi ; après un exil tout neuf pour lui et déjà vieux pour moi ; et après deux années de séparation qui avaient fait de la gosse qu'il avait vue partir – une femme. Une nouvelle relation difficile à recréer et qu'entachait déjà là aussi quelque peu – comme dans mes rapports avec maman – la présence inavouée, tacite et lourde à porter, de Enrique, ce « frère » que mon père *ne reconnaissait pas.*

– « Tu tiens à cet individu ? »

La question avait été posée quand il avait encore à la main, pour la faire glisser dans la boîte à lettres, la carte postale que je lui avais confiée parmi d'autres. Et je revois encore son sourcil droit grimper sur son front jusqu'à toucher presque la racine de ses cheveux – et sa pâleur.

– « Oui. »

Et encore aujourd'hui je rumine le malaise de cette colère qui me portait à lui tenir tête, quand j'étais déjà convaincue que je me détachais d'Enrique ; cette révolte qui me poussait à l'agresser par je ne sais quelle obscure raison ; une affaire – en tout cas – qui ne concernait que *lui* et *moi*, mais qui me dressait contre *lui* au point d'oublier qu'à *lui* – mon père – je lui avais à peine écrit, tout le temps qu'il était resté en Espagne.

Mais, grâce aux dieux, il m'est resté aussi en mémoire nos longues, si merveilleusement longues randonnées dans les montagnes de l'été, traînant nos pieds brûlants dans ces sacrées godasses toutes neuves dont nous avions fait de la guipure, tant elles nous faisaient souffrir ; et nos descentes du soir dans les petits trains ou les téléphériques de l'hiver, enveloppés des versants enneigés où seule la chère présence de mon compagnon m'était chaude. Ses souvenirs de jeunesse qui me faisaient hurler de rire, quand il me les confiait aux coins des rues de Biel ; les vins chauds que nous prenions en rentrant de nos longues marches et qui, le saoûlant à mort (il ne buvait couramment que de l'eau), le rejetaient dans la fantaisie débridée de son adolescence ; les folles parties de billard que nous menions bravement mais aussi ignorants l'un que l'autre de l'art de jouer à ce jeu si noble ; et les longues séances de pose, sous les flocons de neige qui tombaient sur mes cils, pendant qu'il mettait au point son appareil Leica et tout un attirail qu'il traînait (lui aussi !) dans les bagages de l'exil ; et les ineffables conférences que nous suivions assidûment, et que donnait un spirite dont les phrases longues, interminables, balancées d'incidente en incidente, se débobinaient de plus en plus graves jusqu'au bout du souffle, pour reprendre, et monter, et clore chaque sens, de plus en plus haut, jusqu'à l'aigu suprême, dans une véhémence extra-terrestre.

Mon Dieu, que nous riions – à en pleurer... comme cet après-midi d'été où je l'attendais, à la porte d'une maison où il était entré demander si l'un de ses vieux amis l'habitait toujours ; je faisais les cent pas en mangeant des cerises, le long d'une rue étroite, parfaitement tenue, impeccablement suisse ; quand il est descendu, bredouille, et que nous partions déjà, il s'est brusquement arrêté, comme mû par un ressort qui se casse, et comme pour répondre à un appel, il s'est retourné, le regard fixé sur les pavés de la rue : *« Regarde »*— Les noyaux de mes cerises jetés sur ces pierres que l'on aurait cru encaustiquées prenaient une importance cosmique ; gros, énormes, géants, on aurait dit des planètes, fixées en désordre sur un ciel à jamais souillé— Et pendant que je prenais la peine de les ramasser un à un pour ne pas garder ma honte, lui— il riait— il riait de son beau rire intelligent— Et si jeune ! Comme l'air si jeune !— soudain intéressé, excité, passionné— « Ah oui ? »— qu'il a pris à l'entrée des gorges de Biel— un air d'enfant à peu de chose près juste une étincelle dans l'œil— quand je lui ai déclaré que ces lieux je les avais déjà vus, et que je l'ai prouvé en lui décrivant, avant de m'y engager, le chemin d'une auberge où nous avons— ou bien... nous *avions ?*— mangé de succulentes truites. *« Ah oui ?— Peut-être, vois-tu— peut-être que cette impression, ce sentiment du « déjà vu »— Gloria est venue ici avec moi— elle te portait alors— oui— et aussi un petit chapeau que je ne pouvais souffrir— une sorte de corbeille minuscule chargée de fleurs et autres végétaux qu'elle portait sur la tête— Je me souviens— c'était l'été— et nous arrivions en calèche découverte— au milieu d'une foule de calèches et de chevaux— et le cheval qui nous suivait— juste derrière nous— sa tête juste à la hauteur du petit chapeau de Gloria— peut-être pour chasser l'ennui d'une trop longue attente— voilà qu'il a cru bon de manger pour passer le temps— sans doute— les légumes qui lui étaient si gentiment proposés— imagine la terreur de ta mère— j'en ai tremblé pour ta vie— car tu étais là— et peut-être est-ce de là qu'est partie ta méfiance des chevaux— et tes connaissances... »*

Et lui, qui boudait toujours la nourriture, avalait sa truite avec des manières incroyablement raffinées mais avec une voracité cousine de la mienne ; et le temps s'arrêtait, et les âges se mêlaient, à se demander si j'étais bien ici, ou encore dans le ventre de ma mère, et je ne savais pas alors que c'était là la paix, que nous vivions là, tous les deux, la vraie paix, celle qui nous attend, patiente, derrière ce que nous appelons la vie, et qui de temps en temps nous honore dans les moments d'innocence.

La paix — Il me semble qu'à l'encontre de la guerre, la paix ne peut se dire qu'à travers des anecdotes, des histoires sans histoires qui la racontent comme les aiguilles d'une horloge racontent le temps.

Oui, dans cette trêve de deux ans que la guerre nous donnait, les deux séjours en Suisse et les heures où nous nous promenions tous les deux dans Paris quand il venait me chercher à la sortie du lycée, furent les seuls moments de paix que j'ai pu ou su avoir — comme avant — quand il m'initiait aux us et coutumes des mantes religieuses — ou comme après — jusqu'aux derniers jours de sa vie — quand, sur son lit, cherchant son souffle, il riait d'étouffer, en posture de Bouddha. Et pour retrouver cette douce sensation de plénitude, il m'a fallu, après lui, la solitude ; je n'ai jamais su la trouver autrement.

Même Camaret, la Bretagne, ce pays qui me rendait un peu la Galice et mon enfance, je n'ai vraiment pu le trouver que tard, plus tard et quand j'y suis allée seule. Car malgré la somme de privilèges qui étaient les miens, les choses n'étaient cependant pas si faciles, traversées de mille *problèmes* – comme on dit maintenant –, et étant donné mon caractère, et les rapports entre mes parents, et avec Enrique, et avec papa, et avec maman, et les études si compliquées par les circonstances, et ma sauvagerie mise sans cesse à l'épreuve, et notre situation aléatoire, et les relations avec l'extérieur l'intérieur l'ailleurs, tout ça rendait les choses difficiles malgré tout, et malgré même l'étonnant comportement de mes parents que l'on aurait cru préparés pour l'exil depuis toujours ; oui, malgré tout ça, c'était difficile ; mais à ce moment-là, le plus grand de mes privilèges ce fut de ne pas m'en apercevoir et de vivre la difficulté sans nullement en souffrir.

Aussi, à Camaret, je ne souffrais pas de me trouver dans une maison étrangère, d'autant plus que l'on m'y traitait comme membre de la famille ; mais malgré tout, pour le goûter comme je l'ai fait dès que j'y suis arrivée pour la première fois, comme j'avais goûté Bastiagueiro ou presque, et cela avec toutes mes difficultés, il fallait vraiment qu'il y eût rencontre. J'en reparlerai — ici ou ailleurs — je raconterai — ses landes balayées par le phare de la Pointe du Raz — son vent sur lequel on se couche — sa côte crépue — ses plages-coquillages de sable fin — ses rocs pleins de flaques salées et incrustées de « chapeaux chinois » — ses grottes tapissées de petites vagues de sable humide, et là — devant —

partout... sous le ciel mouvant de ma Galice natale, mon Océan. J'en reparlerai... toujours... comme de Marianne la gentille, de Colonna la belle, du taciturne Alcover au regard chaviré par la bière, du vieil Antoine, le Maître ; et des autres... Saint-Pol Roux le poète et sa fille Divine dans leur château de cartes, et M. Toudouze, le professeur de littérature au Conservatoire de Paris qui venait passer ses vacances – déguisé en vieux loup de mer – entre le château de Saint-Pol Roux et la maison de pêcheur où vivait l'été la famille Pellequer ; tous ceux qui habitaient sur la crête de l'isthme qui mène au *Tas de Pois,* d'où l'on voit la mer à l'avant, à droite, à gauche, et d'où l'on devine, en poupe, le petit port de pêche de Camaret. Oh oui, j'y reviendrai... Il y a si longtemps que je n'y suis pas allée... J'y reviendrai... Comme en Galice...

Mais pour l'instant, je ne peux pas m'y attarder, si je veux continuer. Pour l'instant je ne retiens qu'un seul fait, une anecdote de mon premier séjour en Bretagne. Amenée par les Alcover, j'ai trouvé chez eux, piqué au cœur même de la maison comme une araignée préhistorique au milieu de sa toile, encore maître et seigneur des lieux jusqu'à sa mort, Antoine, le vieil Antoine, éloigné du théâtre par son grand âge et érigé là, énorme, sur un fauteuil plus grand que nature, où il trônait au bout de la longue table, devant laquelle Marianne et moi attendions, à l'autre bout mais sur les côtés – je crois qu'Antoine n'aurait jamais supporté de vis-à-vis –, nous attendions, dis-je, notre grosse tranche de pain de blé noir, tartinée de beurre salé pris à l'énorme motte dont le gigantisme appétissant nous faisait oublier l'énorme présence et l'énorme mutisme d'Antoine. Or, un jour, ou plutôt un soir, nous dînions tous en famille, mais cette fois-ci cela se passait dans un salon particulier – l'unique salon particulier qui d'ailleurs servait à la réception durant la journée – de l'hôtel Moderne de Camaret... un hôtel où je logerai plus tard, en pleine occupation allemande, avec maman et Enrique, puis... après la Libération, avec papa et maman le dernier été de la vie de ma mère... enfin, toute seule, quand tout ce monde eut disparu de mon existence, même le patron de l'hôtel, monsieur Seigneur, un superbe Alsacien qui portait superbement son nom et que j'aurais volontiers convoité si j'avais été plus grande – je veux dire plus vieille –, malgré ses yeux au beau regard clair et lourd, mais rougis par l'alcool.

Nous étions donc tous là, les Alcover au complet, maman qui revenait d'un bref voyage en Espagne – c'était l'été 1937 –, moi, et ANTOINE. Dehors, sur le quai qui bordait le merveilleux petit port d'argent dès la tombée du jour, quand le soleil ensanglantait l'horizon de l'autre côté, loin derrière la Pointe des Pois, il y avait la fête. La fête foraine.

Toujours au moment du dessert – il est à remarquer que depuis ces premiers temps d'initiation je ne prends jamais de dessert après les repas –, on me pria de réciter mon petit poème — Pour ANTOINE.

L'anonyme qui écrivit le *Romance de Don Rodrigo* avait déjà cédé la place à Verlaine, dont le chant me ravissait. Je me suis levée. J'ai commencé à trembler. Puis à pleurer. Et toute occupée à bien articuler j'ai attaqué :

– « Le ciel est par-dessus le toit
Si bleu, si calme,
Un arbre, par-dessus le toit
Berce sa pa... »

– « Bas les pattes ! »

C'était la première fois que je l'entendais parler, ce cher homme. Il me regardait comme un gigantesque crapaud prêt à gicler, et je me suis retrouvée devant lui, debout, soudain dénudée, stupide, à prendre conscience en effet de mon bras droit, avec au bout ma main, qui cherchait je ne sais à vrai dire quoi dans le ciel de la prison de Verlaine. Après une minute de silence comme il en faudrait dédier de semblables au soldat inconnu, Marianne et moi, mues par un ressort commun – ah ! la jolie amitié – nous avons foncé sur la porte, et – dehors ! – nous nous sommes retrouvées côte à côte sur deux chevaux de bois jumeaux qui tournaient dans le manège, face à la mer.

Le lendemain matin, ce fut comme si rien ne s'était passé. Nous, nous attendions nos tartines, et Antoine trônait, muet. Je me demande même si je l'ai entendu émettre un son depuis. Après, il est mort. Et pour la belle leçon qu'il m'a donnée, paix à son âme. Car depuis cette soirée historique, du moins pour jouer la comédie, j'ai toujours fait attention à ne pas mettre mes mains là où ce n'est pas absolument nécessaire — ou signifiant, comme diraient les lettrés de notre époque.

Cela se passait sept mois après mon arrivée en France, l'été de 1937. Et ce n'est – je crois bien – qu'en 1939 — car quand j'essaie d'ordonner les événements survenus à cette époque, ils s'enroulent et glissent dans le temps comme autant d'anguilles dans mes mains — ce n'est donc – peut-être – qu'en 1939 que je me suis présentée pour la première fois au concours d'entrée du Conservatoire.

Alors, le sort en était jeté et du moins trois choses étaient claires. Nous avions perdu l'Espagne. J'étais devenue, comme mes parents, une réfugiée en France. Et il était décidé que je me consacrerais au théâtre. Aussi, vers les débuts de l'année 1939, après mon second retour de Suisse – je suppose – j'entrepris, dans une activité redoublée, la préparation du concours du Conservatoire que je me devais d'affronter après les vacances scolaires de l'été. Toutes les heures de liberté que le lycée me laissait, je les passais rue Lauriston, dans l'appartement de Colonna, où elle m'entraînait derrière elle, en longues séances de travail, durant lesquelles, à travers des scènes choisies surtout en fonction d'elle et que nous jouions devant qui voulait bien nous entendre, elle exprimait avec fougue ses connaissances, ses états d'âme, sa nostalgie du temps perdu et sa mélancolie de vieillir ; et ceci tout au long des longues tirades qu'elle lisait ou déclamait pour me donner la réplique, et que – à l'encontre de la coutume sans doute fâcheuse mais quasi rigoureuse qui sévissait dans tous les cours d'art dramatique – elle disait intégralement, sans en couper un seul vers — pendant que j'apprenais à « écouter ». Mais un ou deux mois avant la date fatidique, nous avons dû quitter un peu ces lieux tranquilles pour entreprendre rue de Madrid la tournée des classes du Conservatoire, afin de présenter à chacun des professeurs, qui étaient aussi futurs membres du jury, les scènes que Colonna avait choisies pour me présenter un mois plus tard devant ledit jury ; et pour porter à leur comble ma confusion, ma gêne et ma perplexité, les scènes en question avaient été tirées du *Jeu de l'Amour et du Hasard* et de l'*Iphigénie* de Racine. Or si, à la rigueur, on pouvait encore imaginer de me faire chanter – malgré un tempérament particulièrement abrupt et violent – les douces plaintes d'Iphigénie, je crois vraiment qu'il ne serait jamais venu à l'idée de personne de me faire interpréter alors – afin de faire étalage de mes dons – le personnage brillant, clair, léger et nuancé de Marivaux.

Seulement voilà : comme le disait Colonna, forte de son expérience, il ne fallait *surtout pas* « user » cette année-là les « bonnes scènes » — morceaux de bravoure — chevaux de bataille Eriphile ou Hermione, par exemple — Non ! *Il fallait garder ça pour l'année prochaine !* Maintenant il fallait donner plutôt celles où je n'étais pas du tout à l'aise — *c'était évident !* — et tous ceux qui m'entendaient le disaient bien — il était *évidemment* inutile de *les* présenter — comme d'ailleurs de *me* présenter — *car je n'avais aucune chance ! — trop d'accent ! trop nerveuse ! trop jeune ! trop barbare ! trop étrangère !* — et les professeurs du Conservatoire eux-mêmes membres du jury le disaient clairement — sans détours — après que j'eus *joué* mes deux scènes à 9 heures du matin, dans leurs classes respectives, avec une réplique, cette fois-ci drôlement abrégée, lue par un de leurs élèves à moitié endormi devant les autres élèves encore mal réveillés et qui – je pense — croyaient encore rêver devant cette créature noire, baignée de sueur et de larmes, prise dès 9 heures du matin des convulsions de Saint-Guy, haletant les suppliques d'Iphigénie dans une langue inaudible et qui, sans se départir un instant de son état paroxystique, s'attaquait aussitôt sans désemparer, avec les cris rauques des plus violentes colères, au texte de Marivaux :

– « Mais encorre une fois de quoi bous mêlez-bous ? Pourquoi rrrépondre de mes sentiments ? »

Oui, tous les professeurs, sans exception, avaient bien dit qu'il était parfaitement inutile de me présenter cette année, avant de calmer un peu mes nerfs et d'apprendre le français. Mais, envers et contre tout, nous avons convenu de passer le concours, pour me « briser » – comme disait Colonna encore une fois forte de son expérience ; et le jour J, je suis arrivée avec elle rue de Madrid – troublante coïncidence ! – pour chercher dans la cohue des concurrents quelqu'un qui accepterait de me donner la réplique. A la dernière extrémité, nous avons pu enfin dénicher dans le tas un grand garçon solitaire, aussi paumé que moi, tout en longueur à l'époque, qui se présentait en tragédie et qui a bien voulu lire, tour à tour, les textes requis d'Agamemnon et même – de Lisette ! Il s'appelait Jean Schetting, il devint vite un copain et longtemps après, au cours Simon, avec Stella Dassas, Olivier Darrieux et Georges Mitsinkidès, nous avons formé un groupe d'inséparables, jusqu'à ce que le théâtre qui nous avait réunis nous eût séparés. Quant à ce premier examen d'entrée au Conservatoire, je crois que Schetting n'eut même pas le temps d'ouvrir la bouche, et il me semble bien qu'ils ne me laissèrent pas le temps d'aller au bout de ma première réplique.

– « Mon pèrre où courrrez-bous ?...

Coup de cloche.

– « Mais enc... »

Coup de cloche.

C'était inutile. Ils l'avaient bien dit, il fallait d'abord apprendre le français.

Je m'y suis mise. Je suis tombée à bras raccourcis sur cette belle langue qui m'échappait toujours ; je l'ai guettée, je l'ai traquée, j'ai passé des mois à la mettre à sac, à la dévaster, pour mieux la malaxer et la faire mienne. Et pendant qu'au lycée je quittais à peine les derniers rangs destinés aux auditrices pour occuper une place d'élève, au Conservatoire, par le bon vouloir de Colonna, j'assistais, sur le banc arrière réservé aux *auditeurs,* aux cours donnés par Louis Jouvet ; et sur les conseils sagaces de ce dernier, aidée aussi par l'esprit clair de mon père — tout frais arrivé — qui n'entendait rien aux études dramatiques mais qui avait gardé son bon sens, on s'est mis en quête d'un professeur de diction pure, qui m'aiderait techniquement à me débarrasser de mon parler guttural, de mes A ouverts, de mes nasales méridionales, sans s'occuper de mes prétendus dons ou de mon « beau tempérament ». J'ai donc pris rendez-vous à l'Institut des langues vivantes, rue des Écoles, et à partir de là j'ai employé les « heures supplémentaires » à fréquenter *aussi* la classe de M. Thérond.

Si mes relations avec Jouvet furent, pour ma part, presque toujours piquées de malencontreux chardons, je garde en revanche pour M. Thérond une tendresse que même sa mort n'a pu entamer. Et encore une fois je regrette de ne pouvoir parler plus longuement de lui — *manque de temps, toujours ce temps !* —, surtout quand je pense à sa silhouette, un quadrilatère parfait, bouillonnant de vie, empressé, chaleureux, qui s'avançait avec la légère démarche et la grâce incomparable des canards, pour vous accueillir, la main tendue et parfaitement carrée, un grand sourire aux lèvres de son visage carré, où le regard se perdait dans un net strabisme divergent qu'il s'appliquait à corriger de peur d'éveiller une fausse impression, en donnant à l'un de ses yeux la direction droite et parfaitement honnête qui se fixait entre les deux sourcils de son interlocuteur. Si Jouvet accrochait toute attention par la force de sa séduction, M. Thérond retenait l'amitié par le charme de sa bonté.

Avec lui, tout y est passé :

Le crayon entre les dents pour préciser la diction.

Les exercices pour franciser les R roulantes espagnoles, dededede-dededra ! dedededededré !...

Les poses des nasales, ân ! în ! ôn ! eûn !

Les E ouverts, fermés, muets : E ! — Eu ! Non pas é ! mais e !

La litanie des alexandrins montés et descendus en échelle ascendante ou descendante pour la pose de la voix.

La gymnastique des lèvres pour transformer les B en V.

Les positions de la langue pour aboutir à certains sons, avec dessins à l'appui sur le tableau noir et démonstrations vivantes, la bouche ouverte, la langue pliée.

Et jusqu'aux leçons de rire !

Car ce cher ami, comme il connaissait — bien sûr — ma

destination au théâtre, trouva – non sans raison – que mon rire n'était pas théâtral. Il ressemblait déjà en effet au bruit d'un lavabo qui se vide, au bêlement entrecoupé de la chèvre, aux sons de la crécelle, à tout ce qu'on veut sauf à un rire, et surtout au rire de théâtre.

Nous nous sommes donc mis au travail tous les deux, et pour cela, il choisit une « scène de rires », comme on dit dans le jargon théâtral, qu'il avait tirée d'une pièce dont j'ai oublié le nom de l'auteur : *Miquette et sa Mère*. Et nous avons ri. Ah ! nous avons vraiment ri ; et, ma foi ! j'étais arrivée tant bien que mal à réussir une pétaradante gaieté en gammes ascendantes et descendantes, qui, sans être géniale, rappelait cependant celle que l'on entend dans certains opéras.

Mais, hélas ! cette joyeuse aventure nous coûta cher. Excité par le jeu scénique, où il me donnait bien entendu les répliques, M. Thérond se mit en tête d'élargir aux autres matières qu'il devait m'enseigner la même méthode que l'on avait trouvée pour le rire et de travailler la diction, la pose de la voix, etc., « sur le vif » ! comme il disait. Et ce fut le point final aux progrès spectaculaires qu'il m'avait fait faire jusque-là. Comme pour Colonna, bien que d'une autre manière, la magie du théâtre, reprenant totalement ses droits, le prit dans son piège. Il ne fut plus question des *a* ou des *â*, des *é* ou des *e*, des *ans* ou des *ons*, des *v* ou des *b* ; excité comme un pou à me donner la réplique, ou bien ravi quand une belle inspiration me prenait, je pouvais secouer sa langue française comme un paillasson, il s'en balançait – comme les autres __ ceux qui se prenaient à participer __ il s'en contrebalançait comme de l'An Quarante qui pourtant __ menaçait toujours, de plus en plus proche ; et il a fallu attendre l'arrivée à Paris de sa femme alors en Bretagne, Mme Bauer-Thérond, pour que tout rentre dans l'ordre et que je reprenne le chemin des progrès.

Malheureusement, elle n'est arrivée qu'avec l'Année Quarante et d'autres événements, d'autres occupations, dont la guerre.

J'avais pourtant commencé à m'orienter. A la maison redevenue relativement calme et au lycée, je m'appliquais non sans peine à poursuivre mes études en vue de l'examen du bac qui m'attendait au bout de la saison 39-40 ; et partout, je travaillais avec ardeur à la préparation du nouveau et même concours d'entrée au Conservatoire __ toutes ces épreuves renvoyées toujours et tout naturellement dans mon esprit à plus tard __ à plus loin __ à des futurs inconcevables __ tant était fort mon besoin de souffler __ de respirer lentement __ de m'armer doucement __ *Et la vie s'ouvrait ainsi encore devant moi, dans une entière disponibilité, et il y avait encore du temps, un temps infini, un temps de jeunesse, avant de lier mon existence en nœud qu'il me faudrait sans cesse après, dénouer, et renouer, et dénouer encore, et cela je le savais, j'étais parfaitement consciente que cette divine liberté qui m'était donnée, je ne la retrouverais plus, après, sinon en la pensant, en la voulant, en la fabriquant. Et c'est pourquoi, tout près du but tant redouté, quand la guerre est venue tout remettre à plus tard – oserai-je le dire ! –, j'ai été comblée.*

Oui ! comblée. Pour ce qui était du théâtre, c'en était fini, pour l'instant, de la course à coups de pied au train ; le sort m'infligeait d'autres urgences, d'autres ruades, mais, comme on dit, « un clou chasse l'autre », et cette fois-ci, du moins, « nous nous retrouvions tous dans le même panier ». Quant à mes activités scolaires, c'est bien simple, cette guerre arrivait sur moi comme une bénédiction au moment même où, ayant passé l'écrit du premier bac avec la mention « passable », je devais faire face à ce qui représentait pour moi le comble de la terreur : « l'oral ». Or, par les bons soins de ce cataclysme déchaîné certainement par un de mes anges, ou démons – des deux « petits potes » qui me portaient je ne savais déjà plus qui était le bon –, non seulement j'évitais alors l'imminente et redoutable épreuve, mais je passais au travers ; car, au retour de l'exode, il avait été stipulé que les étudiants ayant réussi l'examen écrit étaient dispensés de l'oral. Et voilà ce monde où « le malheur des uns... » etc. Mais la trêve qui m'était ainsi offerte, il me fallait la payer durement ; seulement j'y étais préparée et ce fut là un privilège dont peu de Français de mon âge ont pu jouir.

En effet, pour moi, la déclaration officielle des grandes hostilités ne voulait strictement rien dire ; ce n'était qu'un nouveau tournant de la guerre que je vivais avec ou sans trêve depuis quatre ans. Et je dirai même que sa soudaine irruption en France, avec violences, bombes, obus, morts, blessés, fuites, combats, enfin tout son sinistre falbala, m'apporta avec elle – comment dire ? – quelque chose de rassurant, le sentiment que l'on doit éprouver devant l'image de la vérité sortant du puits, et qui, du coup, diminuait les distances et me rendait moins étrangère à ce pays, où la révélation soudaine de l'ennemi commun nous réunissait tous dans une même et nouvelle patrie : la guerre. Et bien que les circonstances, les événements, le mode de cette nouvelle étape aient été très différents de ceux que je connaissais, l'état de guerre, éveillé brusquement chez chacun, me les rendait tous – même ceux que j'entendais particulièrement mal jusque-là – plus proches, et en tout cas plus compréhensibles. C'est à travers sa langue que j'ai commencé à apprendre la France ; c'est dans l'état de guerre que ce que je rejette ou que j'aime en elle m'est parvenu dans son intégrité.

Je me demande pourtant comment tout ceci a bien pu se passer ;

quelle alchimie s'est opérée en moi, et quand ; car à partir de juin 1940, dans le tohu-bohu général, complètement perdue dans le labyrinthe qu'était devenue l'existence, j'ai dû attendre, pendant la trêve de l'occupation, ce temps – *qui part exactement du moment où je me suis trouvée devant la glace de ma loge des Mathurins* – pour pouvoir renouer petit à petit le fil du chemin qu'il me fallait suivre, et que, d'ailleurs, à mon grand étonnement, je n'avais pas quitté d'un pouce jusque-là, dans ma parfaite inconscience de bête brute aux prises avec l'événement. Pour tout dire, l'exode, dans ma mémoire, me revient, en premier lieu, comme une bouffée de senteurs où les odeurs de pins mêlent au piquant des immortelles, dans les dunes brûlantes, les effluves d'algues et d'iode de l'océan.

Oui ; c'est peut-être indécent, mais c'est ainsi ; et si ce livre ne peut ni ne veut répondre à ce qui serait considéré comme un livre de mémoires, car je n'en ai aucune, du moins il se doit de rester en accord fidèle à ce que me dicte « ma mémoire » puisque c'est justement pour aller à sa recherche que j'ai décidé de l'écrire.

Oh ! bien sûr, je me souviens de la gare d'Austerlitz le jour de notre départ pour Bordeaux ; la même où je me rends maintenant pour venir à *La Vergne* ; la même où je me rendis il y a deux ans pour aller en Espagne. Mais pas tout à fait la même.

D'abord, à l'époque, elle était neuve pour moi ; j'ai vraiment fait sa connaissance pour prendre le dernier train qui a quitté Paris en 40, avant l'arrivée des troupes allemandes ; car lors de mes randonnées touristiques, personne, bien entendu, ne s'était avisé de me la faire visiter ; et si c'était là que j'avais débarqué en provenance du Perthus, par l'effet de ma mémoire capricieuse, je l'avais déjà complètement oubliée.

En revanche, au moment de l'exode, j'ai eu tout le temps et le loisir d'en incruster le souvenir dans mon cerveau ; durant quarante-six heures d'affilée, nous avons fait la queue devant l'entrée des grandes lignes, traînant pas à pas nos bagages, lourds des mêmes extravagances que nous avions déjà charriées depuis Madrid. Il y avait maman, papa, Amalita de La Fuente et... je crois bien mais je ne pourrais le jurer (!), Enrique, mon « frère ». Il y avait aussi, pendant la journée, le doux soleil tamisé de Paris, mais dans l'« ambiance » indescriptible, la seule chose que j'aie nettement retenue en mémoire est la couleur mauve foncé de deux cercles parfaits posés sur les joues d'Amalita. En effet, victime d'une grave maladie de cœur, le régime qu'il lui fallait subir dans la circonstance n'était pas fait pour lui donner bonne mine ; quant à nous, affairés autour d'elle pour la tirer d'évanouissements dont nous nous demandions si elle allait revenir, nous passions le reste du temps à guetter son prochain malaise.

A part cela, tout se passait normalement – dans mon souvenir ; agglutinés dans la cohue, autour de nos valises, à la fois sièges-lits-fardeaux, nous attendions patiemment, comme – je m'en souviens –, plus tard, bien plus tard, j'ai attendu à Rome, au Vatican, et seulement quelque trois heures, l'arrivée du Pape dans la grande nef de Saint-Pierre, pour la cérémonie de sanctification.

Puis il y eut l'heure de pointe quand on annonça que c'était là le dernier train ; et ce fut la ruée. Je me souviens — je ne sais pourquoi j'étais restée là dernière sur le quai, peut-être parce que j'étais accrochée comme une électrocutée à la valise dont j'avais la charge et qui, à en juger par son poids, devait contenir, certes, avec les « livres personnellement reliés par mon père », les fameux « bijoux » de maman. Oui, je revois les signes affolés de papa, pris dans la foule, en haut du train, et qui m'ordonnait, hagard, de lâcher cette satanée valise et de monter ; et, enfin, le train qui démarrait lentement pour se libérer avec douceur des grappes humaines qui s'y accrochaient, d'un trou dans le tas, d'une portière ouverte dans un autre wagon, des forces démentielles qui m'ont poussé comme les cheveux de Samson, de la valise tenue soudain à bout de bras et lancée à la volée dans l'ouverture, devant moi, où je l'ai suivie d'un bond... Puis il y eut le voyage de trente-neuf heures, pour arriver à Bordeaux, avec des arrêts incessants, longs, qui nouaient tous les nerfs et faisaient monter la fièvre, jusqu'à l'explosion : « Qu'est-ce que c'est que ces sales étrangers qui prennent la place des Français ! » ; la première explosion de cet ordre que j'ai personnellement entendue et qui s'est dissipée aussi bêtement qu'elle avait jailli, quand papa eut l'idée de génie qui ne me serait jamais venue à l'esprit – question de génération sans doute –, d'attraper le revers de sa veste et d'exhiber à qui voulait bien le voir le petit ruban rouge de sa légion d'honneur.

Mais, Enrique — n'est-ce pas Enrique qui, sans le vouloir, avait attiré les foudres de nos compagnons de route ? Et mon père, blanc comme le papier blanc — n'est-ce pas pour venir à sa rescousse qu'il avait jeté dans la mêlée le ruban rouge de sa légion d'honneur ? Est-ce possible que la mémoire puisse ainsi jouer de ces tours ? Où est-elle — où était-elle la case de mon cerveau qui doit lui être consacrée ? — Où donc se tenait mon attention aux moments qui auraient dû tant la frapper de leur souvenir ?

Je ne me rappelle même pas notre arrivée sur les quais de la gare de

Bordeaux ; et le plus fort c'est que j'ai complètement oublié à quoi je pouvais bien penser alors. Le taxi !

Le taxi qui nous mena jusqu'à l'hôtel sinistre, rue... ? parallèle au Cours... de l'Intendance ou de l'Indépendance ? Le vieux taxi, je me le rappelle, à cause de son chauffeur, aux allures d'artiste, au beau sourire complice sans complaisance sous une longue moustache poivre et sel bien fournie, un grand monsieur âgé extrêmement russe, et possiblement prince. Maman était montée devant – elle avait un léger mal au cœur –, et il parlait avec elle. Quand nous avons voulu payer la course, il a refusé la somme qu'on lui devait : « il savait ce que c'était » – a-t-il dit – ; et il nous a invités chez lui pour dîner un soir ensemble.

Puis, il y a eu l'hôtel, sinistre, vétuste, qui a failli disparaître d'ailleurs lors du premier bombardement aérien que j'ai subi en France, toujours selon ma mémoire ; mais par chance – pour lui comme pour nous –, la bombe a détruit seulement la maison voisine, exactement comme il nous était arrivé à Barcelone, dans l'hôtel où nous avions séjourné, tout aussi sinistre. Et nous en fûmes quittes pour la peur.

Puis, il y a eu toutes les démarches faites pour préparer nos passeports, nos visas, en vue de notre imminent départ pour l'Angleterre d'abord, ensuite pour l'Amérique latine.

Puis, il y eut la nouvelle ! Dans le bateau qui devait prendre mon père pour l'emmener, si possible, jusqu'à la côte britannique, il ne restait plus de place ; trop de réfugiés qui risquaient leur vie s'ils venaient à être pris par les Allemands ; on craignait moins à ce moment-là pour les femmes et les enfants.

Et enfin, il y eut le départ de mon père. Quand ? Où ? Comment s'est faite la séparation ? Je n'en ai pas le moindre souvenir.

En revanche, j'entends encore un poste de radio qui hurlait à tue-tête, *Cours de l'Intendance – ou de l'Indépendance ?* le premier appel – au calme ? – du maréchal Pétain. Nous nous trouvions avec maman et Enrique – cette fois-ci je me souviens nettement de la présence de Enrique –, au milieu d'un groupe compact et médusé par la consternation. Des gens pleuraient. Maman aussi. Et moi aussi : là, et seulement là, j'ai pris conscience du départ de mon père et de notre nouvelle et peut-être longue séparation.

Et nous nous sommes mis à attendre, à attendre je ne sais quoi. Et ils sont arrivés. Un matin, comme nous descendions la rue de l'hôtel pour nous rendre chez notre ami russe, au milieu d'un groupe de gens qui les regardaient – sans plus ni moins –, nous les avons vus qui étaient là, au centre du carrefour, autour d'un gros camion verdâtre ou gris ; ils étaient cinq, et ils nous regardaient – ni plus ni moins – tous, grands ; tous, beaux ; avec des uniformes impeccablement coupés comme les habits à traîne des évêques du Vatican les jours de sanctification ; ils nous regardaient comme si nous étions de gentils martiens, avec toutefois une hésitation dans l'œil ; à peu de chose près comme nous les regardions ; et il y avait du soleil, un peu plus fort qu'à la gare d'Austerlitz, mais plus voilé que celui qui inondait les rues de Madrid durant la guerre.

Une heure après, on s'est retrouvé chez le chauffeur de taxi russe. Et le soir même, nous quittions l'hôtel, et nous partions dans son taxi avec tous nos bagages et la clé qu'il nous avait remise, pour nous installer dans une bicoque qu'il avait à Lacanau-sur-Mer, et qu'il loua à maman pour une somme dérisoire : « Je sais ce que c'est », avait-il dit.

Le lendemain, je me suis donc réveillée dans la chambrette aux parois de bois, d'une maison minuscule toute en bois, avec une véranda-cuisine en bois, sise au milieu d'autres en même matière, sur les sables légèrement mouvants de cette partie des Landes qui borde l'Atlantique, entourée de pinèdes, et, une fois passé les dernières dunes, avec, devant moi, à perte de vue, tout au long d'une plage infinie qu'il chargeait de front comme un titanesque taureau, l'Océan. Et pendant un mois, jusqu'à notre retour à Paris, il y eut l'Océan. Mais de celui-ci, celui de Lacanau, je reparlerai ; partout où je trouve l'Atlantique je reviens quand je le peux, et je reviendrai à Lacanau, même par trois fois, passer mes vacances, dans une autre maison – en dur – dans les pinèdes, appelée « le Poivron », où j'ai été amenée par un ami dont je parlerai à son heure, un frère de mon élection, avec qui j'ai partagé pendant des années joies et peines, rires et larmes, travail, succès et insuccès, et une profonde, indéracinable amitié : Pierre Reynal. Mais pour l'instant, je ne peux dire qu'une seule chose : l'Océan a alors tout pris en moi pour lui — et ma mémoire.

Et notre vie dans cette petite isba landaise, et nos rapports, de plus en plus lourds à porter, avec Enrique, et le mensonge pesant entre nous trois, et nos promenades manquées, et nos sourds accrochages, tout disparaît dans l'odeur d'algues et de pins, le goût sur les lèvres de sel et d'iode, et cette vaste étendue qui avançait lentement sa masse, jusqu'à la ligne du gouffre creusé sous l'eau, tout le long de la plage, pour y buter et se redresser en hautes crêtes fumantes, avant de se retourner sur elle-même et de replonger dans le gouffre de ses propres entrailles. Je n'ai jamais autant regardé l'Océan. Ni à Bastiagueiro. Ni à Camaret. Peut-être parce qu'il me le fallait plus que jamais et que, dans ce paysage et dans cette existence, il n'y avait plus que lui pour prendre toute la place. Je le regardais mon Dieu, comme je le regardais ! Assise sur les dernières dunes qui versaient leur sable fin sur la plage, à côté de la cabine où le drapeau noir du grand danger et de l'interdiction était hissé à l'intention des éventuels baigneurs, je regardais ce monstre si étranger à ma mesure humaine et pourtant si nécessaire. C'est pourquoi je ne les ai même pas vu arriver ; ni eux, ni ceux qui les suivaient, d'un peu loin. Ils étaient déjà sur la grève quand j'ai découvert leur présence. Ils chantaient en chœur, magnifiquement. Ils chantaient, en ôtant leurs uniformes. Cette fois-ci, ils étaient plus d'une vingtaine, grands, bâtis en athlètes, blonds, beaux, triés sur le volet. Mais quand l'énorme vague les a rejetés sur la plage en pagaille, ils étaient moins de vingt. Sur les dunes, les autres, ceux qui les avaient suivis pour bien les voir, les regardaient maintenant, muets, les yeux grands ouverts, mais comme verrouillés. Je ne sais pas quel aurait été le silence s'il n'y avait pas eu le meuglement de l'océan. Très vite, les rescapés se sont regroupés. Face à nous tout en se rhabillant ils ont repris leur chant pour nous regarder. N'avaient-ils pas vu le drapeau noir ? Ou l'avaient-ils pris pour le leur ? En tout cas, il n'y avait eu personne pour les mettre en garde, même pas le maître baigneur, debout parmi nous ; et ils ont quitté la plage, groupés, au pas, coupant dans son milieu la masse des gens qui s'étaient rassemblés là — pour voir — et qui, silencieux — regardaient la mer pendant qu'ils passaient.

J'ai quitté la dune en dernier. Je ne pouvais pas, je ne voulais pas risquer de partager mon saisissement ; je restais là, à regarder l'eau. Mais l'océan avait tout englouti sauf, cette fois, ma mémoire.

Quand, enfin, je me suis retournée pour partir, j'ai vu que je n'étais pas seule. A quelques pas se tenait, debout et pâle à vomir sous le hâle, un grand gaillard à moustache noire auprès d'une femme, assise, qui regardait la mer, comme moi. Elle était jeune, très jeune, et je crois n'avoir jamais rencontré une pareille beauté.

Le lendemain, en allant chercher le lait – le laitier s'arrêtait le matin à un carrefour proche de mon habitat – nous nous sommes retrouvées toutes les deux, côte à côte, chacune avec son bidon à remplir. Nous nous étions déjà rencontrées au même rendez-vous, mais cette fois-ci, nous avons échangé quelques mots de ces petites phrases que l'on se dit quand on se connaît depuis toujours. Non pas sur ce qui était arrivé la veille ; mais certainement à cause de ce qui était arrivé.

Elle s'appelait Nina Reycine. Elle m'a dit tout de suite qu'elle était d'origine russe, que ses deux copains, Miko et Max étaient français, mais qu'ils étaient tous les trois juifs. Je me suis demandé un instant si je devais lui répondre qu'à part ma nationalité espagnole, j'étais d'origine celte ; mais déjà, au lycée Victor-Duruy, un jour où j'avais posé quelques questions autour de moi sur une élève que je regardais de travers parce qu'elle était d'une pédanterie peu commune, on m'avait répondu : « Elle est juive », comme si cela expliquait tout. Il faut dire que jusque-là, que ce fût à l'*Instituto-Escuela* ou à la maison en Espagne, jamais je n'avais entendu parler de races autres que la celte.

En tout cas – juifs, français, russes ou tonkinois –, le reste de notre séjour fut bien heureusement éclairé par ces trois jeunes gens, dont la présence opportune et bienfaisante est venue aérer et détendre les relations de plus en plus difficiles d'étroite intimité que l'exiguïté de l'isba landaise infligeait aux trois Espagnols celtibères qui l'habitaient. Nous marchions loin sur la plage, ensemble ; nous nous baignions ensemble, nous déjeunions ou dînions souvent ensemble, et le soir, au coucher du soleil, nous nous promenions sous les pinèdes jusqu'aux grandes villas réquisitionnées ; et là, face à la mer, assis ou étendus sur le magma odorant de sable et d'aiguilles de pin, nous écoutions les chœurs des soldats allemands, qui nous offraient, à leur insu, leurs concerts.

Et nous ne nous sommes séparés qu'après promesse formelle de nous retrouver dès qu'ils seraient rentrés, à leur tour, à Paris. Promesse tenue.

Le Cocon

Le petit appartement niché au sixième étage de la maison bourgeoise 1930 qui fait le coin de la rue de Vaugirard et de l'impasse de l'Enfant-Jésus, avec des fenêtres à bâbord et à tribord donnant sur la rue, sur l'impasse, et sur la cour qu'il partageait avec l'hôtel Paris-New York, se présentait sans aucun doute, ouvert qu'il était aux quatre coins du ciel et des toits de Paris, comme un lieu privilégié pour la communication. Avec les pigeons d'abord, il y en avait par centaines ; avec le ciel ensuite, on en voyait partout ; avec les citadins, qui montraient à qui voulait bien les voir leurs intimités, sous les toits ; et enfin, avec les cohabitants mêmes de l'endroit, car là où dans les murs des pièces il n'y avait pas de fenêtres, il était bien rare qu'il n'y eût pas de portes – dont la plupart, vitrées. L'immeuble appartenait alors aux mêmes propriétaires que l'hôtel où nous habitions donc avant l'exode, avec lequel il communiquait *aussi* à travers la loge de la concierge ; mais pour y entrer, on ne prenait plus la porte tournante du 148 bis mais la porte à côté, vitrée et artistement grillagée, du 148. En ce temps-là, gardaient la maison monsieur et madame Planchais, lui complètement ahuri et éthéré, ce qui semblait aller de soi quand on la connaissait elle, que nous dénommions *señora Tufitos*, à cause de ses rares touffes de cheveux qu'elle frisait d'une étrange façon, en maigres et mélancoliques tire-bouchons.

Au-dessus de l'appartement, en retrait sur le balcon du sixième, il y avait encore deux étages mansardés, bas de plafond et défendus à leur base par une armée de pigeons qui dressaient, becs en avant – en rang serré tout au long de la gouttière –, leurs profils féroces, comme autant de gargouilles d'une invraisemblable cathédrale. Les chambres du septième et du huitième étaient destinées au personnel de service, chaque locataire de l'immeuble ayant la jouissance de l'une d'elles ; et celui du pigeonnier du sixième, comme les autres, pouvait compter sur sa « chambre de bonne », une sorte de couloir tronqué, sans eau, glacial, avec une grande fenêtre au bout, donnant sur la Tour Eiffel, placée juste en face de la porte et qui prenait toute la largeur du mur opposé. Le tout laissait 0,80 mètre pour y placer un lit et, peut-être, à la file, une petite malle, le tout sous une ampoule au plafond. Pour y accéder, il fallait, si on venait de la rue, quitter l'escalier principal et s'engouffrer, par une portière dissimulée dans des vitraux 1930, dans l'escalier de service qui, lui, grimpait en colimaçon ses marches hautes et étroites, en plein air ; ce qui faisait de cette chambre le seul endroit de notre nouvelle habitation qui, malgré la promiscuité du voisinage, se détournait ostensiblement de toute relation humaine, et qui, dans l'étroit chemin qu'elle déroulait entre le couloir commun du septième et le vide sur le phare tournant de la Tour Eiffel, pouvait conduire avec la plus grande douceur au suicide.

L'appartement, en revanche, avec toutes ses portes et fenêtres qui le trouaient comme un Emmenthal, était le plus harmonieux et le plus accueillant que l'on puisse rêver pour vivre en ville. Divisé en deux parties par une porte à miroirs, il exposait aux toits de la rue de Vaugirard, à travers les deux vastes et doubles portes-fenêtres du balcon, deux pièces – séparées toutes deux du vestibule par deux portes vitrées dont l'une double – et divisées entre elles par une troisième porte vitrée à quatre battants qui, elle, est partie tout de suite dans la cave. L'autre côté de la maison s'organisait autour d'une petit couloir et de ses huit portes – dont une fenêtre –, donnant toutes sur des pièces qui à leur tour ouvraient d'autres portes, fenêtres, ou portes-fenêtres pour communiquer entre elles – ou avec l'escalier de service – ou avec la terrasse en terre battue – ou avec le balcon, le mont Valérien — la morgue de l'hôpital Necker dans l'impasse de l'Enfant-Jésus — ou enfin — avec la plus impressionnante baignoire qu'il m'ait jamais été donné de voir et qui remplissait à elle seule dans la salle de bains tout l'espace libre de portes et fenêtres.

Bref, si l'on additionne les quatre énormes portes-fenêtres qui longeaient le balcon, les deux doubles et grandes fenêtres donnant sur la cour, une autre – moyenne –, une petite, et un hublot — aux quatorze portes – quinze en comptant celle de l'entrée ; si, aux vingt-quatre ouvertures on ajoute quatre cheminées dont on ne se servait jamais mais qui occupaient confortablement quatre pans de murs ; et si l'on considère que le tout pourrait tenir dans la grande salle et la grande cuisine de *La Vergne*, on imagine aisément à quel point il était difficile d'inventer un ameublement pour ce carrefour hissé au plus près du ciel de Paris. Mais dans les vicissitudes que nous traversions, non seulement ces difficultés ne posaient aucun problème, mais, au contraire, elles coupaient court à tout problème qui aurait pu se poser. A part les livres, qu'il a fallu laisser en tas sur le sol, et la porte vitrée à quatre battants qui est donc partie immédiatement dans la cave, l'harmonie du lieu est restée intacte, car nous avons réussi à trouver l'espace suffisant pour coller contre trois pans de mur, pleins, les trois divans qu'il nous fallait pour dormir ; et avec quelques perroquets, les valises, les châles, la cape de zibeline et les inévitables plantes vertes, l'appartement fut meublé. Et il avait l'air meublé ! Car il faut dire que si maman avait du génie en la matière, l'appartement, lui, s'y prêtait avec une grâce qui, dès que nous nous y sommes installés, laissait présager les plus grands bonheurs. Ouvert à tout, aussi bien au soleil qu'aux inclémences du mauvais temps, nanti de ce haut et large balcon qui le gardait ou l'exposait au centre de la cité, « un rien l'habillait », et c'est comme ça qu'il est resté, habillé d'un rien ou presque, jusqu'en 1950, l'année où, toutes dettes payées, et à l'aide de l'apport d'*Orphée* ajouté à mes salaires radio-théâtre, j'ai pu le vêtir de rideaux, de moquette, et plus tard de deux ou trois jolis meubles. Oui ; cet appartement jouissait de toutes les qualités requises – hauteur, luminosité, son divin inconfort – et surtout « d'une âme » – comme on dit. Et si, lors d'un changement de propriétaire, quand en 1971 on m'a proposé de le racheter à un prix dérisoire, je me suis résolue à le quitter, c'est que justement il avait trop d'âme, et que, même avec l'âme, pour pouvoir continuer, il faut parfois *cortar por lo sano.* J'y ai vécu trente ans et un pouce, et en trente ans son âme avait grandi, elle s'était étalée jusqu'à envahir le plus secret recoin, déborder sur le balcon et inonder les toits. Alors, il m'a fallu choisir — pour *continuer,* entre son épanouissement et le mien. A la fin, on en revient toujours au problème de l'espace vital.

Eh bien, c'est de là, du haut de mon sixième, marches en marbre et sans ascenseur – car nous étions en guerre donc pas d'ascenseur –, c'est de là-haut que je suis partie renouer le marathon commencé au dîner familial avec les Alcover, un instant abandonné, et qui reprenait, lui, à l'encontre de mes études, exactement là où je l'avais laissé à la pause.

Sans perdre une minute, j'ai commencé à me rendre deux fois par semaine au cours que donnait Mme Bauer-Thérond rue des Martyrs et deux fois par semaine chez elle, du côté de la rue des Écoles, où elle donnait les leçons particulières. Et c'est que, sans que j'aie eu le temps de souffler, la date du concours d'entrée au Conservatoire était de nouveau là. Cette année, sans toutefois présenter les scènes-clés qui, une fois de plus, étaient réservées à l'année prochaine, je fus cependant admise comme élève de diction dans la classe que René Simon tenait rue de Madrid et comme auditrice – encore ! c'est fou ce destin pour l'écoute – mais cette fois auditrice *officielle* dans la classe de Leroy, assurée alors par sa femme Mme Delvair, car lui, pris une fois de plus des délires dionysiaques que les êtres particulièrement sensibles peuvent aisément attraper au théâtre – ayant été arrêté avec douceur sur la tombe du soldat inconnu où il se tenait, devant la flamme, habillé d'un costume à la mode du XVIIe siècle de je ne sais quel personnage de Molière qu'il jouait à la Comédie-Française –, se reposait cette année-là dans une maison de santé.

Pour ma part, je fréquentais toujours tant bien que mal le lycée

Victor-Duruy, où je poursuivais mon année de Philosophie. Mais, très vite, était venu s'ajouter aux leçons et au cours de Mme Bauer, aux journées du lycée, et aux heures de diction et de présence au Conservatoire, le cours privé de René Simon qui, dès qu'il m'avait vue entrer dans sa classe rue de Madrid, n'avait eu de cesse qu'il ne m'eût attirée chez lui, boulevard des Invalides. Alors, bien sûr, comme malheureusement je n'avais pas le don d'ubiquité, il a tout de même fallu trouver des arrangements. Qu'à cela ne tienne ! tout le monde s'y est mis : et pendant que la directrice de Duruy – me laissant toutefois le soin de rattraper les retards – concédait, par faveur spéciale, deux matinées d'absence par semaine, de son côté, le directeur du Conservatoire me dispensait, une fois par semaine, de l'audition officielle – afin que je puisse poursuivre mes études. Et c'est ainsi que j'ai failli aller rejoindre M. Leroy dans sa maison de santé ; car mes journées étaient telles que, quand Mme Delhomme, mon professeur de philo – qui a réussi dans la mêlée à conserver une jolie place dans ma mémoire – me priait d'un léger mouvement de tête accompagné d'un sourire complice de lui remettre ma copie pour me permettre de partir en face – où elle savait que se tenait le cours privé de René Simon –, je ne savais plus à vrai dire si c'était là que je devais me rendre, ou bien rue de Madrid, ou bien rue des Martyrs, ou bien aux Écoles, ou *al carajo* [1].

En fait, mon seul havre était – ou plutôt aurait dû être – le pigeonnier de la rue de Vaugirard. Mais ceci eût été trop facile, et comme il en était du choix des scènes qui devaient m'ouvrir les portes du Conservatoire, il ne le fallait surtout pas.

Il ne faut pourtant pas croire que je m'en plaignais ! Oh non, je pense même que j'y prêtais le flanc ; et la vitalité, le goût de vivre de maman, qu'elle m'a d'ailleurs légués, suffiraient à me la rendre chère si tout en elle ne m'était déjà si cher, si tendrement aimé ; car s'il m'arrive de parler plus souvent de mon père, c'est que ma mère a toujours été en moi comme moi-même ; elle fait partie de ma chair au point que je ne sais plus si le sentiment que j'ai pour elle est filial ou maternel.

Maintenant, en 1940, nous voilà toutes les deux, nichées dans notre pigeonnier, seules, ensemble, aux prises avec l'exil, la guerre, notre situation, et la vie que, toutes deux, nous voulons mordre à belles dents, moi pour la prendre, elle, déjà, pour ne pas la perdre. Alors, tout est prétexte à voir, connaître, partager, espérer, s'amuser, s'enthousiasmer, séduire, conquérir, rire et même pleurer, puisque pleurer veut dire aussi vivre.

---

1. *Carajo.* Je crois bien qu'il s'agit de la verge – *al carajo* (juron).

Et malgré les difficultés du moment, le manque d'argent – papa nous avait laissé presque tout ce qu'il avait mais cela ne pouvait aller bien loin –, malgré notre isolement et un proche avenir complètement bouché, malgré mon travail draconien et le sien, bien lourd – elle faisait tout dans la maison et veillait aux relations extérieures –, malgré notre mensonge et les incartades d'Enrique, nous n'avons jamais renoncé à un moment quelconque au plaisir de vivre. Moi d'une manière plus secrète, plus dirigée et plus sombre ; elle, dans des éclats solaires.

Maintenant, au retour de l'exode, dans les années quarante-quarante-et-un, il n'était plus question de Guimet, absent, ni même de Roux de Villingly, disparu dans la nature, celle peut-être du Père-Lachaise ou du cimetière Montparnasse. Il n'était plus question de dancings ; mais dès que maman oubliait que notre huche ne ressemblait en rien au tonneau des Danaïdes, toujours vidé mais toujours pourvu, nous allions dîner au restaurant de la *Mère Catherine*, ou chez les Russes. Et pour continuer à célébrer le rituel familial, le samedi, au déjeuner, nous recevions à la maison Sergio Andión, l'ami d'enfance et de jeunesse de mon père, né le même jour que lui, expatrié, et qui avait emporté dans l'exil pour tout équipage son grand savoir d'économiste réputé, une somme modique qui ne lui permettait même pas de répondre à la stricte générosité des amis basques chez qui il habitait, son honnêteté légendaire, son incomparable modestie qui l'effaçait du monde des vivants et, enfin, sa timidité qui l'avait déjà empêché dans sa jeunesse de dire à maman l'amour qu'il lui portait, et dont il n'avait même pas parlé à son ami Santiago, lequel, sans le savoir, lui avait pris sous le nez l'être auquel il tenait peut-être le plus au monde.

On célébrait aussi déjà dans cet appartement les fêtes, les anniversaires, les bonnes nouvelles, mes succès d'étudiante, les Noëls, les fins d'année, les Épiphanies, et déjà le balcon servait de chemin aux Rois Mages : Enrique, maman et moi, dissimulés sous des barbes de coton hydrophile. Alors, au grand émerveillement de nos hôtes, Nina, ses copains, mes camarades de lycée et de théâtre, au moment même où s'éteignaient toutes les lumières de l'appartement, les fenêtres du salon ouvraient brusquement leurs deux battants pour laisser passer *Gaspar Melchor y Baltasar*, armés de grosses lampes électriques et chargés de hottes débordantes d'énormes cocottes en papier de toutes les couleurs : les cadeaux.

Maman présidait de tout son éclat à chacune de ces rencontres , mais au cœur de ce carrefour haut perché dans la lumière, les difficultés persistaient ; il y avait des ombres, et prise entre les exigences et incartades d'Enrique et mon agacement de plus en plus visible, malgré ses grandes aptitudes pour le bonheur, elle n'était pas heureuse.

Après qu'il eut proposé un élevage de lapins qui greva notre budget d'une précieuse somme tout juste bonne à payer la myxomatose qui avait emporté ces petites bêtes, maintenant, mon frère Enrique s'était mis en tête de devenir pilote de chasse, ce qui nous valut de nouveaux amis fort sympathiques, mais d'autres nouvelles dépenses aussi parfaitement vaines ; car ses stages à l'École d'Amiens s'arrêtèrent court quand il eut décidé d'abandonner l'aviation pour s'adonner au chant, que – après avoir suivi des cours en même temps et chez le même professeur que Luis Mariano et y avoir longuement travaillé pour devenir ténor – il découvrit enfin que sa voix était celle d'un baryton. Or, pendant ce temps, découragé, il traînait ses soirées dans les bars, dans les boîtes, avec des copains ou seul ; et il avait besoin d'argent, et il buvait ferme, et il faisait à la maison esclandre sur esclandre, devant le regard fermé de ma mère — jusqu'au jour où il est allé jusqu'à vouloir la frapper. C'est alors que j'ai bondi comme une bête et que j'ai laissé sur sa main pour un bout de temps la trace de toutes mes dents.

Personnellement, j'avais coupé avec lui toute relation qui ne fût pas fraternelle et il l'acceptait mal. Pourtant, il s'était déjà lié ailleurs avec d'autres, dont une dame russe, mûre, chanteuse, et qui, tout en lui apprenant le chant, le nourrissait souvent. Elle était encore belle et très sympathique ; c'est peut-être pour cela et aussi parce que les sentiments de maman pour son fils adoptif se teintaient de plus en plus de nuances maternelles, que je n'ai jamais senti chez elle la moindre hostilité à l'égard de la nouvelle venue. En revanche, le sentiment de culpabilité qu'elle traînait vis-à-vis de moi me crevait les yeux, et je le supportais de plus en plus mal. Aussi le jour où, toujours aux instigations d'Enrique, elle a voulu se mêler de mes relations sentimentales, après deux répliques vives de part et d'autre, on s'est gratifié l'une l'autre de deux superbes baffes :

– « Maman, ne te mêle pas de ma vie privée, je ne me suis jamais mêlée de la tienne. » Pan ! — je l'ai reçue en pleine figure. Cela n'a pas tardé — pan ! je la lui ai rendue.

Ce fut un jour béni des dieux. L'abcès éclaté, après l'instant de totale hébétude qui nous cloua l'une devant l'autre, stupéfaites, et notre embrassade dans les rires et les larmes, jamais plus il n'y eut entre nous la moindre mésentente pour venir altérer une union parfaite.

Ah ! ma chère chère chérie. Ma douce *meiga*, ma fragile et forte compagne. Rayonnante de toutes ses taches de rousseur dans le soleil du balcon de la rue de Vaugirard, où, dès le printemps, nous passions, nues, notre temps libre. Son visage dont je triturais de mes doigts et de mes baisers de nourrice les joues que le rire faisait gonfler en petits globes de chaque côté du nez, rond au bout, comme celui des nourrissons. Sa démarche, sur les trottoirs des rues, qu'elle semblait survoler lourde de chair et de lumière. Ses yeux bleus et affolés quand elle revenait de chez le cordonnier avec une chaussure dans son paquet ; elle avait perdu l'autre en chemin. Son dos, fin et robuste à la fois, courbé sur le parquet qu'elle frottait à quatre pattes, en hâte, sa robe de crêpe noir retroussée, la cape de zibeline à sa portée, prête déjà pour la sortie du soir. Sa chaleur, que j'allais chercher dans son lit, pour m'y réfugier à l'idée de recommencer la journée, de me laver dans l'air glacial de l'appartement de l'occupation où l'absence de chauffage mettait un demi-centimètre de glace sur les vitres de la salle de bains. Et ses frayeurs à fleur de peau qui la faisaient bégayer à la seule approche d'un Allemand ou bien à l'écoute des sirènes d'alerte – *A la cabe ! Vite à la cabe !* – elle voulait toujours parler français dans ces moments-là, allez savoir pourquoi ! – *Ils sont sssur La Ffffourrrchette !* – et elle n'a jamais réussi à retenir le nom du Bourget. Mais quand nous descendions, grelottantes, au rez-de-chaussée, elle refusait catégoriquement de s'enfermer dans la « cabe » ; aussi, nous restions dans la loge des concierges, assises là, dans le noir, le dos appuyé contre une verrière prête à éclater en morceaux à la moindre secousse causée par une bombe qui serait tombée à la distance d'Issy-les-Moulineaux ; nous restions là, pendant que madame Planchais, hystérique, criait par intermittences chaque trois minutes : *Les voilà ! les voilà !* et que son chien souffrant d'asthme lui répondait par des aspirations rauques, ponctuant le temps. – *Ah ! un petit café et une bonne crêpe... !* disait alors M. Lévy, notre voisin de palier, et tous, nous riions complaisamment, terrés dans le noir.

Et le jour où j'ai oublié le couvre-feu ! Mon Dieu ! J'étais chez des gens du côté de l'Alma – je ne sais plus lesquels, et dix minutes avant, j'ai pris conscience de l'heure. Et pas de téléphone. J'ai couru comme une folle dans les rues désertes ; mais c'était loin, et à bout de souffle, passé l'heure, j'ai entendu la patrouille s'approcher ; sans réfléchir j'ai foncé dessus, en nage et respirant à peine — *Il fallait que j'arrive ! maman m'attendait ! c'était là ! pas loin ! en remontant le boulevard Pasteur ! à gauche !* Après réprimande, deux d'entre eux m'ont proposé de me raccompagner et ainsi fut fait. Mais maman — folle — complètement folle, littéralement pendue au balcon de la maison où elle m'attendait dans une lumière lunaire qui découpait vaguement sa silhouette pliée en deux sur la balustrade du balcon — *Maman, je suis là !* — me devinant entre deux ombres aux pas bottés — folle ! — elle s'est mise à hurler — *en français ?*

en espagnol ? — avant de perdre connaissance dans les bras d'Enrique qui la tenait.

Et c'est ainsi, aussi, que je l'ai trouvée, à Camaret, sur la plage, lors d'une baignade à minuit. Nous nous tenions au bout de la grève et j'avais envie de nager ; je suis donc entrée dans l'eau, droit devant elle, et pour tenir la promesse de prudence que je lui avais faite, avant de perdre pied, je me suis mise à longer la plage à la nage, sans m'éloigner de la grève. Mais la lune ce soir-là éclairait la mer droit devant elle et ne m'apercevant plus, folle, complètement folle, après des appels engloutis dans le bruit des vagues, elle est entrée dans l'eau — tout habillée — vas-y de l'avant ! — sans savoir nager — se défendant à coups de griffes et de dents contre le malheureux Enrique, qui voulait la ramener, jusqu'à ce qu'il eût la bonne idée de l'assommer d'un coup. Oui, c'est ainsi que je l'ai trouvée, à mon retour, évanouie, trempée, avec une bosse sur la tête. Folle. Folle. Ma folle. Qui d'autre qu'elle pourrait ainsi m'exprimer son amour ? Qui d'autre...

Non ; jusqu'au jour béni de la paire de gifles partagée, elle ne fut pas heureuse et derrière le regard langoureux de la *« morriña »* dont elle savait si bien se servir, il y avait une vraie mélancolie, celle que l'âge met chez une femme, encore si jeune ! et déjà vieillissante, celle du fardeau porté durant les derniers assauts de la vie amoureuse teintés déjà d'un vague sentiment d'humiliation et de culpabilité.

Ma douce-amère — si je ne parle pas autant d'elle que de mon père, c'est que dans mon esprit, elle, elle a eu, elle a pris, toujours, tout ce qu'elle demandait de l'existence, et aussi, de moi ; tandis que papa, lui, peut-être à cause de ses absences qui nous séparaient si souvent, peut-être aussi parce qu'il avait placé sa quête là où l'on ne trouve pas toujours de réponse, est mort avec une part de lui, celle pour laquelle il a vécu, dans une totale solitude, et qu'à mon tour je me sens coupable de n'avoir pu ou su combler cette vacance entièrement disponible de son être.

Mais laissons là les démons de mon sub-ou-inconscient et revenons à mes deux « petits potes » familiers, qui avaient, pour s'occuper, bien du pain sur la planche. Revenons aux événements extérieurs qui me projetaient, que je le veuille ou non, par-dessus les parapets que je continuais à dresser devant moi pour parer à un avenir *trop immédiat,* et qui me forçaient à sauter par-dessus ma sauvagerie et mon penchant à la quiétude, en hauts et fréquents plongeons, jusqu'au dernier en date, celui qui a enfin ordonné ma vie — mes « débuts » au théâtre des Mathurins qui m'avaient placée là, devant *le miroir de la loge.*

Après l'examen d'entrée au Conservatoire de l'année 40, où je me suis donc présentée dans Blanche des *Corbeaux* et Lorenzo de *Lorenzaccio* et l'année inénarrable où je me partageais entre le lycée – le Conservatoire – le cours Simon – les classes de Mme Bauer – les « fiestas » — et les problèmes que me réservait l'appartement de la rue de Vaugirard, j'ai donc passé en 41 la deuxième partie du baccalauréat où j'ai joyeusement échoué, ayant attrapé un zéro en hygiène, matière que l'on étudiait une fois par semaine, justement lors d'une des matinées consacrées au cours de diction dont j'étais élève attitrée au Conservatoire. Il faut dire pourtant que, ayant regardé pour la première fois mon livre d'Hygiène la veille de l'examen, la chance ne m'avait pas manqué, car il s'était ouvert juste à la page où il était question de la peau. Aussi, quand quelques heures après j'eus comme sujet à traiter *La Peau,* forte des connaissances résumées aux derme et épiderme qui m'étaient restées en mémoire, et au dessin d'un poil avec sa glande sébacée que je me suis empressée de rapporter sur mon papier blanc, je me suis crue sauvée ; et comme malgré tout, de l'heure qui nous était donnée pour l'épreuve je n'étais qu'à la cinquième minute, j'ai cru bon de tirer un trait et de poursuivre à ma fantaisie une longue dissertation sur la peau dans le monde — peau-de-bête, peau-de-pêche, peau d'âne, quelqu'un dans la peau !... — oui, je suis allée jusque-là — par écrit je trouve toutes les audaces — et je ne me serais jamais arrêtée si la fin de la séance ne m'avait interrompue. Pas une seconde l'idée que je commettais là une insolence ne m'a traversé l'esprit, et, même aujourd'hui, je trouve qu'un zéro pour tout cet effort est difficilement justifiable. Sans lui, bien que de justesse, je m'en sortais. Avec lui, il me fallait tout recommencer à la rentrée.

Or à la rentrée, après un séjour d'un mois dans une ferme de la Haute-Marne appartenant à un commerçant français qui avait ouvert une épicerie italienne rue de Vaugirard, et qui nous avait invités à passer là-bas nos vacances, je me devais surtout de préparer *pour la troisième fois* le concours d'entrée au Conservatoire, et cette année présentée par René Simon qui, sans attendre de meilleures occasions ultérieures, avait, sans hésiter, arrêté son choix sur les deux scènes classiques frappées jusque-là de tabou : Hermione et Eriphile. Sur ses conseils toujours fougueux et ceux de maman que le titre de bachelière laissait parfaitement indifférente, j'ai renoncé donc à repasser l'examen du bac ; mais malgré le sentiment aigu de profonde libération que j'ai éprouvé alors, il reste que, pendant de longues années, jusqu'à... il n'y a pas si longtemps, certaine de mes nuits se peuplèrent – avec d'autres rêves de guerre qui reviennent encore de temps en temps embraser et glacer mon sommeil – de salles de classe oniriques où j'essaye à la hauteur de mon cinquantième anniversaire de préparer la seconde partie du baccalauréat — Et aujourd'hui je me demande où donc — dans le théâtre ou ailleurs — j'ai bien pu exorciser l'âcre sentiment de frustration que j'avais éprouvé à Madrid quand — sous le même prétexte, la fatigue — on m'avait fait changer mes chaussures « chinoises » à un talon pour celles prétendues « japonaises » à deux talons, et qui tout naturellement aurait dû me conduire désormais à hanter mes nuits de carnavals imaginaires.

Néanmoins, à l'époque, cette démission m'a peut-être en effet permis de passer – en me concentrant sur un seul point – non seulement le concours d'entrée au Conservatoire où j'ai été reçue haut la main, mais aussi, cette même année, l'examen de mai et enfin le concours de sortie, ce concours qui allait d'un coup me précipiter dans mon destin.

Mais si tous ces événements paraissent relativement aisés à raconter, il n'en allait pas de même pour les vivre, et chaque épisode, étant donné ma manière d'être, m'a fait transpirer toutes les gouttes requises pour confirmer ce que je vois écrit dans le *Petit Robert* au mot *Sueur* :

SUEUR : Produit de la sécrétion des glandes sudoripares ; liquide légèrement trouble, d'odeur plus ou moins forte, de saveur salée... – *O l'Océan !* – ... essentiellement composé d'eau et d'acides organiques, qui dans certaines conditions (chaleur, émotion, travail, etc.) au lieu de se vaporiser au contact de l'air, s'amasse à la surface de la peau ... – *je ne savais pas ça à l'épreuve d'hygiène !* – ... sous forme de gouttes ou de gouttelettes. *Et plus loin :* ... excrétion – « quelques gouttes de sueur perlaient sur son front ». (Camus). *Et pour finir :* « La sueur symbole du travail et de l'effort. »

Et si, à ce moment-là, je ne savais même pas que je travaillais, si je prenais à peine conscience de l'effort et si je ne connaissais pas encore Camus, une seule chose était claire cependant : je suais (*tinta* [1], comme on dit en Espagne), et toutes mes émotions – craintes, angoisses, excitations, inspirations, joies vives ou peines brusques et inattendues – se traduisaient immédiatement en tremblements impressionnants qui s'écoulaient en gouttelettes sur ma peau.

1. *Tinta.* Encre.

Bauer. Simon. Le Conservatoire. Le Bac... Autant de sources abondantes de sécrétions d'acides accompagnées de tremblements pré- ou post-épileptiques. Jusqu'aux nouvelles connaissances qui me mettaient en état de transe ; jusqu'au plus simple rendez-vous dans un lieu public, un café par exemple, où il me fallait entrer seule pour chercher, parmi la foule des clients assis et oisifs, ceux que l'on y était venu chercher. Alors, après le premier effet de stupeur produit, je sentais s'éveiller autour de moi la curiosité mêlée d'une vague méfiance qui aboutissait en général aux petites légendes. Je buvais ! Je me droguais ! Mieux encore : plus tard, quand je jouais depuis quelques années déjà et que je tremblais encore baignée dans ma sueur, comme de surcroît j'avais la fâcheuse habitude de saluer tous ceux qui m'entouraient et, aussi, les pompiers du théâtre, il m'a été rapporté qu'il me fallait, avant d'entrer en scène, la sève des deux héphaïstos de service prise à la va-vite entre deux portants, pour me mettre dans l'état de transe sans lequel je ne *pouvais* jouer.

La transe ! Voilà une notion qui m'est tombée dessus, et que j'ai mis de longues années à cerner ! Je recherchais la transe ! J'avais besoin de la transe ! Il fallait que je me mette en transe ! A croire qu'au-delà de cet état de possession auquel je *devais* me soumettre à ce que l'on disait, il n'y avait rien ; et entre l'*instinct* et la *transe* auxquels les plus inconditionnels de mes spectateurs ou critiques me résumaient, il y eut un moment où – ma parole ! – je me suis demandé si j'étais la plus ignare, la plus bornée, la plus sous-développée des actrices existantes.

Car personne, absolument personne, même pas mes professeurs ou les camarades qui me connaissaient pour me côtoyer dans la redoutable intimité à laquelle le théâtre oblige, il n'y eut personne pour comprendre ou imaginer que, afin d'exécuter le plongeon incroyable auquel me forçait le théâtre et montrer en scène ce qui paraît à froid parfaitement inmontrable, les efforts sur moi-même et ma pudeur étaient tels que je ne serais jamais arrivée au bout sans ce saut intérieur qui, s'il ne me faisait pas léviter comme sainte Thérèse d'Avila, du moins, avec les séquelles qui frissonnaient encore en moi de ma lignée épileptique, en secouant mes nerfs jusqu'au déséquilibre physique, transformait toute ma personne en peuplier d'Italie. Et cela, non seulement sur la scène, mais dès qu'une émotion si banale fût-elle venait me bousculer et me tirer vers l'extérieur, dès que j'avais à crever le mur de ma timidité ; et il m'a fallu le *desparpajo* ou le « je m'en foutisme » de l'âge mûr pour réussir à garder à la main dans une réception mondaine une coupe de champagne sans en renverser la moitié.

Si c'est cela que l'on peut appeler transe, il est vrai alors que non seulement je jouais mais aussi je vivais en transe. A la ville. En société. Mais en vérité, moi, j'aurais plutôt dit : *trac* ; un trac monstrueux que je ne pouvais vaincre encore qu'au prix du tremblement qui, déjà toute petite, m'obligeait à prendre ma tasse de café au lait du matin avec les deux mains.

Mais quoi qu'il en soit, en connaissance de ces données – événements et personne –, on peut aisément imaginer maintenant les *affres* par lesquels j'ai dû passer. Moins terribles chez Mme Bauer, dont le cours se réduisait à quelques modestes disciples, qu'au Conservatoire – quand, à 9 heures du matin, je voyais le regard de Mme Dussane parcourir les rangs pour choisir celui ou celle qui devait monter sur le podium, ou bien quand je sentais se fixer sur moi les yeux de Julien Bertheau qui la remplaçait pendant ses absences : *« La petite noire, là-bas, qu'est-ce que tu as à nous montrer ? »*, et qu'il m'eût été impossible de décrire l'état de dépossession où je plongeais pour *monter* et jeter sur la scène les fureurs d'Hermione. Je comprends qu'il en ait été saisi, je comprends qu'il m'ait arrêtée à la sortie pour me proposer de me faire travailler à part, bénévolement, dans sa loge de la Comédie-Française, et je lui suis encore reconnaissante d'avoir réussi, avec des moyens plus ou moins orthodoxes peut-être, mais avec un charme inégalable et un véritable sens d'homme et d'homme de théâtre, à m'emmener jusqu'à l'examen de mai, sinon tranquille et maîtresse de mes mains tremblantes, du moins assez assurée – en lui –, pour pouvoir passer l'épreuve dans une relative détente.

Il reste que la plus terrible de ces terribles initiations eut lieu boulevard des Invalides, chez René Simon. Là, dans un cadre sobrement sophistiqué, il m'a fallu ce sens que je traîne de la fatalité, ou plutôt du vouloir qu'il faut mener à son but, pour rester. A cette époque, le nombre d'élèves atteignait parfois deux cents et, à part quelques-uns que la vocation ou la nécessité – appelez cela comme vous voudrez – amenaient là, tous les autres répondaient seulement à l'appel de la mode qui n'était plus à excommunier les comédiens et à les jeter à la voirie.

Pour ajouter du piquant au climat de ce petit théâtre parisien qui avait ses vedettes attitrées, et pour en faire presque quotidiennement des salles de première, nous avions droit à des auditions hebdomadaires ou aux visites d'observateurs venus du cinéma, du théâtre, ou d'ailleurs, pour voir si quelque chose d'intéressant se passait dans cette pépinière où, par ailleurs, il était toujours agréable de passer un moment. Le lieu, en effet, était accueillant et sympathique, avec son podium, sa vaste salle harmonieuse réservée aux spectateurs, son petit balcon au premier étage où l'on pouvait passer inaperçu, son ambiance tamisée où seul le plateau était cruellement cerné de puissants projecteurs.

Les scènes, préparées par de petits groupes d'élèves qui travaillaient entre eux dans tous les coins libres du rez-de-chaussée, étaient guettées par cent cinquante paires d'yeux et d'oreilles – pour le moins – plus ou moins attentifs aux exigences théâtrales, mais toujours éveillés quand les « étoiles » du cours ou des néophytes s'avançaient sur le podium. Et pour faire monter la fièvre et la frayeur à leur paroxysme, il y avait la présence – si attachante et si redoutable – de Simon, qui ne craignait ni dieu ni diable, et dont le seul souci était de ne pas ennuyer son monde. Comédien sans théâtre et sans engagements depuis qu'il avait été blessé à la bouche pendant la guerre de 14, resté incroyablement jeune pour son âge, c'est là qu'il jouait ses rôles et son va-tout ; et nous tous, assis par terre sur une épaisse moquette autour de lui, étions, là, le fourre-tout où il choisissait au gré de l'humeur ses partenaires du moment. Car le théâtre se passait moins sur le podium qu'entre le podium et la salle où Simon se tenait, partout et derrière sa table ; et si, par malheur, l'un de nous souffrait de timidités ou de pudeurs intempestives, gare à lui ! car chez Simon le scandale arrivait par Simon et rien ne pouvait l'arrêter.

Je fréquentais le cours depuis des mois mais je montais peu sur le podium. Je regardais beaucoup. Je regardais tout ce qui se passait, sur la scène, dans la salle, autour de Simon et en lui-même. De temps en temps, cependant, à sa demande instante, j'y allais, rouge, dégoulinante, tremblante, pour dire, assise, un poème de Baudelaire, ou bien pour passer quelque scène classique ou de Claudel – le seul auteur moderne que j'avais présenté jusque-là – , le dialogue qui réunit Mara et Violaine dans le miracle de *L'Annonce faite à Marie*, et que je passais à chaque audition-cinéma, devant les pontes de la production venus pour chercher de futures stars à révéler sur les écrans. Or, voilà qu'un jour, à l'instigation de mon maître, je voulus présenter une scène de *La Sauvage*, d'Anouilh. J'ai commencé, ça allait. J'ai continué, ça allait moins bien. Plus le silence dans la salle croissait, plus mon inexplicable gêne augmentait ; et au moment même où j'atteignais le point crucial de la montée émotionnelle et que je devais — je me souviens — parler de — « tripes » — je crois ? — crac ! voilà que les miennes se sont crispées en un *Non !* péremptoire ; et je me suis arrêtée au milieu d'un silence parfait. Comme je bafouillais quelque chose — des excuses — et que je m'apprêtais à regagner ma place : – « Continue ! » hurla Simon. J'ai essayé de reprendre. « Tripes » — Crac ! Arrêt. Excuses. Et Simon se précipita en scène à l'instant même où je courais cacher ma honte — je ne sais toujours pas laquelle — dans une pièce qui avait accès à la scène et où se tenaient quelques accessoires. Hurlant comme un démon il voulut me traîner sur le podium. – « Mille dieux ! qu'est-ce qui te prend ! c'était formidable ! » Alors, je me suis jetée par terre ; et comme il me traînait toujours — par les cheveux ma parole ! je l'ai mordu à la cheville.

Ce fut la seconde et la dernière fois que j'ai mordu quelqu'un ; mais pour la première fois, ce jour-là, j'ai confusément senti que, à l'encontre d'autres comédiens que j'admire, je ne pouvais pas — moi — choisir un texte au gré de ma fantaisie ou de la nécessité ; qu'il fallait que ce soit lui qui me choisisse — ce qui, dans mon esprit inquiet, n'arrangeait rien pour gagner ma vie dans le métier.

Quant à Simon, jamais plus il ne m'a imposé une scène de son choix, comme il ne m'a plus jamais parlé de colorer mes cheveux auburn, ni d'opérer mon nez ou mon menton. Son intérêt ou sa curiosité à mon égard se sont affirmés à l'extrême. Il m'appelait sa vierge ardente — j'ai oublié de dire qu'il était naïf — et il criait à qui voulait l'entendre que le jour où je cesserais de l'être – non pas ardente mais vierge – *« il y aurait peut-être encore transe chez moi, mais il n'y aurait plus de tremblements ».* Et en fin de compte et si l'on s'en tient au vrai sens des termes, il n'avait pas tort ; car si virginité et transe traduisent ce que je crois, il est certain que quand ma vraie virginité est tombée (celle qui ne s'arrête pas à l'intégrité de cette petite membrane qu'on appelle hymen, et qui a été emportée tard très tard et trop tôt par la disparition du dernier de mes morts) les tremblements eux aussi disparurent — même en Espagne — lors de mon retour — quand, à mon entrée en scène je dus rester fixe — à attendre la fin de la longue acclamation d'accueil qui m'était faite — la bougie de « Gorgo » à la main. Oui, les impressions alors n'étaient plus pures, les sentiments se mêlaient, et forte des renseignements utiles ou douloureux de la maturité, je ne tremblais plus —

Quant aux causes qui me portaient à l'état dit de transe, il faudrait – pour les chercher – fouiller plus loin dans les arcanes qui se cachent derrière cette fièvre ou peur particulière que l'on dénomme Trac — ce monstre aux sept têtes — cette frayeur irraisonnée qui nous prend hors de toute menace et de tout danger et qui ressemblerait plutôt à la peur d'« être » —

A ce propos, deux événements survenus en cette saison même 41-42 pourraient illustrer, si on les suit avec attention, deux formes à première vue inattendues du trac, celles qui enflammaient ma transe à l'approche – directe ou détournée – du génie poétique, ou de l'érotisme ; mais – entendons-nous – d'un érotisme mêlé de je ne sais quels effluves de mysticisme qui, au lieu de le détourner de ses origines, le rendent au contraire à son état le plus pur. Pour tout dire, je veux parler du trac ressenti au passage des deux dieux bien connus qui ont inventé le théâtre : Apollon et Dionysos.

Mais revenons aux hommes.

J'étais encore au Conservatoire, lorsqu'un jour Simon, après l'audition-cinéma – Mara-Violaine – de *L'Annonce faite à Marie* de la veille, m'a appelée dans son bureau pour me dire d'aller me présenter dans celui de Georges Clouzot, à la Continentale. Le lieu avait à l'époque mauvaise réputation, mais à cause de ma situation toujours délicate de réfugiée espagnole, je me rendais sagement là ou j'étais convoquée et où, de près ou de loin, se faisait sentir une présence allemande. Après trois quarts d'heure d'attente, on m'a fait entrer dans une pièce où Clouzot, assis derrière une table, me regardait, l'œil en vrille, entouré d'hommes et de secrétaires. – « Je pense que Simon vous a mise au courant, Mademoiselle. Excusez-moi, mais je suis pressé : voulez-vous me montrer vos jambes ? » — Sous le coup, elles ont flageolé. – « Elles sont torses, Monsieur. Excusez-moi mais il est inutile de vous faire perdre votre temps. » Et je suis partie. Dans la rue, je haletais de rage. Contre Simon, bien sûr. Je suis donc retournée boulevard des Invalides et toute la colère que j'avais retenue dans le bureau de la Continentale, je l'ai déversée dans celui de Simon.

Quelques jours après — celui-ci, un sourire en coin, me pria de passer à la fin du cours dans son bureau. Et après quelques méandres vaseux il est allé tout droit au lit du fleuve. Clouzot désirait à tout prix me revoir. Il était désolé. Dans la fatigue, il s'était comporté comme un mufle. Et il souhaitait s'en excuser. De surcroît notre brève rencontre l'avait confirmé dans son idée de me confier le rôle du film qu'il s'apprêtait à tourner, etc., etc. Après une courte, très courte hésitation, j'ai accepté et je me suis rendue à la Continentale. Cette fois-ci, je n'ai pas attendu. On m'a immédiatement introduite dans un autre bureau, plus spacieux, où, debout derrière sa table, il m'attendait. Nous avons parlé une bonne heure. Il était déjà au courant de... tout ! – ma vie, mon exil, mes études –, et après m'avoir fait asseoir et s'être excusé platement non sans quelque ironie, il m'a demandé à brûle-pourpoint ce que je pensais de Bergson et de Kant. Je n'ai pas pu m'empêcher d'éclater de rire et un plaisir purement intellectuel s'est mis tout à coup à frissonner légèrement au creux de mon ventre. Il m'a parlé du personnage de « petite sorcière des Pyrénées » qu'il voulait me voir interpréter dans son film, et après m'avoir remis le premier épisode de son scénario, à la fin de notre entretien, il est descendu avec moi pour m'accompagner jusqu'au métro. Et à la lumière du jour, j'ai remarqué aux coins de ses yeux noirs les petites pattes d'oie que l'ironie ou le plaisir faisaient friser.

J'ai lu. Il m'a téléphoné. Je lui ai dit que j'aimais. Et on s'est revu pour en parler. Et on s'est revu encore, plusieurs fois, pour mettre les choses au point.

Un jour, il m'a invitée dans un restaurant du Bois de Boulogne. Il faisait beau, l'air était tiède et nous déjeunions en plein air. Au dessert – pourquoi tout se passe-t-il toujours au dessert ? – , il m'a demandé de lui tendre la main et de fermer les yeux. J'ai senti ses mains, quelque chose glisser autour de mon poignet, et quand j'ai pu regarder, j'ai vu un joli bracelet en écaille blonde, frappé de mes initiales : M.V. — On m'aurait foutu une paire de claques, le résultat eût été le même. Je suis devenue rouge écrevisse, puis blanche, je me suis mise à trembler comme une feuille et deux grosses larmes ont coulé dans la tarte devant moi.

Il est inutile, je crois, de raconter l'embarras de Clouzot, partagé entre la désolation et le... rire, ni même le mien, après ce premier flux de... je ne sais quoi, qui avait emporté ma raison dans de mystérieux parages. Encore quelques vains efforts faits des deux côtés pour finir en beauté, et il me raccompagna au métro où l'éclat noir de son regard et les fines pattes d'oie qui à ce moment-là faisaient des boucles ont littéralement interrompu ma respiration. Le lendemain, il vint me chercher chez moi pour m'emmener cette fois au Luxembourg, voir un spectacle de marionnettes pour petits enfants, auquel nous avons assisté côte à côte, flanc contre flanc, mais que ni l'un ni l'autre — chacun noyé en lui-même et en l'autre — n'avons regardé une seconde malgré la direction de nos yeux rivés à la petite scène du Luxembourg. Mais il ne s'est rien passé. Et d'ailleurs, il ne s'est jamais rien passé, car le jour où tout devait être consommé, à l'entrée de l'hôtel où avec d'infinies précautions il m'avait conduite, au moment même où nous allions nous engager dans l'escalier, j'ai pris mes jambes à mon cou et je ne me suis arrêtée que pour reprendre souffle — avant de grimper l'escalier en marbre de la rue Vaugirard. Depuis lors, malgré les mots, les fleurs, les appels au téléphone, je ne l'ai jamais revu, sauf, plus tard, à la fin des années 60, quand il est passé devant moi sans me voir, à me frôler, dans les gradins du Palais des Papes en Avignon, et là encore il y eut comme un frisson quelque part. Mais nos rapports m'avaient cependant révélé que si trembler signifie transe ou trac en moi, il se trouvait que pour recevoir Eros, comme pour entrer en scène, j'étais prise de transes, et que seul l'océan arrivait à me prendre entièrement sans me faire frémir... de trac.

L'océan, et plus tard l'amour.

Oui ; une logique qui se réclamait de la prescience des méandres obscurs de mon être me détournait déjà des jeux sexuels pratiqués dans le seul but de la jouissance. Aucun homme n'a dégagé le pouvoir érotique que la présence de Clouzot exerçait sur moi et si, justement parce que ce pouvoir était fort et uniquement érotique j'ai résisté à son emprise, c'est qu'un lit d'une chambre d'hôtel ne pouvait en aucun cas aboutir à autre chose qu'au subtil et au plus triste des désabusements, celui du post-coïtum. L'envie de parvenir au seul assouvissement de la chair avec qui que ce fût n'est jamais parvenue à masquer pour moi l'image menaçante, blême et désolée de l'« après » ; car après un repas, pris même avec la plus grande voracité, je supporte mal les odeurs de cuisine. Et pour me donner à des relations purement sexuelles il m'aurait fallu naître dans un monde où la conception de l'érotisme ne ressemble en rien à celle que nous en avons.

Mais peut-être que je m'entête à vouloir confondre Eros avec Dionysos ou Apollon, ou avec *« la madre que me parió »*[1] ; car, j'insiste, quand je dis érotisme, je ne parle pas de l'envie qui vous vient de coucher avec votre contemporain ; non, l'érotisme dont je parle est un état qui ne se crée que pour lui-même et qui ne s'assouvit qu'en lui-même, comme les vagues de Lacanau s'engouffrent dans leur propre abîme en butant contre la barre qui garde la rive ; oui, un état qui vous tient en son entière possession, fixée, comme l'oiseau devant le serpent, mais où le serpent n'est que l'objet, le tremplin pour parvenir à cet état que rien ne peut assouvir que lui-même et qui annihile toute volonté étrangère à lui-même dans le désir toujours renaissant de se recréer indéfiniment.

Un jour j'ai cueilli au cours d'une conversation une information sur une secte – je crois – orientale, où le moine lors de son initiation est soumis pendant de longues années à un cruel régime d'excitation, minutieusement et savamment réglé, pour arriver, en fin d'épreuves, à la haute maîtrise lui permettant de consommer l'acte sexuel sans jamais dépasser le fil limite de sa jouissance, sans éjaculation, et ceci longuement, afin de parvenir à l'état de la grande contemplation. Ah ! ce jour-là mon attention ne faisait pas l'école buissonnière, et j'ai toujours gardé en mémoire pour en rêver cette conception de l'érotisme,

1. La mère qui m'a enfantée (juron doux).

que le christianisme a chassé de mes terres et qui — sans toujours prendre l'extrême chemin du mysticisme — éclairerait les rapports purement sexuels d'une autre lumière.

Malheureusement, ici et à l'époque où je suis née, le corps a été rejeté depuis des siècles dans les cachots du péché, et les rapports sexuels en tant que tels ne sont plus pour ceux qui peuvent les pratiquer — généralement les hommes — qu'un vidoir pour y verser leur trop-plein en trouvant, avec plus ou moins de bonheur ou de science, le plaisir qui mène à l'orgasme. Quant aux femmes, celles qui ne jouissent pas des mêmes facilités que l'homme, il leur faut chercher une transfiguration qu'elles ne peuvent trouver que dans l'amour, ou dans l'imagination excitée par le désir qui les mène à « aimer » un moment leur partenaire. Et c'est là où l'« après » doit répondre pour nous femmes, souvent inassouvies, à un rituel délicat que seul l'homme qui aime peut comprendre, *l'après,* comme *l'avant* d'ailleurs, puisque *pendant* — dans le contexte où je suis née — dussé-je en rester à jamais frigide — il m'eût été impossible d'exiger un geste, une caresse, un mot, un temps, sans risquer de briser les barrières du mystère — le grand et peut-être le seul excitant de mon désir.

Dans ces dispositions d'esprit et étant donné la mentalité de l'homme occidental moyen, pour trouver les terrains propres aux pratiques de l'érotisme pur, il m'eût été plus aisé de les chercher chez une créature de mon espèce, plus apte par nature et par expérience à reconnaître dans leur labyrinthe les voies féminines qui aboutissent au spasme. Mais là aussi, comme en moi, l'éclairage donné aux relations sexuelles interdisait à mon désir purement érotique de s'épanouir sur les tièdes et tendres rives de Lesbos. De la couche où il m'est si rarement arrivé de me réfugier avec une femme, si rarement que je peux compter les fois sur un doigt et demi de la main, je suis sortie avec une sensation de frustration qui dépassait de beaucoup celle que j'aurais pu ressentir avec la dernière brute de sexe mâle qui aurait écrasé de ses grosses pattasses ma plus exquise boutique de porcelaine ; car là, il s'y ajoutait le sentiment d'un voyage manqué avant même de l'entreprendre, et à la fin, la fâcheuse impression, malgré l'aboutissement de mon plaisir, de ne pas m'être déplacée d'un pas. En fait, pour moi, une femme et une autre femme, cela fait deux femmes qui se complaisent d'autant mieux qu'elles se connaissent, et ceci dans une sécurité exempte de tout risque, sauf celui peut-être que l'on porte avec soi et qui, à l'occasion, peut rendre vacillante une profonde amitié. Après des échanges qui m'évoquaient une étrange danse avec ma propre image à travers un miroir, je me suis retrouvée, perplexe, *entière,* à observer devant moi un être distinct de moi-même et le même, une créature vivante qui réclamait la part d'abandon sans laquelle le souffle de l'absolu reste insaisissable et l'unité recherchée impossible ; et dans l'odeur unique de ma propre chair repue — un affreux sentiment de culpabilité — une irrépressible envie de fuite, pour échapper à cette présence — la mienne — qui ne pouvait être désormais que source d'humiliation pour l'autre. C'est-à-dire quoi ! je me retrouvais bel et bien dans la même situation qui arrache l'homme d'une femme après l'amour, lorsqu'il n'aime pas ; et du coup, je ne pouvais plus battre d'un cil sans fouler, comme la grosse brute, de mes grosses pattasses, le précieux et fragile *après* de ma partenaire.

Dans tout cela où donc s'engouffre la vague sous-marine de l'érotisme ? S'il ne s'agit que de plaisir pour le plaisir et du rassasiement du désir palpitant à fleur de peau, alors, pourquoi pas l'onanisme ? La liberté, le confort, sont plus grands, l'engagement est nul et dans le pur élan érotique on peut choisir pour partenaire Dieu lui-même si telle est l'exigence du désir.

En fait, pour moi, la seule réplique qui, de ce côté de l'Oural puisse répondre aux rites initiatiques du moine oriental, ne peut être donnée que par la rencontre d'un homme et d'une femme, qui représente — avec la création — l'un des événements sinon l'événement le plus formidable, le plus tonnant, le plus magnificent, le plus complexe et le plus complet, le plus mystérieux, le plus ravageant, le plus haut, le plus divin qui soit ; et même s'il n'engendre pas d'enfant, le plus fécondant. Le double orgasme simultané dans l'amour d'un homme et d'une femme qui se guettent, s'attendent, s'exaltent l'un l'autre, aspire dans son souffle la mort même et réinvente le monde. Mais bien entendu, je parle d'un homme et d'une femme qui « veulent » se rencontrer, et non « faire l'amour » — comme on dit et l'expression est juste — l'un à l'aide de l'autre. Il s'agit de deux êtres placés tout à coup l'un devant l'autre, au centre d'un paysage soudain déserté et repeuplé, séparés par ce gouffre sans fond creusé entre deux personnes et deux personnes de sexe opposé, mais qui se reconnaissent. Et il s'agit d'un homme et d'une femme qui consentent — chacun séparément et totalement — à lâcher pied de leur terrain, pour sauter d'un seul et même élan de l'autre côté du gouffre.

Alors, voilà :

Dans le pire des cas, l'un d'eux ou la paire tombe sans se toucher dans le ravin.

Avec un peu plus de chance, ils sautent, se manquent en chemin, et chacun se retrouve, gros-jean comme devant, tout seul, de l'autre côté.

Avec un bonheur fulgurant, ils bondissent l'un contre l'autre, s'étreignent au-dessus du vide et tombent ensemble dans le néant.

Enfin, à l'aide de la part divine que nous portons et dont il nous faut pour cela apprendre à accepter et aimer les limites, ils sautent pour s'effleurer en chemin – grâce ! –, se retrouvent – vidés, béants, assoiffés chacun de l'éternité de l'autre – du côte opposé, se retournent, se regardent, se reconnaissent, sautent, s'effleurent – grâce ! –, etc. Et peu à peu bonds et caresses se fondent en miraculeuse continuité ; et même séparés par le gouffre toujours présent, aucun d'eux n'est plus jamais seul. Et s'il arrive à l'un de disparaître, celui qui demeure encore, quoi qu'il en dise, ne sera plus jamais seul.

Seulement quand on en vient là, à part le simple petit fait qu'ici on croit remplacer le dieu par l'homme, je ne vois pas bien en quoi cette aventure diffère de l'initiation du moine oriental. Dans l'une comme dans l'autre il y a quête ; dans l'une comme dans l'autre il y a saut et risque vital ; dans l'une comme dans l'autre, la victoire reste toujours à gagner et exige une forme subtile d'intelligence, celle d'un monde où toute tentation de confort ou de repos représente un des plus grands dangers d'échec. Et la seule différence que je verrais – en tout cas d'après mon expérience d'Européenne – se tient dans un détail qui paraît infime : si trembler signifie transe en moi, ou trac, il s'est trouvé que pour recevoir le dieu comme pour jouer sur une scène, j'ai tremblé ; mais pour accueillir l'homme *dans l'amour*, il n'y avait plus nécessité de passer par la transe ou le trac.

Ni l'homme dans l'amour ; ni l'océan ; ni le souffle si fort du génie poétique, quand après m'avoir projetée – tremblante – d'un bond dans je ne sais quels espaces il arrivait en m'occupant tout entière à me placer un instant – de grâce ! – sur les hauts plateaux de la miraculeuse maîtrise — Mais le moine asiatique, lui, tremblait-il quand il atteignait enfin l'unité des plaines de la contemplation ? — J'ai oublié de le demander, comme j'ai oublié, bizarrement d'ailleurs, de me renseigner sur le sort réservé à sa partenaire dans l'histoire. Pourtant, ou bien je ne comprends rien à la quête en question, ou bien je ne puis imaginer l'itinéraire de cette initiation sans me représenter l'apprenti laissant ses affres et sa transe à chaque degré de cette échelle qu'il a choisi de gravir — pour arriver dans un total dépouillement et en parfaite quiétude à se confondre avec le *Tout* ou le *Nada*.

– « Connaissez-vous un poète qui s'appelle Paul Claudel ? »

J'étais venue, pantelante de trac, dans ce hall d'hôtel où Eve Francis m'avait amenée, et maintenant, assise, éberluée, brusquement détendue comme après la douche, je regardais cet homme-bœuf, qui occupait, devant moi, tout un fauteuil.

Il tonitrua encore :

– « En avez-vous entendu parler ? »

Je ne tremblais plus du tout ; je me demandais, effarée, s'il ne se foutait pas de moi, et si oui, pourquoi ? – Et je bredouillais de vagues « Oui, monsieur » qu'il n'entendait pas, sourd qu'il était — dans la lignée de Beethoven.

– « Avez-vous lu des textes de Paul Claudel ?

– Oui, monsieur !... »

Mais il n'entendait toujours pas.

– « Qu'avez-vous lu de Paul Claudel ? »

J'ai senti mes doigts de pieds se retrousser péniblement :

– « Plusieurs pièces, monsieur... »

et comme rien ne venait :

– « *L'Annonce faite à Marie*, par exemple. »

Cette fois il entendit ;

– « Vous avez lu *L'Annonce faite à Marie » ?*

C'était toujours le miracle qui lie Mara à Violaine dans l'*Annonce* qui m'avait amenée, après une audition chez Simon, là, devant Paul Claudel.

– « Monsieur, Mme Eve Francis vous a sans doute parlé de moi après m'avoir vu interpréter une scène de Mara ; elle a dû vous le dire.

– « COMMENT ? »

Je n'étais plus capable de répondre ; quelqu'un répéta, plus fort, ce que je venais de murmurer.

– « Mais avez-vous pris connaissance de toute la pièce ? »

J'étais prête à gifler ou à hululer, je ne sais plus :

– « Pour interpréter un personnage, même et surtout s'il doit être réduit à un extrait, il me semble qu'il faut le connaître dans son intégralité ! »

Je parlais de mieux en mieux, avec de plus en plus d'aisance, et maintenant le colère me faisait hurler. Il me regarda, vraiment, pour la première fois :

– « Connaissez-vous *Le Père humilié ?*

– Oui, monsieur. »

Et avec une brusque douceur bourrue et, ma parole ! l'ombre d'un sourire :

– « Racontez-moi. »

J'ai cru avoir une syncope ; j'étouffais littéralement :

– « Non, monsieur, vous racontez beaucoup mieux que moi... »

C'était la première fois que mon habituel esprit d'escalier ne me faisait pas attendre la répartie, et cela m'étonna au point de croire une seconde que quelqu'un d'autre parlait à ma place.

Un temps. Un second regard. Et puis la proposition qu'il m'a faite d'être « Pensée ». Et dans cet état, second, où il m'avait mise, et de colère, ces mots sortis de ma bouche ouverte :

– « Mais vous, monsieur, connaissez-vous Maria Casarès ? »

A lui l'hébétude : – « ... mais oui...

– Non, monsieur, vous ne m'avez jamais vu jouer. Barrault, Eve Francis, vous ont peut-être parlé de moi ; mais vous, vous ne me connaissez pas. Et il me paraît bon que vous me connaissiez avant de m'engager. »

Et après un long silence, sans un seul regard, il me donna rendez-vous pour faire une lecture et commencer à travailler ensemble *Le Père humilié.* Jamais – avant de rencontrer Genet vingt ans après – je n'ai connu un auteur qui multiplie les trouvailles de génie pour l'interprétation et la mise en scène de ses œuvres, comme le faisait Claudel. Sourd à tout ce qui pouvait le détourner de sa musique intérieure, il inventait, à en veux-tu-en-voilà des images plastiques, des mouvements, des gestes, à la fois justes et inattendus, d'une beauté et d'un pouvoir d'évocation à couper la respiration. Épais et impassible, métamorphosé en mouvant totem où passaient fugaces et innombrables les figures enfouies de plantes et d'animaux sacrés, dans une sorte de raz de marée mêlant en fabuleuses noces les eaux profondes de l'océan au cœur incandescent de la terre, il évoquait, dans l'énorme effort d'insuffler vie au personnage et à son interprète, un grand et mystérieux Ancêtre ; devant lui, interprète et personnage se confondaient pour devenir sa créature. Or, pour devenir sa créature — toute volonté bandée jusqu'à l'extrême tension que la plus petite intrusion du monde extérieur aurait fait éclater si, à cet instant, j'avais pu en prendre conscience — moi — changée à mon tour en biche aux abois ou en roseau chanteur sous le souffle du colosse poétique — je tremblais. Et c'est alors que pour la première fois et l'unique pendant longtemps, j'ai *entendu* le sens du mot maîtrise. Car on m'avait déjà parlé, comme pour poser la voix, affirmer ma diction, de dominer mon tempérament ; mais comme on le fait avec quelqu'un de totalement étranger, avec une malade, un *cas* à part ; et personne jusque-là et pendant longtemps encore – sauf Claudel – ne m'avait laissé entrevoir le chemin – commun à tous – qu'il me fallait parcourir seule, en quête de la maîtrise, sans y égarer l'exigence en moi – impérative – qui devait présider à chaque pas de ma démarche. Oui, c'est Claudel, lors de quelques séances de travail commun, qui m'a révélé par d'infimes précautions et approches, que le but de la voie que j'avais choisie n'était autre que de prêter ou donner une forme au chaos, et que, à l'encontre de ce dont on se méfie obscurément quand on est très jeune, se dominer signifie *le contraire* de s'assagir.

Mais ce n'est que le jour de ma vingtième année — là — devant *la glace de ma loge* des Mathurins, où je me retrouvais, après les premières représentations de *Deirdre,* sans un atome de voix et dans les transes qui me prenaient à la seule idée de ne pas être « en forme » ou « en état » pour recommencer le lendemain — c'est seulement à partir de là que les fruits de cette révélation ont commencé à se débarrasser des pétales derniers de la fleur-mère, car en même temps je me posais d'un coup la question : qu'est-ce que le théâtre ?

2

Transmutations

La Mandragore

Le théâtre des Mathurins fut le lieu ou réceptacle qui m'a permis de retomber sur mes pieds. Malgré cette démesure dont on m'a souvent parlé et qui paraît-il est la mienne – ou à cause d'elle –, je ne reconnais qu'un chemin, celui de la justesse, qui change naturellement selon les données. Or, dans ce sens, si l'on s'en tient aux circonstances et à mon cas personnel, le sort m'a conduite une fois de plus à ce lieu pour moi entre tous privilégié : *le théâtre des Mathurins.* Le sort et mon instinct sauvage, ce *vouloir* mystérieux qui commence là où la volonté n'a point de part si la volonté est seulement ce que raison veut.

Je me souviens : en arrivant à Paris, j'avais assisté dans cette salle à une représentation de l'*Ennemi du Peuple,* d'Ibsen, où Georges Pitoëff, avec l'accent fêlé de sa voix étrangère et son regard tourné vers des lacs intérieurs, avait frappé ma mémoire la plus sensible. Je m'y étais sentie bien, si bien ! fascinée comme je le suis toujours devant l'eau stagnante.

Plus tard, j'étais revenue là, avec maman. Georges Pitoëff n'y était plus, on donnait l'*École de la Médisance,* et sur la scène, un homme encore jeune, élégant, nasillait d'une voix aux tonalités acides, et traversait cette comédie acerbe, léger et massif, cruel et douloureusement tendre, portant le costume avec un laisser-aller insolent, une aisance caustique, et promenant de long en large un regard noir dans de beaux yeux sombres où l'angoisse chavirait dans deux puits sans fond. A la fois absent et présent, comme muré dans les parois de cristal d'une ardente et aiguë nostalgie, quêtant un ailleurs interdit, il me fit penser à un marin (Starbuck de Melville) ou aux premiers aviateurs. Parfaitement renseigné et portant avec sa présence une autorité naturelle, il paraissait cependant isolé de tout ce qui l'entourait ; et il arpentait la scène de son théâtre comme le maître d'un navire l'eût fait sur un bâtiment étranger. Il y avait du donjuanisme dans ce personnage et dès que je l'eus flairé, j'y fus sensible ; un donjuanisme aux nuances inconnues qui éveillaient en moi une vive envie de les découvrir.

A l'entracte, dans une de ces absences où il m'arrive de parler sans penser une seconde à ce que je formule, j'ai dit à maman : « Si un jour je devais jouer dans un théâtre c'est ici que j'aimerais commencer. » Et je n'ai pas soufflé mot de l'autre désir, celui de rencontrer un jour l'homme qui venait de jouer devant moi et dont j'ignorais même, alors, qu'il était le directeur du théâtre. Le spectacle fini, je n'ai plus pensé ni aux Mathurins ni à son directeur ; peut-être simplement parce que je n'ai plus trouvé de temps à donner à mes « pensées ». Mais si l'on m'avait dit à l'instant que je débuterais en effet là, dans ce théâtre, avec comme partenaire et directeur Marcel Herrand, je n'en eusse pas été autrement surprise ; d'ailleurs, quand tout cela se présenta d'un seul coup, ma première réaction fut de chercher à y échapper.

Pourtant, quelle belle histoire ! Presque aussi belle que celle qui a clos mon séjour de trois années dans ce lieu, une des plus belles périodes, sinon la plus belle qu'il m'ait été donné de vivre au théâtre. Ce fut juste après le concours de sortie du Conservatoire. A l'époque, surtout dans le climat lourd, ouaté, étouffé de l'Occupation, qui se servait du moindre événement pour réunir ceux qui devaient se rencontrer, l'épreuve avait lieu rue du Conservatoire, dans une très jolie salle où se donnaient souvent des concerts, et qui, à l'occasion, se bourrait de tous les gens s'intéressant de près ou de loin au théâtre. Les passions refoulées s'y libéraient et cela donnait lieu à de « beaux tolle » – comme dirait Dussane –, où les nervosités tendues jusqu'à la corde se dénouaient un moment. Cette année-là ce fut le cas, et c'est à moi qu'échoua le rôle d'« exorciseuse ».

Le premier jour, pour passer la première épreuve – celle de la tragédie – et parce que Dussane voulait garder encore une fois les scènes qui me convenaient le mieux pour la seconde année, habillée d'un peplum et d'un turban que maman avait confectionnés dans un drap de lit, j'ai présenté *Bérénice* ; et le second jour – en comédie classique et moderne – la reine de *Ruy Blas* et la *Jeanne d'Arc* de Péguy.

« *Concours de tragédie.* – Toute transformée par une longue robe blanche, un épais bandeau de jersey blanc serrant et couronnant ses cheveux épars (*le drap de maman*), Casarès avait de loin dominé (...) Son succès de public avait été vif et profond. A l'entracte on ne parlait que d'elle. Si, dans ces propos, on ne lui donnait pas d'emblée le premier prix, souhaitant pour elle encore un an d'école (certains chicanent sur ce qui lui reste d'accent) du moins s'imposait-elle en tête de palmarès.

Lorsqu'on a annoncé comme unique premier prix une autre première année (...), ce fut un de ces « tollé » vigoureux comme la salle du Conservatoire en voit si souvent, un des plus bruyants que j'aie jamais entendus 1...

Pas de second prix : belle occasion pour que les huées reprennent.

Premier accessit à l'unanimité : Mlle Casarès. Les huées se sont changées en agressive ovation. Casarès ne permet pas à l'événement de la démonter : elle se garde pour la bataille de demain.

« *Concours de Comédie.* — Le public attendait Casarès, naturellement. Il lui a fait, dès sa scène de Ruy Blas, le matin, un succès combatif, à la fois pour elle et contre le jury. Mais l'après-midi, dans *Jeanne,* elle a imposé un tel climat de ferveur poétique que les taquineries de compétition et l'esprit de fronde se sont évanouis... A l'entracte, comme on savait depuis hier qu'elle est dans ma classe... quelqu'un m'a dit... et cherchant à la définir... cette formule saisissante : « Elle se possède autant qu'elle se donne »...

Casarès a eu la tête du palmarès avec un deuxième prix à l'unanimité et le redoublement des ovations.

Bien sûr qu'elle peut, dans une seconde année de travail calme, assurer ses forces et son équilibre, achever d'apprendre à mener ses terribles nerfs, polir les dernières aspérités de sa diction, mais après un tel concours, la réticence du jury n'en est pas moins inique.

Elle n'en manifeste aucune amertume ! cela ne veut pas dire pour autant qu'elle l'ait accepté. Restera-t-elle ? »

Non, chère Dussane, je n'en ai vraiment pas conçu la moindre amertume ; car non seulement je trouvais la décision du jury juste — dans le sens de la justesse —, mais de surcroît elle répondait à mon plus fervent désir du moment : reculer l'Événement, le seul que je reconnaissais comme tel, je veux parler de l'engagement dans l'existence.

Déjà, au cours Simon, j'écoutais, perplexe, mes camarades, dans leur impatience ; ceux-là mêmes qui avaient le même âge que moi ne parlaient que de débuter au plus tôt et de jouer ; au point que j'en étais arrivée à me demander déjà à l'époque si j'étais faite pour le théâtre, moi qui y allais en spectatrice de plus en plus rarement et qui, comme on le voit faire aux personnages des dessins animés, appliquais toutes mes forces vitales à freiner ma course en plein élan dès que l'annonce d'un quelconque dénouement se présentait. Et c'est que je ressentais l'approche de mes débuts devant un public comme un premier acte irréversible, comme un dernier plongeon, comme une fin, la mort de quelque chose ; et maintenant encore, même avec le regard que donne la véritable distanciation — celle qui est vécue —, je vois venir chaque première représentation des pièces que je joue avec le même sentiment.

Aussi, la manière dont s'est déroulé et soldé mon concours de sortie du Conservatoire réalisa pour moi, encore une fois, le rêve que j'aurais pu faire si j'avais eu jusque-là le loisir ou le goût de rêver. D'une

1. Dussane, *Maria Casarès* (Calmann-Lévy, 1953).

part – et ceci je le dois au public –, j'ai su ce que c'était que gagner, conquérir l'autre, cet inconnu sans visage dont il nous faut si rapidement nous faire un ultime et intime partenaire pour que, à son tour — aux confins d'un territoire commun — étrange et familier — il soit à même de nous prendre, nous gagner, se saisir de nous, nous posséder, nous dénuder afin de nous investir un instant des parures de son génie — De ces instants de grâce au théâtre — corolles des jours — où l'unité se fait, j'ai vécu le premier rue du Conservatoire, avec la *Jeanne* de Péguy. D'autre part – et cela je le dois au jury –, l'échéance fut retardée, et du coup il me restait encore du temps, ou du moins je le croyais ; encore un an à consacrer à ce que je n'avais pas eu le temps de vivre ; et, malgré tout, l'idée nette en moi – cette assurance – que si je *voulais* je pouvais déjà commencer à jouer.

En fait, le choix de Dussane – femme, fine, sensible, attentive, comédienne – ce choix fixé sur le poème de Péguy, était d'une justesse au-delà de ce qu'elle pouvait imaginer de cette idée même qui comptait sur le sentiment de l'exil pour m'armer.

> *« Adieu Meuse endormeuse et douce à mon enfance...*
> *quand nous reverrons-nous et nous reverrons-nous ? »*

Car si, dès que j'ai marché sur le plateau, la représentation de l'exil m'a orientée vers la meilleure part de moi-même, autre chose m'a soutenue tout au long de l'épreuve pour me pousser au-delà, et me tenir sur un fil. Et c'est que représenter cette Jeanne déchirée, terrifiée à l'idée de sauter dans son propre destin pour y vivre et mourir à l'instant appel de ses voix, c'était incarner sans le savoir mes propres transes devant l'injonction qui m'était faite et qui allait décider de manière irréversible de mon existence ; et en les transfigurant, pour un moment exorciser ma propre épouvante, celle qui préside à l'heure – carrefour insupportable – du choix d'*une* vie.

Séparations – exil – représentation – responsabilités – souffrances de naissance ou pré-naissance, tout avait été là, sur la scène, rue du Conservatoire ; tout avait été vécu et miraculeusement partagé dans la transposition du jeu théâtral ; et la plénitude éprouvée n'était plus, en quittant le plateau, qu'une énorme vacance, un plein-vide que rien ne peut exprimer. Alors, devant tous ces gens qui venaient — me souriaient — me parlaient — m'aimaient — là — sur l'instant — je me tenais calme en effet — jouant seulement en quelque sorte une émotion que je savais pourtant en moi — quelque part — une part qui m'allait revenir, certainement, mais qui, pour l'*instant* était parfaitement absente__ comme tout moi-même__ en vacances__ au repos__ enfin ! __ et dont il ne restait au présent qu'une petite phrase, entendue en Galice, à La Corogne__ celle que mon père, au balcon, devant la foule silencieuse qui agitait les mouchoirs blancs avait dite__ « Regardez-les, Gloria, je leur donne deux ans pour me jeter des oranges ».__ Et pendant qu'avec un sourire vague__ figé__ de gratitude, absente, je regardais la roue tourner autour de moi ses ombres, la voix que j'écoutais__ de l'ange ?__ dépouillée de la première innocence__ ange ou démon ?__ parlait pour moi d'une *distanciation* qui ne m'a plus quittée ; en coulisses, bien sûr car sur la scène – comme l'on peut s'en douter – j'ai cherché toujours le chemin opposé, celui qui frôle la limite du possible__ au risque toujours imminent de chuter. C'est dans cette vacance de moi-même, je me souviens, que pour la première fois je me suis demandé où commençait et où finissait le règne de chacun de mes deux « génies » tutélaires, où se plaçait exactement la frontière qui les séparait. Il fallait chercher__ oui__ cette année qui venait de m'être encore accordée j'allais pouvoir chercher__ j'allais l'employer à bien chercher__ *« La Célestine ? »..*. Qui donc me parlait de *La Célestine ?* Quelqu'un devant moi me proposait de jouer à la rentrée le rôle d'Elicia dans *La Célestine.* Un rôle court, la putain des deux la plus âgée – et j'avais dix-neuf ans, mais un beau personnage et je pouvais commencer à gagner notre vie dans un théâtre... dès la fin de mes vacances__

Et il y eut les vacances à Camaret, seule avec maman. Enrique devait se trouver à Amiens ou ailleurs, car s'il est venu nous rejoindre je m'en souviens à peine – comme j'ai également oublié où se trouvait Colonna cet été-là. Il y avait eu un froid entre elle et ma mère__ dont j'ignore encore la cause__ comme j'ignore pourquoi je ne l'ai pas demandée__ sans doute parce que je n'étais plus là__ et que déjà je vivais de profil à mon existence-même une vie parallèle au déroulement de mes journées, déjà toute occupée à attendre cette fin des vacances tant redoutée. Et je me retrouvais autrement mais avec le même sentiment qui, en Galice, en 1931 – quand j'ai su que je devais la quitter pour nous installer à Madrid –, m'avait soudain coupée de l'Océan, du soleil, de la pluie, de la joie totalement partagée des marées, de la libre et entière contemplation du ciel mouvant. Seulement cette fois il n'y avait plus en moi de volontés de coupure nette, il n'y avait plus d'arrachement, tout cela était accompli, et dorénavant il allait me falloir vivre cet accomplissement et m'enraciner dans ces journées enrobées dans un voile qui me séparait insidieusement de ce qui m'entourait ; ces journées qui me projetaient toujours vers je ne sais quel avenir__ d'abord la fin des vacances__ ensuite les soirs de représentation où__ peut-être — je me retrouverais enfin complètement présente à chaque minute écoulée me regardant tisser un destin de mon choix vivant à demi jusqu'à la fin du spectacle ; ce moment où — si tout s'est bien déroulé — on respire ; ces heures de re-création, le répit tant souhaité des comédiens qui les mène dans les bistrots de la nuit à des soupers prolongés, interminables, parce qu'ils savent qu'après les heures du sommeil, dès le lever, la journée recommence — versant à peine profilé — pour les axer sourds et aveugles vers le soir. Et le ciel mouvant de Camaret glissait sur le voile incliné de mon détachement, pendant que je m'abstrayais de cette nature que l'on accuse tant d'indifférence dès que nous nous appliquons si bien à nous en détourner.

Cette année-là, en Bretagne, je n'ai été rappelée à l'océan qu'une fois ; en geste rude de grâce prévenante.

Avec quelques copains que je m'étais faits sur la plage, on avait nagé loin dans la baie. Là-bas, sous les falaises rocheuses, il y avait des grottes et ils voulaient les visiter ; comme beaucoup de gens qui ont besoin, pour nager dans la mer, de pratiquer un sport ou de se donner un but, d'où la mer, en elle-même, est absente. Je les avais suivis. La marée était déjà haute et l'entrée de la grotte se trouvait sous l'eau. Je n'ai jamais beaucoup aimé plonger – peut-être à cause des difficultés avec mon derrière, entêté à toujours flotter comme une bouée. Mais cette fois, en véritable Espagnole de toutes les Espagnes, il n'était pas question de se débiner. J'ai suivi. J'ai réussi à m'enfoncer tout entière dans l'eau mouvante, salée, et j'ai ouvert les yeux juste à temps pour voir les pieds de mon dernier devancier s'engouffrer dans un trou rond dont le diamètre ne permettait plus qu'aux jambes de bouger. J'ai fermé les yeux et je suis entrée. J'avançais. Longtemps. Me croyant arrivée, je suis remontée légèrement et ma tête buta contre la paroi de la roche. Il ne fallait pas céder, il ne fallait pas mourir. J'étais une Esp... etc. Après un effort qui m'a paru surhumain, je suis redescendue et j'ai continué. Complètement à bout de souffle, je suis remontée et avec la dernière goulée d'eau j'ai avalé une bouffée d'air humide et d'iode moisi. J'étais au milieu de mes camarades entassés dans un cercle étroit et sombre. Là-haut, au-dessus de nous, au bout, la cheminée parfaite où nous étions enfermés ouvrait – loin au fond – son œil sur le ciel clair. Et dans mon crâne, une seule idée fixée par l'épouvante : pour rentrer, il fallait refaire le même trajet.

Je crois avoir dit alors autour de moi que j'avais peur ; ils m'ont proposé de passer devant eux pour me pousser ; mais j'ai refusé, toujours « ... de toutes les Espagnes ». Pour ne pas me donner en spectacle j'ai préféré partir en dernier. Une fois seule, l'espace d'un éclair j'ai caressé l'eau qui me cernait ; c'était l'Atlantique tout entier que je prenais avec moi, en moi, et entièrement donnée à lui, j'ai plongé. Tout de suite après, avec presque la totalité de mon souffle emmagasiné encore dans les poumons, je suis remontée dans l'eau traversée de soleil, quelques mètres au-delà de l'entrée de la grotte où mes compagnons m'attendaient ; et pour revenir sur la grève – est-ce le flux de la marée toujours montante ? – je nageais à peine, dans une divine volupté, ne faisant plus qu'une avec la mer.

J'aurais dû comprendre à ce moment-là ce que le théâtre pouvait être et quels étaient les chemins qui pouvaient m'y mener ; mais il m'a fallu longtemps, très longtemps pour m'en convaincre et saisir enfin que pour jouer avec lui et l'atteindre, comme pour vivre, il fallait, à un certain moment et seulement à ce moment donné, renoncer à toute volonté d'affirmation ou de conquête, et s'abandonner à la marée montante qui sait célébrer les noces de la création, divine ou humaine. Oh, oui ! il m'en a fallu du temps ! pour comprendre que si l'on veut parvenir à respirer en plein ciel, il faut toujours s'engager dans un étroit boyau, toujours le même, celui que l'impérieuse exigence ou nécessité imposent, que le voyage est risqué, et que pendant la course, il faut garder la vue claire et juste pour saisir l'instant où l'abandon peut toucher au sacré. Alors, si la même aspiration vient unir dans un même souffle de participation l'assistant comme l'officiant avec le poète, le théâtre peut atteindre – ne serait-ce qu'un instant – sa vraie mesure, celle qui fait de lui, non seulement un lieu d'exorcisme mais un point de communion ; et alors comme pour le bien, le mal, la mort ou la naissance, ou l'amour, les limites s'effacent et, dans l'Evénement, on ne sait plus qui est l'*acteur* de celui qui agit sur la scène ou de celui qui reçoit dans la salle — à cette minute où la création est partout.

Aussi, rue du Conservatoire, qui fut quoi ? Et qui donc amena Jeanne, Péguy, le spectateur du premier ou dernier rang, moi, à se rassembler dans l'abandon de tous et de chacun, pour devenir *un* – avec Jeanne ? Péguy ? le public ? moi ?

Qui donc ouvre la porte étroite et comment la trouver sans s'égarer ? Car lors de la première de *Deirdre*, trois ou quatre mois après, déjà je la manquais. Entièrement tendue vers un seul but, celui de vaincre, j'en étais restée aux impulsions premières de libération et de conquête et, malgré la victoire, je savais déjà que je m'étais fourvoyée en chemin. Oui, je venais justement de l'apprendre ce jour même de mes vingt ans où, fatiguée, découragée, la voix cassée et défaillante, je m'étais présentée en scène « parce qu'il le fallait », sans rien espérer, perdante, avec seulement ce sentiment de honte ou d'humiliation qui annihile le comédien dépouillé de ses atouts, de ses armes, de ses instruments. Seule et démunie, face à Deirdre. Et le miracle se fit alors, au moment même où, pour rejoindre dans un total dénuement ma compagne — l'Irlandaise — il a bien fallu étouffer la honte, et laisser la place au vide ; quand, dans ce trou — dans l'air béant — j'ai plongé aveugle, entière — comme aspirée — et avec moi — les autres, les vents du large — Et que, de nouveau, j'ai su un instant ce que pouvait être le théâtre.

Il reste cependant que jusque-là et au-delà, à part quelques instants de grâce qui jonchaient mon chemin comme les cailloux du Petit Poucet, le théâtre en question demeurait pour moi terrain de conquête, défi ou pari. Et sur ce plan, considéré uniquement de ce point de vue, soif et certitude de victoire. Car le tremblement qui me secouait entière, et qui a fait dire aux rares critiques ou spectateurs réfractaires à l'idée de transe que je semblais tout simplement terrorisée, ne craignait pourtant aucun échec. Forte d'une intime certitude de la victoire, si quelque part il y avait lutte, le combat qui me secouait était d'un autre ordre, plus profond, et j'ai mis trente ans de ma vie à le découvrir. Maintenant, la véritable panique qui m'assèche jusqu'aux entrailles lors des premières représentations, m'obligeant à gravir pas à pas, à la lisière constante du doute, le chemin fixé lors des répétitions, ne fait plus trembler en moi que ce que personne ne peut voir, cela même qui, dans ma quête, me justifie, quand le sort contraire ne veut pas que je justifie ma quête.

Comme dans sa vie, le comédien a un âge au théâtre ; qui n'est jamais celui qu'il porte d'après le jour de sa naissance. Mais si ces deux âges ne se confondent que rarement sur la scène, du moins ils se juxtaposent, et il faut un œil bien averti et surtout bien attentif pour démêler où se trouvent jeunesse, vieillesse et maturité. A treize ans, j'ai dû sauter par-dessus mon temps d'adolescence ; aussi vers les dix-sept ou dix-huit ans, dans les cours d'art dramatique comme d'ailleurs bien avant à Madrid, à l'âge de dix ou douze ans, les personnages que l'on me confiait étaient souvent mûrs, de plus de trente ans ; et plus tard il m'est parfois arrivé au cinéma ou sur scène d'être la mère ou la tante de fils ou neveux aussi vieux, quand ils n'étaient pas plus vieux, que moi. Pourtant, quand j'ai débuté, mon âge de théâtre était le même que celui d'Agathe, ma belle gouttière-angora, arrachée vers le 15e jour de son existence au grenier où elle était née, et qui tremblait comme une feuille dans une chambre de *La Vergne*, où j'essayais vainement de la rassurer durant une longue semaine, jusqu'au jour où la fille d'André, Anne, ayant trouvé une guitare, eut l'idée d'en jouer, assise par terre, près du chaton enfin médusé. Et quand, au Conservatoire, je fus invitée par Jean Marchat à passer une audition aux Mathurins devant son associé et co-directeur Marcel Herrand, je naissais à peine.

Je me suis retrouvée dans cette salle qui avait tant frappé mon imagination, sans la reconnaître, et ceci n'était pas seulement dû à l'état de trouble où me mettaient les circonstances, mais surtout au simple fait que pour la première fois je me trouvais de l'autre côté et, du coup, autre. La rampe était allumée pour l'audition – à l'époque il se trouvait encore de ces délicatesses –, et portée, hissée par la lumière, je me sentais prête à tout. Stella Dassas m'accompagnait pour me donner la réplique – d'homme ou de femme, selon les scènes demandées –, et derrière le rideau aveuglant, je devinais quelques présences dans la salle.

Après avoir serré la main tendue à travers les spots de quelqu'un qui nasillait d'une voix déjà familière quelques brèves paroles d'accueil, l'audition commença.

D'abord, à la demande de Marchat, par les *Adieux à la Meuse* que j'ai voulu saisir en plein vol, cherchant le même fil souple et tendu que j'avais suivi au Conservatoire et que, bien entendu, j'ai loupé. Funambule détrônée, j'ai sauté, les dents serrées, dans l'inévitable terrain de combat où évidemment ce texte ne pouvait bien se trouver.

– « Avez-vous quelque chose d'autre, mademoiselle, à présenter ? »

La voix, venue du fond de la salle, gardait ses accents brefs mais avec je ne sais quoi soudain de légèrement guttural.

J'ai attaqué *Mara*, comme un taureau ; il y avait au milieu d'une de mes répliques une longue plage de silence autour de laquelle j'avais tout édifié. Ce jour-là, j'aurais pu la faire durer indéfiniment sans que personne ne bronchât en scène ou dans la salle ; mais la qualité d'écoute était telle que pas une seconde je n'eus la tentation de la prolonger au-delà de la... justesse ; soutenue par cette épaisseur-matière qui me portait comme le flux dense et salé des hautes marées, j'aurais pu – sans doute aucun – oser n'importe quelle incongruité sans toutefois risquer de couler ; l'accord, si justement trouvé, semblait ouvrir en lui toutes les possibilités, et quelle que fût l'échappée qu'il me plût d'y choisir, j'avais l'intime impression que j'étais libre de m'y engager à mon gré sans léser en rien la justesse où je me tenais. Placée au point exact où se croisaient l'influx venu de la salle et celui que le poète me donnait, j'aurais pu faire les pieds au mur, si je l'avais voulu, sans que pour cela l'harmonie fût brisée si — justement — cette harmonie qui à son tour me tenait ne m'eût pas menée à faire *justement* – et même en deçà – tout juste ce qu'il fallait.

A la fin il y eut le silence. Si long que j'en fus gênée ; je ne savais quelle attitude prendre, et comme je regardais Stella en larmes, j'ai ri de mon rire bête. Il y eut des chuchotements quelque part de l'autre côté et les pas nets de quelqu'un qui se promenait entre les fauteuils.

– « Qu'avez-vous d'autre ? »

La voix cette fois était sourde, toute proche et l'on devinait presque le visage, juste derrière la rampe.

Et tout le répertoire y est passé. La Reine de *Ruy Blas*, Chimène, Hermione, Junie, Eriphile, et même un bout de pièce de Guitry que Simon m'avait fait travailler en réplique pour m'habituer au « genre léger ».

A la fin, quand j'ai déclaré que « je n'avais plus rien », il y eut encore un silence, puis la main qui se tendait à travers les spots :

– « Merci, mademoiselle, au revoir, on vous écrira. »

Cela ne pouvait être plus clair. C'était la première audition que je passais hors du cours, dans un théâtre ; mais d'après ce que j'avais entendu de mes camarades, cela voulait dire avec courtoisie « allez vous rhabiller », ou, au mieux, « à la prochaine ». Quoi qu'il en fût, je suis rentrée à la maison étrangement soulagée.

Je ne connaissais pas encore Marcel Herrand ; deux jours après, comme je rentrais d'une répétition au théâtre Montparnasse, un télégramme de lui m'attendait, me priant de me rendre à son bureau le lendemain, à n'importe quelle heure de la journée. Et de ce rendez-vous, je suis sortie avec une proposition de contrat pour un an, en poche, et – je peux le dire — la mort dans l'âme.

Herrand n'était pas bavard, du moins avec moi, et en quelques paroles il me mit au courant de ses projets immédiats. Il avait commencé les répétitions d'une pièce de Spaak, *Primavera*, et il lui manquait encore l'interprète pour un rôle court de jeune ingénue qu'il me demanda de faire, mais ce n'était pas là le but de mon engagement. Les jeudis et samedis en matinée il désirait présenter une pièce irlandaise de J.M. Synge, *Deirdre des Douleurs*, et il m'en proposait le personnage principal, un rôle écrasant à ce qu'il m'a dit.

Puis, au courant de l'année, il pensait monter d'autres spectacles « autour de Jean Marchat et de moi ». Quelques titres de pièces ont suivi, mais je n'entendais plus rien. Complètement repliée sur moi-même, je n'écoutais plus que mon cœur battre la chamade, je ne sentais que la moiteur des paumes de mes mains et tout n'était plus que branle-bas d'alarme et état d'urgence en vue des dispositions à prendre pour soutenir... le premier ou le dernier combat ?

Après un long silence, l'insistance d'un regard sombre est venue enfin m'arracher à la contemplation du chaos :

– « Naturellement il faudrait que vous lisiez d'abord les œuvres en question, surtout *Deirdre,* dont la traduction n'est pas très réussie. »

Je me suis empressée d'acquiescer – peut-être à la lecture sentirais-je que je n'étais pas faite pour le rôle. Maintenant, il me fixait ; jusque-là, il s'était promené incessamment de long en large dans son étroit bureau-loge, sans jeter un seul coup d'œil de mon côté.

– « Mais j'ai déjà commencé à répéter Elicia dans la *Célestine !*

– Darcante reconnaît que ma proposition est importante et il est prêt à vous libérer. »

Il me regardait gravement, avec intensité ; mais son insistance était si compatissante que je ne pus m'empêcher de lui sourire, malgré sa gravité. Puis j'ai bredouillé encore :

– « Il y a aussi... mes études au Conservatoire...

– Je ne veux pas vous empêcher d'assister à aucun cours. » Et à son tour, il sourit.

J'ai demandé vingt-quatre heures de réflexion après lecture des textes, mais ayant fait connaissance avec Deirdre, il m'est apparu nettement que je ne pouvais m'en détourner sans « pécher » ; et deux jours après je suis revenue pour lui faire part de mon accord, accablée.

– « Je ne voulais en rien vous influencer, mais, n'est-ce pas ? il faut bien qu'un jour cela arrive... » et il sourit encore, dans la joie, mais avec une certaine mélancolie.

Le contrat fut signé de part et d'autre, sans que je sache encore que trois semaines après, par le bon vouloir du directeur et metteur en scène, les représentations de *Primavera* seraient remises à... plus tard, et que je débuterais bel et bien dans le rôle « écrasant » de Deirdre.

Mais dès ces premières rencontres, mon alliance avec Herrand fut scellée à vie. Et c'est que dans cet homme, un des plus renfermés, des plus réservés, des plus secrets que j'aie connus au théâtre, se cachaient des qualités qui – telle que j'étais faite – me le rendaient cher et précieux à jamais : l'ardeur d'aimer et une infinie pudeur.

Une « ardeur d'aimer » ou bien la générosité, ou bien une passion pour la découverte comme les siennes, je n'en ai plus jamais discerné depuis au théâtre, du moins d'une nature aussi parfaitement désintéressée, peut-être parce qu'elles étaient parfaitement désespérées. La découverte pour la découverte et aussi, sans doute, pour tromper un profond ennui. La part de donjuanisme que j'avais devinée en lui quand il jouait *l'École de la Médisance* s'excitait en réalité à dégoter, dénicher, déceler, détecter, dépister tout terrain où erraient textes et interprètes non encore reconnus et auxquels il pouvait adhérer ; et quand il les rencontrait, avec une capacité d'admiration sans égale qui frôlait toujours les frontières de l'amour, tout ce qui pouvait alors arrêter un moment son appétit de recherche et rassasier la faim qu'il avait d'aimer, c'était de présenter au mieux le comédien ou l'œuvre de son choix, et d'offrir ainsi en partage les joies de son admiration.

Aussi, depuis que j'ai quitté le théâtre des Mathurins, je n'ai jamais ressenti sur scène cette impression qui m'était alors quotidiennement donnée ; celle d'être exposée, bien sûr, mais dans un écrin préparé comme pour contenir le plus précieux bijou ; avec tant de considération et d'attente passionnée qu'il ne me restait plus qu'à me laisser porter ; et une foi telle, qu'elle ne laissait plus en moi, dans l'exaltation où elle me mettait, aucune part au doute. Et aujourd'hui, quand je vois des jeunes comédiens se débattre seuls dans ces champs piégés que présente le travail des répétitions, seuls avec leurs carences, leurs élans, leurs pudeurs, leurs craintes et – au bout – le rêve impossible à atteindre mais qu'ils voudraient restituer là, tout de suite, d'un trait – une fois – rien que pour gagner *une fois* le temps d'un éclair, cette confiance – si souvent absente et pourtant si nécessaire –, pierre angulaire d'intime liberté où convergent et s'appuient tous les efforts d'invention et de lente construction ; quand je vois des hommes et des femmes réduits à l'état d'entière disponibilité et de nudité que le théâtre exige mais dans lesquels seuls les enfants peuvent se montrer sans risquer l'impudicité ; quand je les vois s'exposer sans un regard aimant qui les rende à l'innocence, sans un guide passionné et attentif à ce qui peut *leur venir* ; quand je vois tout cela essayer de vivre, d'inventer, et peiner, et se perdre, et chercher à se retrouver, devant une paire d'yeux qui se fixe sur tout – et je ne veux pas savoir sur quoi – sur tout ailleurs que sur eux ; qui veut à travers eux affirmer ses velléités de puissance dans une complète ignorance de ce qu'ils sont et même de ce qu'est la pièce, et ceci quand ce n'est pas dans le mépris — alors, l'amour pour eux qui à ce moment-là me traverse avec la révolte n'est autre que celui que m'a porté Marcel Herrand.

Mais ce n'est pas tout. Cet homme intelligent, sensible et sensitif jusqu'à la sentimentalité, esthète avec fureur, mondain avec sauvagerie, léger et cynique dans ses causeries en société jusqu'à la méchanceté, porté par les dernières brises du dandysme à la fois dans l'insolence et la réserve, snob d'un profond ennui inavoué — ce dernier représentant de toute une société traînait sa mélancolie d'aristocrate dépossédé, sa douloureuse nostalgie d'un ailleurs inaccessible, avec une pudeur qui, en scène comme dans la vie, allait jusqu'à paralyser ses élans les plus spontanés — Pour cueillir de lui une confidence, il fallait le surprendre dans ses moments d'ivresse — d'alcool ou d'adoration — et là encore, il ne se confiait qu'à un tiers et jamais directement à celui dont il était question. C'est ainsi qu'il m'a fallu apprendre par le personnel du théâtre que tous les soirs ou presque, pendant les représentations de *Deirdre,* alors même qu'il n'y jouait plus, ayant abandonné son rôle à Daniel Gélin, Marcel se tenait en coulisses du début à la fin du spectacle pour guetter les moments du jeu qu'il aimait, et plus tard, je l'ai vu caresser des costumes de théâtre qui avaient été portés par quelqu'un qu'il admirait. Mais en revanche, un soir de 1944, quand Camus lui annonça devant moi, à une table de bistrot, que nous projetions de nous exiler tous deux au Mexique, il avait beau être bourré d'alcool, il n'a pas dit un mot ; il a seulement souri sa mélancolie et seuls ses yeux noirs se sont embués.

Homosexuel et viril, rêveur et réaliste à la fois, il se promenait solitaire au milieu d'une véritable cour qu'il assemblait autour de lui, dans son théâtre, ou bien à l'étage au-dessus, dans le joli appartement qu'il habitait avec sa mère. Et c'étaient des soirées, des « fiestas », des réunions, des célébrations d'anniversaires ou de centièmes, où se mêlaient jeunes et vieux, décorateurs – musiciens – peintres – auteurs – traducteurs – acteurs, les gens de lettres – du monde – et du spectacle, amateurs de théâtre qui venaient tous se réfugier là, un moment, fuyant la béance de la ville occupée, et dont les plus assidus, à part ceux qui avaient participé participaient et allaient participer à la représentation des pièces données sur la scène des Mathurins, étaient Yolande Laffon, André Dubois et son ami Lucien Sablé, Henri Sauguet, Louis Beydtz, Marie-Laure de Noailles, le marquis et la marquise de Chambure, au tout début Marie Laurencin et, vers la fin, les gens de cinéma rencontrés lors du tournage des films qui l'aidaient à faire vivre ce lieu, avec les apports que Jean Marchat, son compagnon, allait chercher au Liban, en Égypte, en Amérique du Sud, dans les longues tournées théâtrales d'été.

Quand je suis arrivée rue des Mathurins, le tandem Herrand-Marchat, indissociable, vivait – je crois – déjà à l'image de ces vieux couples que rien ne peut détacher et qui, ayant dépassé le temps des passions, ont trouvé à leur manière un terrain d'amour ou d'amitié à vie. Tous deux co-directeurs du théâtre, quand après le spectacle la réunion intime ou mondaine qui s'ensuivait prenait fin, pendant qu'Herrand regagnait son étage où sa mère l'attendait, Marchat, lui, rentrait dans ses appartements, c'est-à-dire une pièce qui lui était réservée en coulisses et qui lui servait à la fois de loge, bureau et chambre à coucher, car s'il avait dans Paris un autre domicile il était rare qu'il le visitât. C'est donc dans cette petite pièce, au cœur même du théâtre qu'il ne quittait donc presque jamais, qu'il élaborait le plan de ses incessantes facéties ; car les rapports de Jean vis-à-vis de Marcel, quels qu'ils fussent, se traduisaient toujours en chapardages et en facéties. Fasciné par son compagnon mais différent de lui en tous points, Jean Marchat, à cette époque, apparaissait comme quelqu'un qui, à la scène comme à la ville, se sentait au mieux dans sa peau. Plus jeune je crois que Marcel de quelques années, beau gosse bien que déjà mûri et portant avec une adorable moue de démenti l'air grave de dignité que donnent les responsabilités, il était en réalité détenteur d'un charme infini dont il usait savamment pour se faire pardonner toute une ribambelle de petits péchés qu'il traînait fidèlement avec lui afin de ne point perdre le goût vif qu'il avait de la vie.

Grand seigneur, désintéressé, raffiné, élégant et discret, libéral au sens le plus large du terme, gourmand sans ostentation, gourmet avec opportunité, jouisseur mesuré, et comédien tout entier – jusqu'à la dernière parcelle de son être –, ne trouvant un semblant de plénitude que sur les planches, il passait sa vie à jouer, à la scène comme à la ville ; ou à voyager, de préférence en « tournée » ; ou bien à déguster bonne chère et vins fins, plutôt à la fin du spectacle ; après quoi, pour fléchir les révoltes éventuelles de son appareil digestif, il employait le reste de son temps à ingurgiter le contenu des flacons d'une panoplie pharmaceutique qui ne le quittait jamais et dont les prodigieux effets devaient combattre les multiples difficultés qui accablaient son organisme sensibilisé par le régime qu'il lui imposait.

Mais tout cela n'était que jeu, point d'appui, diversion, ponts jetés sur le vide pour atteindre l'autre rive, celle où l'attendait la représentation véritable. Trop pudique, hors du théâtre il s'ingéniait à forger autour de lui des décors, des paravents – ou voiles, derrière lesquels il se dissimulait — aux autres ou à lui-même ; jamais il ne m'a paru aussi... désarmé et... désarmant, aussi drôle et aussi pathétique, et je ne l'ai jamais autant vu se révéler qu'au centre d'un cercle mondain quand, loin de la scène, livré à lui-même, il empruntait soudain – pour entretenir une « grave » conversation – son air le plus contrit, et qu'il s'efforçait à la plus haute concentration avant d'énoncer le lieu commun le plus éculé, le plus rebattu que l'on eût pu espérer ; ceci pendant que son tic familier – il clignait constamment des paupières – précipitait vertigineusement sa fréquence, pour noyer dans son battement la flammèche d'impertinente moquerie que la pensée de son prodigieux ennui allumait dans son œil bleu. Quand, par le plus grand des hasards, il ne répétait ou ne jouait pas sur une scène, il le faisait donc sans plus tarder à la ville ; et comme il s'était mis en tête que toutes les personnes qui travaillaient ou se réunissaient aux Mathurins y étaient attirées surtout par la présence d'Herrand, ses jeux toujours orientés vers son compagnon avaient toujours pour but de déjouer les dispositions que celui-ci venait à prendre, ou de chercher — sinon — à s'approprier ce qu'il pouvait affectionner. Et si Marcel montrait un intérêt particulier pour quelqu'un, il n'avait de cesse qu'il ne le lui ait subtilisé ; et si Marcel marquait des directions, de les détourner ; et si Marcel demandait une discipline, de l'enfreindre. Et dans le petit groupe compact que formait la troupe mouvante du théâtre et qui unissait techniciens, acteurs, machinistes, directeurs, auteurs, dans un dur noyau d'élection, sa plus grande volupté était de semer l'exquise zizanie. Et nous le savions tous, et nous le suivions tous, et nous attendions tous les foudres de Marcel apprenant le dernier méfait. Mais si tous, nous aimions cet « affreux jojo » qui nous inspirait tendresse, gaieté et plaisirs de vacances, quand l'un d'entre nous cherchait un point de profond attachement, c'est vers Marcel, bien entendu, qu'il allait. Et le cercle, ainsi « vicié », recommençait.

C'est à un moment ou Herrand dut s'absenter pour le tournage des *Enfants du Paradis* qu'un événement soudain et tout à fait inattendu vint bouleverser les relations que j'avais avec lui, et qui pourtant sont restées les mêmes. Comme il nous quittait pour se rendre à Nice où, engagée à mon tour par Carné pour jouer Nathalie dans son film, je devais pourtant le rejoindre, je suis allée lui dire au revoir dans sa loge, triste comme un jour sans pain. C'était la première fois que nous nous séparions. La porte était grande ouverte et quand j'ai voulu l'aider à enfiler son manteau, il m'attrapa et sans crier gare il m'embrassa comme l'amant le plus fougueux peut embrasser son aimée. Interdite, chamboulée de haut en bas, avec plein d'ascenseurs qui montaient et descendaient au creux de mon ventre, j'eus tout juste le temps d'essuyer rapidement ses lèvres du rouge que les miennes y avaient laissé et de le voir partir sans me regarder, avec Marchat, brusquement apparu dans le chambranle de la porte.

Rien n'est venu par la suite s'ajouter à ce geste presque brutal et comme anachronique, tant il fut hors de tout contexte. Mais avant d'en avoir la confirmation, j'ai vécu alors dans l'éloignement de Marcel une des passions secrètes les plus ravageuses qu'il m'ait été donné de vivre. Et j'avais beau le cacher, Marchat n'en fut pas dupe et à partir de cet instant sur sa tablettte d'échecs il me fit prendre la place de la Reine.

Lors de son départ, ayant eu vent de certaines velléités de tournées ou plutôt de quelques « cachetons » en province que l'on avait proposés à son co-équipier pour les lundis jours de relâche, Herrand nous pria tous de refuser : mais il avait à peine le dos tourné que Jean nous entraînait tous – Auclair, Thibault, Quéant, Gélin, Carmet, Denise Bailly et, qui plus est, les plus âgés et responsables, Clervanne et Max de Guy – le régisseur ! – , tous, tout droit à Rouen où, dans un décor hasardeux, conçu sans doute pour *Rose-Marie* [1], j'ai vu arriver en scène à la place du roi Conchubor – vieux barbon vieillissant et sans attraits – , un Marchat cette fois dans tout l'éclat de sa beauté, d'une incroyable jeunesse que ses cheveux savamment poudrés rendait plus prononcée, rayonnant, superbe, et dans sa présence et dans sa voix, toutes les nuances de la séduction, à se demander quelle aberration avait bien pu pousser Deirdre à fuir un tel héros pour se blottir dans les bras de Naisi, représenté par un Michel Auclair alors à peine sorti de l'enveloppe fœtale (je parle, bien sûr, de l'âge-théâtre), joufflu, bourru, informe encore bien que bourré de talent et de charme, et que nous appelions dans ce temps-là « Bébé Cadum ». Comme, sous le coup, je suis restée un instant sans voix, à l'entracte, Jean est venu me trouver et, avec son plus beau sourire d'intelligence complice : « Tu comprends ? Ici, j'ai mon public et je ne puis le décevoir. » Mais le lendemain mardi, dès notre retour à Paris, sans doute avait-il découvert que là aussi il avait ses fans car, jusqu'au retour de Marcel, il continua à donner à son personnage – que l'on pourrait comparer au roi Marc de Tristan et Yseult dépouillé de grandeur – l'apparence, la pétulance et la séduction qu'il aurait données à Casanova. C'est alors que, un soir de relâche où nul engagement ne nous avait menés ailleurs, un coup de téléphone urgent est venu m'arracher de chez moi pour me précipiter aux Mathurins : Jean Marchat s'était évanoui et il se sentait au plus mal ! Et je l'ai trouvé en effet pâmé sur son divan, mourant de bonne mine, un œil aux aguets sous les cils, et prêt à jouer le grand jeu. Herrand avait, me semblait-il, noué des relations avec un garçon de la troupe ; il le lui avait déjà piqué, et à moi aussi, par la même occasion, puisque c'était le même à qui j'étais liée. Et maintenant qu'il sentait en moi la fièvre monter au seul nom de Marcel, il voulait à mon tour me subtiliser.

Mais l'on ne finirait pas de rappeler ses roueries, sa malice, son ingénue perversité, ses divertissements solitaires pareils aux jeux des enfants, ses phrases passe-partout, ses tromperies, ses escamotages, ses tours de passe-passe, ses passe-temps, ses croche-pieds et les inénarrables passe-pieds qu'il nous faisait danser sur scène quand il déclenchait des fous rires qui nous portaient tous dans une agitation de

1. *Rose-Marie*. Opérette bien connue.

damnés, les visages bouffis et congestionnés aux quatre coins du plateau — pendant que lui seul, impassible, retenait les noms de ceux qui « s'amusaient », pour les noter après au tableau de service.

Heureusement, les blâmes que nous recevions alors les uns ou les autres – il nous choisissait à son gré – ne portaient jamais à conséquence ; mais malgré tout, ce que dans mes amitiés de l'enfance je n'avais jamais connu, je l'ai appris là : à me révolter. Des chatouillis que cet ami cher s'entendait à éveiller dans ma main droite et dont je n'aurais pu décemment me libérer directement sur lui, je n'ai été débarrassée qu'en le voyant recevoir la plus belle paire de baffes qu'il ait sans doute jamais reçue de sa vie. Et encore là, il réussit une fois de plus à me posséder.

Ce jour-là, le public attendait dans la salle le début de la représentation. Nous devions jouer *Solness le Constructeur* avec Jean qui interprétait Solness. Il était l'heure de lever le rideau et nous étions tous prêts. Tous, sauf Jean — absent.

Nous l'attendions dans l'angoisse, craignant le pire accident. Marcel, affolé, téléphonait de tous côtés. Toutes les minutes je descendais pour guetter l'arrivée du disparu et voir Marcel bouleversé faire les cent pas seul dans le couloir sur lequel s'ouvrait la porte des coulisses. Enfin, il est apparu, tenant à peine debout, ivre-mort ; et ce n'est qu'en entendant la sonore paire de gifles que Marcel lui administra que j'ai pu regagner ma loge – soulagée. Aussitôt après sonna l'appel en scène et quand nous sommes descendus ce fut pour entendre quelqu'un – de Guy ? – présenter des excuses au public pour le léger retard (trente minutes !) et lui annoncer que M. Marchat avait été victime d'une petit accident et qu'il avait été nécessaire de lui administrer des piqûres. Et alors j'ai vu apparaître dans l'étroit escalier qui desservait le plateau une figure vacillante, le fantôme de Solness, sans barbe, sans perruque, vêtu seulement et à la va-vite du costume de scène et dans sa tête fraîchement lavée par une douche que l'on devinait glacée, deux yeux injectés de sang qui trouaient le visage blême.

La représentation commença et j'écoutais, dans l'anxiété, derrière les portants. Des plages de silence qui, comme celles de Lacanau, ne connaissaient pas leurs limites, séparaient les répliques d'Auclair de celles de maître Solness, et je guettais le moment où celui-ci allait s'écrouler foudroyé par une attaque au cerveau ou au cœur. Mais quand à mon tour, contractée, crispée, complètement coincée, je suis entrée en scène, pour y clamer l'irruption de la jeunesse libre et triomphante que je me devais d'incarner, je me suis trouvée devant un visage goguenard, qui me défiait, et qui tout au long de la représentation – ce n'était que la seconde pièce que je jouais ... – m'a tenu un discours parallèle au texte d'Ibsen, dès que celui-ci, dans sa ponctuation, le permettait.

– « ....

Qu'est-ce que tu as fait aujourd'hui ? »

– « ....

Tu vois à quoi tu m'as réduit ? »

Etc.

Et tout cela avec une maîtrise parfaite si l'on veut bien excepter une certaine pesanteur, lenteur de rythme, et une manière particulière de prendre chaque déplacement, chaque tournant, en fixant à l'avance le point de chute et en s'y rendant d'un trait.

– « ....

Pourquoi ne me réponds-tu pas ? Tu te rends compte, hein ? de ce que tu as fait ! »

Etc.

Mais cela aussi est le théâtre.

Et mieux que nul autre, celui des Mathurins — parce qu'il était *habité, entretenu, mené,* par un homme de théâtre et par un pur comédien, parce que ces deux hommes étaient si différents et qu'ils étaient ensemble la représentation même du théâtre (ce lieu d'exilés) — les Mathurins d'Herrand et de Marchat se trouvaient être un lieu privilégié entre tous pour apprendre les rapports vivants, outrés, exacerbés, parfois démentiels, à la fois innocents et renseignés, dont le théâtre nourrit la vie quotidienne quand la vie quotidienne se déverse entière en lui. Des rapports outrageusement vivants — comme les fous rires bêtes, la promiscuité de caserne ou de couvent, les souffrances physiques que l'on s'applique à dissimuler aux spectateurs, les passions nées en coulisse et qui accompagnent en sourdine la représentation — comme, enfin, cette atroce comédie innommable que l'on doit jouer à côté de la pièce quand, après un deuil, il faut se présenter en scène devant un public qui sait, et dont les regards informés et curieux interdisent toute représentation de la douleur ou de la joie qu'il faut pourtant représenter — Quant à déceler ces pudeurs et d'autres – moins évidentes – un seul savait s'y prendre, peut-être parce qu'il en souffrait plus que quiconque, et celui-là était Marcel ; le seul qui ait compris dès l'abord ce que moi-même j'ignorais ; que mon expérience d'une vie trop tôt bousculée n'avait rien à voir avec la vraie maturité ; mais que l'âge que je portais alors en réalité était, non pas celui que je paraissais ou que je jouais sur scène, encore moins celui que les ans me donnaient, mais celui qui se révélait derrière ma « cape d'écolière » – comme il disait –, cette cape bleue dans laquelle j'essayais vainement de m'abriter lors de nos premières rencontres et qu'il s'est toujours plu à rappeler ; l'âge d'une enfant précocement poussée, éduquée, mais qu'une adolescence manquée n'avait point encore initiée. Et que si c'était à lui que revenait la charge de m'initier au théâtre, il lui revenait aussi, à travers le théâtre, de m'orienter dans la vie. Il le savait ; et dans sa gravité tendre et douloureuse, il a tenu pour moi cette place, celle du révélateur qui, sans me conduire, par sa seule présence et les voies qu'il m'ouvrait, m'a préparée à choisir au carrefour où il me laissait, le chemin que je me devais de ne pas manquer — Et c'est ainsi qu'il m'a placée devant celui qui — lui — devait me guider.

« Il est plus aisé de triompher que de durer », disait Jouvet. Et, c'est un lieu commun, « le succès vieillit son homme ».

Pourtant, jusqu'à la fin de mon séjour aux Mathurins, si j'ai ressenti les effets d'un brusque et jeune succès, j'étais trop occupée à les combattre pour en prendre vraiment conscience. Est-ce parce que j'étais trop jeune ? Parce que je me trouvais au bout de ma course ? Parce que le temps m'avait manqué de convoiter et qu'il me manquait encore pour savourer et même pour respirer ? Est-ce parce que je croissais auprès de Marcel Herrand et que, voulant profiter de tout pour vivre au plus près, je le chargeais inconsciemment de la barre pour gouverner mon bateau ? Ou bien, est-ce parce que tout cela me paraissait irréel, et d'autant plus éphémère que la menace et la guerre continuaient ?

Car la guerre était toujours omniprésente et l'Occupation serrait de plus en plus sa patte gantée partout autour.

J'avais donc renoncé à passer la seconde partie du baccalauréat, je ne fréquentais plus le Conservatoire, d'où l'on m'avait renvoyée en bonne et due forme parce que, ayant laissé ma voix dans les déchirements de Deirdre, toute la science des otorhinolaryngologistes dont je faisais collection ne parvenait à me la rendre que pour jouer tant bien que mal chaque soir, et que je ne pouvais décemment me présenter à l'examen de janvier dans une scène muette. De ce côté, je me retrouvais donc libre ; mais maintenant, il s'agissait pour moi de me débattre dans une nouvelle mêlée.

D'abord, pendant des mois, j'ai passé mes journées avec les médecins, dans des séances prolongées où ils sondaient mon nez et ma gorge jusqu'à la nausée et, en leur absence, avec la cuvette d'inhalation qui m'était devenue aussi familière que la cigarette. Ceci jusqu'au jour où l'on me parla d'opération d'un nodule aux cordes vocales, pendant que je regardais devant moi, dans la glace, une personne qui me ressemblait, assise sur un fauteuil de dentiste, la bouche grande ouverte, quatre fils métalliques sortant du nez, et secouée tout entière par les décharges électriques déclenchées par un collier de chien qui entourait mon cou ; ce jour même je décidai de planquer là tout l'attirail des professeurs qui s'intéressaient tant à mes organes phoniques et – si je puis dire – de prendre à moi seule en main les soins de ma santé.

Mais il y avait aussi les copains ; et aussi les inconnus que le snobisme ou l'estime portaient autour de moi. Il y avait les « sorties » avec Marcel qui s'était mis en tête de me civiliser, de m'introduire dans le monde, et qui ne s'est décidé à y renoncer que le soir où – après la représentation –, alors qu'il m'avait attirée à un souper chez des amis – sous prétexte qu'ils détenaient des portraits de Goya –, j'ai demandé la bouche en cul-de-poule au maître des lieux, en l'entendant « pââler âvec cet ââccent bizâa...e que l'on entend encore du côté de Pââssy », s'il était Anglais d'origine ; et où, après avoir regardé les peintures en question, je me suis endormie dans le creux moelleux du très vaste fauteuil où l'on m'avait assise.

Et il y avait les journalistes, dont la sympathie à mon égard – un don qui ne pouvait que m'obliger ! – me portait à accepter des entretiens, des rendez-vous, pendant lesquels j'épuisais les restes de ma voix à conter et raconter « ma légende » – comme ils disaient – : « ... née en Galice... cette partie de l'Espagne qui pousse son nez sur l'Atlantique... où grouillent des enfants blonds ou châtain-yeux-verts... ces cousins des Bretons... au son de la cornemuse qui remplace ici celui des castagnettes... etc... etc... etc... » ; entrevues pendant lesquelles je posais pour le photographe, une mantille sur la tête, l'accordéon de Guimet entre les mains, l'œil bovin perdu dans le ciel supposé d'un océan lointain ; ou... à plat ventre sur une piste de glace avec, aux pieds, des patins sur lesquels j'avais été incapable de me tenir le temps de prendre un instantané.

Et il y avait aussi le sommeil – j'ai toujours eu besoin de longs sommeils pour récupérer et je dormais comme un loir.

Et il y avait la « vie privée », la vie « tout court » ; et, très vite, les enregistrements d'émissions à la radio, les répétitions des nouvelles pièces, et le cinéma... Et les engouements et les nouveaux paris et les risques et les espoirs et les menaces, les débordements, les fidélités, les impromptus.

Des années antérieures, je gardais des amies dont deux que je voyais quotidiennement ou presque, Mireille Dorion (que nous appelions Pitou au lycée) et Nina Reycine, cette superbe créature que j'avais connue à Lacanau, que j'avais retrouvée dès son retour à Paris, et qui tout au long de mon année de philo s'était passionnément appliquée à décortiquer pour moi Kierkegaard et autres philosophes, pendant que je contemplais sa suprême beauté s'épanouir au soleil et que je comptais les minuscules taches de rousseur sur sa peau lisse, sans écouter un traître mot de ce qu'elle me disait.

Maintenant — Nina — je l'apercevais surtout le soir quand je rentrais du théâtre — déjà couchée dans mon lit qui était devenu le sien, moi-même reléguée alors dans celui de maman — Chaque nuit, décorée de l'étoile jaune, elle quittait sa maison, ainsi que son père et sa mère — chacun de son côté — pour échapper à une éventuelle déportation. Notre maison ne semblait pas être le lieu rêvé pour se sentir en sécurité, mais comme le faisait remarquer ma mère avec un incontestable bon sens : « Ils ne vont tout de même pas imaginer qu'une juive aille se réfugier chez des réfugiées espagnoles ! » Et comme dans de telles circonstances il est vain de chercher où se trouve l'aveuglement, où la perspicacité, nous avions décidé d'un commun accord que Nina s'installerait chez nous.

Car nous, nous avions à peine été inquiétées. Deux ou trois visites à la *Kommandantur*, quelques questions sur le lieu où pouvait se trouver mon père, la réponse invariable de maman affirmant qu'il était parti pour l'Amérique alors qu'ils vivaient « déjà séparés », et c'est tout. C'est beaucoup, mais c'est tout.

Oui ; dans le tohu-bohu des journées j'arrivais même parfois à oublier la présence vert-de-gris qui tachait les rues de la ville comme la couche de suie dont Malraux a, plus tard, débarrassé le Louvre et Notre-Dame de Paris. Jusqu'au jour où, en arrivant dans ma loge aux Mathurins pour une des dernières représentations de *Deirdre*, je n'ai pas pu y entrer.

Une corbeille colossale qui arquait son anse jusqu'au plafond l'*occupait* toute, et dans l'ovale qu'elle dessinait, les lattes d'un treillis servaient de tuteur aux branches fleuries d'une plante grimpante. En bas, dans un coin, une enveloppe avec mon nom et « E.V. » ; dans l'autre, le portrait format 16 × 18 d'un officier allemand, casqueté, uniformé, décoré, blond, bienséant, bel homme, regard net et clair, etc.

D'abord j'ai cru à une plaisanterie et je la trouvais d'un goût douteux ; mais Jenny, ma chère chère Jenny – l'habilleuse que j'aimais comme de la famille et que je n'ai pas reconnue un matin sur les Champs-Elysées parce que je ne m'attendais pas à la voir à cette heure et qu'elle n'était pas vêtue en habilleuse... ! – , Jenny, donc, l'air grave et désolé, me confirma que c'était sérieux.

J'ai ouvert l'enveloppe et j'ai lu la lettre. Elle m'invitait à une rencontre après m'avoir informée que le signataire avait assisté à toutes les représentations de la pièce de Synge et qu'une grande, très grande admiration le poussait à... etc.

J'ai regardé le portrait et j'ai ri.

Cette manière de se présenter me semblait aussi cocasse qu'inattendue.

Aussitôt après je fus prise de panique.

Mais le temps pressait. On traîna hors de ma loge l'énorme tank camouflé de volubilis, je me suis maquillée, habillée, et j'ai joué.

J'ai joué... bizarrement, mal et bien, à la fois gênée mais quelque part galvanisée par la présence éventuelle de ce redoutable inconnu-connu, dans le public ; et c'est ainsi que j'ai pu vaguement humer à quel point des circonstances semblables peuvent ajouter au trouble d'une femme devant... l'ennemi.

A la fin du spectacle j'ai laissé dans la salle d'accueil la corbeille que je ne pouvais en aucun cas me permettre d'emporter dans le métro et, munie de la lettre et de la photo, je suis rentrée chez moi.

Cette nuit-là, nous avons peu dormi, ma mère et moi. Prise de frayeur et dans les délires de l'insomnie, maman, cherchant la meilleure solution, est allée jusqu'à me conseiller de fuir, d'abandonner là théâtre, contrats, moyens d'existence, pigeonnier, à la rigueur elle-même s'il le fallait — et de partir pour me cacher ; mais pas une seconde il ne lui est venu à l'esprit de me souffler un possible rendez-vous. Quant à moi, j'hésitais. Quelques jours avant, nous avions déjeuné toutes les deux à la Tour d'Argent avec l'ambassadeur d'Espagne Lequerica, qui, de son côté, avait assisté à plusieurs représentations de *Deirdre* et qui avait sollicité une rencontre pour me faire une proposition. Bien entendu, l'offre en question, qui était de rentrer en Espagne pour jouer dans le plus grand et le plus officiel des théâtres de Madrid, nous l'avons courtoisement déclinée et, malgré la grande gentillesse – je dirais même noblesse – de Lequerica, nous lui avons gentiment fait comprendre que nous ne nous reverrions plus. Alors, pourquoi refuser de rencontrer cet officier allemand ? — je lui parlerais de vive voix ou bien — je le tiendrais à distance sans trop dire — pourquoi ne... — et dans l'ennui, la peur, un trouble certain — je ne sais quel obscur désir — je me suis endormie —

Le lendemain, dès mon réveil, j'ai relu la lettre, j'ai regardé la photo, et encore une fois j'ai été prise de fou rire. Mais sous le nom, il y avait une adresse et un numéro de téléphone. J'ai attendu une heure décente et j'ai appelé. Je ne savais pas du tout ce que j'allais faire ; on m'eût dit à ce moment-là que je finirais le soir même dans un grand lit teuton que je n'en eusse pas été tellement surprise. Et après quelques mots échangés avec une première voix d'homme qui répondit à mon appel, j'ai entendu l'autre, celle de la photo. Elle parlait parfaitement le français, avec un timbre chaud me disant la joie qu'il avait de m'entendre. Et, comme une nuit à *La Vergne* où j'ai eu très peur et que j'ai su, quand j'ai voulu sortir de ma chambre avec un revolver à la main, que je serais incapable de tirer sur qui que ce soit, à cet instant, en écoutant ses paroles, j'ai su que rien au monde ne pourrait me mener librement à ce rendez-vous. Et je le lui ai dit ; que dans les moments que nous vivions, il m'était impossible à moi, réfugiée en France occupée, de me lier, ne serait-ce que par une simple rencontre, avec l'occupant, sans trahir les lois les plus élémentaires de l'hospitalité.

Des taches rouges, apparues dès que j'avais posé la main sur le téléphone dans le décolleté et le cou de maman, couvraient maintenant dans son intégralité son visage rétréci par l'angoisse et transformé une fois de plus en betterave. Quant à moi, j'attendais.

Il y eut un silence qui me parut sans fin. Puis la voix est arrivée, un rien altérée, plus grave, plus secrète et comme reconnaissante, pour me dire rapidement que son admiration pour moi n'en était que redoublée, bredouillant quelques excuses confuses sur l'audace et l'indiscrétion et formulant le vœu qu'un jour nous puissions nous rencontrer dans d'autres circonstances. Du coup, je dus me tenir à quatre pour ne pas le retenir ; mais tout en faisant le même vœu que lui, j'ai raccroché.

Ce n'est qu'alors que je me suis mise à trembler, de tous mes membres ; pendant que maman, elle, ayant retrouvé son teint normal brouillé seulement de ses taches de rousseur, allait vaquer tranquillement à ses affaires.

Et quand, à la fin de l'année 46, j'ai reçu d'Allemagne une carte de vœux pour le Nouvel An, accompagnée de la photo d'un Allemand en civil qui se rappelait à moi dans d'autres circonstances, comme les bouffées galiciennes qui me reviennent aux narines quand le vent souffle du côté de l'Océan, des lambeaux somptueux de mon séjour aux Mathurins sont venus claquer dans ma mémoire ; mais amère alors d'un savoir tout neuf fraîchement exhumé de couches souterraines insoupçonnées — que je devinais — ancrées là — quelque part — en tout homme — nous amarrant tous aux pattes fourchues d'une monstrueuse mandragore, je me demandai si cet homme savait et avait toujours su ce qui se passait dans les camps d'où ni Nina ni aucun membre de sa famille ne sont jamais revenus. Mon innocence dernière était tombée.

Cette nuit-là, nous étions six à la maison. Enrique n'était pas encore rentré, mais il y avait avec nous Nina et trois autres personnes, tous juifs. Nous avons écouté les bruits de bottes claquer contre le marbre du long escalier jusqu'à notre étage ; puis, la sonnette et quelques coups frappés à la porte de nos voisins de palier, monsieur et mesdemoiselles Lévy, de très gentilles personnes dont j'aime encore à recevoir des nouvelles, depuis que, à leur tour, elles ont quitté la rue de Vaugirard.

Comme il n'y eut pas de réponse, quelques instants plus tard, ils frappaient chez nous. Groupés dans la cuisine, nos hôtes se tenaient prêts à gagner l'escalier de service si toutefois cette issue n'était pas coupée.

Maman est allée ouvrir. Moi, je prenais mon souffle ; mais quand, aux premières questions posées, j'ai entendu la voix de ma mère répondre en mélangeant toutes les consonnes et s'entêter encore à parler une langue qu'elle n'avait jamais apprise, je courus auprès d'elle :

— « Non ; monsieur et mesdemoiselles Lévy étaient partis depuis deux bonnes semaines ; nous ne connaissions pas leur adresse et d'ailleurs nous ne les avions pas vu partir. Oui ; j'habitais avec ma mère et nous étions Espagnoles. Bien sûr, nous allions leur montrer nos papiers. »

En espagnol, je demandai à maman d'apporter nos titres d'identité. Et, en son absence, je demandai à ces messieurs de l'excuser : un accident qu'elle avait subi en Espagne l'avait rendue très nerveuse et — puissé-je en être pardonnée ! — je crois même avoir posé le bout de mon index sur ma tempe dans ce geste qui en dit long. Mais je parlais encore et toujours, ne sachant pas ce que je racontais, pour noyer le mensonge, et surtout pour étouffer dans le bruit toute rumeur insolite — même celle de la respiration — qui aurait pu nous parvenir de la cuisine.

Ils ont longuement regardé les papiers et, après un court échange de paroles en allemand, ils nous ont demandé où se trouvait le chef de la famille. J'ai répondu que c'était moi, bien qu'il fût évident qu'ils voulaient parler du mari de madame ma mère. Puis nous avons raconté notre histoire habituelle ; mais en nous rendant les papiers, celui qui avait l'air de les commander tous promena un regard hésitant, tout autour, dans le vestibule. Une inspiration me poussa alors à l'inviter à entrer plus avant, et j'ouvris la porte du petit salon. Il sourit, remercia, claqua les talons, salua et prit congé, avec les autres. Et nous avons attendu que le bruit de leur pas descende, tout au long de l'escalier. Puis maman est allée sur le balcon pour s'assurer de leur départ et je me suis rendue dans la cuisine. Là — ils se tenaient tous les quatre — debout — entassés contre la porte de l'escalier de service — les uns contre les autres comme de gros agneaux chimériques — agglutinés en une impossible mandragore où la beauté même de Nina s'effritait.

Maman est arrivée triomphante : « Ils sont partis ! » Et je m'évanouis.

Pourtant l'exil et le danger, étant devenus pour moi terrains familiers, ma frayeur – si frayeur il y eut – ne pouvait me venir que de nos mensonges, dont les conséquences – à ce qu'il me semblait –, s'ils étaient découverts, pouvaient nous mener tous au-delà du risque qu'évoquait alors pour maman et moi la seule déportation. Mais quand j'ai vu nos quatre amis, *massés, accrochés* à cette petite porte *dans l'attente de ce qui allait advenir*, une *chose* cachée à mon entendement, comme une vision tapie dans d'étranges ténèbres, l'obscur pressentiment d'une fulgurante révélation, de *je ne sais quoi* d'insaisissable et sale, s'est fondue avec ma conscience, et je suis tombée.

Quelques jours après, Nina nous a téléphoné. Cette nuit-là, on fêtait un anniversaire, chez elle, en famille : « Il n'y avait pas de danger ; ils n'étaient jamais venus pendant leur absence ; il n'y avait aucune raison qu'ils apparaissent justement cette nuit-là. » Et il est vrai que le soir même j'assistais à une réunion amicale chez Lucienne S., une avocate on ne pouvait plus juive qui exerçait néanmoins sans difficultés sa profession et qui, une fois par semaine, invitait à ce qu'il semblait en toute liberté des amis, parmi lesquels se trouvaient, je me souviens, Guillaume Hanoteau et ma camarade de classe au Conservatoire, Alice Sapritch, plus orientale que jamais, arborant turban, long fume-cigarette, et avec dans l'œil de velours un éclat de rire difficilement enfoui. Je l'aimais bien ; dans son extravagance qui se voulait « la plus toc », elle était généreuse, réaliste et romanesque, drôle. Avec cela, un rien qui la rendait solitaire, étrangère, peut-être tout simplement l'Asie Mineure.

Mais cette fois, il se trouvait aussi parmi l'assistance un étrange personnage qui, malgré sa réserve, attirait aussitôt l'attention. C'était un homme de taille moyenne mais qui semblait beaucoup plus menu ; il avait un très beau regard parfaitement inquiétant dans des yeux parfaitement sombres et ses mains parfaites étaient d'une finesse et d'une petitesse comme je n'en ai jamais vu chez un homme. On me le présenta. Il était masseur, mais spécialisé ; il opérait par attouchements et passes, sur des sujets trop nerveux ou sensibles à l'angoisse, à qui il rendait – selon les dires – un calme olympien. Il me regarda comme on considère une proie et je décidais sur-le- champ de remettre mes « terribles nerfs » entre ses mains. Nous avons donc pris rendez-vous rue de Vaugirard. L'éclat de rire dans l'œil d'Alice était devenu insolent.

Quand je suis rentrée, maman s'inquiétait au sujet de Nina — « elle n'aurait pas dû rester chez elle ». Moi — je pensais à mon masseur. D'abord – il va sans dire – parce qu'il était séduisant, mais aussi parce que je comptais sur son art pour arriver à me détendre et, surtout, à me rassembler.

C'est que le succès – puisque succès il y avait –, avec l'exaltation de sève qu'il apporte – précieuse au comédien assez délicat pour ne pas y perdre ses plumes –, charrie aussi des semences empoisonnées, dont celle de la dispersion ; sensibilisé aux trêves de répit – intérieur, il va de soi – que propose la réussite, sollicité de tous côtés et ingénument reconnaissant, il risque dès l'abord l'égarement, l'éparpillement des énergies, l'oubli de son profond vouloir, quand il n'est pas tenté de s'asseoir à vie sur le siège confortable de la décontraction. Or, si personnellement l'effrayant spectre d'une certaine sclérose – cette peur qui me paraît, tant elle remonte loin dans mon souvenir, innée – me détournait tout naturellement du « fauteuil de velours » et si, en ma qualité d'étrangère et de créature a-sociable, je contournais sans mérite les pièges de mondanités d'autant plus périlleuses que l'on ne sait jamais où elles commencent, par contre, d'autres dangers, plus subtils mais tout aussi pernicieux, me guettaient.

Parce que j'étais justement une étrangère donc en quelque sorte une intruse, la position où le théâtre venait de me placer me remettait d'un coup – par un remarquable retour de situation – dans un embarras cousin de celui que j'avais connu en Espagne quand, parce que j'étais la fille de mon père, je jouissais, à ce que je croyais, de certains privilèges qu'il me fallait à tout prix justifier et qui ne me laissaient plus qu'un souci, celui de me les faire pardonner.

Et de redoubler alors de gentillesses – et d'attentions – et de « simplicité » – comme on disait.

Pourtant rien n'avait changé en moi ; et mes deux « petits potes » – tentateurs ou protecteurs – s'associaient étroitement pour me souffler sans cesse à l'oreille la petite phrase prononcée par mon père : « Tu... vois... Gloria... je leur donne deux ans... ». Ceci, pour mes relations avec l'extérieur ; quant au sentiment profond, jamais je ne m'étais sentie aussi loin du but à atteindre, et déjà je devinais que plus j'avancerais sur les eaux fécondes et mouvantes du théâtre plus l'objectif poursuivi s'éloignerait ; et qu'une fois encore, ce qui comptait, c était le chemin.

Mais lorsque des camarades me parlaient de ma chance et de leurs difficultés, à part la pénible impression que j'éprouvais en les écoutant et qui me faisait soudain douter bizarrement de leur propre « réussite », je ressentais, en les entendant, comme des relents de culpabilité et, à l'image des gens trop riches mais bien élevés, je m'appliquais à dissimuler ma fortune.

Aussi, je m'interdisais les « non » catégoriques à quoi que ce fût, j'acceptais toute demande, toute rencontre, toute intrusion et jusqu'à une certaine violation même, quitte à m'épuiser ensuite et encore, en excuses – en détours – en ruses de Sioux – pour éviter les conséquences de mon premier accueil spontané, de ma prodigalité, de mon écoute ouverte, de mes sourires mêmes que je distribuais à bâbord et tribord — à tout bout de champ — à quiconque me regardait avec un semblant de bienveillance — même dans la rue quand les films que j'avais tournés sortis de fraîche date sur les écrans attiraient sur moi l'attention d'un passant.

Quant au cercle plus serré de mes connaissances, c'est peu dire que je ne m'en sortais plus : je m'y noyais.

Marcel Herrand m'avait fait découvrir qu'on joue mieux sur une scène lorsque l'on se sent aimé et du coup, sans trop en prendre conscience, je mettais en œuvre tous les moyens bons pour atteindre ce but. La putain la plus savamment accrocheuse, l'allumeuse la mieux expérimentée auraient pu y prendre des leçons ; mais, il ne faut pas croire..., l'art subtil avec lequel je nouais les relations de séduction, d'enthousiasme, de solidarité, d'amitié ou autres sentiments en équilibre sur les minces parapets du trouble, naissait chez moi en élan purement spontané, comme le fruit d'une véritable nécessité car, pour la donner, je devais me saisir de la lumière et, à part celle du soleil que j'accumulais dès que possible sur le balcon de la rue de Vaugirard ou à Camaret, rien ne m'illuminait autant que les choix affectifs qui se fixaient sur ma personne, ou, à la rigueur, sur ce que je représentais — Parce que, même si je voulais l'oublier, il était dit que jamais je n'échapperais à ma destinée de représentation.

Malheureusement, dans le genre de rapports – complexes – qui en résultaient, je manquais de la part d'indifférence, voire de cynisme, qu'il m'eût fallu pour les vivre en toute liberté ; et si j'étais, par exemple, capable de mentir avec une science rare, en comédienne expérimentée et en imaginative-née, je ne me sentais en vérité aucun goût pour le mensonge. Aussi, pour séduire, il me fallait aimer, et une grande part de mon attention, de ma concentration, de ma vitalité, était employée à trouver des charmes secrets là où il n'y avait que laideur ou disgrâce, et à « deviner » mille et une nuances de délicatesse derrière la grossièreté du plus malotru des butors. De surcroît, pour compliquer la situation — une fois que j'avais réussi à forcer de mon côté une quelconque inclination, me sentant alors responsable du penchant provoqué, et partant, en dette avec celui qui « penchait », quand je n'allais pas — la mort dans l'âme — comme il m'arriva une fois — jusqu'au lit d'un garçon qui dans un moment de distraction m'avait embrassée, du moins je me croyais toujours obligée de payer.

Et ainsi venait le moment de redoubler de gentillesse, d'attentions, de sourires, d'une particulière qualité d'écoute — et surtout de — temps — de temps et d'énergies perdus et irrécupérables — Et un pressant besoin de me reprendre commençait à me harceler.

C'est vers cette époque — je tournais à Paris les derniers plans qui me restaient à faire des *Enfants du Paradis* — , c'est donc à cette époque où je me démenais en tous sens afin de me rassembler, quand, à la maison, j'en étais arrivée à parler le moins possible afin de chasser une fois pour toutes les restes de mon accent — c'est alors que j'ai reçu — sans doute pour porter à son comble l'aimable folie qui me tenait — une lettre d'un inconnu écrite en anglais. Ceci — au moment même où le soir je jouais Ariane et que je guidais, en Crête, hors du labyrinthe, Thésée ; où — chez Lucienne S., je faisais la connaissance du captivant masseur-mage ; et où — dans les coulisses des Mathurins, alors que j'avais réussi la plus belle toile d'« inclinations », Marchat s'essayait à prendre le pas sur Herrand et multipliait ses soins autour de l'araignée femelle que je personnifiais et me léguait, de son côté, dans le but de me détendre, la masseuse qui lui était personnellement attitrée : c'était une baleine grise, presque aussi effrayante que Moby Dick, dépourvue de toute envergure fabuleuse mais dotée cependant d'une force peu commune, et qui se jetait sur moi dès que j'arrivais — épuisée par des journées de tournage, enregistrements ou répétitions — afin de relâcher mes muscles crispés par la fatigue avant la représentation. Je me souviens — à plat ventre sur le divan de ma loge, le dos et les jambes à découvert, j'attendais, nouée de terreur, ce moment qui ne manquait jamais d'arriver, qui l'arrêtait un instant pour prendre de l'élan, après qu'elle eût annoncé : « Ici, il y a de la cellulite » — Et à partir de là, les dents serrées pour ne pas crier, je subissais, pantelante, sur la partie cervicale de mon dos ou sur mes cuisses, la trituration savante infligée par ses doigts de fer, et, dans mes narines, les relents de son souffle — dantesque — Ensuite, Jenny m'habillait et j'arrivais en scène dans un état voisin de celui du boxeur abattu par knock-out, pour m'entendre dire par Marchat : « Tu vois ? te voilà tout à fait détendue. » Mais je ne pensais pas que ce qui le satisfaisait au plus haut point, c'était que, pendant le temps où Mlle Moby Dick restait dans ma loge, tous ceux qui avaient pris l'habitude de s'y entasser tandis que je me préparais, trouvant la porte fermée, se précipitaient dans la sienne, pour son plus grand bonheur. Quand plus tard il me l'a dit, je lui rendis aussitôt la baleine ; mais à ce moment-là, ma loge était déjà autrement occupée. Par le signataire même de la lettre écrite en anglais :

Dear Miss Casarès
S.V.P. Excuse-me that I write in English.
I have seen you at your work... twice -in « Le Voyage de Thésée ».
The piece does not offer you many opportunities — but you are such a blessed genius that you are rich enough to make miracles even out of A.E.I.O.U.
And I have thought about what you made me feel when I saw you moving — heard you speaking — and heard and saw your laugh and smile, and I am obliged to write and tell you how three times blessed is this stage of France in having you moving speaking and smiling on its boards.
Is it genius ? It is what I feel is genius... much skill too — lovely neat work — yes — but also genius.
I hope some day you will show as Viola — Imogen — Isabella — Rosalind and other persons worthy of you.
And may I be there to see.
your sincerely Gordon CRAIG

Je me suis rendue dans la loge de Marcel avec cette lettre, que l'auteur s'était appliqué pour une fois à écrire clairement — tous les autres élégants hiéroglyphes que j'ai reçus depuis de lui restant souvent à la limite de l'indéchiffrable.

— « Une lettre de Gordon Craig ! Te rends-tu compte de ce que cela signifie ? »

Du coup, je fus fortement impressionnée : et munie des quelques informations apportées par Herrand, j'ai voulu me jeter à temps et corps perdus dans l'œuvre du réputé Irlandais. Hélas ! je n'ai réussi qu'à la feuilleter ; car — c'est alors que je l'ai appris — à part la lecture des livres concernant la guerre d'Espagne, dont la seule approche suffit à paralyser chez moi toute fonction touchant le cerveau, il n'en est aucune qui annihile autant mes facultés intellectuelles et cela jusqu'à l'hébétude, que celle des écrits traitant de théories sur le théâtre.

Quoi qu'il en fût, forte de mes vagues et récentes connaissances et toujours très impressionnée, j'ai rédigé une première lettre, d'autant plus « chaleureuse » que je m'en voulais d'avoir ignoré jusque-là son destinataire ; et c'est ainsi qu'aux deux langues que j'avais tant de difficulté à marier – l'espagnol et le français – est venue s'ajouter une troisième, l'anglais ; et aux trois esprits qu'il me fallait ou garder ou capter, un quatrième : l'irlandais.

La réponse vint aussitôt (que j'essaie de traduire) :

Paris, 7 décembre 1943

A Madame Maria CASARÈS

Madame – Ainsi vous parlez, ainsi vous écrivez.

Votre lettre m'est parvenue hier mais je ne l'ai lue qu'aujourd'hui parce que j'ai été malade. Cette joie que vous exprimez dans votre adorable lettre NE PEUT être, en vérité, aussi grande que la mienne, encore que je ne veuille vous quereller à propos de la joie.

... mais je suis très heureux de savoir que mes paroles ne vous ont point déplu. Voyez, Madame, comment selon la bienséance nous deux, membres de la même famille, de la *même maison,* nous nous adressons l'un à l'autre – C'est bien... N'est-ce pas ?

Mais maintenant et derechef, pardonnez-moi si toute bienséance tombe : car c'est bien ce qui se passait quand j'épiais chacun de vos gestes, que je captais la musique de chacune de vos intonations et que je pleurais d'une joie sans mélange. Un jour, plus jeune – car à présent je suis very old – (j'ose dire qu'aux alentours de lundi prochain je serai plus jeune – je meurs un mercredi et reviens à la vie un samedi. Oh ! vous comprenez !), je pourrai même être un petit peu critique : je *hais* tout à la fois la critique et les critiques – Particulièrement quand ils sont vrais : mais là encore il se peut – *il se peut* seulement – que vous ayez à me pardonner un jour...

Voilà que je parle comme si je devais vous connaître un jour en tant que *real person* et même vous dire *how do you do ?*

– une idée bien présomptueuse – Mais vous vous êtes signalée à moi *d'abord,* par et à travers les manifestations de votre cher génie, et il est impossible d'aller à l'encontre de cela.

Il y a des idiots de par le monde qui ont dit que j'avais un brin de génie – aussi bien veux-je *à présent le croire* –, que je puisse avoir quelque chose par quoi me protéger de vous !

Écrivez-moi encore parce que je suis prisonnier ici à la maison avec cette grippe ou influenza.

Écrivez-moi en anglais si vous le pouvez, Madame, car je suis un parfait imbécile dans toutes les autres langues : mais je parle un gentil 10 % de français, 5 % d'italien et un abominable allemand. (Mais écrivez-moi, fût-ce en bas-flamand, et je le traduirai mot à mot dans la langue de Shakespeare.)

Votre dévoué, Madame,
Gordon CRAIG

Ce... billet aurait dû m'éclairer dans ses intentions à peine voilées ; mais à l'époque, familière des climats passionnés et platoniques, surtout quand ils m'unissaient à quelqu'un de *« very old »,* je n'y ai vu que les bouffées enthousiastes d'un amoureux de l'art dramatique, Irlandais et théâtral. Et le jour du rendez-vous est arrivé ; et je me suis rendue sur le trottoir en face du *Café de la Paix,* au coin de la place de l'Opéra, où m'attendait déjà une figure qui vivait, à chaque instant, dans une entière liberté et avec un plaisir ostentatoire, le personnage de sa légende.

Très grand, mince, la longue silhouette étirée encore par une longue cape noire qui l'enveloppait jusqu'aux chevilles, un fin cordonnet noir noué en guise de cravate autour d'un col haut, blanc et impeccablement amidonné, et coiffé tout là-haut d'un immense chapeau noir à très larges bords — il m'attendait, debout, légèrement appuyé contre la vitre d'une devanture, dans l'attitude d'un jeune homme dont l'extravagance eût retenu par son défi même l'attention de chaque passant. Bientôt, une petite tête m'apparut, une face astucieuse, incroyablement ridée, portée sur un long cou et encadrée par deux pans de cheveux coupés à hauteur d'épaules du même blanc immaculé que le col de la chemise. Et nous avons fait connaissance en *real person,* en disant l'un et l'autre *« how do you do »* ; et il m'a emmenée dans un bistrot pour un tête-à-tête, le premier d'une longue série qui – si je n'avais pas été si fatiguée et si intimidée – m'eussent assuré à eux seuls l'entière possession de la langue anglaise ; mais qui, dans les circonstances alors présentes, m'ont tenue tendue pendant des heures, jour après jour, clouée et parfaitement bouchée aux longs monologues dialogués auxquels Craig s'adonnait devant moi — et pendant lesquels je le voyais passer sans transition de la tenue la plus stricte aux déchaînements les plus incongrus, de la douceur à la rage, du rire à la mélancolie, du ton de confidence à la harangue, au babil, à la proclamation, au silence bref et significatif, à la causerie, à l'apologie, au plaidoyer, au réquisitoire — et tout cela sans que je puisse arriver à comprendre un traître mot de ce qu'il disait. L'*influenza* appartenait au passé, et dès le premier jour, une relation fantasque, absurde, folle, mais voluptueusement poétique nous réunissait tous deux dans les cafés, chez lui, chez moi, par lettres échangées, et enfin, dans ma loge des Mathurins où il siégeait déjà, entouré de Jenny et des comédiens, quand j'arrivais, claquée par mes journées de travail, pour me préparer à jouer. Il avait, je crois, soixante-treize ans quand il me présenta sa dernière enfant de six ans. Et il grimpait les six étages des hautes marches en marbre de la rue de Vaugirard, pour entrer dans l'appartement frais comme un gardon et chargé comme un âne – de livres, dessins, sucreries, bagatelles, cadeaux, cadeaux et cadeaux ; et il m'écrivait encore, et il m'insultait parce que je faisais du cinéma, et il me bousculait alors même que je m'apprêtais à entrer en scène ; et je ne savais toujours pas si c'était moi qui l'enflammais, ou le théâtre en moi, ou lui-même ; jusqu'au soir où – épuisée par sa virulente vitalité, le travail, le trac, la course à une concentration qui m'échappait, la vie privée, la vie publique, les questions toujours renouvelées qui se posaient quotidiennement – hagarde et, absente par une trop grande usure de « présence », je l'ai reçu dans ma loge en même temps que Moby Dick, pendant que le redoutable cétacé se livrait sur moi à ses méfaits. L'idée ne me vint pas une seconde à l'esprit que de découvrir mon dos et mes cuisses devant ce cher et vénérable personnage qui tenait plus pour moi de la fiction que de la réalité, pouvait ressembler de près ou de loin à une provocation, car, là, je me sentais vraiment aussi innocente que le nourrisson qui vient de naître ; et quand Mlle la Baleine eut pris congé et que, tendant ma joue à Gordon Craig pour lui dire au revoir, j'ai senti ses deux bras d'acier m'attirer à lui et sur ma bouche ses lèvres gourmandes, j'ai eu de la peine à m'assurer que j'étais en état de veille.

Nos relations, hélas ! ont dû s'arrêter là ; il était têtu, et il m'inspirait un sentiment trop délicat pour qu'à mon tour je m'entête à jouer avec lui un vilain jeu. Car, malgré sa longue cape noire et le vaste chapeau noir à larges bords — il ne ressemblait pas à... — à vrai dire, à qui ou quoi ? — eh bien... par exemple — à quelqu'un que je venais justement de rencontrer – de loin, il est vrai –, mais qui, lui — *lui* ressemblait —

Cela s'était passé dans un appartement sis je ne sais où et dont on avait transformé l'une des pièces en salle de théâtre. Bizarrement, bien que le spectacle eût lieu en plein jour, les sièges alignés pour recevoir les spectateurs se trouvaient disposés face aux fenêtres. Les « acteurs », par contre, se tenaient tous assis sur une rangée de chaises semblables à celles que nous occupions, tournant le dos à la lumière du jour, la seule, si ma mémoire est exacte, qui éclairait le spectacle. C'était bien, c'était juste : on ne savait plus qui était quoi.

J'avais été emmenée là par une jeune comédienne débutante Zanie Campan, que j'avais connue je ne sais plus où, qui était déjà familière de l'hôtel Paris-New York, que j'avais retrouvée chez Simon et que j'allais plus tard rencontrer de nouveau au TNP. Maintenant, fiancée, ou déjà la femme d'un éditeur littéraire, elle fréquentait les milieux des peintres et des intellectuels et, ce jour-là, elle faisait partie de la distribution, dans l'œuvre de Picasso qui allait être lue en public et qui s'appelait *Le désir attrapé par la queue*.

Comme j'étais totalement ignorante de ce qui concernait la littérature contemporaine, les noms de Sartre, Beauvoir, Leiris, dont Zanie m'avait parlé en tant qu'interprètes ou lecteurs de l'œuvre, ne m'évoquaient rien, et si l'on en était venu alors à me demander ce que j'entendais par existentialisme, j'aurais certainement répondu que c'était sans doute une manière d'appréhender l'existence. Aussi, j'étais là surtout pour Zanie, et pour représenter auprès de Picasso un peu de son Espagne.

Nous avons su que la lecture commençait parce que quelqu'un, parmi les interprètes, s'est levé et, avec un « brigadier » – ce gros bâton qui dans un théâtre sert à donner le signal du lever de rideau –, a frappé les trois coups rituels ; et, après avoir annoncé le titre de la pièce d'une voix voilée et véhémente, il a lu, sur une brochure qu'il gardait à la main, d'un ton égal et indifférent, les notes concernant le décor et les premières indications de scène.

Il ne faudrait pas me demander de quoi il était question dans la pièce ; mais il est vrai que c'est souvent ainsi que je reçois un spectacle, quand j'y assiste en spectatrice ; la plupart du temps je n'entends rien du texte, du moins au début de la représentation ; quand il me parvient, c'est toujours à travers une présence, qui s'impose à moi en harmonie avec la voix, et qui me le transmet ; au point que, dit par certains comédiens dont pourtant je ne conteste pas le talent, il arrive que le plus beau poème dégouline sur ma tête comme une coulée de marmelade, sans entrer à aucun moment dans mon entendement.

De cette lecture historique, j'avoue n'avoir retenu (pardon Zanie) que les indications de scène ; mais il se peut que dans ce cas particulier, l'art des autres interprètes n'y fût pour rien. Ni, bien entendu, l'art de l'auteur.

Avec une aisance qui laissait deviner une familiarité avec un public de théâtre, une voix aux accents à la fois nets et enroués qui égrenait dans une sorte de monotonie volontaire les places des objets ou des personnages dans le décor, ou les entrées et sorties de chaque participant à la scène, il intervenait dans le jeu évoqué par les lecteurs, à la fois absent et présent, comme l'aurait fait un magnifique comédien pour représenter le Destin, las d'être destin. Et quand il se retirait en détournant simplement la tête du livre et du public pour présenter en contrejour, sur la vitre de la fenêtre, un profil hautain dont le regard se perdait dans la rue et où, seuls, le front haut et le nez droit et court soutenaient toujours on ne sait quelle fatigue ou fière indolence, il était plus présent que jamais.

« C'est certainement un acteur » – voilà ce qui d'abord m'est venu à l'esprit.

Puis : « J'aimerais bien le voir jouer Don Juan. »

Et, à la fin de la lecture, aux « saluts », dans un de ces moments où je pense sans savoir ce qui se formule dans mon esprit : « Je voudrais le connaître pour... »

Mais je n'ai même pas eu le temps de demander de qui il s'agissait ; déjà au centre d'un groupe qui se serrait autour de Picasso, comme lui muette et empêtrée, j'essayais vainement de trouver quelque chose à dire pour répondre à la demande générale : « Parlez donc un peu espagnol tous les deux » ; mais une seule pensée me venait et c'était que si l'on jouait là à un jeu d'intellectuels, je lui préférais de loin « les bien bonnes » du plus épais de tous les ploucs.

Non — ni Craig, malgré le savoir de son grand âge, son goût violent pour la vie, sa fantaisie, l'acuité de son regard toujours en éveil, la liberté avec laquelle il traitait le monde — ni celui ou ceux avec qui je croyais bâtir une jolie histoire d'amour, ou d'amitié, ou d'entraide — ni Marcel, interdit, étranger à tous et à moi-même — ni le théâtre, cet ogre dont il fallait nourrir l'inépuisable voracité — non — rien ne venait plus me porter dans les contrées dont j'avais besoin pour me trouver ou me retrouver, ce lieu que je cherchais à tâtons dans une demi-cécité et qui, malgré toutes les chances qui m'avaient été données d'un bloc, me manquait pour être à même de les saisir ; et soudain dépossédée d'autres biens plus secrets dont j'avais été souvent favorisée — j'errais — en mal des terres où éclatent les vrais privilèges — Et cette aspiration en moi, coupée, émiettée dans l'effort et la dispersion, le vacarme autour, le désordre dedans, la distraction à peine consciente mais dans laquelle ma forte vitalité tournait en roue libre, peinait pour prendre souffle, rongeant mes plaisirs, sans toutefois éveiller le vouloir profond capable de déclencher le geste d'ébrouement devenu nécessaire.

Cependant, mon petit ange protecteur veillait sans doute à mon insu ; car, si la découverte de mon total aveuglement devant Craig alerta enfin mon attention fixée sur... tout et rien, la déportation de la famille Reycine provoqua, elle, le choc qui me plaça d'un coup dans le... rien.

Ne voyant pas arriver Nina le lendemain du coup de téléphone qui l'avait décommandée la veille, maman, occupée à préparer le dîner pour nous trois, m'envoya aux nouvelles. Elle habitait tout près, rue du Cherche-Midi, et, en arrivant, je sus, avant que la concierge ne m'en parlât, que les autorités allemandes étaient venues *justement* ce soir-là, et qu'elles avaient emmené toute la famille. Je suis rentrée, atone ; et maintenant je vois avec stupeur, que ni ma mère ni moi n'avons songé une seconde à intervenir d'une manière ou d'une autre, ni même à nous informer.

La mainmise était totale ; les décisions anonymes sans appel ; l'accord tacite, admis ; la mandragore nous nouait tous autour de ses racines, et, sans que rien fût formulé, introduisait en chacun de nous les protubérances d'un monstre que nous n'osions ou ne savions nommer.

C'est à ce moment-là qu'un soir, au théâtre, j'ai été victime d'un malaise que je ne pourrais qualifier. Je jouais toujours la pièce de Georges Neveu· *Le Voyage de Thésée,* où j'interprétais le rôle d'Ariane, qui, au dernier acte, apparaissait seulement pour faire à Thésée de déchirants adieux. Tout s'était déroulé normalement jusque-là ; mais quand — habillée par Grès d'une somptueuse robe de velours noir je me suis avancée sur le plateau — déjà en larmes et prête à jouer ma scène — *ma main* levée devant moi en geste d'appel m'a soudain clouée toute entière à *elle* — qui se dressait *telle qu'elle* devant moi — absurde — échappée de tout contexte — *isolée et excessivement réelle* — comme celle qui devant Antoine cherchait je ne sais quoi dans le ciel de la prison de Verlaine — mais m'entraînant cette fois tout entière en *elle* et son insupportable présence —— Derrière elle je devinais au-delà de la rampe la tension d'une attente impossible à identifier — une masse dont le regard multiplié me dénudait — Et emportée cette fois — *encore au-delà,* dans ce regard — aspirée toute entière de *l'autre côté* — je me suis *vue* —— dans ma robe magnifique, la main tendue en avant, le visage baigné de larmes.

Alors, incapable de proférer un mot, sans même ouvrir la bouche, après un léger vacillement, j'ai quitté le plateau.

Thésée était, heureusement, Jean Marchat. Rompu à tout événement sur la scène d'un théâtre, après quelques longs et véhéments appels « Ariane !... Ariane !... Ariaaaane !... » réitérés afin de me permettre de rentrer dans le jeu, comme il ne recevait pas de réponse, acculé, avec le texte que j'aurais dû dire et le sien il a mitonné un habile et savant minestrone ; et le spectacle s'est déroulé jusqu'au bout sans que les spectateurs se sentent une seconde dérangés par l'incident.

— « Tu as eu un trou... ? » m'a-t-il demandé en arrivant en coulisses.

— « Non. Excusez-moi. J'ai eu comme une absence. » Mais comme il arrive après une chute de skis, ou une crampe en mer, je craignais déjà pour le lendemain.

Avant de quitter le théâtre, Herrand m'a fait appeler dans sa loge.

— « Ça n'est pas moi qui pourrais te dire quoi que ce soit. Tu me connais. » (En effet, il lui arrivait de quitter le théâtre avant une générale pour ne pas revenir de la soirée, ce qui posait quelques problèmes quand il jouait)

— « Excusez-moi, Marcel, je ne sais pas ce qui m'est arrivé.

— Mais encore... ?

— J'ai eu honte.

— ... La prochaine fois, essaie de passer par-dessus. Il faut que tu apprennes à rester. »

Et de sa main, il a doucement caressé mes cheveux.

Mais si, à partir de ce jour, j'appris à « rester » — toujours — quitte à faire appel à l'*entrañable* [1] image de Marcel aux moments les plus dangereux — j'appris aussi que le théâtre — lui — restait toujours le lieu qui, aux heures de somnolence, me ramenait immanquablement à l'état de veille.

Cependant à l'époque, ce premier incident, venant s'ajouter à d'autres signes, me projeta brutalement dans « ma » réalité, et dans un brusque sursaut je voulus me reprendre en main. C'est pourquoi, quand le masseur-mage rencontré chez L. S., après un long entretien, m'a demandé de dresser une liste des personnes qui, avec ou sans raison, contribuaient par leur présence trop envahissante à faire éclater « mon noyau » — comme il disait —, je l'ai fait sans discuter ; et quand il me signifia que je devais chaque jour me débarrasser de l'une d'elles, je me suis mise à l'œuvre. Et chaque soir, suivant l'ordre de la liste, je prenais à partie le détenteur de chaque nom et, scientifiquement, courtoisement, je lui disais de me foutre la paix !

Oui — il m'a fallu encore cinq jours pour retomber vraiment sur mes pattes — Cinq jours, et la première séance de massage qui eut lieu rue de Vaugirard —

A la nouvelle demande de mon guide spirituel qui s'emparait maintenant sans détours ni souci de civilités des places laissées vacantes par le renvoi de mes amis, et qui, déjà, me parlait de la nécessité de partir tous les deux à la montagne pour nous « recharger en magnétisme », je m'étais déshabillée cet après-midi-là dans le petit salon qui servait à Enrique de chambre à coucher et, m'étant glissée sous un drap simple — toujours à sa demande — je gisais sur le dos tout le long de l'étroit divan, en attendant qu'à son tour et à mon grand étonnement... il se déshabille. Une fois débarrassé de tous ses vêtements — sauf du slip que par bonheur il gardait encore —, il se précipita sur ma couche et sur moi, pour me chevaucher, à califourchon à travers le drap. Et les passes ont commencé, hâtives. Sans me toucher d'abord, en me frôlant ensuite,

1. *Entrañable*. Affectionné, intime, *entrañas*, entrailles.

en me massant pour finir, il procédait par longues caresses qu'il exécutait lentement, au summum de l'intensité et de la concentration, et dont il terminait le parcours par un brusque mouvement de rejet, avant de secouer ses mains, hors du divan, pour se débarrasser je suppose des miasmes néfastes qu'il avait tirés de ma personne. Prise d'une irrésistible envie de rire, j'ai voulu cacher mon regard ; mais au moment même où je fermais les yeux, il me commanda d'une voix superlativement veloutée : « Regarde-moi ! » C'était la première fois qu'il me tutoyait, et de surprise j'ai ouvert les yeux, pour les détourner aussitôt du visage tout proche du mien, et découvrir dans l'entrebâillement de la porte que l'on venait d'ouvrir, la mine ébaubie de maman. Ses yeux n'étaient plus que deux points d'interrogation et le bout de son nez, plus rond que jamais, hésitait entre l'impassibilité de l'ignorance, les narines palpitantes du scandale, ou le pincement caractéristique du fou rire réprimé. Mais c'est moi qui ai explosé la première et, le charme rompu, mon maître ayant retrouvé la station debout, j'ai dit :

– « Qu'y a-t-il, maman ? »

Un regard bref sur le triste nageur à terre qui se tenait coi devant elle dans sa quasi-nudité, puis :

– « On te demande au téléphone. »

Et, enveloppée de mon drap comme d'une toge, j'ai quitté la pièce. Quand j'y suis revenue, je n'ai plus revu mon maître baigneur.

La Nymphe

« Tant d'amour, tant d'exigence, tant d'orgueil pour nous deux, ça ne peut pas faire du bien, c'est évident... personne ne t'aimera comme je t'aime. Peut-être te diras-tu cela à la fin de ta vie quand tu auras pu comparer, voir et comprendre et penser, personne, personne ne m'a jamais aimé comme cela ! Mais de quoi ça servira-t-il, n'est-ce pas... »

Depuis mon arrivée à *La Vergne* pour écrire ce livre, j'ai à peine mis le nez dehors, prise dans la maison par les soins que nécessite cette grande masure, par les longs séjours à ma table de travail coupés seulement de quelques mots échangés avec Teresita ou avec André, les compagnons de mes affres nouvelles, délicats et toujours disponibles quand il m'arrive de quêter auprès d'eux un mot qui m'échappe ou le cours filet d'eau souterrain que je ne fais que deviner.

Il y a aussi les feux, dont j'ai tenu à m'occuper, seule ; ce rituel qui m'aurait transformée en vestale si j'étais encore sensible au romanesque et qui détient malgré tout, dans mon nouveau sens du réalisme, un pouvoir indéniable pour accompagner le difficile cheminement que je dois suivre. Avec la braise que l'on attise, les cendres que l'on retire, le contact de la bûche moussue ajoutée, la brûlure, la flamme, dans les mots d'amitié ou de rogne échangés avec un chenêt, un tisonnier ou le seau d'anthracite, et les crépitements, les plaintes sifflées par les cheminées ou les rots de la grosse cuisinière repue, un dialogue s'établit, souverain — et la communication. Amoureuse depuis toujours de l'eau, me voici maintenant saisie par la magie du feu.

Et dehors, au fil des jours, la nature tourne la roue de ses saisons. A mon arrivée, toute tremblante encore de son frais enterrement dans les terres de l'arrière-automne régies par le signe du Scorpion, elle plumait ses arbres des dernières feuilles rabougries qui voletaient, séchées, sur les champs humides ; et l'odeur fermentée de putréfaction de ces vastes cimetières qui vous assaillait regorgeait déjà de vies lointaines mais nouvelles.

C'était le début de l'hiver, et Saturne s'apprêtait déjà à dévorer ses enfants. La vie se terrait fragile dans les dures profondeurs du sol et seules les maisons restaient gardiennes du feu, enfoui.

Maintenant, les terres, blanchies encore par les petits matins, craquelées par le gel, fondent leurs mottes dans l'eau des crues ; et la maison, entourée d'anciennes douves comblées seulement depuis cinquante ans, revêt d'un geste, un moment, ses anciens atours. L'herbe courte sous la lumière oblique des soirs plus tardifs, s'épaissit à peine dans l'ouverture des nuages, en tapis tendre ; et les arbres, encore nus mais de nouveau frileux, pointent vers le ciel l'extrémité de leurs pénis à chacune de leurs branches.

Les lignes pures et nettes de l'hiver s'estompent déjà. C'est le moment des derniers rêves de la nuit ; et dans ce demi-sommeil juste avant le réveil, dans ces limbes où le trait du dessin s'efface et où la forme nouvelle hésite, dans ces parages calcinés où la vie se meut déjà sous la cendre, éclatent soudain les flammes jaunes des premières jonquilles ; contre le mur de la maison à côté de la porte d'entrée, de longues feuilles pointues promettent les trois uniques tulipes qui poussent en ce lieu.

Et comme il est écrit dans le petit livre de la collection du Seuil concernant le Zodiaque et en particulier le signe des Poissons :

« Si nous sommes à l'orée d'une ère nouvelle, nous sommes aussi à la fin d'une grande étape, le dernier signe marquant l'aboutissement d'un long processus cyclique qui (...) voit s'accomplir le retour de la substance vers l'essence après le règne du premier hémicycle qui allait de l'éclosion du grain à la récolte de l'épi mûr (...). Ce qui était grand pour soi devient petit pour atteindre l'immense (...) C'est la révélation, celle du Verbe [1]... »

Quiconque pourra suivre le fil de ce discours jusqu'au bout en évitant les distractions auxquelles pourrait mener le langage saura – et je pense surtout aux enfants nés sous le signe des Poissons – saura – dis-je – où se trouvait la graine lors de son voyage initiatique dans les Enfers du Zodiaque quand « le déluge purificateur » *(sic)* vint la faire éclore, et quand – un soir qui me ramenait d'une des plus longues journées passées aux studios à subir les dépouillements successifs auxquels nous soumettait l'implacable Robert Bresson durant le tournage des *Dames du Bois de Boulogne* – Marcel Herrand me remit en main les épreuves en vue d'édition d'une pièce : *Le Malentendu.*

– « Je pense que tu peux jouer Martha. C'est l'œuvre d'un jeune auteur que j'aime. Lis. »

J'ai lu. J'ai aimé. Et j'ai cherché le nom de l'auteur. Albert Camus. Je n'en avais jamais entendu parler ; et pourtant le texte m'était en quelque sorte intimement familier ; le ton... Et dans un éclair, j'ai su que la main qui avait écrit cela était la même que celle qui tenait le brigadier lors de la lecture de la pièce de Picasso

---

1 Jean Carteret Cf *Les Poissons* éd du Seuil coll. Zodiaque, par A Barbault

Dès cet instant je n'eus plus qu'une idée en tête, savoir si mon intuition était juste, et dans le cas où elle se vérifierait, chercher d'où me venait cette impression de connaissance qui me mettait en contact direct avec ce texte que je venais de lire. Mais ce n'était pas tout ; l'image qui m'était restée extraordinairement nette en mémoire du profil perdu en contre-jour dans l'encadrement de la fenêtre, cette attitude qui rendait l'homme à la fois étranger à ce qui l'entourait et tellement présent, solitaire et comme nostalgique de possibles compagnies, devaient faire vibrer ma féminité de l'inévitable instinct de conquête ; et j'attendais le jour du rendez-vous que Marcel avait fixé à l'auteur pour faire aux interprètes une lecture de son œuvre. Le jour vint, et j'ai vu devant moi la même silhouette qui avait retenu mon attention, le même visage altier sans fatuité, le même air de nonchalante indifférence ; mais, cette fois, de tout près, la tension à fleur de peau qui amaigrissait les traits révélait la source d'où s'échappait sa formidable présence qui remplissait les lieux, et d'autant plus quand il s'appliquait à s'en abstraire. Les signes d'une passion que je reconnaissais, d'une quête peu commune dont j'avais déjà vu la folle intensité luire dans l'œil des personnages de Goya, mais tenue ici en laisse jusqu'à l'extrême volonté, m'apprirent d'un coup d'où me venait la sensation d'isolement et d'étrangeté qui se dégageait de cette figure ; mais, en même temps — le regard clair que je découvrais, droit, profondément renseigné et où une sympathie toujours ouverte à son interlocuteur mettait une interrogation attentive — comme aussi cette manière d'approche qui le faisait entrer de plain-pied dans ses rapports avec les autres — cela, et le goût de la vie et des êtres, effaçait d'un trait toute distance ; et je pensais que s'il eût été médecin et moi malade, il lui eût suffi de paraître pour que je me sente mieux. Pourtant il avait à peine trente ans – ce deuxième moment de l'existence où il y a mue – et à l'instabilité que l'on pressentait tenue à force d'une concentration insensée venaient s'ajouter – avec une crispation comme d'adolescence prolongée – d'autres fragilités difficiles à capter qui le rendaient quelque part gracile, et dont je n'ai reconnu au premier abord que la plus familière : la vulnérabilité doublée de force que donne l'exil.

Ce soir-là, il était certainement nerveux, et malgré une aisance si naturelle que seul un œil averti pouvait saisir la part du jeu, il était évident qu'il avait le trac. Et, naturellement, il l'a dit, parce qu'il savait qu'en le nommant il le vaincrait.

Aussi, il a fait une remarquable lecture du premier acte du *Malentendu*, et des plus brillantes ; si, « bien entendu », on pouvait considérer comme brillant, dans ce cas particulier, ce chant sinon monocorde – puisque de rare complexité –, du moins apparemment monotone, sourd, coupé seulement çà et là du crissement acerbe de l'humour ; mais qui, soudain, s'élevait en véhémente plainte tenue, en défi désespéré, en douloureuse plénitude, pour se briser, à la dernière limite de la maîtrise, en cri aussitôt étouffé. Une musique qui aurait pu illustrer la marche d'un funambule survolant les gratte-ciel de Manhattan et qui aurait travaillé sans filet.

Il s'est arrêté pour boire quelques gorgées d'eau ; malgré les signes d'un épuisement inattendu, on le sentait excité ; et il pouvait l'être, car l'écoute de l'auditoire, pris avec lui dans la même tension, ne pouvait que le soutenir et l'exalter. Quant à moi, dans un total oubli des convenances, je ne le quittais plus des yeux. En fait, cela ressemblait à une passion et je suivais chaque pas, chaque geste, chaque respiration de cet inconnu, comme je l'eusse fait de mes pas, gestes, ou respirations, tellement je me sentais familière de ce qui le mouvait et de la façon dont il était mû. Je n'avais jamais trouvé, chez un autre que moi, des terres qui m'apparussent si natives – comme la Castille, où je ne suis pas née – ; et il me semblait même que ce qui en moi restait encore obscur s'éclairait soudain à cette approche. Or, ça, cette complicité innée, je ne l'ai jamais retrouvée avec personne.

Mais alors, dans ce bureau et autour de cette table, la fascination lucide qui me clouait à lui fut peut-être à l'origine du trouble qui vint déranger la fin de la séance. Cela et, sans doute, la délicatesse du lecteur et sa fragilité. Car – je le sais et le savais déjà – on ne peut exister au théâtre hors de l'environnement, et si un spectateur – ici, si proche – vous suit de la manière dont je suivais cette lecture, il n'est pas possible d'y rester indifférent ; après qu'une rupture en a coupé le charme, il est impossible de le faire renaître sans manquer de... délicatesse. Aussi, les deuxième et troisième actes furent lus avec une plus grande distance et, la fatigue aidant, ils furent souvent interrompus par des quintes de toux, longues et de plus en plus violentes, que – ne sachant nullement d'où elles lui venaient et émue par les gouttelettes de sueur qui couvraient son visage – je m'amusais maintenant à provoquer. En effet, fixée à lui, mais l'oiseau s'étant changé en serpent, ma fascination pour l'heure avait laissé la place à une irrésistible volonté d'intimidation, de défi, de pari, à la provocation sinon à la « connerie » ; et voulant désarmer une assurance dont pourtant je n'étais pas dupe, j'ignorais que la gêne que je lui créais ne faisait qu'exciter le mal que je ne savais pas en lui, un mal que je connaissais pourtant, et qui, à ce moment-là, en plein éveil, le rongeait.

Brusquement et presque brutalement, Herrand mit fin à la séance, avant que la lecture ne fût terminée. Camus, l'air contrit – toujours avec une lueur d'ironie dans l'œil –, s'excusa, puis sourit. Et je me demande si ceux qui l'ont connu peuvent oublier ce sourire – un des siens – d'enfant averti et pris au piège.

Les répétitions du *Malentendu* commençaient au printemps de 1944, et à partir de ce moment-là, les événements allaient se tisser en toile serrée autour de moi, comme si une main inconnue eût voulu rassembler en moi ce qui était épars pour me mettre devant un fait accompli. Une fois de plus il y avait échéance et tout se passait comme si toute mon existence jusque-là n'avait été que pour me mener à un point, celui où je devais être__ au maximum de moi-même.

La guerre battait son plein, aussi bien au-dehors qu'au-dedans ; en gerbe de feu d'artifice ; et pendant que les troupes alliées bombardaient, attaquaient et se préparaient à débarquer en France et à libérer Paris, j'embrasais ma vie et ma passion avec elle.

Partagée__ Entre le théâtre, dont la ponctualité du rituel se trouvait quelque peu bouleversée – il m'est arrivé, à cause des coupures de courant, de donner six représentations du *Malentendu* par semaine mais comprimées en séances permanentes programmées le samedi et le dimanche – ; le cinéma – toujours avec les *Dame du Bois de Boulogne* que je retrouvais maintenant après le spectacle des Mathurins, dans de longues nuits interrompues seulement par les coupures de courant, pendant lesquelles Bresson, à la lueur des bougies, promenait sa mince silhouette élégante devant moi, occupant la « pause » à chercher, *pour moi*, l'intonation précise que je devais donner à la plus simple et la plus spontanée des répliques : *Oh ! Jean ! vous m'avez fait peur...* – ; les enregistrements à la radio, les réveils en sirènes ; et l'exigence d'une des plus grandes passions qui puisse être vécue ; partagée__ je me débattais cette fois sans le savoir, non plus contre ce qui pouvait me disperser, mais surtout, je le crains, contre l'énorme force d'attraction qui tendait à me rassembler : un amour qui me plaçait au cœur même de la vie, mais aussi qui me mettait en état de totale vulnérabilité, et que quelque part je repoussais. « Guerre et paix », c'est ainsi que plus tard, Camus m'appelait parfois dans son cœur déchiré ; mais à ce moment-là, j'eusse vainement cherché où il pouvait bien trouver en moi la paix, si je ne savais déjà qu'il ne pouvait y avoir de paix en lui que dans l'état d'alerte.

Et dans la compréhension et l'estime mutuelles, fiers l'un de l'autre, nous nous portions l'un l'autre, nous nous poussions l'un l'autre, et nous brûlions à qui mieux mieux ces jours qui, ensemble, nous étaient donnés, et nous riions et nous nous tourmentions ensemble, ou l'un l'autre, et nous dansions, et nous nous entredéchirions allègrement, et nous nous exaltions mutuellement à qui mieux mieux, et tout cela dans une parfaite innocence, dans la liberté royale volée au temps, comme deux rejetons issus d'une même branche et sans autre appartenance que l'arbre qui les portait, forts l'un et l'autre d'une décision prise de part et d'autre, celle de brûler dans cette approche en feu de vie, l'un comme l'autre, les jours qui nous restaient à vivre ensemble jusqu'à ... la fin de la guerre.

A part de rares « sorties » et les moments où nous nous voyions au théâtre, je le retrouvais surtout chez lui, dans l'atelier-studio qui prolongeait l'appartement d'André Gide, rue Vaneau, où il vivait à l'époque.

C'est là que nous avons atterri pour la première fois, tant bien que mal, après une « fiesta » chez Dullin – à Montmartre, je crois ? –, où il m'avait entraînée, et où, pour commencer, je m'étais dépêchée d'ingurgiter deux verres de fine-à-l'eau afin de vaincre ma timidité. Sans hésiter, peut-être pour ne pas rester en deçà, ou bien pour lancer par-dessus bord d'autres angoisses, il m'a suivie sur la pente sans ciller. Aussi, comme il était à prévoir, à l'aube, quand nous avons quitté la maison de notre merveilleux hôte, le vélo qui nous portait – moi, assise sur le guidon – ressemblait étrangement au chien fou qui tire sur la laisse de son maître dans l'urgent besoin d'un mur, d'un poteau ou d'un trottoir. Légèrement incommodée par ce zigzag impressionnant, je me rappelle avoir demandé à mon guide si la bicyclette n'avait pas trop bu, ce à quoi il a répondu dans un sourire de béatitude hilare que non, qu'elle cherchait seulement le chemin de la Seine. Et aussi heureusement saoûls l'un de l'autre, nous sommes arrivés à destination, dans le haut atelier de la rue Vaneau, le 6 juin 1944, pendant que les alliés débarquaient en France.

C'est dans cet atelier que j'ai appris à le connaître ; c'est là où il me parla avec une révolte mêlée de répulsion du pneumothorax qui trouait sa poitrine et des séances hebdomadaires d'insufflation auxquelles il devait se soumettre pour comprimer et arrêter la nouvelle poussée de sa tuberculose qu'il portait comme une plaie. « La chose dont je te suis le plus reconnaissant – a-t-il dit plus tard – c'est que j'ai pris ma rechute comme il fallait — Tu ne peux savoir ce qu'elle a signifié pour moi — Il faudrait pour cela que je te parle en détail de mes rapports avec la maladie — J'ai craint de rouler au fond d'une mauvaise indifférence de retrouver ce mauvais cœur qui était le mien — » ; mais ce n'était pas là la première fois qu'il me parlait de cette compagne accrochée à lui, cette ennemie « sale », la même pourtant dont mon père était parvenu à faire une complice.

C'est dans cet atelier qu'il me confiait la vision qu'il avait de son œuvre ; c'est là où il me racontait l'Algérie et ses plages, les parties de foot et les baignades, les odeurs de son pays et ses lumières ; et où, pour lui, j'évoquais l'Espagne et l'image de mon père avec sa maladie si bien portée. C'est là où nous nous disputions le titre de la plus belle mer et que nous opposions l'un à l'autre, ici « mon Océan », là « sa Méditerranée » — à perte de temps, jusqu'aux rires — et à savoir qui — et de « son implacable soleil » ou de « mes pluies lancinantes » — qui, des deux fléaux, portait en nous « la barbarie » ; et de ruade en ruade — poulain et pouliche — quand les landes bretonnes n'étaient pas d'un trait effacées de la carte du monde, c'était au tour des lentisques et des oliviers de Tipasa d'aller prendre un bain.

C'est là où j'ai connu son appartenance à la Résistance et où il me parla pour la première fois du journal clandestin *Combat*. C'est là aussi où j'ai su que sa mère était d'origine espagnole ; et aussi, qu'il avait laissé à Alger une jeune et jolie femme qui attendait la fin de la guerre pour rejoindre son mari.

Et c'est là, enfin, où nous avons pris ensemble la résolution de nous séparer à la fin de la guerre, mais où il m'a parlé aussi de notre exil au Mexique lorsque la fin de la guerre nous le permettrait.

Dire ce qu'il était à l'époque me paraît tâche ardue si l'on ne veut pas arrêter en quelques traits cela qui n'était que mouvement constant, intense tendance vers une structure juste, entrevue et déjà reconnue comme impossible, et dont seule l'incessante démarche, fidèle à l'authenticité, à une vérité très vite révélée dans l'enfance dénouée, restait à jamais fixée.

Plus tard, il m'est apparu comme celui qui aurait pu dans un Théâtre Imaginaire représenter l'Homme ; celui qui portait en lui, à sa manière, tout ce par quoi l'homme peut être appelé homme, toutes ses contradictions ; et déchiré par elles, dans la folle nostalgie de les résoudre, de les vaincre, qui se serait attaché à en rassembler et harmoniser les données complexes, éparses ou contraires, en nucléon indivisible.

Mais alors, si tout était déjà en lui, comme la vision de son œuvre postérieure qu'il portait déjà, planifiée au-delà même de sa mort, peut-être à cause des circonstances, peut-être aussi par mesure d'autodéfense et je dirais même ce goût du secret qui est le signe de la grande jeunesse, il ne laissait voir de lui que ce qui à l'instant se présentait, sans aucun souci, à ce qu'il semblait, de faire la lumière sur ce qu'il était en réalité ;

comme si dans sa grande fierté de ce à quoi il adhérait de tout son être, il fût vain ou superflu d'ajouter des explications.

Cette fierté, je l'avais reconnue du premier coup ; comme son indifférence et son intime isolement d'étranger ou d'exilé ; la manière dont il usait des privilèges qui étaient les siens ; son énergie, si voisine de la vitalité ; sa capacité de passion ; l'ironie ; le goût en lui du geste signifiant, du mythe, allant de pair avec la quête démentielle d'un point en lui ou hors de lui, impossible à atteindre – ce que Jean Grenier appelle je pense sa « castillanerie » ; et aussi, le défi, le pari, l'ardeur de vivre l'instant dans la plus grande présence et le maximum d'intensité, avant de mourir, et où je retrouvais les traits bien familiers de ce que j'appelais le donjuanisme.

Moi-même les cherchant comme l'on court après un manque, il m'a fallu un peu de temps et la confirmation de ma propre expérience pour reconnaître en lui la nécessité impérieuse d'un ordre, d'une discipline, d'un point d'honneur, d'une morale, qui ne devaient rien à la morale, l'honneur, la discipline et l'ordre établis, mais qui lui tenaient lieu de parapets dressés contre les crues dangereuses et inévitables du cours profond et dense qui le traversait, charriant en lui ses eaux dormantes calmes et indifférentes avec le chaos.

En revanche, j'ai vite saisi sa forme d'intelligence ; cette intelligence devant laquelle on devenait intelligent, et qui se serait reniée elle-même si elle ne s'était pas trouvée en harmonie avec l'élan de son cœur exigeant ; et aussi, sa pure et joyeuse reconnaissance devant les cœurs intelligents.

Mais si, en lui, je retrouvais cette curiosité passionnée pour les êtres qui a toujours été la mienne, j'étais incapable de trouver en moi la révolte vivante et sensible face aux malheurs infligés à l'humanité.

Née de vingt siècles de christianisme et libérée par la révolte de mes pères du catéchisme de toute Église, nourrie aux sources païennes du catholicisme galicien et fascinée par l'étendue mystique des plaines et du ciel castillans, je vivais dans une affirmation toujours renouvelée, le *oui* au monde et à la vie tels qu'ils m'étaient donnés, et je trouvais dans leur mouvement même, avec les interrogations ouvertes et les cruautés qu'il entraîne, le seul sens que je connusse et dont j'avais besoin pour vivre. Oui ; détournée de tout idéal humanitaire dès la prime enfance, je considérais la société des hommes comme une jungle aux parures changeantes, mais dont les essences restent toujours les mêmes. Individualiste de naissance, mon inclination et ma foi allaient aux individus ; l'amour seul pouvait venir élargir mon sentiment et je n'en trouvais pas assez en moi pour imaginer ou individualiser chaque inconnu d'Asnières ou de la Mongolie, de l'Amazonie, de Cambre [1] ou de Lavapiès [2], je pensais que j'avais déjà fort à faire avec les êtres que je pouvais choisir et aimer, un à un, et si je voulais le faire au mieux, il fallait que je m'en tienne là ; et même là, leur mort ou leurs souffrances, comme l'idée de ma mort et de mes souffrances, si elles m'atteignaient, ne parvenaient cependant pas à tirer de moi quoi que ce fût qui ressemblât à cette révolte qui me dressait parfois contre les hommes ou contre moi-même.

On croit en Dieu ou l'on croit en l'Homme, voilà comment la grande question se posait pour moi, on ne peut plus grossièrement, à l'époque. Ou bien, on ne croit à rien qu'à la vie et à l'instant présent. Et en digne fille de mon pays, je voulais vivre le Tout, dans l'instant, au risque encouru du... Rien ; aussi, si je trouvais une exultation dans le geste ou le don gratuit, je ne pouvais concevoir le geste ou le don désespéré autrement que dans la mort – je veux dire le refus de la vie. Et puisque l'on se détournait de Dieu parce que... inconnu et indifférent, je ne voyais pas pourquoi reporter ma foi sur des hommes... inconnus et indifférents.

En fait, graine de couvent sans Église et sans retrouvailles dans l'Au-delà, asociale et anarchique, mais cherchant l'ordre et dangereusement encline au despotisme, je me bornais pour l'instant à tempérer mes plus mauvaises impulsions par la bonne éducation qui m'avait été donnée ; et dans cette demi-sauvagerie, la contradiction vivante et fondamentale que Camus représentait, m'échappait : cette « connivence » en lui d'un appétit enragé de vie et de bonheur aux prises avec la pressante nostalgie qui venait toujours – je le sentais et j'y étais sensible – le placer à l'endroit exact ou sa fidélité l'appelait, pour éveiller un élan sans cesse renouvelé vers un but reconnu – par lui-même – inaccessible. Et il m'a fallu notre séparation, la nouvelle rencontre, le malheur ; il a fallu que ma passion du théâtre et ma passion tout court deviennent amour du théâtre et amour tout court ; que j'imagine la soif de justice à travers ma joie devant la justesse ; et aussi – et ce n'est pas rien – qu'un jour je doive comme Sisyphe faire mon ménage jour après jour, en remplaçant seulement sa boule de scarabée sacré par un balai, une brosse à dents ou les éternelles décisions prises en vue de moins fumer – pour comprendre. Pour comprendre enfin, et aux moments les plus privilégiés, souffrir en ce compagnonnage, sinon des maux infligés à l'humanité, du moins de ceux qu'elle s'inflige elle-même ; pour aimer la vérité et, sinon l'homme, du moins ce qu'il y a de

1. Bourg de la Galice.
2. Quartier populaire de Madrid.

meilleur en lui ou ce qu'il pourrait être ; pour brûler de révolte quand il en est détourné. Et, enfin, pour faire miennes les paroles tant entendues, à savoir qu'*entre le Tout et le Rien, il y a... le 75 % possible et qu'en se tenant à égale distance du Tout et du Rien, on peut atteindre parfois le 75 %*.

En attendant, dans l'ignorance d'alors et le manque d'une certaine imagination – oblitérée peut-être par des visions d'enfance –, poussée par l'âpre avidité de la jeunesse et certainement arrêtée par la paresse inavouée du cœur devant une douleur possible, je restais myope ; et la démarche qui, dans le renoncement au Tout-ou-rien, engage *toute* une vie et *tout* un être dans une lutte constante pour un éventuel 75 % me laissait perplexe.

Mais face à ce visage qui m était depuis toujours si familier, face à cet étrange apôtre de la seule cause qui restât toujours à défendre mais qui se voyait si souvent reniée, devant ce regard lucide, clairvoyant, ouvert, cruellement informé mais toujours compatissant ; et cette voix secrète et passionnée, douloureusement véhémente, fière, ironique, fraternelle ; et son vivant témoignage, qui sans jamais chercher à racoler se bornait à témoigner rendant ainsi hommage et dignité à celui qui écoutait ; et son cri inlassable, le NON aux dieux et aux hommes de l'injustice, du mensonge, de la souffrance et de la mort, et à tout commandement qui, quel qu'en fût le prétexte, tend à soumettre l'homme ou à le détourner de sa grande aventure, celle de l'esprit ; devant, enfin, le combat qu'il se livrait à lui-même contre la lassitude, la mauvaise colère, l'indifférence, la distraction, l'orgueil, les tentations de tout ordre ; face, dis-je, aux contradictions qui font d'un bipède un homme quand il les reconnaît et les maîtrise, se révélaient soudain en moi mes propres contradictions et avec elles, enfin vivante, la promesse des plus grandes joies comme des plus cruelles et plus pures douleurs.

Nous avons vécu de magnifiques heures en 1944 — Mais elles ont été longtemps, et même après notre réunion, traversées par l'orgueil de part et d'autre. C'est ainsi que Camus expliquait notre premier échec —— *L'amour d'orgueil a sa grandeur — mais il n'a pas la certitude bouleversante de l'amour-don —*

Ceci me fut dit plus tard, bien plus tard ; quand je savais déjà comment le ver de folie qui luit jusque dans l'œil même des plus rassurants personnages de Goya se perdait chez lui dans ce clair-obscur qui dénude les regards de Rembrandt ; et comment, au moment même où il retrouvait l'équilibre exact de sa fidélité – passant alors de l'état de créature à celui de créateur –, la bouleversante lumière de l'intelligence déchirée de tendresse que Goya a piégée dans ses autoportraits, comme celle qui anime de douceur certaines lignes d'un buste de Molière, venait transfigurer ses traits. Oui ; et quand je savais déjà aussi que le « mauvais cœur » qu'il redoutait en lui, lorsque la maladie le noyait dans sa « mauvaise indifférence », était celui qui était le mien à l'époque, dissimulé derrière les oripeaux de ce que je croyais être la vie ; un cœur minéral que je m'appliquais déjà à sauvegarder, comme souvent après, quand en pleine lucidité j'opposais la sécheresse à la souffrance et me détournais en toute conscience de toute fidélité, et que — sous prétexte de continuer, je jetais par-dessus bord les semences de la vraie vie dans une sauvage indifférence retrouvée.

Pourtant, quand maintenant je pense à lui à ce moment-là — curieux de tout, ouvert à tout, singulier en tout, étranger à tout tel un arbre arraché à son sol et à sa lumière qui pousse ses racines à travers la terre entière afin de retrouver ou trouver l'air pour respirer avec tous ceux qui avec lui étouffent — tout à la fois se défendant et s'offrant — se débattant entre une connaissance du monde et des hommes qui ne laisse pas de place aux rêves, mais filant jour après jour le fil ténu de son existence où, seul, l'étroit chemin comptait dans une compacte solidarité auprès de ceux qu'il reconnaissait comme étant faits pour vivre dans le seul ordre qu'il acceptât, celui de la fidélité et de la vérité — Prométhée choisissant le destin de Sisyphe et brûlant des ailes d'Icare —— quand maintenant je l'imagine, « l'Africain », tout frais débarqué d'Alger dans un Paris bâillonné et occupé, privé de la brûlure de son soleil, coupé de la mer, aux prises avec la grande ville étrangère et sa jungle inconnue, riche seulement de l'œuvre qu'il portait et des amis qu'il s'attachait, avec le dégoût en lui de sa maladie et le désir impérieux de vivre, de créer jusque la vie même, et d'en jouir avec cette voracité que donne la vitalité sans autre espoir qu'elle-même, déjà tenu par un travail quotidien accaparant, continuellement sur le qui-vive où le mettait son appartenance à la Résistance, élaborant un journal clandestin, écrivant, publiant, découvrant un monde nouveau avec le souci de garder intact l'ancien, et pris aussi dans son temps et ses énergies menacées là ou le menait son goût du plaisir, du bonheur, de la lumière, de l'harmonie, des femmes ou de la femme — quand je l'imagine au milieu de... tout ça, tiré à hue et à dia dans ses propres contradictions et dans les inévitables malentendus qui déjà ne pouvaient manquer de se créer autour de lui, je me demande comment à cette époque qui pourtant, à ce qu'il me semble, fut pour lui une des plus aisées à porter, comment donc il arrivait à tenir l'équilibre sur le fil tendu où il avançait avec l'entêtement d'un âne – sacré –, à tâtons.

Et aujourd'hui comme alors, je retrouve intact l'amour qui me bouleversa et qui me bouleverse quand il m'est donné de voir ce qu'est l'homme dans sa plus grande aventure.

Mais il est vrai aussi que chaque condition difficile d'une pareille existence a son revers, et qu'il aurait pu à son tour écrire des tomes sur ses privilèges, où – qui sait ? – même la tuberculose eût pu prendre place. Et d'une certaine manière il le faisait, sinon toujours par écrit, du moins en paroles. Et c'est peut-être cette part-là et l'intime conviction qu'il en avait, qui, avec sa fidélité, me l'ont rendu immédiatement si proche, si fraternel. Car quand il me regardait avec son beau sourire d'admiration jouissive toujours ouverte pour m'assurer que j'avais un destin, qui sait s'il ne pensait pas à son étoile (et quelle serait-elle sinon sa fidélité ?) dont il parlait parfois, et qui sait si dans les privilèges qu'il reconnaissait comme les miens — il ne voyait les siens propres et son propre destin ?

En fait, le seul événement de son existence qui échappe à ma compréhension est sa mort ; cette manière d'être fauché au moment même où pour lui tout devait commencer ; car si ce coup de patte du destin semble à première vue s'accorder avec sa conception ou appréhension du monde – comme je me le suis laissé dire –, il est inutile de répondre qu'une logique aussi grossière me paraît absolument étrangère aux cheminements propres à Camus. Et la confusion où me jeta notre première rencontre n'était due qu'à mon manque de connaissance et de maturité. Dans l'*Étranger* comme dans le *Malentendu* comme en lui, je ne cherchais encore que moi-même ; et si je pouvais me gaver des figues de Barbarie hérissées de piquants tout au long des versants dépouillés où s'affairait Sisyphe et que traversait de sa course affamée et hautaine Don Juan, il m'apparaissait alors que l'envers de ces paysages désolés, l'eau pure et fécondante, était comme volontairement détourné, dans l'effort d'apporter l'unité là où il n'y a qu'incohérence et dualité ; et incapable d'imaginer la si difficile démarche qui était la sienne, je n'ai pas vu, alors qu'il était justement un de ces êtres, si rares, qui, sans jamais refuser une seule de ses contradictions, sans jamais amputer l'être ou la vie, poursuivent de leur lucidité et de leur folle exigence le chemin éclairé par le rai de lumière nostalgique qui leur vient d'une impossible unité.

Mais peut-être aussi que cette demi-brume dont s'enveloppe pour moi son image de 1944 est née surtout de la double profondeur du lieu où d'abord j'ai dû l'enfouir — pour m'en détourner ; et où, plus tard j'ai dû la pousser et l'enterrer après sa mort pour — continuer. Devant une de ses innombrables formes de sourire, je lui demandais parfois alors qu'il me regardait :

— « Qu'est-ce qui te fait rire ? »

Il répondait :

— « Le plaisir. »

Et ce sourire qui l'éclairait — quand il me voyait baffrer avec un appétit d'ogre, me plonger totalement et d'un coup dans l'intérêt de quelque chose d'inattendu, danser toute entière à la danse, chaque fois enfin que j'oubliais tout et moi-même pour vivre l'instant et m'y donner sans partage — ce « sourire de plaisir » était là — Comme le jour où il m'a dit brusquement que s'il venait à mourir avant moi, je ferais à coup sûr tout ce qu'il me serait possible de faire pour vivre, encore et toujours, au maximum. Et que, sans qu'il y ait eu la moindre protestation de ma part, comme toujours, nous avons ri ensemble, complices.

Bien sûr — il le savait bien — j'ai tout fait en effet pour continuer à vivre ; cela consista une fois de plus — jusqu'ici la dernière — à le repousser de toutes mes forces au fin fond de mon passé, de mon existence, de ma conscience, de ma mémoire, là où l'individualité se désagrège, dans les arcanes où il rejoignait ces aïeux — les miens —, qui m'étaient inconnus et qui pourtant — je le savais — lui ressemblaient. Comme ma mère, comme mon père, il est devenu matière vive de moi-même, sans nom, sans visage, au point que l'apercevant soudain sur une photographie inattendue, ou sur une page égarée écrite de sa main, des années et des années après sa disparition, je recevais la même secousse que s'il était mort la veille. Comme mon père, comme ma mère, il m'anime ; mais pour cela il m'a fallu échapper à son image vivante ; et maintenant lorsque j'essaie de la trouver, elle m'échappe encore un moment avant de me brûler à nouveau. Il reste que, si l'idée de la possible disparition de mon compagnon, André Schlesser, (la dernière béquille), ouvre en moi comme la béance inexprimable creusée par une ultime condamnation sans appel et cette fois sans oubliettes secourables pour y enfoncer la tombe nouvelle, c'est que, sans doute, cette amputation nouvelle parachèverait en elle la première, celle qui s'est faite en moi à la disparition de Camus, et qui, maintenant, vient rendre impossible cette possible et dernière épreuve.

Pour mon confort et ma paix, pour la paix et le confort de ceux-là, encore vivants, qui se trouvent dans les mêmes conditions douloureuses devant son absence, j'aurais préféré m'abstenir de parler de lui ; mais cela ne se peut ; prenant la relève après mon père, il m'a faite. Et puis, si je dois régler mes comptes avec l'exil, avec l'Espagne, avec le manque ou le don des privilèges, il faut bien aussi que je les règle avec le silence et l'interdiction qui m'ont tenue si longtemps muette devant quiconque parlait librement devant moi, louant ou attaquant celui qui m'a faite, afin de garder ce qui n'était plus que secret de polichinelle. Oui, je dois aussi régler mes comptes avec cette relation qui s'est créée et qui a fait que deux femmes aimant de grand amour un homme aient pu associer leurs forces ou leurs faiblesses pour ajouter en lui à tous les autres déchirements, celui du partage non ou mal accepté. Car, si, après jugement d'un supposé Salomon, je me sentis prête, pour ma part, à renoncer à tout pour sauver l'intégralité en elle-même, il n'y a aucun doute que c'était aussi pour garder le tout ; et qu'en réalité, quand le hasard nous a replacés de nouveau l'un face à l'autre, durant l'apprentissage de la difficile théorie du 75 %, mon comportement de chaque jour démentait trop souvent mes plus belles intentions.

Je n'ai rien pris à personne. Dans ce domaine on ne peut prendre que ce qui est libre ou libéré ; et il ne m'est jamais venu à l'esprit dans la passion dépassée et l'amour régnant de me formaliser des liens nouveaux qui pouvaient l'attacher à quelqu'un d'autre ; comme, de son côté, il n'a jamais cherché à combattre ceux que je nouais avec d'autres que lui. Et s'il est vrai aussi qu'à ce moment-là, nous nous sentions si assurés l'un de l'autre que rien ne pouvait nous faire douter et que, sûrs d'être élus l'un par l'autre, tout devenait possible, il n'empêche que pour en arriver là, l'un comme l'autre nous avons dû vaincre en nous, pour dépasser la période risquée et tourmentée de l'épreuve, toute idée conventionnelle du monde où nous nous mouvions et qui était en nous, toute tentation de possession abusive, tout ce en quoi la vanité peut se déguiser, et, le plus difficile, l'orgueil qui nous tenait l'un comme l'autre et qui criait chez l'un comme chez l'autre sa soif intarissable d'absolu.

Or, pour ce baptême et ce long apprentissage, pour cette délicate et divine création, il faut l'eau de la paix et un ordre. En état de guerre « les choses sont ce qu'elles sont » — comme dirait la Martha du *Malentendu* —, dans un désordre apparent ou ordonnées autrement. Et c'est pendant la guerre que nous avons vécu notre première rencontre et c'est à l'avènement de la paix que nous nous sommes séparés.

En attendant, c'est auprès de lui, et par sa seule présence et son seul comportement, c'est à travers lui que j'ai pu entrevoir enfin l'âme de ce pays qui était le sien — si voisin du mien et si distinct — plus étranger — bien que séparé du mien par les seules Pyrénées — que la Russie, si lointaine — Cette France, dont l'esprit de mesure, si difficilement saisissable pour un Espagnol, devient pourtant si accessible à notre entendement quand on comprend enfin que la folie de ce pays se tient justement dans le refus de toute folie ; je veux parler de cette passion, sans doute la plus forte puisque contractée en effort insensé pour garder le juste équilibre avec la raison dans la plus difficile des maîtrises ; et qui, quand elle n'aboutit pas à l'amputation, à un cœur desséché, à l'intellectualisme désincarné et, en fin de compte, au confort de l'esprit, donne à ce pays sa vraie grandeur.

En l'absence de mon père, si profondément attaché à la démarche de ce peuple au milieu duquel il m'avait placée, il me fallait, pour le comprendre, trouver quelqu'un portant encore cette « folie » française ; et Camus, peut-être parce qu'il charriait dans son sang une possibilité de démesure venue d'ailleurs pour vivifier, dans sa passion, l'esprit français, portait justement cette folie, celle qui s'attache à combattre les moulins-à-vent échappés à la mesure humaine.

Bien entendu, il m'a fallu un long apprentissage pour approcher de temps en temps la ligne d'une telle démarche – points de touche qui me sont toujours apparus comme les plus belles victoires – ; et il m'a fallu déployer des soins constants et une humble lutte quotidienne pour garder en moi, vivant, l'éveil de ce sentiment fugitif qui me permettait de garder en vue un tel chemin. Car, il faut bien dire, j'ai rencontré peu d'êtres en France qui m'aient aidée dans ce sens ; pour rester acquise à ce que je considère comme la plus grande découverte de ce peuple, il m'a fallu lutter surtout avec les Français ; et si je n'avais pas eu – de près ou de loin – l'image vivante de Camus pour m'éclairer sur le précieux secret si rebattu mais si difficile à révéler, et, aussi, le théâtre pour, jour après jour, m'obliger à l'approcher au plus près, j'en serais encore à me demander si Paris, le « phare » du monde occidental, n'était plus qu'un vulgaire réverbère comme tant d'autres.

Il m'a ancrée aussi à l'Espagne, ma fidélité. Oh, je ne l'avais pas oubliée. Elle était en moi comme ma substance même et mon impulsion première, et dernière. Mais loin de ses terres verrouillées, bâillonnées, interdites à l'imagination même, les portes de cette sinistre caserne ne filtraient plus pour moi que la hideuse matière innommable qui coulait maintenant à travers le monde et contre laquelle ceux qui étaient pour moi les meilleurs luttaient ; alors, l'attachement même tombait, dans le dégoût et l'impatience.

Des Espagnols, il ne me restait plus que ceux, des miens, qui avaient pu échapper à l'obscur et misérable huis clos. Avec eux, je retrouvais l'étincelle de foi, le cœur, l'enthousiasme, la brûlante tendresse, la sainte colère qui me portaient ou m'abattaient à l'hôpital

Oftálmico de Madrid. Et je me souviens, avec un sentiment de mélancolique plénitude, des meetings qui, sous prétexte de spectacles organisés par et pour les Espagnols de Paris, nous réunissaient tous dans la grande salle Pleyel ou ailleurs, pour chanter nos joies, rire de nos peines, crier notre profonde appartenance et, surtout, témoigner de notre présence à travers le monde, au nez même de ceux qui, avant de démanteler et occuper la France, avaient tant contribué à nous expulser de notre terre.

Là, tremblante de ferveur, habillée de mon costume de scène emprunté à Marcel Herrand, dans l'inévitable charivari et le vacarme de « l'organisation » et de l'affluence typiquement espagnoles, précédée d'un chanteur de *jotas* aragonaises, et suivie d'un *zapateado flamenco*, je poussais, à travers les vers de Lorca, d'Alberti, ou de Machado, le cri qui nouait la gorge de chacun, dans cette foule qui se tenait devant moi — en moi ; et je n'oublierai jamais la densité du silence à l'écoute d'un des derniers appels qu'Antonio Machado ait écrit avant de mourir à Argelès ; ni les secondes qui ont suivi, offertes ; ni, enfin, le hurlement de libération et d'assentiment profond qui dressa d'un bond la salle entière où Espagnols et Français mêlaient l'élan de leur ferveur commune, debout.

Mais les « fiestas » se changèrent peu à peu en coutumes, et installés les uns et les autres dans le rendez-vous rituel, l'habitude aidant, ni eux ni moi ne pouvions plus *vivre* la « représentation », et pendant qu'ils s'appliquaient à applaudir avec enthousiasme et qu'ils répétaient en chœur leurs slogans, moi, je me trouvais une fois de plus dans l'impossibilité de retrouver le fil tendu qui m'avait portée, et que, maintenant que je le cherchais, je manquais. Alors, les mots éclataient entre nous, vidés de leur sève, comme des fruits cauchemardesques du sommeil.

« Alerta !
Dia es de alerta !
Dia de plena vigilancia en plena guerra,
Todo el dia del año
Ay ! del que duerme... » [1]

Alors — seule la présence de Camus, dans son souci de vigilance obstinée et d'attention vive qu'il portait aussi aux miens, m'aidait à secouer en moi mon indicible torpeur.

C'est lui, encore, qui m'a fait approcher ceux qui, en France, se

---

Alerte ! Jour d'alerte ! Jour de pleine vigilance en pleine guerre, Chaque journée de l'année Malheur à celui qui dort...

battaient. L'idée ne m'était jamais venue de chercher à m'enrôler dans un des mouvements de la Résistance ; d'abord parce que je ne connaissais personne pour m'y inviter, et puis, sans doute, pour des raisons plus obscures, dont certainement la conception que j'avais de ma condition d'étrangère, et celle plus retorse – la plus bête et la plus méchante – qui disait en moi : « A vous, maintenant ! »

A côté de Camus cependant, j'y fus en quelque sorte introduite. En toute sympathie mais dans une parfaite passivité, j'assistais à certains de ses rendez-vous, j'écoutais ses espoirs, ses doutes, ses craintes ; je partageais, terrifiée, l'horreur en lui devant le sort infligé à ses compagnons pris par la police allemande, et je le rejoignais dès que je le pouvais chez Paul Raffi ou dans un autre refuge de la solidarité, de l'amitié, quand, après capture de l'un d'entre eux, l'alerte était donnée pour les inciter tous à « disparaître », dans le cas où le prisonnier se verrait forcé à « parler ».

Je veillais seulement à ne rien retenir de ce que je voyais ou entendais, et le jour où je lui demandai de faire partie du réseau, j'ai bien précisé qu'il fallait me confier un travail qui, tout en me rendant utile, ne me chargeât point de la responsabilité du secret, qui me permît de mener ma tâche sans connaître des noms, des informations, ou des adresses qu'en cas de coup dur il m'eût fallu taire. Car il avait beau me dire que nul ne pouvait savoir si oui ou non la torture pourrait lui arracher un renseignement, moi, j'étais convaincue que « si l'on savait s'y prendre », je serais prête à chanter sur tous les thèmes inscrits en moi.

Un jour, nous avons été tous deux pris dans une rafle. La rue où nous nous trouvions du côté de Réaumur était coupée, et la fouille méthodique avait commencé à partir des deux extrémités du tronçon au centre duquel nous nous tenions. Avant d'être repoussés et groupés derrière une grande porte cochère, avec des inconnus étrangement murés dans un complet mutisme, nous avions pu observer que les hommes seuls étaient fouillés. Camus portait sur lui une petite bande de papier journal, la maquette d'en-tête de *Combat* où s'érigeait sans confusion possible la croix de Lorraine. Rapidement, il la glissa dans la poche de mon manteau, et tout en me soufflant de la faire disparaître, mais seulement si besoin était, il partit se placer à l'autre bout de l'entrée de l'immeuble. Quand notre tour arriva, les Allemands, en effet, se sont bornés à demander les papiers aux femmes présentes et seuls les hommes furent fouillés, sans plus. Mais quand j'ai vu Camus, les mains levées, pris dans l'interrogatoire et la violation, j'ai su que si on venait un jour à le torturer devant moi, je dirais tout ce que je pourrais savoir de ce que l'on m'eût demandé. Et quand, enfin libérés, nous nous sommes rejoints à un lointain coin de rue et qu'il m'a posé la question inévitable : « Où l'as-tu cachée ? », il m'a bien fallu répondre, non sans quelque honte, que je l'avais mangée.

En fin de compte, je n'ai jamais fait partie de son réseau. Le jour où il devait me présenter à quelqu'un pour recevoir les premières directives, la personne en question n'est pas venue au rendez-vous ; à son tour, elle avait été piégée et elle ne réapparut que quand le camp où on l'avait jetée fut libéré. Il y en eut d'autres qui ne sont jamais revenus, de même que Nina et les siens ; ou bien ils sont arrivés enfin, malades, dévastés, ou démembrés comme un jeune ami de mon père que j'avais en grande estime et que j'ai revu porté par des béquilles, ayant eu les pieds brûlés pour le seul fait d'appartenir au Parti Communiste.

Mais si je n'ai jamais fait partie de ce réseau, en revanche, je me suis trouvée brusquement plongée, juste avant la libération de Paris, quand les forces alliées poursuivaient le retrait des troupes d'occupation déjà près de la porte d'Orléans et de la mairie d'Issy — je me suis vue emportée – dis-je – dans la poussée irrésistible glorieusement tardive qui est venue agiter d'un coup le peuple du théâtre dans les vertiges du dernier dénouement.

Je ne parle certes pas ici de tous les gens de théâtre ; là comme ailleurs, il y en eut qui n'avaient pas attendu pour s'engager ; mais ils n'ont pas dû être tellement nombreux, à en juger par le respect – aujourd'hui encore étonnamment teinté de secret – dont les signale le doigt de leur génération, et cette petite phrase qui partout les accompagne, toujours chuchotée sur le ton de la confidence : « Il a fait toute la Résistance. »

Non ; je parle de ceux de la dernière heure, la plupart de nous tous ; et encore là – mieux vaut tard que jamais ! –, je ne trouverais rien à redire si, dans cette désarmante naïveté qui est souvent celle du comédien à laquelle se mêlait alors le jeu grave des circonstances, la flamme d'héroïsme soudain déchaîné n'eût pu parfois prêter à sourire ; comme, d'ailleurs, les comportements de chacun, si scandaleusement empreints de MYSTÈRE, qu'ils auraient dû nous mener tous tout droit en tôle si, à ce moment-là, les Allemands ne s'étaient trouvé d'autres chats à fouetter.

Des anecdotes ? — Il y en aurait des masses à raconter. Mais celle qui me paraît en tous points exemplaire parce qu'elle nous a réunis enfin pour en rire aux larmes – nous découvrant ainsi les uns aux autres que nul n'était dupe – est celle de « la lettre » ; quand on nous envoya en peloton serré aux Champs-Elysées, avec ordre de rompre les rangs et de nous séparer à l'arrivée pour faire semblant de ne pas nous connaître ; et cela, dans le but d'empêcher X d'intercepter une lettre que Y devait transmettre à Z, sans que de tous ceux qui étions là présents, aucun de nous ne sût qui étaient X, Y ou Z ; et organisant ainsi tout bonnement, de l'Etoile au Rond-Point, un défilé de vedettes connues à ce moment-là de tous pour remplir les scènes et les écrans parisiens, dont les noms figuraient parfois ensemble sur les affiches, mais qui, par on ne sait quelle inexplicable lubie, se promenaient, l'air de rien, s'ignorant bizarrement les unes les autres comme après une brouille colossale, longeant de haut en bas et de bas en haut un des trottoirs des Champs-Elysées.

Naturellement, comme il était à prévoir, nous avons tous fini agglutinés en groupe compact, rassemblés au milieu du trottoir par l'afflux d'une flopée de chasseurs d'autographes ; pendant que « la lettre », elle, se baladait dans la nature. Et, personnellement en tout cas, j'en suis toujours à me demander si tout cela n'était qu'une vaste blague, une manière de nous mettre à l'épreuve, ou bien si nous avons servi d'une façon ou d'une autre à une action inconnue et – qui sait ? – d'une suprême importance.

Plus tard, quand quelques points stratégiques de Paris, dont la préfecture de police, étaient déjà passés aux mains des FFI et que, pour traverser certains ponts de la Seine il fallait se mettre à quatre pattes afin d'éviter les balles amies et ennemies, il m'est arrivé une autre aventure qui, elle, ne m'eût même pas fait sourire, si le compagnonnage de Camus n'avait déjà éveillé chez moi un nouveau sens de l'humour où la causticité laissait la place à une indulgence amusée.

Au siège de l'Union des Artistes de la rue Monsigny qui, pour l'heure, ouvrait ses portes à qui voulait bien apporter son aide, nous étions ce jour-là une trentaine à préparer des sandwichs destinés à ceux qui défendaient la préfecture. Tout à coup, on nous rassembla afin de nous demander s'il se trouvait parmi nous des volontaires pour porter des armes à un arsenal de fortune tenu par les Forces de la Libération dans un hôtel particulier sis non loin du faubourg Saint-Honoré. De tous les hommes et femmes qui étaient présents personne ne broncha. Et après une attente qui me parut interminable, comme personne ne donnait toujours pas le moindre signe de vie, la honte me fit lever la main. En même temps ou presque, une autre main se levait, celle d'une fille jolie mais frêle que je ne connaissais pas, et que je sentais bouillir près de moi.

Nous avons pris chacune dans nos sacs à dos respectifs les sacrées armes, et après un sourire rapidement échangé auquel s'est bornée l'ampleur de nos relations, nous nous sommes séparées. Et sur ma bicyclette, où j'ai toujours eu de la peine à me tenir et que la peur faisait zigzaguer un peu plus que de coutume, je suis partie dans Paris coupé de barrages gardés par les derniers soldats envoyés par l'Allemagne, des enfants ou presque, quand ce n'étaient pas des nabots — car ils avaient aussi des avortons dans leur pure race aryenne, qu'ils nous avaient gentiment réservés pour la fin. Je suis partie suivie de près par un gars qui avait pour mission de « m'épauler » à la moindre alerte, mais que j'ai perdu de vue au moment même où nous sommes arrivés devant les premières sentinelles allemandes qui coupaient la rue Royale et sur lesquelles j'ai foncé tout droit, à mon habitude, pour leur demander mon chemin. Et quand, enfin à destination, plus morte que vive, j'ai rejoint mon puissant gorille et qu'il m'expliqua avec la mine de circonstance la plus grave et la plus responsable, que, me voyant faire, il s'était écarté afin de ne pas attirer les soupçons, tout en me demandant si celui-ci et les autres, ceux que j'avais côtoyés auprès de Camus, appartenaient à la même planète, j'ai souri. Parce que derrière les airs d'importance qui le boursouflaient, dans l'énorme et effarante ingénuité qui s'en dégageait, j'imaginais le nez de Camus se crispant dans l'effort pour retenir un irrésistible fou rire.

Cependant, le sens de l'humour ne parvenait pas à dissiper en moi une colère sourde mais prête à éclater, étouffée seulement par l'emprise sournoisement grandissante d'un profond malaise ; car si je n'avais pas connu Camus et les siens, j'en serais encore à me demander – comme beaucoup le font et parfois dans un vilain ricanement – où se trouvaient alors, en tout cas à Paris, cette Résistance et cette Libération dont il arrive de parler comme si elles avaient tenu et levé la France entière d'un seul bloc ; et qui, en fait, n'ont sacrifié que ceux qui luttaient dans l'ombre pour les leurs – absents, parfois traîtres, ou endormis.

Dans ce pays divisé comme le mien, avec sa ligne de démarcation qui le fendait en deux comme celle qui séparait les deux Espagnes ; où un côté comme l'autre mêlait en lui les frères adversaires partagés par la présence effective ou déguisée de l'ennemi commun à ceux – Espagnols ou Français – qui rejetaient la plus monstrueuse et répugnante aventure qui puisse tenter et entraîner l'homme, et qui s'incarnait ici, comme là-bas, dans les figures robotisées envoyées par Hitler ou ceux qui le représentaient ; dans ce pays d'élection après le mien, j'avais guetté pendant quatre ans d'attente le moment où ce qui se passait en France de grand ou d'infâme jaillirait enfin au grand jour ; et où ceux-là qui se battaient, réduits au silence, au secret, à la souffrance solitaire, et aussi au plus grand des dénuements, celui qui redoute le regard d'un frère — pourraient enfin compter sur les leurs en pleine lumière.

Alors, quand la lumière vint, si devant le spectacle parfois dérisoire qui nous fut donné on pouvait encore sourire, en revanche, quand j'assistais au redressement prudent mais déjà prospère de toute une petite société engoncée depuis toujours dans je ne sais quel « bien-être » et que la guerre n'était venue qu'enrichir ; quand je voyais la petite lâcheté, le petit profit, la petite envie et la petite colère quitter leurs quartiers laborieux de l'hiver, pour tricoter déjà leur laine sur les trottoirs et préparer l'heure où tout ce petit monde s'érigerait en juges ; quand *je ne voyais que cela* dans ce qui aurait dû être explosion de joie et de reconnaissance, et que je me représentais, du coup, derrière les verrous des Pyrénées une Espagne maintenant à cette image, toutes les belles mais si fragiles résolutions dont j'avais du moins rêvé, tombaient.

De la guerre, dans ce qu'elle m'avait fait voir de pire mais aussi de meilleur, je ne reconnaissais plus rien ; et dans l'éclosion qui libérait doucement de leurs cocons de vieilles et déjà trop familières chrysalides, je reconnaissais trop tôt les papillons qui allaient ronger de leurs chenilles les bourgeons tant attendus de la paix. Et de nouveau, je perdais de vue ce pour quoi des hommes avaient lutté, ici comme là-bas, enfoncés dans la pluie et la boue ou exposés au dépouillement de la lumière crue du soleil, dans le pire des dénuements et le plus cruel des anonymats ou dans les vociférations qui secouaient Madrid aux cris : *« No pasarán »*.

– « Regarde-les, Gloria... »

Et de nouveau le théâtre m'apparaissait comme le seul lieu exact, juste pour m'y tenir, qui répondît logiquement à la question toujours posée ; le jeu du théâtre et son geste gratuit, éphémère, vivant et insensé. Le théâtre et l'instant. Le Tout ou Rien.

Comme dans le bureau de Marcel Herrand où déjà je me débattais, essayant de repousser à plus tard l'engagement devant l'échéance, maintenant, je le repoussais, mais cette fois avec colère. Et la Libération et la fin de la guerre allaient m'enfoncer de nouveau tout entière, au cœur des végétations désordonnées, grouillantes, obscures, de ma jungle intérieure, afin de jouir en elles de la liberté de la bête.

Du balcon de notre pigeonnier, je regardais avec maman ce tronçon du long boyau qui étire la rue de Vaugirard entre le métro Volontaires et le boulevard du Montparnasse. Ses habitants, que nous fréquentions depuis quatre années d'occupation, s'agitaient à ce moment-là entre les deux trottoirs, comme les petites fourmis besogneuses que l'on dérange sur leur chemin et qui cherchent à surmonter un obstacle inattendu, sur lequel, obstinées, elles passent enfin, retrouvant avec leur mystérieux instinct la même ligne. Là, on aurait dit que la grosse botte d'un homme était venue écraser le centre même de la fourmilière, et toutes ces bestioles se démenaient désorientées, affairées à retrouver leur but. Presque en même temps sur toutes les fenêtres et tous les balcons, les triples drapeaux des pays alliés ont jailli comme des mains d'un invisible prestidigitateur, en bouquets de fête. A croire que l'on tenait tout cela enfermé tout prêt à servir, dans de profonds placards, avec les boules et les guirlandes de Noël. Et c'est que la rue était en fête, Paris était libéré, et la liesse populaire pouvait s'en donner à cœur joie malgré les tirs têtus mais de plus en plus rares qui décelaient ici et là les retardataires allemands tapis encore dans quelques coins de la ville.

Soudain, du côté du métro Volontaires et venant de la porte de Versailles, surgit au loin quelque chose qui ressemblait au groin d'un char, et les premières acclamations éclatèrent. Mais à mesure que l'engin avançait là-bas, au bout, il semblait creuser devant et derrière lui un étrange vide, comme s'il dégageait les effluves d'un gaz mortel. Quand il atteignit le boulevard Pasteur, toute la rue sous notre balcon et jusqu'au boulevard du Montparnasse était désertée, et nous seules, maman et moi, clouées par la curiosité, restions encore là, au balcon. Et ce n'est que quand il fut passé devant nous, ce dernier camion allemand qui battait en retraite, que nous avons compris, en voyant l'homme étendu à l'arrière, à découvert, fusil en main, s'amuser à tirer de temps en temps au hasard sur les drapeaux arborés.

Le camion se perdait déjà au-delà du métro Falguière et dans la rue extraordinairement vide et silencieuse il régna l'espace de quelques minutes cet étrange climat de malaise angoissant et inexplicable, que certains films de fiction essayent d'évoquer quand ils veulent représenter une ville après l'explosion qui a détruit tout ce qui s'y trouvait de vivant. Et puis, peu à peu, mus par les mêmes mains invisibles, nous avons vu disparaître, un à un, happés dans les placards des fenêtres — chaque drapeau.

Bien entendu, quand il fut établi que ça n'avait été là que le dernier camion allemand en retraite, toute la panoplie réapparut ; mais – on n'est pas porté deux fois en si peu de temps par le même enthousiasme – le cœur n'y était plus. Et quand les troupes de Leclerc ont bel et bien défilé boulevard du Montparnasse, les habitants du quartier s'y trouvaient le long des trottoirs ; mais, malgré les cris, on percevait déjà sur les visages ce sourire débonnaire, à l'arrière-fond avantageux, de ceux qui déjà sont revenus de tout, pendant qu'ils levaient des mains faussement nonchalantes pour attraper au passage les paquets de cigarettes américaines et les boîtes de conserves distribuées à la volée, comme des confetti.

Plus tard, ailleurs, au hasard des rues de Paris, la foule agglomérée – les mêmes ou d'autres – récupérait sa vitalité perdue, pour injurier, bafouer, outrager les prisonniers allemands que l'on ramenait les mains nouées au-dessus de la tête.

Quelques jours encore — et, pendant qu'à l'Union des Artistes, devenue le siège du nouveau Syndicat des Acteurs, j'envoyais paître une commission d'épuration dont certains membres s'étaient compromis autant ou plus que le camarade de théâtre contre lequel on me demandait de témoigner — en face de chez moi, rue de Vaugirard, ceux qu'avait rendus prospères le marché noir se tassaient devant les portes du garage Citroën, transformé pour la circonstance en atelier de barbier du Moyen Age, pour y raser ou tondre les femmes qui avaient péché avec un Allemand. Et quand j'ai vu les crânes misérablement pelés et couverts de crachats rouler dans la cohue braillarde pour s'engouffrer dans la camionnette qui les attendait, le NON qui m'échappa fut le premier cri que m'ait arraché le spectacle de l'ignominie. Pliée en deux, par-dessus la balustrade du balcon, je hurlais, comme folle ; et si la solide poigne de maman réussit à me rejeter à l'intérieur de la maison, seuls les mots qu'elle a trouvés et lâchés, comme une vomissure longtemps retenue, sont parvenus à me dégriser : « Garde tes cris pour l'Espagne ! »

Elle n'a jamais su sans doute, ni moi, d'ailleurs, d'une certaine manière jusqu'à aujourd'hui, l'impact que cette petite phrase eut sur moi pour le reste de ma vie.

Je n'ai jamais aimé la foule, ni moi dans la foule. Car à l'encontre des esprits délicats qui la craignent, ou de ceux, plus robustes, qui trouvent la force en eux de l'observer, moi, en bonne brute, j'y plonge en fonçant dedans comme le taureau, aveugle et sourde comme elle. C'est ainsi que j'eus encore une fois affaire avec elle ; mais ce fut la dernière, m'en étant tirée de justesse et apprenant ainsi... la délicatesse.

J'allais rejoindre Camus au journal *Combat,* rue Réaumur, sur mon vélo, mais je dus m'arrêter du côté de Saint-Lazare, devant un barrage qui coupait la rue d'une multitude de gens massés devant la porte d'une maison où étaient arrêtées deux camionnettes de FFI. Paris résonnait encore des coups de feu, isolés, que les derniers soldats allemands, planqués sur des toits ou à l'intérieur de certains immeubles, tiraient à travers les rues. Je fus vite informée qu'on attendait la « sortie » d'un de ces francs-tireurs que les FFI avaient réussi à capturer. A l'encontre de ceux qui s'amassaient là, je ne me sentais aucun goût pour le spectacle dont, à en juger par leur attitude de fébrile expectative, ils semblaient tous tellement friands ; mais quand j'ai voulu traverser leurs rangs serrés et poursuivre mon chemin, ce fut le « tollé » général. Je suis donc restée là, avec, déjà en moi — la colère.

Bientôt deux soldats français sortirent de l'immeuble, fusil au poing, pour ouvrir un passage à travers la foule ; puis, deux autres et, entre eux, l'Allemand, le SS typique, raide, arrogant, dont la morgue pâlit seulement à la vue de la foule. Quant à celle-ci, après le premier retrait de curiosité et une courte aspiration pour prendre son élan, mais toujours tenue en respect par les fusils des FFI, elle se donna enfin à l'un des jeux les plus abjects que je connaisse, celui qui, s'il peut chez les enfants n'apparaître que comme le signe d'une cruauté innée et encore innocente dans l'homme, chez les adultes ne témoigne plus que de son avilissement.

Insultes, ricanements, crachats, pincements, tiraillements d'oreilles, coups de pied, crocs-en-jambe, tout y est passé, sauf le courage et la dignité. Jusqu'au moment où un gars qui fumait tout en ricanant devant moi, de l'autre côté de l'étroit chemin mouvant percé par les FFI, prit la cigarette de ses lèvres et en appuya le bout allumé sur la joue du prisonnier. Le geste dépassait les règles du jeu, les fusils FFI se sont braqués et il y eut un moment de stupeur — *Lâche ! Salaud !* — les mots avaient éclaté dans ma bouche comme, sans doute, les injures avaient jailli, auparavant, de toutes les bouches ; mais dans la circonstance ils me condamnaient. Je ne sais pas bien comment cela a fini. Je me souviens seulement dans la ruée générale de deux hommes à côté de moi pour me protéger et aider les FFI à me tirer de là ; et je me suis retrouvée dans l'une des deux camionnettes, aux côtés de leur prisonnier, hurlant toujours des insanités dans une véritable crise de nerfs. Mais, quand — enfin rassérénée — ils m'ont déposée rue Réaumur, je n'avais nul besoin de leurs conseils, la leçon s'était avérée suffisamment efficace ; je savais que s'ils ne s'étaient trouvés là pour me protéger, je n'aurais pu échapper au pire ; et cela pour m'être dressée contre le traitement infligé à l'un des représentants de ce que je hais le plus au monde.

Cependant les communications avec l'Algérie étaient rétablies et... la fin de la guerre approchait. Peu à peu, dans une dureté nouvelle, je retrouvais les vieilles devises : *Cortar por lo sano* [1]. Dans la perspective de notre proche séparation, je préparais déjà, face à Camus, mon indépendance retrouvée ; et pour échapper aux longs déchirements de la rupture, j'en hâtais la conclusion. Quand il m'avait parlé d'un possible départ au Mexique – loin de tous – j'avais compris que je ne quitterais jamais les miens – ma mère et mon père – pour qui ou quoi que ce fût ; et que si c'était ce choix que l'on pouvait appeler amour, il allait sans aucun doute à ceux qui jusque-là m'avaient portée et qui avaient besoin de moi. Il n'y avait sur ce point, de ma part, la moindre tricherie avec moi-même ; mais il est vrai aussi que, devant l'exigence et la folie de l'appel qui m'était fait, j'ai flanché. De Verdelot, où, avec Pierre, Janine et Michel Gallimard, il avait cherché un refuge contre la menace de la Gestapo, où il m'attendait et où je ne me suis pas rendue, j'ai reçu une lettre qui étonnerait quiconque voudrait l'accuser de froideur, de formalisme, d'orgueil ou d'indifférence.

Oui, j'ai flanché. Je n'étais certainement pas prête à une rencontre d'une pareille envergure ; elle me dépassait en effet, et si je manquais peut-être de la capacité d'amour nécessaire pour m'y donner entière, il y en avait malgré tout assez en moi pour ne pas la tenter à moitié.

Tout ou rien. Et placée devant le Tout, j'ai choisi le rien.

Avec ce choix, le véritable engagement, celui qui devait m'emmener au-delà de moi-même, une fois encore était repoussé. Et dans une douloureuse et inévitable dislocation, le jour est venu de la séparation.

Je ne savais pas alors qu'un jour viendrait où je me trouverais enfin à même de répondre à l'exigente demande qui m'avait été faite ; avec la même force, la même violence, la même intensité ; et que je pourrais ensuite, dans un des plus justes compagnonnages qui puisse exister entre un homme et une femme, m'atteler à l'une des créations les plus hautes, les plus belles, et les plus difficiles : un amour. Cependant, derrière le mur aveugle où je me terrais pour sauver mon indépendance, ma singularité, mon identité individuelle, et soi-disant pour vivre dans le bonheur — je pressentais déjà que, quoi qu'il advînt, je resterais toujours tournée vers celui qui avait su éveiller en moi le sens de la vraie vie.

1 Cf. p 137

Mais lui, savait-il du moins à quel point l'amour qu'il portait en lui devait rendre désormais difficile à tous ceux qui l'avaient vraiment connu de retrouver joies ou larmes qui, hors de lui, ne leur parussent point pauvres ? A quoi répondait cette explosion de chagrin qui a suivi sa mort ? Quelle était cette détresse que j'ai vue dans les regards et les visages de ses amis quand il disparut ? Et chez ceux-là mêmes qui, sans l'avoir jamais approché, l'avaient vraiment lu et entendu ? Où trouver de plus bel amour que celui qui se révèle et se cristallise dans ce qu'il y a de meilleur en nous ? Et dans ce monde abandonné, avec son théâtre éclaté et bouché où nous nous démenons désespérément solitaires pour ouvrir un trou de lumière dans l'épaisseur des murs qui nous étouffent, parmi ceux qui ont senti en eux la qualité d'amour que Camus charriait en lui, où chercher désormais quelqu'un qui, tout en révélant en nous la part la meilleure, s'attachât, jour après jour, avec un inépuisable entêtement et dans une lutte constante contre ses propres tentations et le refus autour de lui pour les multiplier, à veiller sur elle, à combattre tout ce qui pourrait la menacer, mais aussi à la *représenter*, je veux dire à l'incarner ?

En juillet 1945, la guerre était terminée et je jouais les dernières représentations d'une pièce de René Laporte, *Federigo*, après la reprise du *Malentendu* au début de la saison, et la création d'un second spectacle qui réunissait *La Provinciale* de Tourguéniev et *Les Noces du Rétameur*, de Synge. Le tournage des *Dames du Bois de Boulogne* avait pris fin, et je m'apprêtais à quitter le théâtre des Mathurins.

Et c'est que, dans ma fixité de bœuf traînant sa charrue, qui marque, droit devant lui, dans le champ clos, la ligne possible du sillon, une inquiétude nouvelle était venue détourner l'insupportable entêtement aveugle du bovin. L'angoisse de l'accoutumance, écussonnée soudain en moi d'un greffon nouveau, venait pour la première fois – elle ne m'a pas quittée depuis – bouleverser, dans le sentiment qui me liait au théâtre, les rapports chaleureux, rassurants, et familiaux que j'avais avec les Mathurins.

Adoptée d'emblée par le public fidèle au lieu, reconnue, aimée et admirée par mes compagnons de travail, et adorée – je dirais même vénérée – par celui qui se devait d'être mon guide, Marcel Herrand, j'ai redouté soudain le pire ; et sans plus attendre, dans la levée tumultueuse de l'impatiente angoisse qui, depuis, me caractérise, je lui criais mes craintes.

« Il fallait que je parte ! Il fallait que je coupe ! Il fallait que j'aille éprouver ailleurs ce qu'il m'avait donné ! Ici, on me connaissait trop ! On me faisait trop confiance ! On m'aimait trop ! J'étais trop bien servie, on me regardait avec trop d'indulgence, on me faisait trop de crédit, j'étais trop choyée ! Et je me voyais déjà vieillir au cœur d'une famille aimante qui, un jour proche, ne pourrait plus distinguer les tics, les rides ou les grimaces apparues sur le visage de l'enfant de la maison. Pour ceux qui m'aimaient, comme pour moi, comme pour le théâtre, je devais prévenir les effets néfastes de l'Habitude, ce rat prêt à ronger la vie même, dissimulé derrière les sourires et la chaleur de l'affection et du bien-être. Il fallait que je parte ! car les machinistes eux-mêmes qui, il fut un temps, au sortir de scène et selon la qualité de mon apport à la représentation, m'attendaient pour me signaler de leur pouce droit pointé vers le ciel ou vers le sol leur assentiment ou leur désapprobation, m'acceptaient maintenant telle quelle, noyant le pire dans le meilleur. Et lui ! Marcel ! dont les exigences premières étaient telles que parfois il m'avait paru impossible d'y répondre, lui ! Marcel ! se bornait maintenant à de brèves indications dans l'attente sereine que sa vision soit réalisée, ne me poussant plus au bout de mes possibilités ! de mon vouloir ! et par là, au dépassement de moi-même ! »

Oui, malgré le regard embué de ses yeux où je retrouvais, sombre, ma minuscule et double image agitée d'une folle véhémence et offerte entière à je ne sais quelle gueule béante prête à avaler, déjà en larmes, je jetais encore et toujours, à tort et à travers, les mots hachés, entrecoupés, martelés, bousculés, fous, d'un long cri inconnu qui étouffait dans ma gorge et que je ne pourrais comparer qu'au cri de naissance, et je parlais, je parlais, de la peur levée en moi par l'aveuglement inévitable de la fréquentation quotidienne dans le travail — de part et d'autre — *et aussi d'une possible paresse en moi qui me guettait toujours, devant un engagement difficile — le seul pourtant que je concevais au théâtre, mais auquel il fallait me pousser à coups de pied au cul, parce que, toute seule — la paresse — une complaisance déguisée — ou pire, l'ennui...* — Et j'ai éclaté en sanglots, enfouie dans les bras de cet homme dont, à ce moment-là, j'attendais tout, et qui me disait doucement : « Oui, Mariquita, il faut que tu partes.. »

C'est ainsi que le théâtre se révéla être le sol où mon expérience vitale enracinait ses fraîches pousses nouvelles pour le fertiliser de sèves neuves ; avant que la terre même – nouvelle – du théâtre ne devienne lieu de vraie vie pour nourrir d'expériences vivantes mon existence.

Mais tout cela n'allait pas sans mal et il est inutile de dire que j'aboutissais là à un moment de crise. Je battais la campagne à tous les azimuths et ceci, même physiquement car, ayant récupéré mon penchant abandonné pour l'évanouissement, je tournais de l'œil à en-veux-tu-en-voilà. Et s'il ne m'est jamais arrivé de tomber en scène, du moins avant la fin des saluts, en revanche, je devais sans doute souffrir de digestions difficiles, car plusieurs fois par semaine, je ne pouvais manger le moindre petit steak grillé avec des pommes vapeur, sans me pâmer une demi-heure après.

Après la reprise des communications avec l'Algérie, la correspondance avec l'Angleterre se rétablissait.

Dans les agendas que je tiens de mon père, il notait déjà le 26 septembre 1944 :

19 heures – *Première lettre de Vitola,*

et le 5 octobre de la même année :

18 h 05 – *Nouvelles de Gloria et de Vitola apportées par Capa.*

De notre côté, au fur et à mesure que les lettres arrivaient et les messagers de passage, maman et moi apprenions où et comment se trouvaient ceux dont nous étions coupées depuis six ou huit ans.

La tante Candidita, en Galice, rendue à moitié impotente par le geste de peur ou de désespoir qui l'avait projetée de la fenêtre du deuxième étage de « villa Galicia » dans le jardin, recueillie par Pilar et son mari, vivait, encore chez eux à Montrove.

Léonor, Susita et les autres vivaient, aussi, éparpillés aux quatre coins de la Galice.

Pilarita, ma douce et fière camarade d'enfance, vivait, elle aussi, fidèle à elle-même.

Esther, ma sœur, séparée de sa petite fille et jetée en prison pendant trois ans parce qu'elle était la fille de mon père, était maintenant assignée à résidence à La Corogne, où elle soignait une nouvelle poussée de tuberculose et un cœur défaillant, en se présentant tous les matins à la préfecture pour... pointer.

Les autres, les amis de mon père encore vivants, et qui n'avaient point trahi, attendaient encore une libération dans les refuges qu'ils avaient pu trouver au fond d'un grenier ami ou dans un trou de cave huit années auparavant, et d'où ils allaient ressortir des années et des années plus tard — vieillards.

La maison de mes parents à La Corogne avait été vidée ; les livres de mon père brûlés ou vendus aux enchères avec les objets, les meubles et les murs eux-mêmes.

Et nous avons reçu, découpé d'un journal galicien, cet article signé par le préfet *lui-même*, et qui dit ceci :

> Étant donné qu'est indigne de figurer au registre officiel des naissances tenu au Bureau municipal d'État civil et institué pour des êtres humains (seres humanos), et non pour des bêtes nuisibles (alimañas), le nom de Santiago Casares Quiroga, je soumets à votre considération le bien-fondé de ma requête, de sorte que soient transmis les ordres opportuns pour que l'on fasse disparaître le folio déshonorant du Registre municipal de cette ville dans lesquel se trouve inscrite sa naissance ; à cette fin, j'espère que Votre Excellence me communiquera la prestation de cet hommage dû à l'Espagne, une, grande et libre de Franco.
>
> Dans le Registre de l'Ordre des Avocats et dans tout livre où figure le nom répugnant de Casares Quiroga, on devra procéder de manière identique en l'effaçant, de façon que les générations futures ne trouvent d'autre vestige de lui que sa fiche anthropométrique de scélérat.
>
> Dieu garde Votre Excellence de longues années.
>
> La Coruña
> 26 novembre 1937
> Seconde année triomphale
> Le Gouverneur civil,
> Jose Maria de Arellano

Quant à l'*alimaña*, mon père, il avait passé ses quatre ans de double exil à Dormers, près de Londres dans la maison louée par Juan Negrin

– Président du Conseil des Ministres pendant la guerre d'Espagne et père de mon petit camarade de classe de l'*Instituto-Escuela* – qu'ils habitaient avec Feli Lopez, une de ces femmes qui me rendent fière d'être femme. Là, dans le calme apparent de la campagne anglaise, tenu au courant de mes activités par des journaux français qui passaient en Angleterre, il vivait de la pension qui lui était encore versée tant que le gouvernement de la République Espagnole en exil existait. Cette somme assurait sa contribution aux dépenses communes de la maison qui l'accueillait, tout en lui permettant quelques économies qu'il nous réservait, l'achat de bouquins et surtout de billets pour assister au moins deux fois par semaine à des spectacles et apaiser ainsi la passion nouvelle qui lui était née le jour où il avait appris que le théâtre était devenu pour moi la terre neuve où j'avais pris racine.

En juillet 1945 je jouais encore *Federigo* quand il nous annonça la date de son arrivée et j'ai su qu'à deux jours près, il allait manquer la dernière représentation. Comme j'avais tenu à quitter les Mathurins sans m'être assurée de quelque autre contrat, j'ignorais quand et où il pourrait me voir sur une scène ; et il m'arriva d'en parler autour de moi. Le jour de la dernière, j'ai vu entrer dans ma loge, en « délégation représentative » de toute la troupe, Herrand, Gérard Philipe et notre chef machiniste. Ils m'ont déclaré qu'après concertation, ils avaient décidé d'un après-midi – « samedi en huit » – je me souviens... –, un jour où ils se trouvaient tous libres – pour donner, à huis clos, une représentation de la pièce, dédiée uniquement à mon père. C'est là une histoire que j'ai souvent racontée pour informer tous ceux que les cancans des coulisses auraient pu induire en erreur ; et donner ainsi une juste idée de ce qu'est une véritable troupe théâtrale.

Le jour tant attendu est arrivé. Maman et moi sommes allées chercher papa à la gare, où nous l'avons manqué.

De retour à la maison il nous attendait dans la loge de la concierge.

Intimidée plus que jamais, le cœur battant dans ma gorge, je l'ai vu s'avancer vers moi, rayonnant, ses bras grands ouverts, encadré par les figures effarées et saugrenues de la « señora Tufitos » et du pâle M. Planchais, dont les présences donnaient soudain au geste de mon père je ne sais quoi qui, dans la circonstance, me parut théâtral. Et devant mon attitude fermée, presque impassible, j'ai vu ses deux bras se baisser peu à peu, une ombre d'insoutenable pudeur passer sur son visage, avant qu'enfin je me jette à lui, mais trop tard.

Pour la deuxième fois je manquais à mon père ; c'était là le deuxième chant du coq. Et ce n'est qu'à travers le théâtre et mes amis du travail que je pus enfin le recevoir.

3

Sortilèges

J'ai entendu dire que le corps humain parvient à son état de complet épanouissement vers l'âge de vingt-deux ou vingt-trois ans ; ensuite, les cellules ne se reproduisent que pour remplacer celles qui meurent, et ceci de plus en plus parcimonieusement jusqu'à la fin.

Sans doute à cause de mon tempérament viscéral et de ce goût qui est en moi d'une juste harmonie entre corps et esprit, mort et vie, et aussi pour demeurer en parfait accord avec ces observations sur la matière vive dont nous sommes faits, à l'âge de vingt-trois ans exactement – je venais à peine de les compter –, les événements survenus dans mon existence ont commencé à me dépouiller des sources vitales qui, malgré le zèle que je mettais à les remplacer, me précipitaient déjà en cascade vers une parfaite et sèche nudité.

Quand je regarde cette vie qui est la mienne, elle m'apparaît comme ces courbes tracées par la main des infirmières sur les feuilles de température clouées au lit des patients dans une salle d'hôpital. Le trait saccadé mais continuellement ascendant qui s'élève au cours de mes jeunes années jusqu'en 1950, se dessine avec une netteté telle qu'il me serait difficile d'en ignorer la fièvre et de ne pas lui trouver un sens. Puis, malgré quelques sursauts, il s'étale, haut sur la feuille, à l'horizontale. Et après 1960, il pique soudain du nez, tout droit vers le bas de la page. Mais si l'on regarde à travers la grosse loupe du temps, un autre tracé en pointillé paraît peu à peu qui remonte et s'écarte du premier en angle aigu de plus en plus ouvert pour atteindre à son tour une horizontale située je ne sais où sur la feuille, où il s'affirme en ligne continue bien qu'extrêmement ténue, sans que je puisse toutefois lui trouver une signification.

Ma mère est morte cinq mois après l'arrivée de mon père

d'Angleterre ; et quelques mois après, mon père commençait à préparer sa propre mort.

L'un comme l'autre m'ont été ôtés prématurément ; l'une à cinquante-deux ans (elle se représente maintenant à mon appel plus jeune que moi) ; l'autre, à soixante-cinq ans, l'âge d'une retraite dont il n'a jamais pu jouir, sauf, avant l'heure, lors de son double exil à Dormers, loin de son pays et des siens.

Quant à moi, je venais à peine d'avoir vingt-trois ans quand j'ai perdu ma mère, et vingt-sept lorsque mon père est décédé. Mais malgré ces deux arrachements si précoces qui écorchaient à même mes racines, malgré la longue et intolérable cruauté du spectacle auquel je fus soumise quatre années durant, peut-être à cause de cette vue sauvage du monde et de la vie qui est la mienne, et selon le principe des cellules qui nous ferait naître pour prendre la relève de nos pères, je reconnaissais là le mouvement naturel sans lequel rien n'est concevable et j'ai pu ainsi gagner, dans ces pertes, de nouvelles richesses à ajouter au trésor de mes anciens privilèges, pour toucher enfin à cet instant de grâce qui me plaça un matin de 1950, derrière la fenêtre fermée du pigeonnier déserté de Vaugirard, à regarder à travers la vitre le ciel et les toits de Paris ; cette longue — longue seconde — où il y eut soudain en moi la contenance du monde de tout temps et de toutes créatures avec la connaissance claire et fugace d'une cohésion qui mêlait au bien le mal, souffrance à jubilation mort et vie — un instant de totale plénitude qui fondait en larmes la félicité et où, en toute lumière, en toute compréhensibilité, l'intelligence de vie s'élargissait vaste et dense en parfait amour —

J'étais seule, mon père venait de mourir ; le seul qui pouvait le remplacer était loin et malade ; pourtant je sus que j'atteignais là un haut lieu où jamais, jamais plus je ne reviendrais, sinon et seulement peut-être au moment de ma mort.

Mais en 1960, une troisième coupure, affreusement inattendue, pétrifiante, est venue effectuer en moi la triple amputation à laquelle je fus soumise en quatorze années d'intervalle, les premières depuis l'enfance où le monde où je vivais se disait plus ou moins en paix ; et je me suis trouvée rejetée d'un coup au plus bas de l'échelle brusquement tronquée.

C'est à ce moment-là qu'une pressante nécessité m'a propulsée à la quête de vieilles racines et aussi de racines nouvelles ; et c'est depuis ce moment-là – j'avais trente-sept ans et j'en ai cinquante-six – que je cherche vainement quel est le sens de ma nouvelle existence.

Mais auparavant, j'ai pu marcher sur les hauts plateaux des années 50 et avant cela, grimper dans une dernière poussée de fièvre de

LIVRE I

Sous la tutelle de Pluton

«Par une nuit obscure...»

«Mameluco»

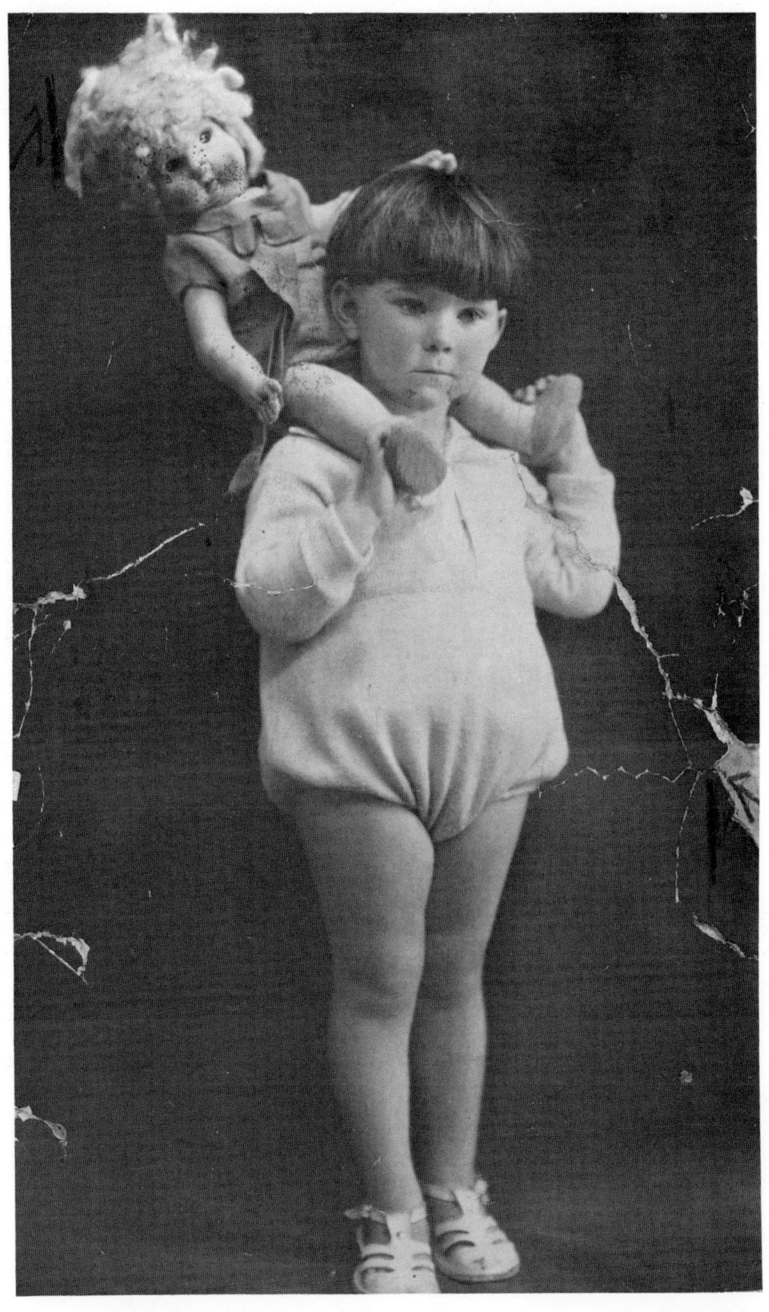

Santiago Casares Quiroga

Gloria Perez de Casares

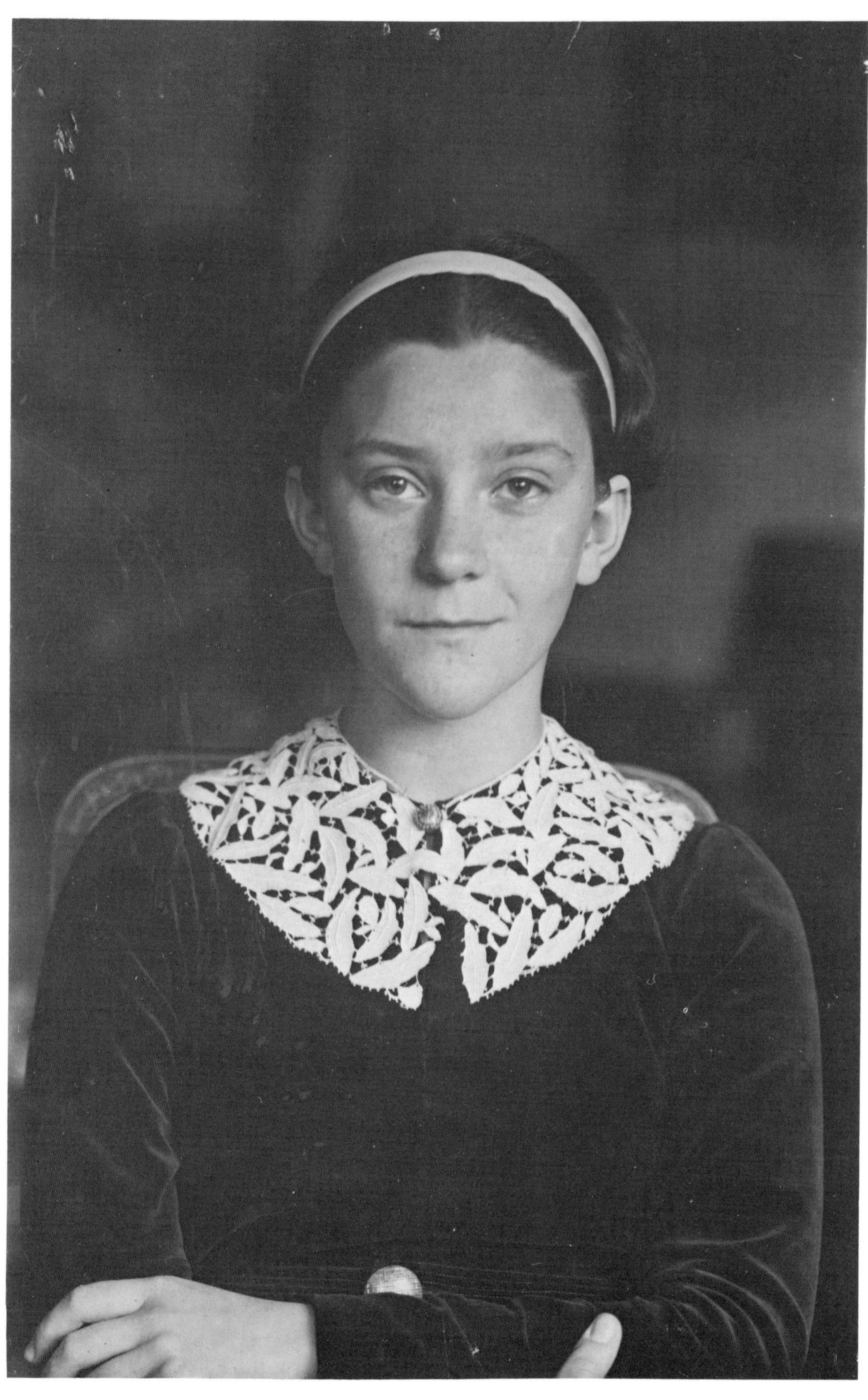
Photographie pour un buste. (Treize ans)

(Quarante-cinq ans)

Bagages de l'exil

LIVRE II
Avatars

Le Prince qui a tout appris dans les livres de J. Benavente

Les Paravents de Jean Genet. (Quarante-cinq ans)

(Dix-neuf ans)

Fragment de lettre de Gordon Craig

7th December 1943. PARIS.
— To the Lady Maria Casares —
Madame — as you speak so do you write.
your letter reached me yesterday but I have only
read it today because I have been ill —
The joy you express in that lovely letter of yours
CAN NOT really be as great as mine,
although I will not quarrel with you over joy.
.. but I am very happy to know that my
words did not displease you.

Solness le Constructeur d'Ibsen, avec Jean Marchat

Marcel Herrand

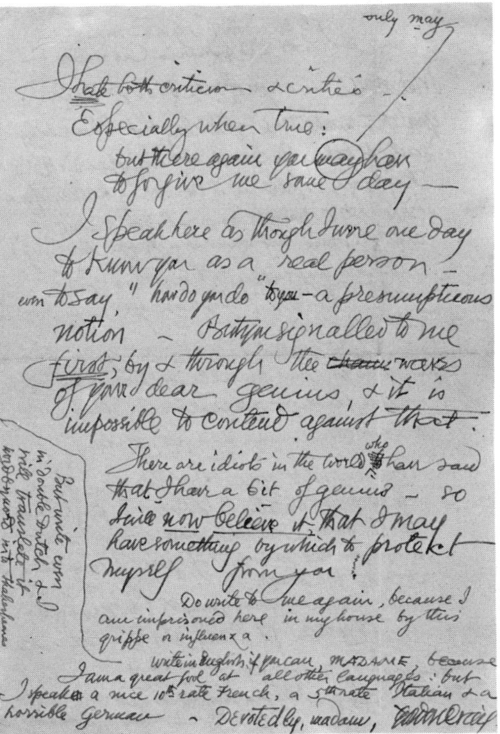

only may

I hate criticism & critics –
Especially when true:
but there again you may have
to forgive me some day –
I speak here as though I were one day
to know you as a real person –
even to say "how do you do" – a presumptuous
notion – but you signalled to me
first, by & through the waves
of your dear genius, & it is
impossible to contend against that.
There are idiots in the world who have said
that I have a bit of genius – so
I will now believe it that I may
have something by which to protect
myself from you!
Do write to me again, because I
am imprisoned here in my house by this
grippe or influenza.
Write in English if you can MADAME, because
I am a great fool at all other languages: but
I speak a nice 10th rate French, a 5th rate Italian & a
horrible German – Devotedly, madame,

But write even in Double Dutch, & I will translate it laboriously into Shakespeare language –

La Chinoise et les chaussures à deux talons. (Douze ans)

La Sanseverina ou «la face de Brute». (Vingt-cinq ans)

CENA INTIMA
ofrecida a
MARIA CASARES
por sus compatriotas desterrados
— PARIS, 1954 —

Dîner intime offert à Maria Casarès par ses compatriotes exilés (Paris 1954)

Dice así: "El nombre de Santiago Casares Quiroga será borrado de todos los Registros. — Siendo indigno de figurar en el Registro oficial de nacimientos que se lleva en el Juzgado muncipal instituído para "seres humanos" y no para alimañas, el nombre de Santiago Casares Quiroga, someto a su consideración la procedencia de que se cursen las órdenes oportunas para que el folio "oprobioso" del Registro municipal de esta ciudad en que se halla inscrito su nacimiento, se haga desaparecer, y en este sentido espero me comunicará V. E. la prestación de ese obligado homenaje a la España "una gran y libre de Franco" En el acta del Colegio de Abogados y en cuantos libros figure el "nombre repugnante de Casares Quiroga, debrá procederse, asimismo, a borrarlo en forma que las generaciones futuras no encuentren más vestigio suyo que su "ficha antropométrica de forajido". — Dios guarde a V. E. muchos años. — La Coruña, 26 de noviembre de 1937. Segundo año triunfal. — El Gobernador civil, José María de Arellano."

«La alimaña»

LIVRE III

Privilèges de Saturne

RECOMMANDATIONS

1. Le titulaire de cette carte doit en être constamment porteur afin d'être en mesure de la présenter à toute réquisition des agents de l'autorité. Ce document l'autorise à résider en France et à circuler sur l'ensemble du territoire.

2. Au cours du trimestre qui précède la date à laquelle la carte cesse d'être valable, il doit en solliciter le renouvellement en se présentant au commissariat de police ou à défaut à la mairie du lieu de sa résidence. Pour Paris, il doit s'adresser à la préfecture de police.

3. Tout étranger, lorsqu'il transfère le lieu de sa résidence effective et permanente, même dans les limites d'une commune si celle-ci compte plus de 10 000 habitants, est tenu d'en faire la déclaration dans les huit jours de son arrivée, aux mêmes autorités que ci-dessus en indiquant très exactement le lieu de son ancienne résidence ainsi que sa profession.

4. L'étranger qui désire exercer une profession réglementée doit solliciter l'autorisation professionnelle afférente à son activité.

5. La qualité de résident privilégié se perd obligatoirement lorsque son bénéficiaire séjourne plus de 6 mois sans autorisation hors du territoire français. Cette autorisation d'absence doit être demandée au préfet du lieu de résidence.

CARTE DE SÉJOUR
DE RÉSIDENT PRIVILÉGIÉ

CA38764

ETR 120 S 3

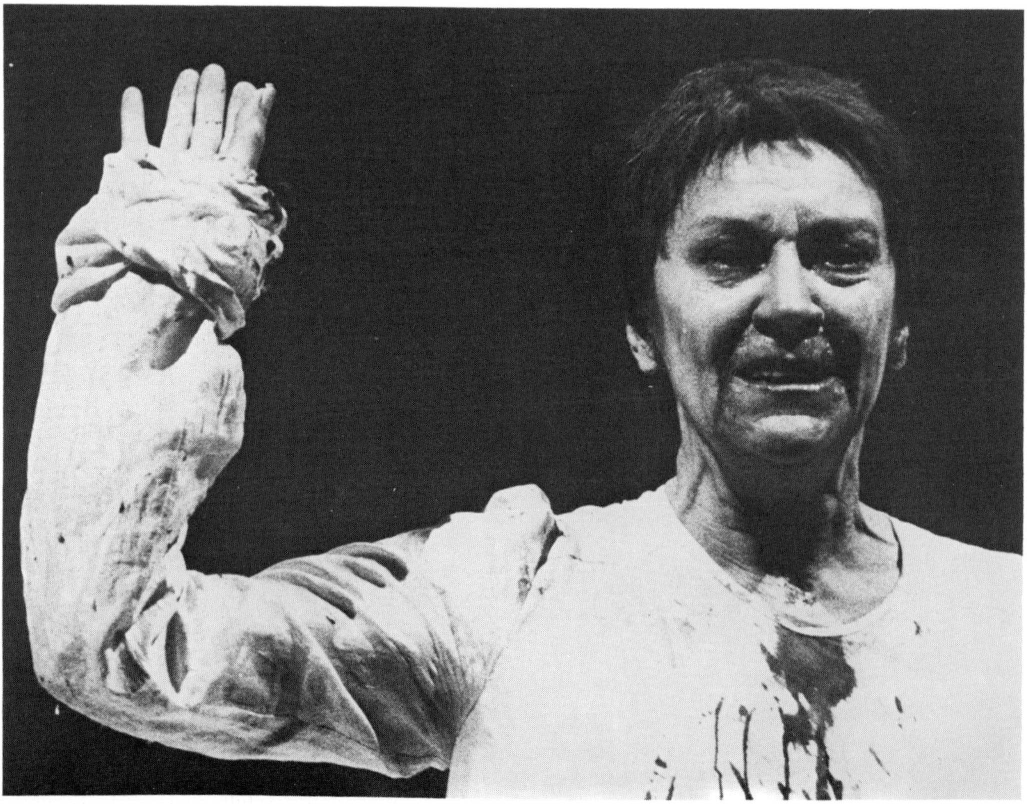

La Mante polaire de Rezvani (répétition)

Le Malentendu d'Albert Camus (répétition)

La Dévotion à la Croix de
Caldérón de la Barca (répétition)

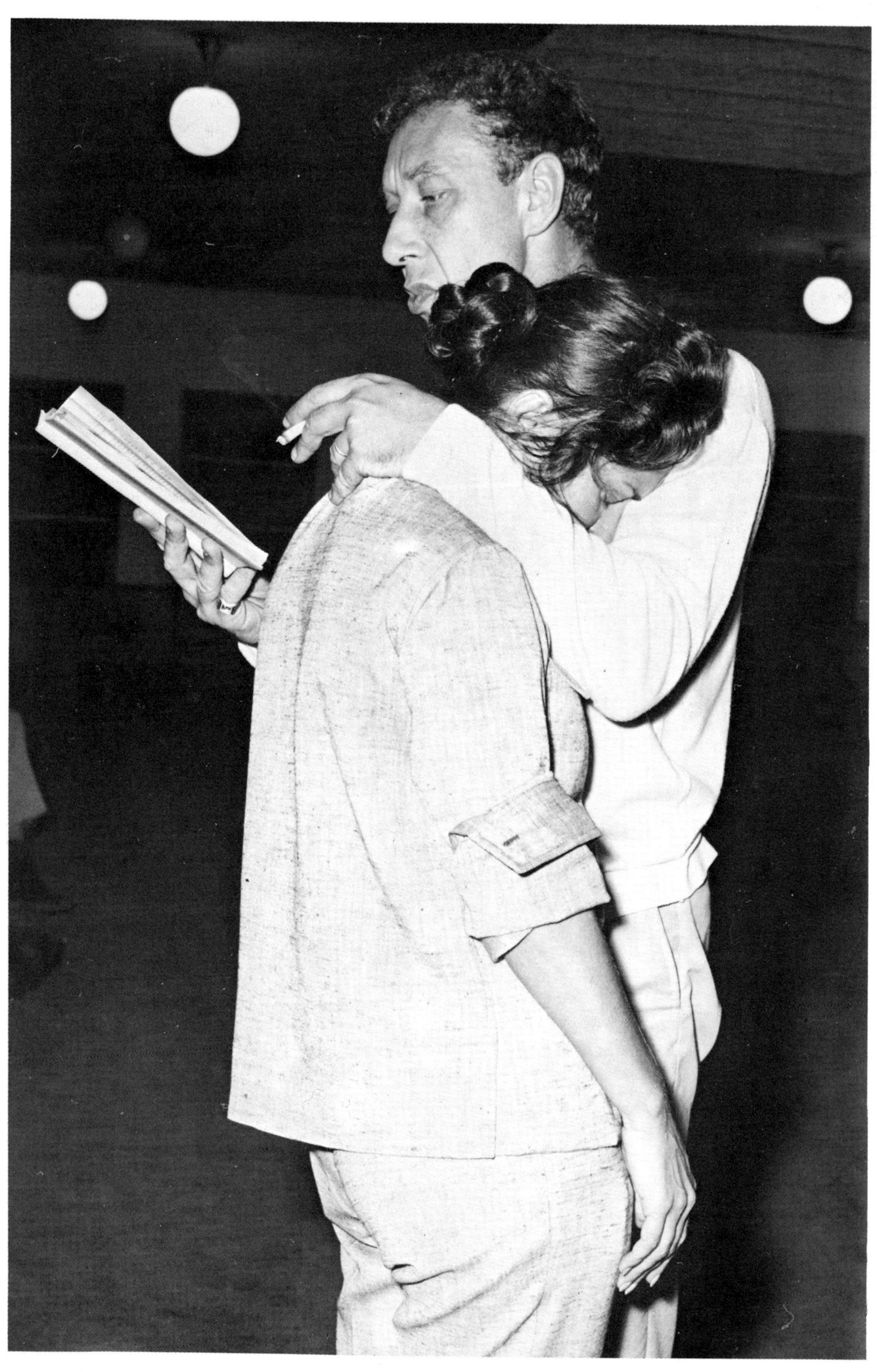

Hamlet de William Shakespeare (répétition avec Daniel Sorano)

Macbeth de William Shakespeare (répétition avec Jean Vilar)

(Cinquante-six ans)

Ariel

croissance les derniers degrés qui séparent la mort des deux êtres dont la présence ravivait jour après jour mon vouloir profond de faire, de créer, afin de les mériter.

Dans les agendas de mon père, je lis à la date du 10 janvier 1946 :

18 h 25 – (17 h 25 heure solaire). *Décès de Gloria dans la chambre 212 de l'hôpital Curie.*

Et après une sensation d'interminable nausée, je revois la figure maintenant gracile et quiète de ma mère, couchée dans sa boîte en bois de pin blanc, enveloppée du linceul, la tête entourée de bandelettes où seul le visage restait à découvert pour témoigner à travers ses paupières closes et ses lèvres muettes de la parfaite pureté qui était la sienne ; ce visage saccagé et tordu par l'affreuse maladie qui maintenant avait retrouvé les traits d'une photographie de sa jeunesse, un moment d'elle que je n'avais point connu.

La « meiga »— La douce amazone— Ma rayonnante compagne— Ma courageuse, ma vivante, ma chère, chère amie. Quatre mois plus tôt nous dévalions encore ensemble les landes à la verticale de Camaret, couchées sur le vent, courant comme des fugitives, afin de précipiter l'arrivée en moi du flux menstruel, retenu sans doute par les lunes froides de l'Océan ; et le soir, elle me préparait encore dans notre chambre d'hôtel commune des bains chauds à la moutarde où, dans les chuchotements, les rires, la frayeur, des chapelets de petits cris étouffés, elle plongeait ses belles mains fines pour retenir au fond du baquet mes pieds qui au contact de la brûlure lui échappaient comme des truites qu'elle rattrapait en plein vol ; dans l'intimité d'une connivence ancestrale traversée par les frissons de vagues terreurs du père, du juge, du maître, et qui, là, se mêlaient à une pensée douloureuse, l'idée d'annoncer à celui qui nous arrivait après quatre ans d'absence et tant et tant d'ennuis la grossesse d'une fille qui voulait toujours et malgré tout rester libre et vierge ! Jusqu'au jour – le quinzième – où, en plein ciel, les cheveux dressés par le vent, roux, blonds, avec un soupçon d'argent qui brillait au soleil, elle déclara : « Eh bien – demain – on le lui dira – Et s'il y tient – ce dont je doute – tu te marieras ! – ce n'est pas l'enfer ! »

Mais le soir même on fêtait l'événement tant attendu, devant une imposante langouste, du vin blanc, et le regard de mon père perplexe face à cette jubilation soudaine, après deux semaines de repas de plus en plus mornes pendant lesquels il dut se demander si le caractère de plus en plus sombre de notre comportement ne tenait pas à sa seule présence. Aussi, devant son œil interrogateur où l'on pouvait deviner comme une blessure, je n'ai pu tenir, et au troisième verre, j'ai lâché la confidence, je ne sais plus si comme un trop-plein que l'on rejette ou comme un ballon d'essai : « Papa, tu as failli être grand-père ; et... je ne tenais pas à me marier. »

Il y eut un moment de stupeur partout. Maman devint presque aussi rouge que moi. Puis papa sourit, et les yeux fixés sur son assiette il a bafouillé quelques mots comme : « ... de toute manière cela ne pouvait concerner que toi. »

Et, enfin, nous avons pris tous trois une colossale cuite qui nous mena tard, dans la nuit, à travers les landes, où maman riait encore aux étoiles, traversée par la lumière des phares, pendant que mon père récitait à tue-tête des poèmes de Valle-Inclán et de Curros Enriquez.

Il n'y avait pas eu d'enfant, mais cette fausse alerte m'a donné cependant la seule image où j'ai vu, représenté, le lien qui avait uni dans leur jeunesse et qui unissait encore ces deux êtres si dissemblables et si proches ; elle m'a donné aussi une confiance ouverte, toute neuve, capable de sauter par-dessus les obstacles et les conventions qui pouvaient encore me tenir à distance de mon père, et qui allait me devenir si nécessaire quelques mois après, à la mort de maman.

Maintenant, le samedi 12 janvier 1946, la quinzième heure, celle qui est cochée dans l'agenda de mon père et suivie de : *Mise en bière de Gloria à l'hôpital Curie*, réunissait, autour du cercueil ouvert sur cette figure si belle et si éphémère, ceux qui l'avaient aimée et qui étaient encore là ; ceux que la mort rassemblait un instant et que la vie allait lier jusqu'au bout, ou séparer.

C'était arrivé si brusquement ! Au retour de Camaret, où une proposition de contrat m'était parvenue du théâtre de l'Atelier pour y jouer à la rentrée Grouchenka dans *Les Frères Karamazov*, j'avais commencé les répétitions ; et comme toujours à cette période du travail, aveugle à ce qui m'entourait, je vivais tournée vers une part de moi, à fouiller un territoire inconnu pour chercher où planter les pieds de la nouvelle création. Une ou deux fois pourtant, maman s'était plainte de quelques douleurs qu'elle croyait dues à l'aérophagie. Sans plus.

On dormait toujours toutes les deux dans la même chambre. Un soir en rentrant du théâtre, je l'ai trouvée à genoux, recroquevillée, livide, avec seulement les joues écarlates. Et ne voulant pas crier pour ne pas réveiller papa, elle râlait de douleur.

Le médecin accouru, Paratcha, un Galicien ami de mon père, prescrivit un traitement contre le ténia ; mais quelques jours après il revint accompagné d'un autre Galicien, le Dr Fernandez Colmeiro, professeur réputé qui se trouvait à la tête des recherches faites sur le cancer à l'Institut ou Hôpital Curie. Deux jours après, on l'emmena là-bas, dans la chambre 212.

– *« Capicúa ! »* – s'est-elle écriée, rayonnante encore, en voyant le chiffre porte-bonheur.

Et pendant deux mois, couchée dans le grand lit de cette chambre austère, elle a souffert une des plus atroces agonies, celle qui donne la mort par un cancer généralisé.

Si, alors, le courage ne parut pas me faire défaut quand, dès mon arrivée place du Panthéon, il faisait pousser dans ma peau les écailles du caïman ; si, alors, je suis parvenue à retrouver l'attitude, la raideur du robot que j'avais apprises à l'Oftálmico de Madrid ; si, devant ce regard d'enfant bleu, curieux d'abord, angoissé parfois, indifférent enfin, j'ai pu ne rien laisser voir des tortures qui devaient s'ensuivre avant la mort prochaine, en revanche, le cœur me manque aujourd'hui pour les faire revivre.

Car, à l'époque, devant l'atroce et si longue lutte de ce corps qui faisait partie de moi-même, je restai jusqu'à la fin à l'affût d'une réponse à l'interrogation que mettait en moi un pareil spectacle ; tendue dans la suprême curiosité, je quêtais, dans l'envers de cette souffrance si inutile, en quoi elle pouvait être féconde ; je guettais au-delà de ces membres convulsés par le mal, dans ce visage distortionné par la douleur, dans le regard qui s'absentait pour livrer on ne sait quel combat ou dans celui, enfin calmé, blanc, lointain, vide et affreusement reconnaissant que donne la morphine, un ou les signes qui me convaincraient que tout cela n'était pas pour rien. Mais aujourd'hui, placée toujours devant l'énigme, la terre me manque sous les pieds quand j'y pense ; je ne vois plus que cette face amaigrie, démantelée, appuyant sans cesse sur l'oreiller sa joue droite pour y chercher pendant des semaines un impossible soulagement, et qui, enfin, aux rares moments où elle se redressait, gardait encore la grimace des muscles déportés sur un seul côté ; je ne vois plus que le dernier sursaut qui est venu mettre fin à son long coma et qui l'a projetée un instant, assise, droite, les yeux grands ouverts où il y avait dans l'expression d'effroi comme une vision ou une interrogation. Puis : le geste de mon père, ferme et doux, pour recoucher le cadavre, sa main pour fermer les paupières au-dessus des mâchoires ouvertes en cri silencieux. Et enfin, cette figure parfaite dans le cercueil, la tête soigneusement bandée comme celle d'une pythie ou d'une idole, et le beau visage régulier, parfaitement pur de la jeune Gloria, celle que je n'avais connue jusque-là que sur une photographie.

Mais l'autre Gloria, celle qui était la mienne, ma charnelle, ma lumineuse, ma fragile guerrière, ma chérie, celle devant qui je me disais que jamais, jamais personne ne m'aimerait comme elle et devant qui je désespérais d'aimer un jour à mon tour comme elle m'aima, sans rien sacrifier de sa vie et de son bonheur qu'elle savait nécessaire à mon bonheur et à ma vie, cette Gloria qui était ma mère, où était-elle maintenant ? enfouie derrière ce visage pur et serein de jeune fille endormie ?

DIMANCHE 13 JANVIER
14 h – ***Transport de Gloria à l'église de...***
(S. Andión, E. Lopez, Mª Vict^a^ et moi).
14 h 10
14 h 30 } ***Service funèbre dans ladite église. (les mêmes).***
14 h 35 – ***Transport au cimetière du Montparnasse (les mêmes).***
15 h 05 – ***Inhumation.***

Et dans l'agenda de mon père, je ne trouve plus rien, aucune note, jusqu'au 10 février, où il rapporte :

10 h – ***Présentation privée, au Paramount, de « Roger la Honte » (1re partie).***
20 h – ***Copeau assiste à la représentation des « Frères Karamazov ».***

Je n'ai reçu qu'une lettre de condoléances ; une lettre meurtrie d'Albert Camus.

Je ne sais plus si je lui ai répondu.

Je sais que pendant le long temps qui nous a séparés nous ne nous sommes jamais rencontrés.

Je l'ai seulement aperçu une fois sur les quais de la Seine. Il marchait devant moi en compagnie de notre Maria du *Malentendu* : Hélène Vercors. Il ne m'a pas vue.

Plus tard, lors d'une représentation au théâtre des Champs-Elysées, nous nous sommes trouvés tous les deux dans la salle. Il était assis à l'orchestre et il n'était pas seul. Moi, j'avais été placée au premier rang de corbeille en compagnie de Jean Servais. Là, j'ai buté sur son regard, insoutenable et, prise de court, je l'ai salué de ce léger signe de tête – officiel – que l'on adresse à quelqu'un rencontré au hasard d'un dîner d'ambassade. Pendant que je regardais obstinément la scène que je ne voyais pas, je sentais son visage tourné vers moi, qu'un violent défi à tout et même aux plus simples convenances décomposait. A l'entracte il avait quitté la salle pour ne plus y revenir.

Et je suis restée seule avec Jean Servais, à fixer une scène où, sans que je m'en doute, se mouvait autour de Vilar celui qui allait plus tard prendre la place laissée vide par tous mes absents : André Schlesser.

Cérémonie rituelle

Je ne sais pas exactement quand j'ai rencontré Jean Servais. Je sais comment.

La première fois que je le vis, ce fut dans la loge de Marcel Herrand. Quand j'y suis entrée après le spectacle, il était assis de profil sur le divan, et le regard qu'il fixa, sur moi, la tête complètement dévissée vers la gauche, fut si grave, si lourd, si appuyé et se prolongea si longuement que, peu à peu, il vint à bout des propos mondains qui animaient le petit cercle réuni autour de lui. C'eût été celui d'un malotru s'il n'avait porté dans son insistance même je ne sais quelle clameur ; et dans le cri que j'y ai cru voir, il y avait une déchirure qui, tout en ajoutant à mon trouble une vague d'excitation qui me balaya de haut en bas, me désarmait dans le même élan de ma boulimie de conquête.

Ce fut la représentation la plus réussie qu'il m'ait été donné de voir ou de vivre de ce que l'on appelle le coup de foudre. Et quand je l'ai retrouvé sur les plateaux où nous tournions encore *Les Dames du Bois de Boulogne* et où il venait rendre visite à Lucienne Bogaert, cette femme qui par elle-même me fascinait — déjà, tout était joué d'avance. Je soupçonne même que la présence blonde, sombre, écorchée, de ce nouveau venu dans mes pâturages n'est pas restée étrangère à la force de caractère que je me suis trouvée pour rompre avec Camus.

Nous avons été liés sans trop tarder par une grande et belle passion qui aurait peut-être pu aboutir à un amour si, sans que j'en fusse consciente, la part réservée en moi pour l'amour n'eût été déjà prise.

Une existence exaltée, à la fois pleine de douceurs et démentiellement tourmentée, nous a tenus rivés l'un à l'autre pendant trois ans et demi. Libre ou libéré de tout autre engagement affectif, frappé par la fièvre justicière de l'Epuration d'une année d'interdiction de travail, seul dans son petit rez-de-chaussée de la rue Vineuse, il se consacra entièrement à cette passion où il purgeait ses angoisses, sa révolte, les brumes souterraines de son ennui, et un désespoir qu'il traînait avec lui comme il l'eût fait d'un compagnon de guerre ; mais il y mettait aussi son amour de la beauté et la nécessité portée chez lui jusqu'à la douleur de trouver un être qui lui rendrait l'harmonie ou la parfaite intégrité perdues – je suppose, lors de la Première Chute – et que, dans sa solitude, il recherchait sans jamais désemparer ; un être dont les convexités épouseraient exactement ses concavités. Je n'ai jamais connu d'autre homme qui poursuivît comme lui, avec autant d'ardeur contenue, d'une manière si évidente, avec tant d'humilité, et en tout premier lieu, la recherche de son autre moitié.

Quand il pensait l'avoir trouvée, les sommes de patience, de douceur, d'attention de tous les instants qu'il prodiguait alors, évoquent pour moi aujourd'hui les mouvements souples et contenus d'un jardinier placé au centre du massif où poussent ses plantes les plus rares, tremblant à la seule idée de les blesser ; et son émerveillement devant les pousses nouvelles, qui vient maintenant illuminer ma mémoire, me révèle soudain où j'appris les soins infimes que réclame la création d'un amour.

Il venait de Belgique. Il était fasciné par l'Espagne. Il avait été très beau, mais je préférais sa beauté du moment qui nous a réunis, quand il portait déjà sous son regard les stigmates de sa peine à vivre, ce que nous appelions tous deux en riant : ses « malles ».

Bien entendu, tout cela n'allait pas sans mal et si cette grâce en lui avec cette délicatesse ne s'étaient pas doublées de revers aussi rugueux que la paume de la main était douce, Servais aurait été sinon un saint du moins un sage, hautement estimable, mais qui n'aurait sûrement pas éveillé chez une femme – moi, en particulier – le sombre et somptueux élan de la passion. Or, lui-même passionné... d'harmonie, il semblait s'entendre à soulever autour de lui l'intérêt aigu du monde féminin, et cela sans qu'on pût l'accuser un seul instant de ce « donjuanisme éclairé » auquel j'étais si sensible. A ses côtés, on vivait l'époque du noir romantisme, et le bateau pris avec lui se devait de traverser de fulgurantes et impressionnantes tempêtes.

Les « malles » qui alourdissaient ses yeux témoignaient d'un abus d'alcool où il avait voulu sans doute noyer la nostalgie d'une Intégrité possible, et si, quand je l'ai connu, par manque de ressources peut-être mais aussi pour maîtriser les obscurs et dangereux bouillonnements qui le traversaient à fleur de peau, il ne buvait plus que de l'eau, quand le hasard lui faisait avaler une gorgée de cognac ou quand une autre cause venait brusquement le mettre en état d'ivresse, le débordement subit et spectaculaire de sa violence trop longtemps bâillonnée était du même ordre que celui qui arrache l'éléphant à sa paix séculaire.

Personnellement – à part une fois où en vérité je l'ai rendu fou et n'importe qui alors à sa place eût réagi de même –, je n'ai jamais connu ses belles mains que pour me guider, servir, ou caresser ; et pourtant, témoin involontaire des explosions fulminantes de colère révolte ou désespoir qui le déchaînaient contre lui-même jusqu'à la démence, je suis restée tout le temps que j'ai partagé sa vie, en état d'alerte, dans un continuel et intime sentiment de danger imminent. Je crois n'avoir jamais traversé la place du Trocadéro pour me rendre rue Vineuse sans me demander si j'en reverrais le Palais de mon vivant, et ceci au soir même du jour où, à mon réveil, il m'avait porté au lit le plateau du petit déjeuner, digne dans sa grâce et sa joliesse d'une petite princesse de contes de fées, avec, à côté des œufs à la coque préalablement ouverts, un éventail de mouillettes beurrées exquisement préparées.

Il faut dire que malgré une santé défiant tout excès, l'équilibre en lui opiniâtrement poursuivi en vue d'une divine harmonie se trouvait souvent compromis par un tempérament dont la jalousie se cherchait des rivaux dans le soleil même et l'océan, et par des accès de paludisme qu'il soignait sous des douches glacées !

Peut-être est-ce dans les terrains mouvants de cette inquiétude qu'il ouvrait en moi, en me dépossédant ainsi de mes armes que s'est noué ce lien qui nous attacha l'un à l'autre bon gré mal gré jusqu'à la fin, et dont aujourd'hui encore, au-delà des entre-déchirements mutuels, des péripéties de vaudeville que je lui ai fait vivre, de notre dernière et si mélancolique séparation et enfin de sa mort, je sens le fil à jamais vacant qui ne m'a reliée qu'à lui. Mais cette inquiétude, cette menace constante qui ne laissait en effet aucune place à la « sclérose » et qui nous amarrait l'un à l'autre à l'abri de l'ennui, portait aussi déjà en elle l'annonce de notre séparation.

En attendant, nous étions tellement convaincus de notre union à vie et à mort que quand de son côté il décida de notre mariage, malgré le rappel battu avec tambours et trompettes dans un ensemble parfait par mes deux « petits potes » protecteurs, j'ai enfin accepté.

C'est à partir de là, quand cette décision fut prise et ma main avec elle – accordée officiellement par mon père à Jean Servais – que s'ouvrirent pour moi et ceux qui m'entouraient deux années de ronde folle – fête – carnaval – macumba avec ou sans sacrifices, danse frénétique où je jetais ma gourme en rougeoles – coqueluches – fièvres – et éruptions de tous ordres, et qui me secoua jusqu'en juin 1948. Aujourd'hui je ne peux rappeler cette période sans sourire et pourtant, à l'heure même des événements fantasques dont j'ai peuplé ces deux années, j'ai passé par les peurs, les affres, les chagrins pleins et clos, comme seuls les enfants en connaissent — vécus à parts entières.

Les *préliminaires rituels* se déroulèrent dans un calme relatif. Le seul point inquiétant – et mon père en fut très vite conscient –, ce fut ma décision d'accepter le mariage, et cela au moment même où dans ma vie comme dans mon travail régnait une fois de plus un insidieux désordre. Le théâtre se partageait mes journées avec le cinéma et la radio. Après les *Frères Karamazov*, ce fut au tour de *Roméo et Jeannette* d'Anouilh d'accaparer mes journées et mes soirées ; plus tard, le cinéma faillit prendre toute la place jusqu'au retour de Rome, quand eut lieu la création des *Epiphanies* d'Henri Pichette. J'enchaînais aux émissions de radio les films — *Roger la Honte, La Septième Porte, L'Amour autour de la Maison, La Chartreuse de Parme* et *Bagarres.* Et mis à part les deux épisodes tournés par Cayatte à Paris, pendant que le soir je jouais au théâtre de l'Atelier, toutes les autres réalisations me menèrent loin — au Maroc, en Bretagne et enfin à Rome, où la Sanseverina me retint plus de six mois.

De son côté, le pigeonnier de la rue de Vaugirard, après la disparition de maman, tentait de se réorganiser ; mais il y mit du temps ; et à vrai dire, détournée de lui par les exigences d'un travail de plus en plus accaparant, par mes escapades nocturnes rue Vineuse, et mes longues absences de Paris, je ne sais pas bien comment est venue cette nouvelle organisation.

Je sais seulement qu'après la mort de maman Enrique se trouvait de nouveau parmi nous et qu'il ne nous a quittés définitivement qu'en 1948. Quant à mon père, il semble qu'il y vivait encore en transit, prêt à s'absenter dès qu'il en avait l'occasion et que sa santé le lui permettait, pour se rendre chez des amis chers en Belgique ou pour me rejoindre là où je me trouvais.

L'appartement même, à mon image, paraissait prêt à être loué, avec un rien dans sa nudité qui l'affligeait d'un air inhabité, malgré un philodendron offert à ma mère lors de notre installation, que je soignais et que je soigne encore.

Papa dormait dans la double pièce donnant sur la rue de Vaugirard ; moi, j'occupais toujours la chambre que j'avais partagée avec maman et qui donnait sur l'impasse de l'Enfant-Jésus et la morgue de l'hôpital Necker.

Mais dans ce « no man's land » où mon père se cherchait un lieu, dans ce haut carrefour qu'Enrique traversait en tout sens pour trouver son chemin, dans ce hall de gare où j'essayais vainement de reprendre pied, une nouvelle venue avait fait son apparition : Angèle ; et déjà, durant la journée, sa silhouette fine, massive, silencieuse, de lionne statique étirait doucement depuis la cuisine ses pattes d'animal noble dans toute la maison. Ceci pendant quelques mois, avant qu'elle ne s'installe définitivement sous notre toit jusqu'à ce que l'âge de la retraite en l'année 1969 la rende à l'Espagne qu'elle avait quittée depuis cinquante ans. C'est quand il m'a fallu trouver une chambre pour l'accueillir que j'ai convié Enrique à quitter ce pigeonnier trop étroit pour abriter tant de pigeons, ces animaux féroces qui se plaisent parfois à détruire les œufs ou à tuer les petits de leurs congénères. Sa présence devenait difficile à tous et surtout à mon père ; et pourtant, après s'être occupé de maman comme un fils ne sait pas toujours le faire – avec un tact, une grâce, un dévouement que seul l'amour peut inventer –, c'était encore lui – Enrique – qui amenait chez moi cette créature inappréciable – Angèle – qui, dès l'abord, a su me prendre en main, avec l'humour et la patience que cela supposait particulièrement à l'époque, comme si elle m'avait nourrie de son lait dès ma naissance.

Angeles et Juan Jimenez, servants de la *liturgie*, formaient le couple le plus uni et le plus cocasse qu'il m'ait été donné de voir vivre. L'un comme l'autre étaient venus en France tout jeunes. L'un comme l'autre, alors, maigres comme des clous. L'un comme l'autre pour chercher du travail et pour laisser de l'autre côté de la frontière des désaccords familiaux.

A Paris, ils s'étaient « placés » ensemble au service de familles de la haute bourgeoisie, lui comme valet de chambre, elle en tant que cuisinière. C'est, je pense, dans une boîte de nuit qu'Enrique avait rencontré Juan dès notre arrivée à Paris, et c'est dans les communs d'un hôtel particulier de la rue de Lille qu'il allait le retrouver avec ma mère, à son tour liée d'amitié avec le couple. Quand nous fêtions rue de Vaugirard une de ces dates mirifiques que maman multipliait pour scintiller, ils venaient déjà l'aider à recevoir et servir les invités. Mais alors, les soupçonnant avec raison d'être au courant de la véritable relation qui unissait maman à Enrique, je restais fermée à leur approche dans la gêne insupportable de possibles complaisances.

La brève maladie et la mort brusque de maman sont survenues au moment même où, à ce que j'ai cru comprendre, les rapports amicaux entre les deux couples étaient sérieusement endommagés par je ne sais quelles tensions. Angeles, qui avait une véritable vénération pour ma mère, n'apprit que trop tard sa mort et elle ne se l'est jamais pardonné. Aussi, quand Enrique l'a priée de venir à la maison pour la remplacer en quelque sorte, sans hésiter elle consentit à se séparer de son mari afin de venir s'occuper de nous (nous n'avions ni les moyens financiers ni le travail suffisant qui justifient l'engagement d'un couple).

Et c'est ainsi que le relais s'est fait et qu'un nouveau foyer familial (*âtre – autel – ou bûcher*) allait se former petit à petit autour de cette mère dont le seul fils – éternellement prodigue – était le mari.

Juan était Sévillan, allègre et sinistre comme tout Andalou qui se respecte. Il avait des tendances prononcées pour l'homosexualité sans que pour cela elles empiètent en quoi que ce soit dans ses rapports avec sa femme. Il ne jurait que par le Guadalquivir, la Macarena, l'arôme des citronniers de l'Alhambra, les couleurs éclatées en blanc et noir du Sud de l'Espagne, et surtout par le *flamenco* ; que celui-ci fût des plus purs, ce qui ne manquait jamais de mettre dans son œil profondément enfoncé dans les orbites la goutte noire de l'angoisse, ou bien qu'il fût des plus braillards et bon marché, et dans lequel il dissipait alors avec les vapeurs de l'alcool sa terreur de la mort, pour se donner corps et âme aux *palmas*, aux *olé* d'accompagnement, quand la frénésie de la musique ne l'arrachait pas de son siège pour chanter et danser à son tour.

Il était plutôt trapu, très velu, et les traits de son visage, comme les poils longs et drus qui le recouvraient partout sauf sur la tête où déjà il essayait de dissimuler une promesse de tonsure monacale, confirmaient nettement en lui l'hypothèse qui tend à prouver que l'homme descend du singe. Aussi, quand à l'apogée des « fiestas » que j'organisais de nouveau chez moi durant les années 50 et à l'occasion d'un disque — *pasodoble* ou *canto jondo* — il faisait irruption parmi mes compagnons de travail réunis, en pantalon, sans chemise, un châle de manille drapé en pointe échancrée jusqu'à la taille sur la fourrure de son dos et de sa poitrine, les castagnettes à la main et Séville à la bouche, il fallait alors la grâce sereine d'Angèle, debout dans le chambranle de la porte, et son regard de fière tendresse retenue que l'on pourrait imaginer dans les yeux de la mère de Mozart assistant au premier concert de son fils ; il fallait — oui — cette présence inconcevable et aussi mon naturel face à cette incursion, pour détendre l'atmosphère un instant crispée, et laisser passer dans l'assemblée la joie saisissante et étonnamment communicative qui animait l'intrus.

En ce qui concernait le travail, il était — comme on dit — une perle. Doué d'un goût souvent exquis, il trouvait un vrai bonheur à orner et embellir un vase, une table, à faire reluire tout ce qui demande à briller y compris les gens eux-mêmes qui l'employaient, ou les arbres du jardin, ou les poules ; et je me souviens de lui, lors de ses courts séjours à *la Vergne* quand il partait se promener dans les prés, du pain plein les poches, assailli par tous les habitants de la basse-cour — gavés mais en voulant encore — qui s'accroupissaient autour de sa silhouette étendue lorsque, couché sur l'herbe l'œil perdu dans le ciel du soir, il lançait à tous vents de temps en temps les miettes qui voletaient comme du pollen.

Mais comme un ennui insondable le guettait dès qu'il interrompait une quelconque activité pour le faire basculer dans son invincible terreur ; comme à part les fêtes qu'il partageait jusqu'à l'aube avec ses coréligionnaires — « Coquette », « Fanfreluche », « Grain de beauté », « Bouton d'or » — dans les boîtes parisiennes de travestis ; comme à part le travail qui ne prenait tout de même pas chaque minute de son existence, le sommeil qu'il fréquentait peu, et l'amour inébranlable d'Angeles qui le tenait debout sans qu'il le sût ; comme à part cela, en ville, il ne pouvait quand même pas soigner les arbres du Bois de Boulogne ou séduire les bêtes du zoo — dans son pressant besoin vital d'occuper tout son être et tout son temps, il les occupait au temps et aux affaires des autres ; et c'est là que le bât blessait et que les complications poussaient comme des orties pour le piquer, et du même coup déclencher chez tous ceux qui l'entouraient des urticaires géantes et, chez sa femme, des bourrasques fauves ou des dépressions magistralement maîtrisées.

Sa femme, elle — qui s'appelait Anges (*Angeles*) et non Angèle (*Angela*) mais qui pour simplifier ses rapports avec la France avait changé de nom —, était Navarraise, c'est-à-dire native de ces terres vertes et dures qui se tiennent loin de la mer, on ne peut rêver plus au nord de l'Espagne, dans les basses montagnes qui adoucissent la descente à pic des Pyrénées. Quand je l'ai connue — malgré le travail dur depuis toujours, et les problèmes continuellement soulevés dans son existence « sans peur et sans reproche » par la présence turbulente de Juan —, la force de son caractère et sa somptueuse satisfaction de vivre avaient rempli ses formes osseuses et disgraciées de bonnes chairs qui la paraient de beauté matriarcale, lui laissant — malgré tout — une fragilité inattendue blottie au bout de ses membres, dans ses chevilles minces, ses pieds minuscules, et les mains menues et soignées qui terminaient des avant-bras dodus, reliés de peau extrêmement fine et tendue comme celle des bébés. Elle portait haut une petite tête tirée en arrière par un chignon noir très serré sur un cou court ; et son visage, pétri à coups de poing à la va-vite, s'organisait tant bien que mal autour du nez irrégulièrement écrasé, une bouche largement échancrée et deux petits yeux presque noirs que l'humour faisait briller comme deux têtes d'épingle en jais. Rivée au sol par les lois de la pesanteur, sa tête noire dressée par la fierté de toutes les Espagnes et une conscience on ne peut plus pure, elle ressemblait parfois à une toupie que la force de gravité empêcherait même de tourner, et qui serait restée debout, aimantée par le cœur de la terre. Et en toute royauté, elle accueillait, elle écoutait, elle offrait, elle observait, elle souffrait, elle acceptait ou elle refusait l'événement selon les lois de la noblesse, avec pudeur, générosité, magnificence, et aussi, quand des circonstances tragiques le lui imposaient, avec une totale simplicité où il ne restait plus d'elle que le diamant brut libre de toute enchâssure d'apparat ou de théâtralité.

Elle aimait Juan d'un amour que rien ne pouvait altérer, sauf peut-être une blessure fugace de son profond sentiment de l'honneur ou du devoir, si l'on entendait par là la structure même de son être tendu à suivre au plus près le chemin d'une droiture absolue, sans jamais briser l'attache de cette fidélité qui noue les destins ; car, bien que maladivement susceptible et épidermiquement vaniteuse, elle détenait en elle une dose d'orgueil qui n'allait de pair qu'avec son humilité. Mais prise dans la sauce des « salades » que Juan condimentait partout où il passait, on la voyait alors, cette lionne, se changer en araignée pour retisser les fils que son mari avait embrouillés.

Elle était catholique pratiquante ; mais dans sa croyance il ne restait pas le moindre signe de la bigoterie qui avait dû rancir la vie du village navarrais à l'époque où elle s'y était formée. En revanche elle avait gardé des rapports entre l'Espagne et la religion un fonds bien vivant de paganisme. C'est ainsi que, lorsqu'il ne s'agissait pas, par exemple, de retrouver un objet perdu – dans lequel cas elle s'adressait comme tout un chacun à saint Antoine – elle priait toujours de préférence saint Judas ; et comme un jour je lui demandais s'il s'agissait de l'Iscariote, elle me répondit vivement que le Judas sanctifié n'avait rien à voir avec le malheureux traître à Jésus, mais que, comme beaucoup de gens s'y fourvoyaient justement à cause du nom, le « Saint », se trouvant ainsi quelque peu délaissé, jouissait de plus grands loisirs qu'un autre pour s'occuper efficacement des fidèles qui se tournaient vers lui. Et pendant qu'elle me tenait ce discours, les pointes de jais de son regard pétillaient d'une telle malice que l'on ne savait plus si elle jouissait du tour joué à Judas l'Iscariote, à saint Judas, à elle-même et à sa foi, à moi, ou au Bon Dieu qui lui inspirait de tels détours.

Avec ça, elle était bourrée de superstitions qui mettaient dans son comportement quotidien une activité fébrile, mystérieuse et incessante. Dans la rue, quand je l'accompagnais, nous passions notre temps dans une agitation à peine interrompue ; trois nonnes apparaissaient de dos et il fallait aussitôt nouer trois fois nos mouchoirs ; trois marins nous croisaient et vite il fallait faire un vœu tout en nous pinçant l'une l'autre violemment ; un bossu nous dépassait et nous partions derrière lui en course effrénée pour l'approcher sans qu'il s'en doute et frôler, mine de rien, sa gibbosité ; et je ne parle pas du curieux tic qui nous secouait toutes deux à chaque instant et qui consistait à toucher précipitamment de nos mains – gauche ou droite selon le « cas » – nos chignons respectifs afin d'exorciser les signes de mauvais augure qui venaient à se présenter et qui, en vérité, pullulaient. Jamais, en effet, je n aurais pensé, avant de connaître Angèle, qu'un trottoir pût dissimuler tant de menaces ni qu'une promenade en ville exposât les citoyens à un si grand nombre de dangers.

Mais ses connaissances s'étendaient bien au-delà. Quoique en rien romanesque, elle aimait beaucoup lire et de ses lectures elle savait toujours tirer quelque enseignement ; son écriture haute, élégante et fine s'appliquait, au long de ses lettres, à tracer avec clarté, en proverbes qui lui étaient chers et en style imagé, les traits qui dessinaient nettement ses principales particularités. Jamais je n'ai senti chez elle le moindre complexe au sujet des fautes d'orthographe qu'elle faisait ; pourtant, le vernis qui protégeait de sa couche mince de vanité un orgueil qu'elle savait tenir au secret s'écaillait parfois en petites susceptibilités. Par exemple : comme elle parlait le français comme « une vache espagnole » – à ce qu'on disait – et l'espagnol comme un bœuf français, à l'instar de ses compagnons expatriés, elle francisait souvent le mot ibérique qui lui venait en tête de la même manière qu'elle hispanisait l'expression française qui, sur le moment, lui échappait. Aussi, il lui arrivait parfois de dire à la petite chienne que les *Dames du Bois de Boulogne* nous avaient léguée : *« Quat'sous ! no montes sobre la tabla ! »*, et ceci avec un étrange accent qui n'était ni de France ni de Navarre. Mais si à ce moment-là un Français ou un Navarrais avait le malheur de lui demander ce qu'elle voulait dire, vexée, elle accusait l'un ou l'autre pays de n'être que ramassis d'ânes bâtés.

Mais ce n'était là que péchés mignons qui ne venaient troubler que superficiellement sa sérénité et les rapports généreux qu'elle entretenait avec ceux qui l'entouraient ; et, en revanche, quand elle recevait de quelqu'un une information pouvant instruire sa curiosité, sans cesse en éveil sur tout terrain qu'elle se sentait en mesure de cultiver, la vive gratitude qu'elle montrait alors la réconciliait d'un seul coup avec l'humanité.

A l'encontre de son mari, elle était secrète, discrète, et détestait le mensonge ; mais, comme elle s'entendait comme personne à dépiauter du premier coup d'œil celui qui se risquait dans son espace vital ou dans le territoire de ceux qu'elle aimait ; comme elle en décelait immédiatement les vertus et les tares, il lui arrivait alors parfois, lorsque la vue de la vertu n'adoucissait pas l'acuité de son regard, d'offrir à qui l'observait un spectacle de choix — quand on la voyait se débattre, la bouche pincée, entre son goût de la discrétion et les exigences de sa vérité.

Malgré toutes les années de vie dure passées à Paris, elle était restée — cette paysanne — aussi intègre que Juan paraissait épars et corrompu ; aussi placide qu'il était angoissé ; aussi parfaitement accordée à l'existence et à la mort qu'il était lui... paumé. Et pour ce qui était de la vie en société, si Juan voulait paraître, Angeles voulait être. Si Juan aimait à « sortir », Angeles, bien qu'affable et incroyablement bavarde mais affligée très vite de douleurs rhumatismales à ses petits pieds, préférait « recevoir » et rester. Et pendant que Juan, pris dans les rouages de son angoisse métaphysique incontrôlable, livrait ses temps de loisir à la demi-ivresse, Angeles, elle, lavait son linge et maniait ses fers à repasser – aussi impeccablement que Leonor le faisait à Montrove – ; et quand elle avait fini ce travail qu'elle aimait particulièrement, elle s'asseyait et elle lisait. Juan aimait le luxe. Angeles disait : *« Menos corbatas y más tocino* [1]. *»* Juan fuyait le chevet des malades. Angeles les soignait. Et si Juan portait en lui, ravivé au moindre souffle d'excitation, le foyer du scandale, Angeles, elle, n'était tout entière que pierre d'édification.

Voilà comment, autour de moi, s'étaient incarnés mes deux « petits potes » tentateurs ou protecteurs. C'est avec ceux-là bien présents, bien vivants, bien aimants, que j'allais commencer, à travers les pays où le cinéma me menait, une longue kermesse ou bombance — sinistre ou joyeuse mais apparemment toujours triomphante et radieuse – pour enterrer ma vie de célibat. Et ceci — sous l'œil scrutateur, inquiet ou amusé, clairvoyant, patient, de mon père — l'ordonnateur secret de la fête, spectateur tenu par le fil même qu'il tendait autour du cercle magique, ou le *rituel* devait se dérouler afin de libérer de la mort — la vie.

Châtillon, 16/VII/46

Ma chère Vitola

Il y a quelques heures et au moment où je m'y attendais le moins, j'ai reçu de Rabat ta lettre du 12, avec les photos, et je n'en suis pas encore remis.

Tout, tout dans cette lettre, depuis la lettre elle-même jusqu'aux photos ; depuis tes impressions enflammées par le vent du désert jusqu'aux époustouflants détails sur le travail que tu fais là-bas ; depuis l'accident de Marchal se plantant le harpon dans la main jusqu'à la déviation de la rotule de Jean ; depuis la présence insoupçonnée de Joséphine Baker dans ce pays jusqu'aux supposés pets retenus de l'ambassadrice ; depuis la « diffa » qu'on t'offrait et à laquelle tu n'es pas allée jusqu'à la réception à la Résidence à laquelle tout le monde voulait t'entraîner et où, hélas ! tu es allée... tout, tout dans cette lettre m'incite à croire que la Main d'Allah t'a abandonnée, et que son Nom n'abrite plus ton front, ne voile plus tes yeux, ne caresse plus tes lèvres.

Mais que s'est-il passé, ô fille de mes reins ! – comme dirait Shakespeare

---

1. Moins de cravates et plus de lard.

avec son curieux sens de l'anatomie topographique ! — que s'est-il passé pour que tout aille ainsi à vau-l'eau et que tu aies perdu la volonté, la vitalité et même — horreur !!! — la bonne éducation que te donnèrent tes parents au sein de la famille et tes professeurs à l'Instituto Escuela ? Comment s'étonner, à te voir ainsi te contrefoutre du Protocole, de l'opinion que le monde va se faire de nous autres, les Rouges ? « Que diront donc les Lords de nous autres femmes ? »

Mais voyons voir si je réussis à ne pas me laisser contaminer par ton désordre et à donner à cette lettre une cohésion que la tienne s'efforce d'avoir sans y parvenir. Procédons avec ordre :

Les photos. — Je remercie beaucoup Jean pour son idée de se procurer un machin à sortir des instantanés ; et toi pour l'autre idée de m'en envoyer quelques uns afin que je « réalise » le genre de vie que vous menez là-bas ; mais les premiers exemplaires reçus m'ont fait tordre le museau. Tu es maigre, très maigre, plus maigre que quand tu as quitté Paris et, sans prendre comme unique exemplaire la photo de l'Idiote de Village (n° 6), où le soleil te force à adopter l'expression classique des gens pris de colique, sur toutes les autres on s'aperçoit que, non seulement tu n'as rien gagné, mais encore que tu as perdu quelque chose (poids ? élan ?) de ce que tu gardais encore à Paris. Je crois que tu as perdu jusqu'à ton âge, car sur la photo n° 4 (costume arabe), tu fais plus enfant.

Bref, au vu de ces premières photos, je déduis que tous les espoirs que j'avais mis dans ton séjour marocain pour ravauder au moins ta santé s'écroulent, et j'ai bien peur que, malgré la réputée bonne cuisine de là-bas — le savoureux navet que vous y mijotez inclus —, tu ne doives recourir au cacodylate ou à chose analogue en rentrant à Paris.

La rotule de Jean. — C'est un « emmerdement » — comme tu le dis si bien, ô toi ma fille, en style Grand Siècle — qui mérite qu'on s'en occupe sérieusement, et cela pour plusieurs raisons. Pour l'intéressé même, que cet accident va gêner — pour le moins — s'il doit boiter jusqu'à l'hiver. Pour toi, qui ne peux décemment t'exhiber entre un *fiancé* clopinant d'une jambe et un père clopinant des deux. Pour moi, qui ne suis point disposé à admettre dans la famille d'autre invalide que moi — un rôle que je jouais déjà tout petit et auquel je ne vais tout de même pas renoncer maintenant, à mon âge. Et enfin parce que s'il plut au Destin de nous envoyer dans la rue des Martyrs, ce n'est pas pour que nous la changions en rue des Invalides, où il n'y aurait, au bout du compte, pas d'autre martyr que toi.

Prolongation de mon séjour. — Scintillante idée que de monter ici avant d'aller en Bretagne. Je suis absolument d'accord, et prêt à ne point bouger de Belgique avant ton arrivée. Mais cet accord de principe ne vas pas sans quelques « mais ». Par exemple :

1) Point de vue économique. — Le séjour en Belgique coûte cher et, bien que quelques jours de vrai répit pour toi vaillent la peine de faire un sacrifice, encore faut-il en calculer les moyens pour qu'il ne s'ensuive pas des tracasseries qui viendraient gâter tout ton repos.

2) La question de temps. — Nous devrons décompter les deux ou trois jours — pour le moins — que tu perdras à Paris pour obtenir l'autorisation de sortie (ministère des Affaires étrangères) et le visa belge (ambassade de Belgique) et, si cela t'est possible, de l'argent belge avec l'autorisation de le sortir.

Je t'avertis qu'aux Affaires étrangères on refuse de viser nos vieux passeports diplomatiques et que l'on n'accepte de viser qu'une espèce de Certificat, que mon ami le directeur de l'Office Central des Réfugiés Espagnols en France te délivrera aussitôt que tu le lui demanderas. Il reste cependant que tout ça te fera perdre au moins deux jours.

Que Jean se porte mieux, que Jeannette se calme et qu'Allah te bénisse.
Santiago.

P.S. — Je dois ajouter qu'il serait bon que tu aies une nouvelle lettre de Jean B., car la première a été prise dans les termes stricts où elle a été rédigée, termes insuffisants, si vous devez venir ici, pour y justifier ton séjour.

Sur la scène où le *cérémonial* s'organisait pour la représentation qui commençait à peine, Jean B., dans la pénombre, tournait doucement autour du cercle crûment éclairé comme le loup autour de la clairière.

J'avais fait sa connaissance par l'intermédiaire de Jean Servais. Il était de ses relations et Servais l'avait déjà choisi comme témoin de notre mariage. Quoique sa présence parmi nous à ce moment-là soit restée floue dans ma mémoire, à en juger par la lettre de mon père, il semble qu'il nous aidait déjà efficacement en nous procurant l'attestation exigée alors des réfugiés, qui ne pouvaient passer les frontières sans une « raison de travail ».

Membre d'une riche famille des régions vinicoles de France, il était homme d'affaires. Il gardait de ses origines un léger accent du terroir, une allure élégante, souple et vive qui, en Espagne, l'eût fait passer pour plus Espagnol que moi. Il était clair malgré ses cheveux noirs, ses yeux presque noirs et son type ibérique accentué. Il était remarquablement élevé, perspicace, averti et rusé, mesurément passionné et, malgré une timidité certaine en tous les cas hors de son royaume régi par le commerce et l'argent, il semblait secrètement sûr de lui et de ses moyens, plein sans ostentation d'une jeune autorité et, quelque part, fasciné par ce monde étranger de fous disciplinés qui est celui du spectacle et particulièrement des comédiens. Il fréquentait les clubs de golf, les chasses à courre, les croisières, avec la discrétion qui empêche un bourgeois riche de ressembler à un parvenu. Il était, je crois, extrêmement sensible et orgueilleux mais, chez lui, on ne pouvait que deviner la force de caractère qui maîtrisait ses réactions. Il était pudique et savait dissimuler. Il avait une jolie voix, bien qu'elle n'atteignît point la somptuosité des sonorités de celle de Servais. Comme Servais il s'appelait Jean, ce qui a donné lieu a la naissance d'une « dynastie » dont il sera souvent question dans les lettres de mon père.

Parmi les nouvelles que j'avais envoyées du Maroc rue de Vaugirard, j'avais omis de noter les difficultés trouvées dans ma nouvelle vie commune avec Servais ; par exemple, je n'avais pas raconté comment j'en étais venue un jour, au comble de je ne sais quelle usure, à ouvrir à deux battants une fenêtre du sixième étage de l'hôtel *Balima*, pour dire à celui que je devais épouser et qui, une fois de plus, me menaçait de suicide : - « Vas-y ». — Ni l'impression indescriptible que j'ai ressentie quand je l'ai vu enjamber la balustrade du balcon. Ni le sentiment inavouable que j'ai éprouvé quand il s'est retourné pour revenir dans la chambre – bredouille.

Trop orgueilleuse par nature, je n'ai jamais pu supporter le sentiment du mépris ; je me souviens d'un jour qui, toute petite encore, m'a rendue témoin d'une scène incandescente et brève où je revois mon père crispé et pâle, laisser là, devant lui, une main qui lui était tendue, tandis qu'il fourrait d'une manière un rien ostentatoire la sienne propre dans la poche de sa veste. Puis, je retrouve cette même scène, renouvelée par d'autres acteurs, dans l'escalier intérieur de la NRF ; à ce moment-là, Camus se tenait droit devant moi, blême, hissé sur une marche au-dessus de son interlocuteur qui lui tendait vainement la main pour le saluer. En un cas comme dans l'autre, j'avais beau savoir que l'offenseur répondait à une offense qui lui avait été faite, sur le moment, j'aurais malgré tout donné n'importe quoi pour que la terre s'ouvrît sous mes pieds et avalât le seul témoin de ce même et double incident.

C'est peut-être dans cette incapacité qui était et qui est la mienne que j'ai toujours trouvé, en toute commodité, ma totale absence de mémoire rancunière. Mais il reste que, sans me livrer pour ma part et en conscience à des réactions humiliantes sur quiconque m'apparaîtrait même comme l'ordure la plus aboutie – et cela sous l'obscur prétexte que l'on peut toujours tout comprendre de tous les êtres –, il reste donc que, placée face à quelqu'un qui s'emploie à s'humilier soi-même, pour garder en moi l'estime que je lui porte, il faut que je m'en éloigne.

De retour en France, après un court voyage en Belgique pour aller y chercher mon père et pour être présentée à la famille de mon fiancé, je suis partie, seule, en Bretagne, pour tourner dans les marées basses de Saint-Efflam *L'Amour autour de la Maison.* Là, prise dans l'ambiance si particulière, légèrement envoûtante, qui réunit en « extérieurs » l'équipe de cinéma au travail, dans ces steppes infinies de sable salé qui me rendaient à mon ciel, j'ai soufflé, à pleins poumons, comme une baleine. Je me retrouvais entière, divinement seule, libre ; de nouveau, j'exultais ; et j'ai pu constater que j'étais déjà assez « dépassionnée » pour que mon appétit intarissable de conquête reprenne d'un coup toute la place, devenue donc — vacante.

Je suis rentrée à Paris au théâtre de l'Atelier pour préparer et jouer la nouvelle pièce d'Anouilh, *Roméo et Jeannette.* Les rythmes dans lesquels je me mouvais s'accéléraient. Quand les représentations ont commencé, j'employais le temps libre de mes journées à la Radio ou dans des studios d'enregistrement pour commenter en français ou en espagnol des courts métrages, qui m'aidaient à renflouer des finances toujours déséquilibrées Quelque temps après, Servais, appelé par les besoins d'un nouveau film, partait pour Rome. Peut-être parce qu'il sentait ma fatigue et quelque fragilité chez moi, il me confia aux soins de Jean B. La mauvaise santé de mon père s'était soudain aggravée. A partir du 11 novembre 1946 jusqu'au 9 février 1947, il dut garder le lit pour y chercher une respiration qu'il trouvait avec de plus en plus de peine. Les examens des médecins, les radiographies et les analyses se multipliaient sans efficacité. Il étouffait.

L'appartement de la rue de Vaugirard, démantelé, restait tel quel, et je n'avais ni les moyens ni le temps ni le courage ni l'idée de m'en occuper. Je ne sais même plus si Enrique s'y était installé à nouveau ou s'il y est venu seulement quand je suis partie pour Rome, afin de le garder. Sur l'extrême pointe d'un axe (lequel ?) que ma dangereuse vitalité faisait tourner en roue folle, je me tenais, vacillante, sur la pointe d'un pied. Et comme un derviche, de plus en plus rapidement sur moi-même, je tournais.

Un jour, je marchais rue des Pyramides. Il pleuvait à torrents. La ville s'était déjà remplie du flot de voitures qui évoquent au piéton les tempêtes de sable du Sahara ; j'étais seule et harassée. Pressée de rentrer, je cherchais vainement un taxi. Les yeux me picotaient de je ne sais quelle envie de pleurer. Soudain une voix amie et chaleureuse est venue m'extirper d'une de ces dépressions subites, brèves et vertigineuses qui me prenaient — depuis que les évanouissements avaient cessé à la fin de mon séjour aux Mathurins.

– « Tu ne veux pas que je t'emmène ? »

Au volant de sa voiture rangée contre le trottoir, Jean B. me regardait avec sympathie.

C'est alors que tout fut consommé. Là. Bien avant que tout le fût en réalité. Et pour ce regard et d'autres, je garde pour Jean B. un sentiment de rare amitié, même si depuis plus de trente ans je ne l'ai plus jamais revu. Il n'empêche qu'en cherchant bien, au besoin d'aide, de protection, de repos qui me porta vers lui, il se mêlait, pour la première et unique fois dans mon existence, l'attirance d'un confort et d'une sécurité que seul l'argent peut donner.

Ensuite, toutes les barrières que j'ai pu dresser pour échapper au vertige qui m'entraînait au centre du cercle où je m'enfermais ne furent plus que cotrets secs pour aviver le feu du bûcher. A la maison, mes démons tutélaires incarnés pour l'heure dans le couple Jimenez, charmés et alléchés par la promesse de prospères sécurités, battaient sur les boucliers que j'inventais le tam-tam au son duquel la ronde se resserrait.

Juan, déjà engagé au service personnel du nouveau « maître », déployait en conseils – ruses – facilités de rencontre – confidences obsédantes – transmission de lettres ou cadeaux – charivaris, un art que la Célestine elle-même n'eût pas désavoué. L'unité et l'intégrité auxquelles je désirais tendre s'émiettaient jour après jour, et, à califourchon sur le « Tout ou rien », de plus en plus dépenaillée, dans le terrain vague où je marchais de ciel bas et de rien, je commençais à mon tour à incliner irrémédiablement vers le rien. La présence de mon père, droit comme une épée, aux prises avec sa maladie et se débattant avec elle comme un saint le ferait avec le diable, me confondait. Lâche à la pensée des souffrances infligées aux uns, des inquiétudes apportées aux autres, et prise d'incroyables hésitations devant les décisions que je me devais de prendre sans que toutefois elles parussent véritablement m'appartenir, je trottais à hue et à dia, m'amusant ici, souffrant là-bas, aveugle et, plus que vivante, excitée. Mais aujourd'hui, en essayant de retrouver afin de la transcrire l'intrigue de cette saynète si ardemment jouée, le texte, mi-effacé de ma mémoire, m'échappe en même temps que l'état d'exaltation qui me tenait ; et dans l'arrière-goût âcre qui seul me revient en bouche et l'étrange suffocation qui me saisit, je ne retrouve, pour commencer, que l'image pathétique de Servais, mon asthénie fébrile, la nécessité où j'étais de combler une place restée vide, et le dialogue qui s'est noué, à cette occasion, avec celui qui, à la lisière de la vie et de la mort, se tournait vers moi : mon père. C'est donc à ce dernier, qui restait lié au monde par le fil de ma propre vie, qui en toute lucidité me regardait en attendant le moment de me détacher de lui, c'est à mon père que je laisse le soin, maintenant, de marquer de sa cadence mon histoire.

I

De la séparation dans le temps et dans l'espace — De la manière dont j'appris où mènent les tentatives de rupture... à distance — De la manière dont est née la « Dynastie des Jean » — Des enseignements physiologiques donnés par une longue éducation poursuivie à travers les âges — De la délicatesse avec laquelle j'ai été rappelée à l'existence de ma sœur Esther C. de Varela.

Paris, 20/III/47

Ma chère Vitola

Ton télégramme de Rome et les cartes postales de Milan sont arrivés en même temps, hier matin, et je conclus, d'après leur libellé, que le voyage s'est bien passé, qu'à Milan vous vous êtes livrés au tourisme à fond, et que la bonne humeur règne. Puisse le Ciel la rendre perdurable sans que les chinoiseries du cinéma ou les fougueuses interventions de l'un quelconque des membres de la Dynastie ne s'avisent d'envoyer au Diable de si belles dispositions. Comme tu peux te le figurer, ici la vie se poursuit toujours pareille à elle-même et il n'y a pas à espérer qu'elle change. Cependant, un événement s'est produit, que je ne veux point t'occulter, fût-ce au risque de blesser ta modestie naturelle, compte tenu qu'un succès est toujours un succès et qu'il ne doit pas être escamoté à qui l'a si éminemment mérité. Le fait est que, quelques minutes après ton télégramme, est arrivé ici, sous un pli dûment adressé à ton nom, un Diplôme de la Direction des Télégraphes et Téléphones te décernant le Premier Prix de Première Communicante Particulière du Mois de Février, pour l'effort héroïque que tu as fait en accumulant en quatre simples communications la coquette somme qu'aucun abonné particulier n'est parvenu à égaler en un si court laps de temps. Je dois avouer que le diplôme est mérité et important, car force est de reconnaître qu'il équivaut à une sorte d'« Oscar » de la téléphonie sentimentale. Et c'est — sans doute — pourquoi il m'émut. Que diable ! Après tout, l'on est père, l'on a sa fierté, et l'âme de ses « âmoiries », non ? C'est pourquoi oui j'en fus si ému. Au point, du coup, d'en rester aphone ; aphonie qui dura — et cela te donnera une idée de l'intensité de mon émotion ! — une journée et demie après avoir payé le montant du diplôme. Encore quelques succès de cet acabit et j'en crève de pur enthousiasme.

Pour contrôler l'effet produit par une si profonde émotion, hier après-midi, après quatre mois d'attente, j'ai enfin pu sortir pour me faire radiographier le cœur et le poumon. Dans quarante-huit heures, les médecins disposeront donc d'un abondant matériel scientifique pour élucubrer quelque bel « attrape-nigauds » propre à satisfaire ma soif de connaissances physiologiques sinon à augmenter ma capacité respiratoire.

Certains coups de téléphone – reçus certes pas par moi – m'ont appris que l'un des membres de la Dynastie régnante – Jean II – partait – sans plus attendre – pour Rome hier soir ou cette nuit, appelé par des affaires d'État de la plus haute importance ; je suppose que quand ces lignes te parviendront vous aurez déjà tenu d'importantes conférences et je fais des vœux pour qu'elles n'aient point perturbé l'âme de la Sanseverina quand elle a si grand besoin d'un petit brin de tranquillité et d'une bonne dose de calme. Le premier membre de la Dynastie ne m'a pas téléphoné comme il l'avait annoncé, ce qui me laisse à penser qu'il s'est peut-être trouvé lui aussi dans l'obligation de partir pour Rome, pressé à son tour par d'impératives et urgentes affaires d'État.

Le temps est redevenu bête. Aigre, frais, humide et guère appétissant. Nous verrons demain si, pour l'arrivée du printemps, il se rend à la raison et se décide à sourire un peu.

J'espère que tu te soignes comme il convient et que, dans la mesure du possible, tu isoleras ton travail des complications sentimentales.

Souvenir affectueux à Angèle. Ta vieille carcasse de père qui t'embrasse. Santiago.

P.S. – N'oublie pas l'adresse de Esther Casares de Varela. La voici : Franja, 16 - 2º (La Coruña).

II

De l'usage du temps – Des temps révolus que la réclusion ou la maladie peuvent réintroduire dans la vie d'un homme d'action – De la manière dont les mantes religieuses, les araignées, scarabées et autres coléoptères prennent soudain le visage de M. Bourcier – Des styles et du temps.

Paris, 28/III/47

Je viens de me débarrasser d'un profond souci et me voici soulagé d'un grand poids car, à l'encontre de ce que je commençais à croire, je ne suis pas absolument et irrémédiablement idiot.

Je m'explique. Il y a quelques jours et à l'occasion du paiement de la dernière fraction des impôts de 46 (lesquels correspondent, comme il est naturel, à 45) et après avoir honoré le premier tiers provisionnel de 47 (qui, non moins naturellement, semble correspondre, à ce que l'on dit, à 46) et après avoir essayé d'étudier et de comprendre les feuilles, cadres et barèmes que les journaux publient afin que nous sachions tous comment faire (avant le 31 de ce mois) la déclaration des revenus de l'année dernière, j'en étais arrivé à la triste conclusion que ma sclérose s'était propagée au cerveau et que mon imbécillité était désormais quelque chose d'indiscutable. Mais aujourd'hui, date mémorable pour moi, je lis dans les journaux que M. Jules Bourcier, ancien contrôleur des contributions (note-le bien : ancien contrôleur des contributions et non pas un quelconque analphabète) et actuellement propriétaire de quelques maisons, avait déclaré, comme moi, qu'il n'entendait pas un traître mot aux cadres et barèmes susdits, ce qui pour lui était une honte à laquelle il ne saurait survivre. Ses amis le prirent à la blague, mais le bienheureux M. Bourcier, réellement honteux de son incompréhension, rentra chez lui et se pendit. Tel quel : il se pendit. Et par le simple fait de passer une corde autour de son cou et de se pendre, cet homme émérite et honorable fonctionnaire me libéra moi du grand souci qui m'affectait. En dépit de quoi j'ai remis à M. Pineau la déclaration de tes employeurs pour éviter d'avoir à sortir à la recherche d'une corde pour me pendre.

III

De la maladie et de ses frontières – Du furoncle soigné par Paratcha, le médecin qui avait vu dans le cancer de ma mère un ver solitaire – Des caprices d'une montre-bracelet.

... Ceci dit, en ce qui concerne mon bulletin de santé, j'ai pris connaissance des déductions que les docteurs ont tirées des analyses auxquelles je fus soumis. Et comme l'histoire se répète et que la science est partout la même, il advient maintenant ici de ma sclérose comme du furoncle que Paratcha soignait à Madrid. C'est dire que la sclérose, elle, se porte mieux, et que moi, je vais de plus en plus mal. Inutile de te dire le plaisir que j'ai eu à savoir que, après quatre mois de lit, immobilité et régime strict, j'en suis là où j'en étais. A cela on te répond que pis ce serait si c'était pis, une vérité de La Palice que la bonne éducation ne te permet pas de contester.

Pour terminer avec le chapitre des choses désagréables, je dois te dire que le remontoir de ma montre-bracelet – toujours si fidèle – a sauté, par décision propre et sans effort étranger. Avis aux superstitieux...

IV

Des avantages de la discrétion en toutes choses et de la suite des événements – De la remarquable addition qui fait de 1 + 1 = – 3.

Quand tu parleras de *La Septième Porte,* n'omets surtout pas de dire que c'est un chef-d'œuvre, pour qu'il ne t'arrive pas comme à Madeleine Sologne qui, parce qu'elle avait critiqué le film dont elle était la vedette, s'est vu saisir tout ce qu'elle avait touché pour son travail. Ainsi donc, motus et bouche cousue, puisqu'en bouche close n'entre pas mouche, que la meilleure parole est celle qui reste à dire et qu'on ne voit rien dire à qui se tait.

Anouilh, Jean – un autre Jean ! – t'a envoyé à l'Atelier son livre *Nouvelles Pièces noires* ; mais à propos des Jean, je dois dire qu'il me paraît un peu louche que le numéro un de la Dynastie n'ait plus pipé. Je me demande si lui aussi – comme le numéro 2 – il ne s'en sera pas allé à Rome pour... « tout », et si à cette heure tu n'es pas en train de te débattre dans « le dilemme des Jean » (bon titre de film). S'il en est ainsi, je fais des vœux pour ta sérénité et pour que tu ne suives point la formule de ce député catalan qui, dans son ardent désir de synthèse, nous déclarait : « Ce sont là deux questions, messieurs les députés, qui peuvent se réduire à trois. » Et, mon Dieu ! si dans cette passionnelle terre italienne surgit un nouvel adorateur, que ce soit un Umberto, ou un Guillermo, ou un Gabriele, mais pas un Jean !

V

De la fidélité et de la représentation. – De l'une des manières dont m'étaient périodiquement présentées mes responsabilités de « représentation » – Des différentes lectures d'un mélodrame – De la manière de présenter le médecin comme le représentant dernier d'une ultime ambassade.

Avril... Parmi les pièces qui ne sont pas encore nées, il en est une qui t'intéressera sûrement car, à ce qu'il paraît, elle a été écrite à ton intention. On te l'a envoyée de Perpignan, manuscrite en sept cahiers d'écolier et accompagnée d'une lettre si longue que je ne la recopie pas, dans laquelle on voit et on palpe et on mâche toute la foi que l'auteur a dans son œuvre, de laquelle il dit lui-même : « De tous mes fruits de ce douloureux exil, voici mon fils de prédilection : je le dépose audacieusement et à la fois avec un profond respect devant la porte de votre maison, Maruja. » Foutre ! Et allez donc ! te voilà avec un marmot déposé à la porte de ta maison, pour que tu le recueilles, tu le traduises, tu le mettes en scène, tu le représentes, le mimes, l'éduques – il en a drôlement besoin ! – et que tu obtiennes pour lui les « succès de toutes sortes, artistique, financier... et de presse » que son papa attend. Son papa, qui se tire en Espagne ces premiers jours d'avril. L'œuvre (sans doute pour te fléchir) s'accompagne d'une dédicace elle aussi très longue (une page et demie) dans laquelle l'auteur dit que tu es « le printemps à la cime de l'écuateur (comme ça, avec un *c*) de l'Espagne ; la sublimation d'un symbole auquel un jour prochain rendront hommage les Espagnes ressuscitées ; parce que tu es notre Espagne, la bonne, l'unique, la généreuse, la mystique, celle qui embrasse son propre cadavre pour le faire revivre avec son sang encore chaud ». Eh ! qu'en dis-tu ? Et toi, à mille lieues de tout ça, à flirter avec le pape et au courant de rien ! Mais il y a plus, car la dédicace s'achève ainsi : « Salve, María, Salve ! continue de vibrer dans le cœur de l'aurore de nos destins... et prie pour nous, du haut de l'autel de ton prestige inaccessible jusqu'à ce que les lauriers de notre jardin... »

La pièce (car ne va surtout pas croire que la chose se termine avec la dédicace) s'intitule *Elvira Marquez (La Generalísima)* et développe un drame familial où la bonté, l'abnégation et le désenchantement et l'amertume de la Generalísima viennent achopper à la férocité, la cruauté et la stupidité du Generalísimo.

J'ai lu la pièce d'une seule traite. C'est un véritable « esperpento », un épouvantail. Un épouvantail à mourir de rire. Mais je n'ai pas ri. J'ai pensé à l'enthousiasme de ce pauvre homme, déjà vieux (il le dit lui-même), vivant mal, gagnant sa vie à coups de leçons (de quoi, mon Dieu ?), rêvant du drame de son pays. Et je n'ai pas ri.

A l'encontre de ce que je croyais, le Quai d'Orsay a bien voulu mettre un visa de sortie – pour trois mois – sur mon vieux passeport diplomatique. On verra bien, quand le moment sera venu – s'il vient – si l'ambassade italienne accepte aussi l'ancien document. Mais avant celui de l'ambassadeur, j'aurai besoin du visa du Dr Le Loc'h et je ne le vois pas très décidé à me l'accorder avant que l'excès d'urée que j'ai maintenant dans le sang ait disparu.

VI

De la manière dont on habitue l'esprit à vivre les mots : séparation définitive – De l'influence du temps météorologique sur les forces du corps et de l'âme – Du travail des mites.

... Pour le moment je ne dois même pas songer à entreprendre un voyage pour aller où que ce soit, ni près, ni loin. Tout cela par la faute du cœur – ou, pour être plus juste, de l'aorte – qui a décidé de ne plus suppléer à l'insuffisance de mes bronches sclérosées et qui s'est mis en tête de se dilater (l'aorte, pas le cœur). Et comme mon *essoufflement*, pour l'heure, est, par la faute du mauvais temps sans doute, bien plus intense et persistant que quand tu es partie, toute tentative d'en venir à bout en lui fonçant dedans, à l'estomac, pourrait donner lieu en voyage à des accidents malencontreux.

Mais ne te mets pas martel en tête, ne t'impatiente pas, et que cette séparation forcée nous serve à l'un et à l'autre d'entraînement pour d'autres à venir, y compris la définitive.

Aujourd'hui la journée est aussi pluvieuse, aussi sombre, aussi tristouillarde qu'en plein novembre. Ne te frappe donc pas si je ne fais pas mon habituelle chronique théâtrale et cinématographique, mais on n'est pas toujours d'humeur à sortir du cocon de cafard que le temps et les infirmités et les circonstances vous tissent autour.

Ton père bouffé des mites qui t'embrasse. Santiago.

VII

De la manière dont le souci de loyauté et de fidélité peut mener à la déloyauté et à l'infidélité – Des craintes, hésitations, balancements, atermoiements, oscillations, tergiversations, vacillations, avancées, reculs et pas de côté d'une démarche intime – Des insidieux dangers qui se cachent dans les lieux de distraction – De la manière détournée dont on s'y prend en Galice pour alerter une attention engourdie – De la figure mythologique de M. Donato Risi.

... J'attends à présent la lettre que tu m'annonces, non seulement parce qu'elle complétera les renseignements donnés par J.B. II, mais aussi pour savoir si cette impression de t'être retrouvée après son départ « seule, ennuyée et désemparée » persiste. Cette impression, chez toute autre personne, serait du meilleur augure pour les espérances et impatiences de

Jean B. II, mais chez toi, elle peut facilement être effacée par le coup de fil de Jean S. I qui te reposera à nouveau le problème dans lequel tu te débats depuis des mois. Que Dieu imprègne de tact jusqu'à la pulpe de tes doigts. Amen.

De Jean I, je n'ai plus eu aucune nouvelle. La probabilité de sa présence en Italie d'ici quelques semaines est l'une des raisons de mon impatience à te rejoindre car j'ai la prétention de penser que ma présence t'aidera à passer les mauvais caps que cette affaire te réserve encore à coup sûr. Mais pis, bien pis ce qui est arrivé à un certain M. Donato Risi, habitant de Marseille, qui eut l'idée fatale d'aller voir « Tant que... », l'un des meilleurs navets qui aient poussé l'an dernier dans le cinéma français. Le pauvre M. Risi sembla s'endormir profondément mais quand vint l'heure de la fermeture et que l'on s'approcha de lui pour le réveiller et le secouer, on s'aperçut que le pauvre homme était mort. Cela me donne à penser que je l'ai échappé belle, moi, car quand j'ai vu ce film, je fus assailli par une persistante torpeur et ce n'est qu'à force de volonté que je réussis à ne pas m'endormir. Et maintenant je vois bien que ce que je prenais pour le sommeil n'était rien d'autre que l'habit ou l'habitude de la Mort...

VIII

De l'ahurissante sélectivité du récepteur qu'est la mémoire — De l'étonnante manière dont me furent révélés les nom et origines de mon grand-père maternel, que je ne connaissais pas en commençant ce livre — Du sang de l'Estrémadure qui coule dans mes veines galiciennes et du fantastique amour de jeunesse du général en chef des armées républicaines qui soutinrent le siège de Madrid lors de la dernière guerre civile, pour une cigarière, ma grand-mère — De mon extraordinaire perplexité quand, la semaine dernière, en relisant cette lettre reçue il y a trente ans, j'ai compris que l'intéressante information qu'elle contenait sur mes origines n'avait pas été enregistrée par ma mémoire.

... Il est arrivé avec ta lettre un portrait de « La Casarès » travestie en Sanseverina. Fichtre ! Hé, sus, la Casarès ! Sus, la Sanseverina et son portrait ! De toutes les faces de brute que je t'ai vu exhiber au cours de ta vie artistique, voilà la plus parfaite — parce que la plus abrutie — de toutes. Quel nez, catégorique et empataté, encore tout fumant du parfum d'un bon gros vin de Toro, épais et rouge comme du sang ! Quelle mâchoire, forte et dure comme celle d'un dictateur ! Quel air plaqué et caparaçonné sorti tout droit d'Estrémadure, échappant déjà aux Casares et aux Corrales et à La Corogne et à la Galice pour faire place nette à Cáceres et aux Asensios, tes aïeux maternels ! Et tout ça agrémenté de petites fleurettes dans les cheveux, tremblantes de peur, prêtes à détaler, à toute pompe, les malheureuses, à la première et énergique secousse – imminente ! – de la tête volontaire ! Et c'est ça que l'on veut réduire à de fines miniatures, hein ?...

Pour honorer la vérité, je dois dire que, malgré tout, dans cette version photographique de la Sanseverina, il y a un peu, et même un peu beaucoup, de ce qu'il dut y avoir dans l'original : la décision, l'air de ne tolérer que quiconque lui marche sur les pieds, et cet « allant » de qui n'a pas froid aux yeux, que j'imagine si caractéristique de la duchesse. Et il est très possible que la Sanseverina-Casarès s'impose à la Sanseverina *tout court*, au désespoir des stendhaliens purs. Sus donc, trognon, et vive l'Estrémadure !...

IX

Du vouloir – Des ciseaux – D'une proposition qui ne laissera pas d'être entendue...

... Quant à mon impression actuelle à propos de tes apparentes tergiversations (la Dynastie), c'est que tu as pris une résolution sans l'avoir prise tout en la prenant ; et que le problème, quoique moins aigu, en est toujours, depuis des mois, au point mort. En fait, tout cela dépend d'un dilemme qui n'existe pas. Il ne s'agit pas seulement de choisir entre deux chemins et d'élire l'un des Jean ; et rétrécir ainsi l'horizon, c'est le déformer lamentablement, puisque dans ce monde il existe d'autres chemins et d'autres Jean que ceux qui sont à présent en question, et que, en coupant à travers champs, en envoyant paître les deux Jean, tout est réglé. « Savoir ce que l'on veut et le vouloir fortement. » Je crois que c'est Lénine l'auteur de la formule, mais qui que ce soit qui l'ait enfantée, il a accouché là d'une vérité solide comme le roc...

X

De là où peut mener un idéal — De la manière dont surgit le Pazo de Montrove de la morgue de l'hôpital Necker — De la vie et de la mort.

14 avril... Je viens de recevoir ta lettre du jeudi 10. Par les hasards de la poste, elle me parvient juste pour l'anniversaire de la proclamation de la défunte République, et à l'heure où, il y a la bagatelle de seize ans, je courais par les routes de Castille, dans l'auto de Senra, afin d'arriver à temps pour le triomphe. — que je considérais, moi, dans ma foi aveugle, comme certain — d'un idéal obstinément poursuivi durant deux générations. Derrière ma voiture, et croyant me servir d'escorte, venaient trois hommes tranquilles : le premier a été fusillé ; le second est mort en camp de concentration ; seul le troisième est encore en vie, en passe de devenir riche au Mexique. Aujourd'hui, pour la première fois depuis quinze ans, je n'ai pas assisté à la fête de commémoration... Encore un lien que je tranche — peut-être le dernier — parmi ceux qui me rattachaient au passé. Voilà.

Je suis de mauvaise humeur et très en colère contre moi-même. D'une part ta longue lettre annoncée n'est pas encore arrivée. D'autre part il y a le temps : voilà le second merveilleux jour de printemps que j'ai laissé passer sans en profiter et aussi cloîtré que si nous nous trouvions encore en plein cœur de l'hiver. Je me lève le matin fermement décidé à me lancer et à descendre dans la rue, et le jour passe et la nuit vient, sans que je mette en pratique ma résolution. Et dire que j'ose encore parler de ceux qui doutent et tergiversent et n'arrivent pas à trancher net les problèmes dans lesquels ils sont empêtrés !

Pour être vrai, je dois dire que j'ai tenté un semblant d'exécution et que, sans aller jusqu'à la rue, je me suis lancé sur le balcon, où je suis resté à me promener, après le déjeuner, un peu plus d'une demi-heure, durant laquelle j'ai savouré l'air pur des toits de Paris et j'ai pu me rendre compte que mon souffle n'était pas, pour le moment, encore assez profond pour me permettre de vraies promenades. J'ai contemplé donc le paysage tuilier ; j'ai observé comme se manifeste déjà la pousse des feuilles sur les arbres de l'hôpital Necker ; j'ai vu comment s'en allait un enterrement, puis un autre ; j'ai fait mes réflexions sur la vanité de la vie et la mascarade de la mort, et je m'en suis retourné à l'intérieur en attendant de voir si la journée du lendemain me trouvera plus décidé à affronter la voie publique. Le séjour sur le balcon et les moments que j'y suis resté m'ont permis d'imaginer comment doit être maintenant le vieux pazo de Montrove, bien gorgé d'herbe, déjà couvert de fleurs, sentant bon la terre...

J'étais arrivée en Italie le 16 mars 1947. Le tournage de *La Chartreuse de Parme* s'est prolongé jusqu'au 1er octobre, du moins pour moi. Mon père m'y rejoignit le 30 avril et il est rentré à Paris trois jours avant moi, le 27 septembre.

A Rome j'avais retrouvé la silhouette filiforme, le profil nettement découpé, le sourire clair et ingénu, les grands yeux de ciel et le regard nostalgique de Gérard Philipe, l'« Ange » de *Federigo* que je ne rencontrais jamais en scène dans la pièce de René Laporte jouée aux Mathurins mais que je croisais alors chaque soir entre le plateau et les coulisses. Cette forme longue et blanche envoyée sur la terre pour appeler Olivia à la vie et à la mort que j'incarnais tour à tour, cette figure irréelle avec qui j'échangeais des signes de mort et de vie, les mêmes, de la coulisse à la scène et de la scène en coulisse. Il connaissait déjà mon père. Nous avions déjà joué pour lui ensemble cette représentation que mes camarades du théâtre lui avaient offerte, à son retour d'Angleterre.

Dans l'Albergo della Città où nous résidions, nous nous sommes liés, Gérard et moi, d'une belle amitié lumineuse, légère, et poétique. Chacun de nous traînait avec lui ses problèmes d'ordre sentimental et bientôt nous savions l'un et l'autre d'où venaient la mélancolie qui assombrissait doucement l'un et les transes qui agitaient l'autre. Nous nous trouvions à ce carrefour de l'existence où tout est encore promesse. Nous jouissions l'un et l'autre d'énormes privilèges. Nous avions le même âge à quinze jours près et les mêmes exigences dans le travail ; aussi nous nous appliquions ensemble à retrouver, par exemple, pour les personnages que nous devions interpréter dans le film les dialogues écrits par Stendhal lui-même qui, à ce qu'il nous semblait, n'avaient aucun besoin d'être « vulgarisés » pour être compris. Mes « démenées » sentimentales et ma vitalité l'étonnaient et le faisaient rire ; sa situation d'exilé dans ses rapports mêmes, avec la femme qu'il aimait me faisait rêver. En lui, je trouvais un compagnon avec lequel nos loisirs à Rome prenaient le goût savoureux des vacances de l'enfance.

J'en avais vraiment besoin. Peu après la première visite de Jean B. qui, dans la crainte du pire, ne tenait pas à me laisser reprendre souffle, pendant une de ses absences, un jour où (le 18 avril) avec Angèle nous avions décidé de fêter l'événement de mon mariage, en longeant toutes deux les allées du Pincio pour aller à un restaurant-dancing, nous nous sommes trouvées nez à nez avec Jean S., qui nous confirma son séjour à Rome pour finir son film et qui nous communiqua son lieu de résidence : l'Albergo della Città. Je ne l'ai jamais vu aussi sombre et je n'ai jamais vu Angèle que j'avais coiffée et pomponnée pour la fête, aussi défaite.

. . . .

... Ma chère Vitola, avant-hier, vendredi 18 avril de l'an de grâce 1947, alors que retentissaient encore les coups de cinq heures du soir et sous les auspices de saint Parfait, patron du jour, j'ai reçu la visite de M. Gérard Jean B. ; et sur son initiative et avec son concours nous avons procédé ensemble à une étrange cérémonie qui, tout en se présentant comme une demande de la main de ma fille María-Victoria Casares Perez, se résuma au premier abord à une simple communication qui m'était faite du mariage prochain entre les deux personnes susdites, se troqua ensuite en une consultation pour connaître mon opinion personnelle sur cet intéressant événement, avant que l'on convînt enfin qu'il s'agissait bien là d'une demande en mariage en bonne et due forme.

Pour en arriver à cette conclusion transcendantale, il nous a fallu un bout de temps, mais enfin, nous y sommes arrivés ; j'ai même dû me montrer convaincu de ton accord et assentiment puisque M. J.B. m'affirmait les avoir reçus de toi la veille au soir par téléphone, et que je n'avais aucune raison de douter de la parole d'un gentilhomme.

De l'embarras qui résulta de cet entretien transcendant à tant de titres, des méprises, balbutiements et silences pesants dont il fut parsemé, de la platitude [1] *dans laquelle il se déroula, il faut avouer toutefois que ni M. Jean B. ni moi nous ne fûmes entièrement responsables. Convaincu, lui, que j'étais tenu par le menu au courant de tes intentions et décisions et qu'il n'avait qu'à venir pour me trouver dès son arrivée plus qu'« au parfum » de ce qui l'amenait ; persuadé, moi, par les termes de ta dernière lettre que je venais juste de recevoir, que toute résolution de caractère positif exigeait de ta part calme, réflexion, méditation, circonspection et temps... à donner au temps — le contraste entre les deux certitudes ne pouvait qu'entraîner et entraîna en effet une sorte de timidité, comment dire ?... de gêne commune qui nous plongea dans un climat digne de la Foire aux Quiproquos, nullement conforme, de toute évidence, au rituel propre à un acte de cette nature. Mais enfin, comme je l'ai déjà dit, B. et moi sommes parvenus à un heureux accord, nous avons convenu que lui me demandait ta main et que moi, « je ne m'opposais pas à cette prétention » (admirable formule qui dit bien à quel point-limite était arrivée notre « aisance ») ; nous avons parlé de quand et comment devait se célébrer la cérémonie et nous nous sommes séparés dans l'échange réitéré de longues poignées de main aussi chaleureuses que muettes. J'avoue que ce n'est qu'après, quand il a été parti et que j'ai pu m'enfermer dans mes réflexions, que je me suis rendu compte de ce que tout cela signifiait pour toi, pour ton avenir et pour toute ta vie (il est à souhaiter et à espérer que ce soit pour toute ta vie) ; et je me suis senti dans la gorge tout juste le même nœud qui devait étreindre ceux qui se retrouvaient brusquement en face du Sphinx. Un nœud dans la gorge et la hâte du dénouement. Hâte plus pressante qu'auparavant, comme si je craignais de ne pas arriver à temps pour te voir « encuadrada [2] » dans un foyer qui ne soit pas une tente de nomades, dans*

1. En français dans le texte.
2. *Encuadrada.* Encadrée.

une famille volontairement créée et dans une vie autre que tirée à hue et à dia à-la-va-comme-je-te-pousse, dans le « qui vivra verra », le travail forcé et l'inconnu — pour ne pas dire l'angoisse — du lendemain. Je n'ai jamais cessé de te conseiller réflexion et modération dans les décisions que tu avais à prendre et ce qui en découlait ; mais maintenant que tu as résolu ton conflit intérieur et déterminé le chemin que tu veux suivre, les minutes me sont des années que je te voie enfin au bout de ce chemin et au commencement de ta nouvelle vie. C'est désormais là tout ce que je désire voir en ce monde ; mais ça, oui, je voudrais être là pour le voir.

P.S. — J'ai reçu une lettre étranglée de Maximino, atterré par la nouvelle du décès de Gloria. Il t'envoie toute son affection et espère vivement te voir bientôt à Buenos-Aires.

....

Quand mon père est arrivé de Paris, amené avec tous les soins possibles par Jean B. et qu'ils se sont installés à leur tour dans deux chambres à l'Albergo della Città, il y en avait donc là quatre autres déjà occupées par Angèle, Gérard, Servais et moi.

Et d'après les annotations trouvées cette fois-ci dans l'agenda de mon père, *voici comment J.B.* (Jean B.) *et G.P.* (Gérard Philipe) *ont fait connaissance. Comment la totalité des membres de la nouvelle tribu s'est resserrée autour de V.* (moi) *pour la protéger de l'intrus* (Jean Servais). *Et comment G.P. est choisi par J.B. pour être témoin de notre imminent mariage.*

2 mai — ***Arrivée à Rome avec J.B. et installation (ch. 127)***
Déjeuner avec J.B. et G.P.
(navicelles et jardins)
Dîner avec V., J.B. et G.P.

3 mai — ***Déjeuner avec V. J.B. et G.P.***
(Albergo de la Sibylle-Tivoli)
Dîner avec V. et J.B.

4 mai — ***(Cérémonie de béatification de Alossia Leclerc, avec V., J.B. et Angèle)***
Déjeuner avec V. et J.B.
Dîner avec V. et J.B.

5 mai — ***Déjeuner avec V. et J.B. à la « Scalera Films »***
(nous assistons au tournage du bal de la Chartreuse de Parme)
Dîner avec V., J.B. et G.P.

6 mai — ***Déj. et dîn. avec J.B.***
(visite à Saint-Jean de Latran)
Dîner avec V. et J.B.

9 mai — ***Acte de notoriété (naissance et célibat) pour Mª Victoria.***
Notaire : A. Sabelli
Demandeur : Santiago Casares Quiroga
Témoins : F.P. et E.N.
Angeles A. de Jimenez
Gérard Philipe.

10 mai – *(Studios Scalera, Loge V.)*
Dîner avec V. et J.B.
11 mai – *Déjeuner avec V. et J.B.*
12 mai – *Départ pour Paris de J.B.*

Et voici comment « l'Intrus » (J.S.) et premier membre de la Dynastie, dont la sombre présence inquiétait secrètement tout un chacun, s'est enfin manifesté avant de quitter Rome. Comment, après une tentative d'étranglement sur la personne de V., dans la chambre de V., et qui a marqué – sans plus – le cou et le visage de V., il disparut. Comment, malgré tous ces efforts, il n'a pas réussi à laisser son nom dans l'agenda du mois de mai 1947 de mon père. Comment s'ordonne peu à peu la suite des événements en l'absence des deux membres de la Dynastie. Et comment, dans la place laissée vacante sur les feuillets par les initiales J.B. viennent s'inscrire celles de G.P.

16 mai – *Accident Mª Victoria*
Déj. avec V. dans sa chambre
Dîn. (seul) en ville.
17 mai – *Déj. et dîn. seul en ville*
– Promenade bords du Tibre.
– Je réponds à l'appel téléphonique de J.B. qui a été informé par Jean.
18 mai – *Déj. avec V. dans sa chambre.*
(cinéma avec V. et G.P.).
Dîn. avec V. et G.P.
19-20-21 mai – *Lit.*
Violent malaise intestinal.
Diète rigoureuse.
Décade Iodomaïsine.
22 mai – *(Vie presque normale)*
Déj. avec V. dans sa chambre.
23 h – V. à l'ambassade de France avec G.P.
23 mai – *(La crise s'arrête. Vie normale)*
Déj. avec V. et G.P.
25 mai – *Déj. avec V. et G.P.*
(Ciné. avec V. et G.P.
Dîn. avec V. et G.P.).
28 mai – *Dîn. avec V. et G.P.*
29 mai – *Dîner avec V. et G.P.*
1er juin – *Dîner avec V. et G.P.*
Promenade en calèche avec V. et G.P.

Et voici comment est rapporté le renvoi de Gérard Philipe de l'Albergo della Città, après qu'il eut lancé de la fenêtre de ma chambre le contenu de quelques verres d'eau sur l'orchestre et la clientèle qui tonitruaient après minuit dans la cour dudit Albergo, transformée l'été en restaurant-dancing, et dont le vacarme nous interdisait toute concentration sur les problèmes ardus de texte concernant les dialogues de

Stendhal, et qui nous faisaient nous retrouver tous les soirs après le dîner jusqu'à 3 h ou 4 h du matin.

10 juin – *Incident G.P. avec direction hôtel.*
Départ G.P. pour l'hôtel Eden

Et, enfin, voici résumée en quelques lignes, la fin de la « Dynastie des Jean » ou, en tout cas, d'un mariage qui aurait pu, peut-être, rassurer mon père sur mon sort à venir.

21 juin – *Arrivée de J.B. de Paris.*
Déj. avec V. et J.B.
Dîn. avec les mêmes. Au café G.P.
23 juin – *Conversation avec V. (annonce décision rupture)*
18 – Départ pour Monte-Cavo avec V., Angèle et J.B.
Installation Albergo « Monte-Cavo »
Nos chambres 9 et 10 (V. et Angèle)
Nos chambres 2 et 3 (J.B. et moi)
24-25 juin – *Monte-Cavo.*
26 juin – *Monte-Cavo jusqu'à 17 heures*
17 h – Communication de V. à J.B. décision rupture
Retour à Rome avec V., Angèle et J.B.
27 juin – *Dîn. chambre de V. avec J.B. et G.P.*
28 juin – *(Prolongation visa : 3 mois)*
Dîn. en ville avec V. J.B. et G.P.
23 h – Départ définitif de J.B.

Comment en étais-je venue là ?

De ces mois de jeunesse consentie, il m'est resté en mémoire dans la lumière latine et son ardeur torride les moments de trêve, de légèreté neuve, que l'amitié qui me liait à Gérard Philipe mettait soudain dans ma vie, lourde et traversée d'orages. Il m'est resté des passages de J.B., du moins au début, le souvenir et la sensation d'une douce dépendance, la même sans doute sur laquelle se reposent beaucoup de femmes pour être « femmes » auprès de celui qui doit les prendre en charge, mais que, moi, je n'ai connue qu'avec cet homme venu d'ailleurs dans mes pâturages, et qui fut le seul à me traiter avec cette calme autorité que le sentiment de possession met chez un homme dans ses relations avec sa femme. Il m'est resté le chant profond qu'une voix grave chantait à une fenêtre proche de celle de ma chambre dans la cour de l'Albergo della Città – jusqu'à l'obsession ; la démarche solitaire, sombre, têtue, de Jean Servais qui tournait son cercle autour de moi. Il m'est resté les miquemaques que – « pour mon bien » – Juan, le mari d'Angèle, ourdissait entre Rome et Paris, et qui m'exaspéraient. Et, en retrait, partout et nulle part, lourde et aérienne, la masse fragile et dense d'Angèle comme un énorme giron nourricier.

Toutes les créatures d'une allègre et cruelle comédie qui mêlait en elle des personnages échappés à différents théâtres : l'Ange de *Federigo* réapparu seulement pour me faire encore un signe de la main ; un comte Almaviva égaré dans les terrains brûlés et mouvants où se disputent les forces d'Apollon et de Dionysos ; une duègne sortie tout droit de l'univers de Lope de Vega et arrivée des lointaines plaines de la Castille, la figure noire et la voix du Commandeur. Et de l'autre côté de la rampe, comme deux ans auparavant quand il se tenait seul dans la salle du théâtre des Mathurins, la présence de mon père ; sa silhouette souple et aiguë, dressée encore et pour la dernière fois dans les rues de la ville.

Oui, tout était prêt pour la représentation ; et l'allégresse, pour déchirer à belles dents la vie dans les lieux fastueux qui encadraient ce film ; et, de plus en plus, à mesure que les journées passaient, une pulsation rapide qui se précipitait, celle d'un battement diffus, partout, dans l'air du soir, dans les regards fugaces, dans l'inquiétude palpable autour de moi, dans un sourire qui ouvrait des lèvres fraîches, dans l'ombre chaude d'Angèle, dans le parfum épicé des vêtements de la Sanseverina, dans le danger même qui hantait les couloirs de l'Albergo della Città, dans les nuits lourdes et étrangement innocentes, dans l'exquise fraîcheur des soirées de vacances qui dilatait les rues de la ville.

— *« Voulez-vous faire du cinéma ? »*

Pris de court, Gérard et moi regardions sur le trottoir cet homme qui avait sauté d'une voiture pour nous interpeller.

— *« Nous cherchons un jeune couple pour tourner un film avec Anna Magnani... Voulez-vous ? ... »*

Et puis, bien plus tard, en l'absence de J.B. et de J.S. que le temps avait déjà emportés pour laisser place à la belle et douce présence de Minou, la maman de Gérard Philipe, cette sortie à quatre qui nous mena un soir au... casino della Rosa ? — ou bien au restaurant *Russia* ?.. A la table voisine au bord de la piste de danse, on parlait haut et fort l'espagnol, autour d'un homme qui s'exprimait en onomatopées gutturales. Au moment même où mon père, placé de dos, posait la question — « María-Victoria, qui parle ? On dirait... », au moment même et pendant que papa piquait du nez sur son assiette, un *caballero* issu de la table turbulente comme d'une boîte à surprises se pliait en deux à côté de moi pour me faire part en français d'un message de l'illustre muet — son maître — en ces termes surannés : — « Son

Altesse royale Don Jaime de Bourbon, prince d'Espagne, monseigneur le duc d'Anjou, duc de Ségovie, duc de Madrid, chevalier de Saint-Jacques..., chevalier de l'ordre de Calatrava..., etc... me fait l'honneur insigne de vous prier lui accorder la dan... »

Je me demandais si cet hidalgo courbé à toucher du front la nappe entre mon père et moi obéissait seulement au délire de l'alcool ou s'il était là pour nous provoquer. Je n'étais pas la seule à me poser des questions et, dans le doute, la voix de Philipe s'est élevée, calme et ferme :

– « Je vous prie de l'excuser, monsieur, mais mademoiselle est ma fiancée et elle ne danse qu'avec moi. »

Oui ; c'est ainsi qu'exils et dynasties se rejoignaient à Rome et que le vertige appelait le vertige, dans les confortables voitures rapides de B. tout au long des routes luxuriantes de beautés, dans la grâce et le farniente italiens où le travail peut se déguiser en jeu, dans cette étrange atmosphère que la réalisation cinématographique met dans l'existence quotidienne de ceux qui y participent et qui, beaucoup plus que le théâtre, saisit le comédien en dehors même des heures de tournage comme s'il n'avait pu jeter sur le plateau ses bons ou mauvais démons.

– *« Qu'est-ce que tu fais ? » – Étendue sur mon lit, je regardais la longue silhouette calme de Gérard s'avancer vers la fenêtre, l'ouvrir, et jeter dans la cour de l'Albergo della Città l'eau d'un verre qu'il avait rempli dans le lavabo. Le tapage s'estompait peu à peu en murmures pour recommencer aussitôt. Et la longue silhouette se déplaçait encore et encore entre le lavabo et la fenêtre pour y vider l'eau des verres. Jusqu'au moment où quelqu'un vint frapper à la porte de la chambre.*

– *« Avanti ! » – Et à la question posée par un gérant de l'hôtel, hirsute, la réponse de Gérard, nette : « Si ; sono ío », pendant qu'il se tenait debout dans la pénombre habillé... comme à la ville ? ou portant encore la cape noire de Fabrice del Dongo ?...*

Oui ; une excitation fébrile et sourde montait, diffuse, de cette ville aux mille villes, Rome, dont on découvre sans cesse les différents visages selon le chemin du cicerone qui la révèle, cette ville qui cache et superpose sés misères et ses trésors où chacun peut se trouver si, dans les dédales, il sait prendre la voie qui est la sienne ; cette ville lourde, mystérieuse et ostentatoire, où le roi Minos se cache derrière le dôme du Vatican et où les eaux pauvres du Tibre amènent en écho de la Méditerranée les voix des sirènes jusqu'aux lampions multicolores et aux plats de spaghetti des trattorias, qui accrochent leurs minuscules terrasses suspendues sur les versants des sept monts qui la cernent.

Oui ; une riche fébrilité, qui montait sa sève nouvelle tout au long des veines, dans les muscles, les nerfs, la peau, jusqu'au souffle même, transformait le décor quotidien en lieu de représentation pour les dieux de vie, et il n'était plus question d'esprit de conquête ni des soifs asséchantes du donjuanisme. Comme une idole moulée d'or pour incarner l'héroïne de Stendhal, comme une prêtresse qui s'apprête à la célébration d'impossibles bacchanales, tombée en arrêt, j'attendais le dénouement des forces vives qui me fixaient de leurs vibrations au centre de la scène. Je ne voulais rien. Je ne refusais rien. Il me suffisait d'être pour que le va-et-vient des marées s'ordonne sur je ne sais quel vouloir profond. Pendant des semaines et des semaines j'ai subi avec volupté l'invasion des flux et reflux de la lune. Et dans le ciel transparent, l'ardeur des jours, l'épaisseur des nuits, l'éclat sec scintillant et sombre des paysages stendhaliens où je nouais ma part de bovarysme que le théâtre n'exorcisait plus, je transposais en marbres précieux jusqu'au stuc des parois qui décoraient les plateaux de la « Scalera Films ». Et ma chambre même de l'hôtel, devenue mouvante, dilatait ou rapprochait ses murs pour que je m'y retrouve ou pour trouver les autres.

— Il se tenait debout — face à moi — ses deux mains appuyées sur le petit lavabo de faïence blanche accroché au mur. Depuis des semaines il hantait les couloirs — les fenêtres de la cour — le hall de l'hôtel — la rue — le téléphone — mon courrier. Partout et là encore — la même réclamation : « Il y a maldonne ! » Et la détermination têtue de suivre chacun de mes pas pour témoigner de l'erreur et répéter inlassablement : « Il y a maldonne ! »

Il ne m'apprenait rien ; je n'ignorais plus que si je restais toujours dans l'attente d'une cérémonie à Santa Maria di Aracelli qui allait me lier à vie avec un homme que je connaissais mal, ce n'était plus que par crainte de décevoir les espoirs de mon père et parce que je me considérais comme engagée. Mais cela même, cette conscience que j'avais de la justesse de sa requête, me levait contre lui en impérieux défi. Étendue sur mon lit, muette, j'écoutais cette voix contenue, je regardais cette haute figure légèrement penchée, accrochée par les mains au bord du lavabo, et ce beau visage hâve et douloureux. Il y avait dans la demi-pénombre de la chambre comme une grande douceur triste et rien ne nous séparait. Dans un désir interdit de prendre contre moi ce visage pour y effacer toute trace de chagrin, je le regardais, impassible, pendant que la chambre se resserrait pour n'être plus qu'un trait tiré entre nous — du lit disparu à l'éclat blême du lavabo — un fil tendu à mort entre nous en attente de la première provocation. Le téléphone a sonné. J'ai mis un temps à répondre. Je savais qui devait m'appeler à cette heure-là. Jamais, je pense, je ne me suis montrée aussi aimante, jamais je n'ai parlé à un homme comme je l'ai fait ce soir-là, devant un tiers. Je m'attardais les yeux baissés sur le récepteur, jusqu'au moment où un violent bruit de craquement m'a fait lever le regard. Devant le lavabo arraché au mur et tenu seulement par les tuyauteries, Jean se tenait toujours dans la même position, un peu plus penché en avant, les mains crispées sur le rebord de porcelaine blanche comme tenues par une décharge électrique. J'ai pris congé de mon interlocuteur au téléphone et j'ai raccroché calmement. Je ne pensais plus à rien. J'étais vide et prête. J'attendais maintenant que tout soit consommé. C'est peut-être cet inexplicable assentiment qui m'a valu la vie sauve.

Le lendemain Jean Servais quittait Rome pour poursuivre ailleurs le tournage de son film. Mon père, bouleversé de colère et de honte et prêt à je ne sais quelles extrémités se rendait pourtant à mes raisons réitérées et proclamées avec véhémence : « Je suis la seule fautive. Je méritais le pire. » Aux studios de la Scalera où mon absence perturbait le plan de travail, Gérard se démenait pour expliquer comment la veille nous étions allés ensemble à une fête foraine et comment j'avais été victime d'un léger accident dans les « voitures tamponneuses » ; quelques jours après, lors d'une réception à l'ambassade de France, collé à moi comme un frère siamois, il empêchait quiconque m'approchait de regarder de trop près mon profil gauche dissimulé pourtant sous une épaisse couche de maquillage ocre qui me prêtait des airs de créole. Et pendant que mon père se remettait d'une courte indisposition qui l'obligea à s'aliter trois jours et qu'Angèle s'affairait encore autour de mes ecchymoses, la vie reprenait — autre.

En effet, la scandaleuse intrusion de celui qui apparemment était et restait le principal personnage de cette étrange comédie, en avait fait basculer les données ; en quittant le théâtre il entraînait irrémédiablement avec lui le second rôle, amené par lui et créé sans aucun doute par l'auteur pour libérer à un moment donné la scène du protagoniste dont la disparition ôtait du coup tout son sens à cette seconde présence. D'autre part, les événements survenus et étroitement partagés avaient porté dans l'amitié qui me liait à Philipe une intimité, de plus en plus brûlante de la fièvre qui semblait monter des pavés dans les rues où nous marchions, et l'équilibre et la juste harmonie de nos relations en souffraient.

— *« ... de vouloir ce mariage ?... en es-tu sûre ? — Qui aimes-tu donc ? »*

Légèrement souffrant, il était étendu sur le lit de sa chambre et il sirotait paisiblement un jus de fruit.

— *« Toi ! peut-être... »*

Ma réponse abrupte vint étrangler dans sa gorge la coulée du liquide orange. Il cracha, se leva, renversa sur les draps la valeur d'un demi-verre et j'ai craint qu'il n'arrive jamais à maîtriser la toux et la suffocation provoquées par la surprise et le rire.

Oui, nous avons ri beaucoup ; mais à partir de là quelque chose changea secrètement nos rapports. Secrètement. Chacun pour soi. Et au moment du retour de J.B., quand après avoir vu les papiers officiels sous mes yeux et après avoir enfin parlé à mon père, j'ai voulu partir pour Monte-Cavo afin de m'y concentrer – penser – chercher – cogiter – méditer – examiner – peser le pour et le contre de ce qui pouvait concerner mon mariage imminent, Gérard comme moi savions sans nous en dire un mot, que tout était déjà joué d'avance et que j'allais chercher seulement dans la contemplation des plaines et des lacs romains le déclic libérateur. Il nous regardait pendant que nous quittions l'Albergo della Città en rang – mon père – Angèle – Jean B. – et moi. Il considérait d'un œil mi-inquiet mi-amusé le morne défilé mais quand j'ai croisé son regard il m'a paru particulièrement brillant.

Puis, ce furent les longues journées et les soirées sinistres du bref séjour à Monte-Cavo. Dans ce nid d'aigles, perchés sur cette pointe à pic qui interdit tout éloignement de son centre au risque d'y perdre son souffle, éparpillés aux quatre coins de cette haute terrasse où se tenait l'hôtel déserté, nous attendions tous les quatre la Solution. Seul mon père avait déjà pris son parti et assis en position de bouddha du côté du couchant il contemplait des heures durant le somptueux paysage. Face au Nord, Angèle portait « ostentatoirement » la discrète et sobre attitude des grands jours. Et Jean B. s'esquivait, sombre, comme une âme en peine.

Moi, laissée entièrement à mon bon vouloir, je cherchais ma mère dans les petits matins du levant et si je ne l'ai pas recréée c'est que, en vérité, je l'ai trouvée. Dans un état de réelle débâcle intérieure, je demandais un signe qui m'arrache aux sangles qui m'attachaient encore à la bienséance ; et, recroquevillée sur l'herbe dans le ciel italien, je n'étais plus tout entière qu'appel et attente quand j'ai vu sur mon pied nu l'éclat rouge, rond et innocent d'une petite bête à bon Dieu où s'inscrivaient les points noirs d'une possible écriture. J'ai tremblé de joie fugace et, dans je ne sais quelle surexcitation contenue, j'ai demandé plus. Deux heures après, les yeux clos, étendue sur un transat aux portes de l'hôtel, je demandais plus encore. Et le signe vint. Redressée d'un bond par l'attouchement de centaines d'ailes de mouche, je regardais avec stupeur – joie – reconnaissance – et dans un total bouleversement, des nuées de coccinelles qui voletaient et se posaient sur moi dans le ciel et le soleil. En larmes, riant comme une démente, j'allai à Angèle éberluée du double spectacle ; puis, toujours nimbée de rouge et de noir, je courais vers mon père pour crier au « miracle » en lambeaux de phrases entrecoupées de rires et de sanglots.

Mon père, après un long regard d'entomologiste sur l'essaim qui me portait, après un bref coup d'œil aigu sur mon visage certainement digne d'attention, sourit, reprit sa position en lotus et dit : – « Si je comprends bien tu as définitivement choisi de ne pas te marier. »

Et le soir même, sans plus attendre, après avoir informé J.B. de ma décision irrévocable, nous rentrions tous les quatre à l'Albergo della Città où Gérard nous vit arriver, surpris et légèrement anxieux.

Dans l'agenda de mon père :

28 juin – *Départ définitif de Jean B.*

La réalisation de *La Chartreuse de Parme* se prolongeait et nous avons dû séjourner trois mois encore en Italie. Angèle se languissait loin de son mari que nous avons invité à Rome. Afin de parer à des dépenses trop dangereuses pour mon budget réduit dorénavant aux seuls apports de mon travail, nous avons quitté les chambres occupées dans l'Albergo della Città pour un appartement loué via F. Rosselli. De son côté Gérard appelait sa mère auprès de lui. Le tournage – un moment suspendu à cause des difficultés financières que traversait la production du film – reprit et se précipita avant que toute l'équipe de travail ne quitte Rome, afin de tourner des scènes d'extérieur au lac de Côme, puis près de Milan, et pour finir, de nouveau près de Rome, à Tivoli. Dans les intervalles laissés aux loisirs, des cérémonies de béatification et de sanctification nous menèrent trois fois dès l'aube à Saint-Pierre du Vatican, et tandis qu'Angèle, scandalisée par tant de luxe étalé et par le vacarme des applaudissements et des cris : « Viva il Papa » qui secouaient la coupole de la Basilique, se demandait si c'était bien là la Maison de Dieu, moi je considérais le défilé des cardinaux dont, à mon grand étonnement, l'inclination devant l'autel se faisait plus brève et moins profonde à mesure que les toges qu'ils traînaient devenaient plus longues et plus opulentes. Ces files de toges impeccablement coupées qui évoquaient les présentations de modèles chez les grands couturiers ou une représentation fabuleuse dans les fastueuses salles d'un ineffable opéra. Le soir, les thermes de Caracalla avaient ouvert leurs portes d'été à *Madame Butterfly*, aux *habaneras de Carmen* et aux chevaux caparaçonnés, aux éléphants et autres habitants du zoo qui peuplaient le plateau de *Aïda*. La chaleur à Rome se faisait incandescente et, en elle, le vacarme des klaxons et la trépidation des vespas éclataient, insoutenables. Dans les rues de la Pleine Lune, Minou – Gérard – mon père – et moi – cherchions, en calèche, la fraîcheur de la nuit. D'autres camarades du film se joignaient à nous pour aller au théâtre, pendre la crémaillère via

Rosselli, en excursion, aux bains de mer, au concert ou aux spectacles. Jean B., encore rappelé à Rome par des affaires mystérieuses, nous accompagnait souvent, amicalement. Dès mon retour de Monte-Cavo, j'avais informé immédiatement Servais par télégramme de l'annulation de mon mariage. Ce fut un geste – je me le rappelle bien – qui prit pour moi le sens particulièrement libérateur du règlement d'un compte dû. Après, je me retrouvai libre et innocente comme un nouveau-né et l'existence ouvrait de nouveau devant moi toutes les promesses. C'est alors qu'un jour, Gérard, qui venait de recevoir un prix d'interprétation pour son film *Le Diable au corps*, me passa un roman, primé lui aussi [1] *La Peste*, d'Albert Camus. J'ai voulu le lire comme si jamais je n'en avais connu l'auteur mais, dès les premières pages, le sentiment d'indéracinable et profonde familiarité qui m'avait saisie à la lecture du *Malentendu* – alors qu'en vérité je ne connaissais rien de celui qui l'avait écrit – vint prendre en moi toute la place et effacer le léger tremblement qui avait saisi mes mains, pour me ramener là où l'on ne connaît pas les vertiges de l'exil. Et avec la confirmation qui m'était donnée comme quoi rien n'avait changé de ma fidélité essentielle, j'ai trouvé autre chose : un bonheur. Tout restait donc dans l'ordre. A l'encontre des années de dispersion qui me faisaient vaciller entre le lycée et le Conservatoire jusqu'au théâtre des Mathurins, malgré les turbulences inqualifiables dont j'ornais ma vie, je restais rivée aux mêmes terres ; et de leur existence, quelqu'un dans le monde témoignait pour moi. Tout restait ainsi dans l'ordre et maintenant, détournée d'un passé révolu, riche encore d'avenirs libres, je pouvais jouir sans nul arrière-goût des vacances présentes.

A la mi-août, cinq semaines avant la fin du tournage, je suis partie pour Côme afin de filmer des extérieurs qui ont mené toute l'équipe dans un hôtel qui ouvrait portes et fenêtres sur les eaux étales, inquiétantes, du lac. Entourés de crêtes, isolés dans une île, nous avons tourné durant une dizaine de jours dans la brûlure de l'été sans cesse renouvelée et sans cesse dissipée par les brises humides du lac. C'était une île odorante de fleurs fraîches et entêtantes qui écartaient leurs pétales dans le ciel double, frémissantes de brises dans le soleil qui les faisait éclater, ondulées dans le froissement et le miroitement de l'eau. Et de cette eau douce et sombre montaient les parfums glauques de la fermentation.

Comme toujours – surtout quand les lieux s'y prêtent –, une excitation croissante est venue précipiter le souffle des membres de

1. Prix des Critiques.

l'équipe dans les soirées lourdes d'orage. Des liens se nouaient et se défaisaient aux approches de jeux troubles. Mes relations avec Gérard étaient restées les mêmes, avec seulement un infime changement dans nos rapports ; nous nous agressions sans cesse l'un l'autre, l'ancien dialogue ouvert était remplacé par des élans vite réprimés d'affection retenue, des silences pesants et solitaires, ou des escarmouches ; et un curieux défi acéré de part et d'autre déchirait subtilement notre légère et divine entente. Pourtant nous ne nous quittions pas ; tristes, nous marchions l'un près de l'autre, conscients – chacun – qu'en chemin nous avions perdu l'innocence. Une amie chère à lui comme à celle qui allait devenir sa femme fit irruption un jour telle un messager précieux, juste à temps pour nous préserver de la chute. Immédiatement je l'ai invitée à partager ma chambre – je disposais de deux lits – et Marianne B. est restée auprès de moi comme l'épée symbolique trouvée par le roi Marc dans la couche de Tristan et Isolde. Mais ce n'était là qu'un dernier défi ; et à mesure que je m'appliquais on ne peut plus ostensiblement à m'effacer, de vieilles soifs de conquête s'enflammaient dans les eaux du lac. Nous ne nous rencontrions plus jamais seuls, nous nous parlions à peine et dans des colères non avouées couvaient des disputes puériles ou avortées.

Appelés par le vide des plages désertées, Soleil et Lune attiraient sur les grèves tout autour de nous les fortes amplitudes des marées d'équinoxe. Ce furent des aventures constantes en tous lieux, ou des pièges posés. Comme ce couple superbe – aussi beaux l'un que l'autre – dont le mari sur les genoux de qui j'avais trouvé la seule place vacante dans la voiture étroite – se livrait avec moi, devant sa femme, à des jeux de poursuite que je n'osais pas comprendre ; comme les épanchements de sa femme, au retour de la promenade nocturne, cette belle créature au charme slave qui me pressait et m'embrassait à pleine bouche devant son mari et que je m'entêtais à croire ivre et emportée – par l'ivresse – dans ses terres natales, celles de la Russie. Tout ceci en la présence de Gérard, brouillé ce jour-là avec moi, muet, dont je cherchais vainement un signe d'aide et dont je ne trouvais que le regard glacé et brillant.

Et l'autre aventure absurde, survenue près de Milan. Dans les champs à perte de vue, au bord du fleuve, Maria Michi [1] avait égaré son chien, et nous sommes tous partis dans une véritable battue, chacun de son côté, pour le trouver. Depuis quelques jours que – sans tourner

1 Maria Michi. Actrice italienne qui jouait Marietta dans le film.

moi-même – je fréquentais les lieux de tournage, pour assister au spectacle du haut d'un peuplier où je grimpais, je m'étais liée de sympathie avec un personnage à première vue effrayant, voire repoussant, une sorte de chimpanzé qui n'eût pu parvenir à l'état d'homme, et qui avait été engagé à Milan pour aider les machinistes romains dans le travail d'extérieur. On murmurait qu'il avait fréquenté le bagne et on le tenait à l'écart. Il était court de taille mais colossalement trapu, son visage était balafré de cicatrices et il ne possédait pas une seule dent. Dès le premier jour où il m'avait vue descendre de mon arbre – question de reconnaissance raciale sans doute –, il était venu à moi pour m'appeler Maruxa ; comme on nomme les Marie en Galice, en langage tendre. L'isolement où on le condamnait me choquait et, malgré les conseils réitérés de mon metteur en scène et de mon partenaire – ou peut-être à cause de ces conseils – je m'en étais fait un copain. Le jour où nous nous sommes tous lancés à la recherche du chien de Maria Michi, c'est avec lui que je suis partie, sans doute pour provoquer la colère de Gérard qui était venu me recommander de m'abstenir. Loin, au bout d'un pré qui se rétrécissait en pointe jusqu'au bord d'un ruisseau, ce qui devait arriver arriva. Le chimpanzé me renversa sur l'herbe sans crier gare, la bouche pleine de bave et de mots prometteurs de mille délices italiennes. J'ai été sauvée par un short que je portais et par un billet de cinq mille lires qui se trouvait dans une de ses poches. Le short, en effet, malgré la force de l'animal, ne lui facilitait pas les choses, et au milieu de mes débats, comme je tirais de ma poche pour me défendre une de mes mains qui y était restée, j'ai senti dans mon poing le billet. Du coup, j'ai abandonné toute résistance inutile et j'ai ouvert ma main sous le nez du forcené avec un geste éloquent. De quelle éloquence s'agissait-il, je ne saurais le dire, mais le fait est que, un instant, dans un complet ahurissement, il a relâché son étreinte. J'ai mis le billet dans sa main que j'ai refermée doucement et, pendant qu'il me regardait hébété, j'ai bondi pour courir à travers champs. Les pieds en sang dans les champs coupés de leurs épis mûrs, je filais à perdre haleine devant la bête qui me tendait l'argent tout en me poursuivant encore de sa litanie de mots obscènes. A bout de souffle, au détour d'un chemin, j'ai vu, dressée soudain devant moi, une fine silhouette qui ouvrait ses bras pour me recevoir. Je m y suis précipitée, tremblant de tous mes membres et à demi étouffée par la course et les sanglots. C'était Gérard Philipe. Et le soir même, dans une trattoria qui nous réunissait tous pour fêter la fin de notre séjour à Milan, je dansais, seule, pour lui, la samba la plus provocante que j'aie dansée de ma vie.

Mais ce n'est qu'à l'Albergo della « Sibylle », tout près de Rome, après une nuit de tournage dans les jardins et les fontaines illuminées de Tivoli avec musique et chœurs, que, pour une fois, nous avons enfreint l'un et l'autre une interdiction que, sans nous le dire, nous avions voulu nous imposer. C'est là où nous avons laissé la part la plus rare de notre belle amitié ; mais c'est là aussi où nous avons gagné peut-être l'un et l'autre, nous délivrant ainsi l'un de l'autre, la disponibilité totale et nécessaire à chacun pour retrouver son chemin. Le surlendemain Gérard quittait Rome pour Paris où d'autres cieux – les siens – l'attendaient.

La Fiancée et la Mort

Le 1er octobre 1947 je rentrais à Paris.

Le 5 octobre, la grippe annuelle dont mon père était coutumier le clouait cette fois jusqu'au 31 janvier 1948 à son lit, dans la petite pièce du fond de l'aire de Vaugirard qu'il avait déjà choisie avant son départ en Italie, parce qu'elle communiquait avec la salle de bains et qu'elle se trouvait à l'écart des bruits de la maison ; une chambre exiguë et biscornue où – entre les portes et les fenêtres – une cheminée, une vilaine commode en bois blanc et un petit guéridon disparaissaient sous les livres, les boîtes et les outillages pharmaceutiques qui s'entassaient partout où ils trouvaient une surface pour attendre les besoins des médications. Deux grosses bouteilles d'oxygène se relayaient au chevet du lit – énorme – qui occupait la moitié de la pièce ; et comme les portes et fenêtres s'ouvraient vers l'intérieur – réduisant ainsi l'espace – , le seul fauteuil – minuscule – qui pouvait s'y tenir — était contraint de jouer à cache-cache avec les battants afin de chercher une place pour s'asseoir.

Terrassé par une crise qui le rivait à lui-même et au fil ténu qui laissait encore passer l'air dans ses poumons durcis, il passa trois jours enfermé dans un total isolement, tourné tout entier vers l'intérieur, en tête à tête serré avec les obscurs bâtisseurs qui empierraient ses bronches, et relié seulement à l'extérieur par l'étrange cordon ombilical de la bouteille d'oxygène. Au bout de trois jours, il put enfin s'en libérer, mais pendant trois mois encore, tapi dans le seul coin du réduit où il se tenait, assis dans son lit en position de lotus, le corps et la tête en ligne droite légèrement inclinés vers l'avant afin d'éviter toute tension et de laisser libre passage à l'air, il ressemblait à un bizarre porteur d'eau de la Galice, condamné à maintenir sur sa tête une *sella* [1] invisible et pleine à ras bord sans perdre une seule goutte du précieux contenu sous peine de mort.

Fixe, toute attention portée vers l'économie des énergies perdues, guettant le premier signe de changements intérieurs, veilleur inépuisable à l'affût de toute distraction qui se cacherait dans le sommeil même et qui le détournerait de sa volonté bandée en arc de combat, tendu à se rompre dans une écoute profonde, constante, et dans un constant effort de détente, incapable de trouver son souffle dès qu'il tentait d'appuyer seulement son buste sur les oreillers, il passait ses journées et ses nuits dans la même position et l'on eût pu songer, en le voyant, à un

1. *Sella.* Seille galicienne.

anachorète en haute contemplation. Mais à l'observation, ses mouvements à peine esquissés, lents et parcimonieux, de détecteur qui s'avance sur terrain miné, ses gestes avares et sourds de chasseur qui traque la bête fabuleuse, ôtaient à son attitude toute apparence de possible communion pour l'immobiliser, en arrêt, aux aguets, face à la menace.

Et pendant que ses longues mains répondaient aux questions strictement nécessaires, en dialogue codé, par des signes réduits jusqu'à la sordidité — pendant que ses lèvres fines toujours entrouvertes en appel de vie se tendaient légèrement en sourire complice pour marquer les nouvelles victoires remportées contre la menace imminente, dans ses yeux d'acier pâle levés vers moi — luisaient en étincelles de vive lucidité l'ironie du démenti et je ne sais quel regard de dérision sur lui-même.

C'est que de plus en plus il se sentait traqué. La sclérose des voies respiratoires, cette vieille compagne après la tuberculose, avait amené à son tour dans ses mottes ensablées une nouvelle connaissance, plus capricieuse, plus difficile à cerner ; et bien que jamais il n'y fît allusion, mon père, averti, s'appliquait maintenant à compter les battements de son cœur. Avant de quitter Rome, outre les notes concernant les décades toujours recommencées d'iodomaïsine et de digibaïne, il avait déjà porté sur son agenda :

17 septembre – *Inexplicable douleur interne durant toute la journée, dans l'avant-bras gauche.*
18 septembre – *La douleur du bras augmente la nuit, diminue le matin et disparaît au cours de l'après-midi.*

Mais il parlait rarement de sa maladie et jamais de ses connaissances médicales.

A son retour à Paris il se borna donc à noter ses visites chez les médecins et une prise de sang ; puis, du 5 au 8 octobre, je ne trouve que trois feuillets laissés en blanc, après quoi les annotations reprennent (comment faisait-il, mon Dieu !) au bas des pages, entièrement vierges au-dessus, là où se fait, suivant les heures de la journée, le rapport de la vie quotidienne.

8 octobre – *Lit Temp/M. : 38°3*
S. : 39°3

Et ainsi pendant des semaines.

Puis les températures se stabilisent peu à peu, à la normale, les appellations des divers régimes viennent s'ajouter à ce rapport succinct, avec la relation détaillée des visites des médecins, les relevés de la tension artérielle et le nombre de piqûres. Puis, vers la fin novembre, au-dessus, suivant les heures de la soirée, les noms familiers de ceux qu'il s'essayait à recevoir dès qu'il sentait une légère amélioration, mais qui parfois le surprenaient encore en brusque rechute, bâillonné une fois de plus par la suffocation.

22 novembre – *Visite muette de S. Andión.*

Enfin, le 3 janvier 1948, trois mois après l'attaque de la grippe qui l'avait cloué à son lit, ce petit signe de triomphe au bas de la page

Lit 19 h : 37°2
je recommence à fumer.

Et à partir de là, au rapport quotidien, méthodique et méticuleux concernant l'évolution de sa maladie, se mêlent les rendez-vous avec les visiteurs, quelques annotations sur mes activités professionnelles et les titres et les heures d'écoute des pièces radiodiffusées dont je faisais partie.

20 janvier – *Dernière représentation des* Épiphanies *d'Henri Pichette.*
21 janvier – *Lecture animée de* La Cantate à trois Voix *de Paul Claudel, salle Iéna.*
1er février – *22 h 45 – Radio P.P.*[1]
Le Malentendu *de Camus (Mª-Victª)*
2 février – *22 h 45 – Radio P.P.*
Pour en finir avec le Jugement de Dieu *d'Antonin Artaud (Mª-Victª) – Annulé – (interdit à la dernière heure par le directeur général de la radio.)*

Enfin, un mois plus tard, ses premières tentatives pour se lever sont rapportées avec précision. A partir du 11 mai il a repris une vie normale et il ne retrouvait plus son lit qu'aux heures de sommeil bien qu'il dût encore garder la chambre longtemps, retenu à la maison par un arrière-hiver particulièrement froid.

J'eus à peine le temps de le voir debout. Le 18 février je le quittais pour tourner le nouveau film d'Henri Calef, *Bagarres*, à Nice.

Mais moi-même, où en étais-je ?

En vérité, si je n'avais pas maintenant pour me renseigner l'agenda de mon père, je serais bien en peine de retrouver le fil même dont habituellement la continuité de mon travail fixe de ses points de repère dans ma mémoire le trajet parcouru aux différentes étapes de ma vie.

De ces quatre mois je n'ai retenu que la vision — toujours la même — de la petite chambre où je me butais au regard clairvoyant — au sourire — et à l'essoufflement de mon père, quelques images fugitives

1. P.P. Poste Parisien.

des répétitions et des représentations des *Épiphanies*, le souvenir fort et brut de la joie dans le visage de Claudel, et l'impression ineffaçable ressentie à l'approche d'Artaud. Il y eut aussi la fréquentation assidue et douce de la maman de Gérard Philipe et, avec son fils, nos efforts mutuels pour rétablir entre nous une amitié endommagée. Et il y eut aussi — là ? — ou plus tard ?... — il y eut — mon retour à Servais, que je suis allée chercher dans un bar de la rue Vineuse où je savais pouvoir le trouver, en entraînant avec moi — sans le prévenir de rien — Gérard.

Non ! — non... Ce ne fut pas à ce moment-là — ce fut plus tard — à mon retour de Malaucène où j'avais tourné les extérieurs de *Bagarres* — Avant de quitter Paris je ne fréquentais pas encore les paysages sous-marins, sub-lunaires, dans lesquels ma mémoire place ce rendez-vous qu'éclaire avec le néon une lumière glauque. Non — à ce moment-là, je croyais toujours vivre loin des gouffres, malgré quelque vague petit malaise ; et ce ne fut qu'à l'occasion du *Bal de la Voilette* que *la chose* fut nommée pour me faire basculer dans le vide tapageur que j'ai vécu tout le temps du tournage dans le midi et jusqu'à mon retour et où veille — sommeil — fiction — réalité s'emmêlaient de plus en plus pour me mener — par là — par ce bar de la rue Vineuse — là où sans doute je devais aller.

Le Bal de la Voilette — J'avais été entraînée à cette soirée de bienfaisance par Gérard Philipe. En grande tenue, je me tenais là, incrustée auprès de lui à une table où se serrait le Tout-Paris du spectacle afin d'attirer dans les lieux la clientèle riche et charitable des bienfaiteurs ; une table d'où j'ai cru que plus jamais nous ne pourrions nous extirper. Vers 2 heures du matin, pourtant, inquiété sans doute par une pâleur et des gouttelettes de sueur sur mon visage, Gérard m'en arracha une première fois pour m'emmener danser et nous nous sommes retrouvés enlisés dans une masse d'autres couples que la pingruité de l'espace consacré à la danse secouait de mouvements infimes, d'imperceptibles saccades, nous faisant tous tourner en tas, à tout petits pas, dans un couloir qui entourait — comme l'anneau entoure Saturne — une montagne cauchemardesque de restes de nourriture froide, chaude, tiède — sauces figées — poulets amputés — entremets mis à sac — fruits exotiques crevés. Avant que le « slow » n'eût atteint ses langueurs dernières, profitant d'un trou dans l'amas, nous avons quitté la « piste » pour retourner à la « table ». Une heure après, craignant le pire, j'ai fait signe à Gérard et ma mine devait parler pour moi avec éloquence, car il s'est levé aussitôt, presque grossièrement, me conviant à partir. Mais, du coup, tout le monde s'est levé ; et nous nous sommes tous retrouvés sur le trottoir. Là, l'air de l'aube parvint à dissiper un picotement qui inquiétait mon cuir chevelu et la sensation de suffocation disparut.

– *« Si on allait prendre un petit déjeuner au Calavados ?... »*

A peine remise d'aplomb j'ai suivi la file, hébétée.

Aucune place libre au rez-de-chaussée.

– *« Montons au premier !... »*

Et là, une longue table, la même, avec les mêmes chaises d'un côté, la même banquette de l'autre et, assis tout autour, les mêmes. J'ai perdu conscience.

Entourée de tous les assistants – *les mêmes* –, allongée sur la banquette et encore à demi évanouie, à la question pressante que Gérard me posait : – *Qu'est-ce qu'il y a ?* je me suis entendue é-pe-ler : – *Je m'ennuie.*

Le mot était dit. Il ne me restait plus qu'à l'illustrer. Je n'ai pas tardé à m'y mettre. Dès mon arrivée à Nice, une semaine à peine après avoir quitté Paris, une obscure volonté organisait mon temps de manière à en effacer tout instant qui lui permette de se présenter comme « un temps ». Axée fixe, au centre du tournoiement de ma roue vitale retrouvée, la bouche tendue en arc d'éternel sourire, l'œil écarquillé par l'obsession de maintenir intacte la rage de « ma joie de vivre », je me livrais, afin de le terrasser, à l'avorton informe fils de mon ventre qui m'ait prodigué la pire misère que je connaisse : l'Ennui. Les armes les plus captieuses se trouvaient mises à ma disposition pour le combat : l'éloignement, le climat de la Côte d'Azur que j'ai toujours eu du mal à supporter, l'arrivée du printemps avec ses séquelles, et surtout l'ambiance spécieuse qu'exsudent les studios cinématographiques.

A l'encontre de la scène d'un théâtre – puisque l'on s'entête souvent à demander aux comédiens : « Préférez-vous le cinéma ou le théâtre ? », comme si l'on pouvait trouver une analogie quelconque entre les deux activités –, le studio de cinéma est toujours resté pour moi un lieu où, dès mon arrivée le matin, avant même de passer à la loge de maquillage, je me dépouillais de toute initiative personnelle que je déposais au vestiaire avec mon manteau, pour me tenir prête à suivre les indications de la direction, répondre aux exigences de la technique, aux nécessités des heures de pointe, ou bien à attendre, durant les longues périodes creuses Très tôt le matin, à peine sortie du lit, à cette heure où les mondes basculent entre le rêve et la veille, *on* me prenait en voiture, *on* m'emmenait sur les lieux, *on* m'asseyait sur un fauteuil de dentiste, *on* me maquillait, *on* me coiffait, *on* m'habillait et, jusqu'au soir, *on* me suivait pas à pas afin de replacer un faux pli de mes vêtements, repoudrer une aile de mon nez, raccorder le cosmétique de mes cils brouillés, me remaquiller les lèvres, ou remettre en place un cheveu cabré. La prise d'un plan durant l'espace d'une minute – trois au maximum – pendant laquelle, devant l'œil rond – fouilleur – boulimique – implacable de la caméra, et les regards d'inspecteurs que prennent les participants de cette cérémonie fugace à répétitions, il fallait « se donner » ; et cela à plusieurs reprises, à la file, sans vergogne, autant de fois que le souhaitait le seul agissant et créateur dans la circonstance : le metteur en scène. Ensuite venait le creux, l'attente, le vide. Et ainsi jusqu'au soir.

Quand, lors d'une représentation, de la scène d'un théâtre on sort frustré, c'est que, en fin de compte, il n'y a pas eu théâtre ; le « trop plein » qu'on en garde *alors* à même les viscères les noue en un besoin urgent du lendemain, pour accoucher, en scène, de ce qui n'a pu jaillir la veille ; et, en général, le besoin est tel qu'il est rarissime que le lendemain il n'y ait pas « théâtre ». Alors, quand théâtre il y a, tout est consommé. On en sort *autre ;* sinon – les jours de grâce exceptionnelle – comme le fidèle après avoir reçu l'hostie, du moins comme les participants du rituel après une macumba — défait, avec rien, rien de plus qu'une totale détente, cette vacance qui rappelle la voluptueuse relaxation après les longs bains de mer battus d'écume. Du monde de la fiction où tout avait été reporté, il ne reste rien, qu'une brûlure déjà cautérisée ; et, dorénavant, après un sommeil réparateur, il s'agit, dès le réveil, de se préparer, se recharger, se re-faire — pour être prêt le soir à ré-inventer, avec de nouveaux publics, le même et nouveau monde de la fiction : la vie.

En revanche, d'un studio de cinéma où la caméra vient chercher la personne plus que le personnage, d'où le public-acteur est absent et remplacé par une petite multitude de « voyeurs », et où la continuité de l'œuvre m'a toujours échappé en miettes éparses, je suis toujours sortie bredouille, encore et toujours tendue à la poursuite d'un personnage dont je n'avais côtoyé que de vagues profils perdus et que seul mon metteur en scène connaissait, pour ne retrouver à la fin – au vestiaire – que moi-même, telle quelle, là où je m'étais garée en arrivant afin de conjurer au maximum le viol de la caméra.

Spectatrice pourtant passionnée et émerveillée devant les acteurs de cinéma qui ont su créer à travers leurs films des figures presque mythiques, sensible même à ceux qui apparaissent un moment pour recueillir en eux et représenter une époque ou même une mode, pour ma part, peut-être parce que je porte en moi une forme autre de narcissisme, je n'ai jamais pu de l'autre côté de la caméra m'attacher à une telle quête ; et du coup, cherchant inlassablement et vainement matière à une création qui me tirerait hors de moi-même, réduite à l'état de totale passivité, incapable d'oublier le truchement mécanique pour imaginer des spectateurs vivants, agissants, possibles, je vaquais, vide et disponible dans les répits ; et aussi dans ma vie — à moins qu'un roman comme celui de Stendhal, avec la proposition d'un univers et d'un personnage donnés, ne vienne teinter mon comportement quotidien de nuances que je ne pouvais exprimer dans la réalisation du film qui lui était consacré.

Préparée, vêtue, ornée, telle une péripatéticienne des temps modernes, je ne soumettais aux lois des spots et des rails qu'une part de moi-même, tout en appliquant mes volontés à sauvegarder l'autre, et ne donnant, comme la prostituée, que mon corps et mon visage à cette partouze sans débauche où je me devais d'officier.

A Nice, un des premiers plans que j'ai tourné aux Studios de la Victorine fut justement une de ces scènes où l'on « se donne » à des baisers très longs et très profonds, plusieurs fois recommencés devant la froide loupe que tient le caméraman. Jusque-là, sous divers prétextes, j'avais échappé – comme je l'ai entendu dire des putains – aux intimités de cet exercice. Là, il a fallu céder et pour ce faire, malgré l'amitié que j'avais pour mon partenaire, Roger Pigault – son tact – sa gentillesse – et sa séduction –, j'ai dû avaler au préalable plusieurs bonnes lampées de whisky sec. Le plan fut tourné, le dépucelage effectué, et à la fin je me sentais toute prête à recommencer l'opération autant de fois qu'on me le demanderait avec chacun des représentants mâles qui se tenaient autour de la caméra. On ne me l'a point demandé et je n'ai pas récidivé. Mais en revanche, dans mon euphorie nouvelle, riche soudain de l'allégresse donnée par l'alcool, je crus découvrir où se trouvait l'antidote de ce « spleen » que je n'osais nommer qu'en anglais. Suivie à la trace par Jeannette – mon habilleuse –, et flanquée de deux compagnons de travail repérés par mon radar sur les mêmes longueurs d'ondes que les miennes, je n'ai plus cessé pendant la réalisation du film d'honorer le Bacchus des Écossais. Jamais je n'ai autant bu ; au régime strict d'eau pure ou minérale jusqu'à l'âge de dix-sept ans, sobre depuis, malgré quelques écarts qui n'entamaient qu'exceptionnellement mon régime, du jour où j'ai trouvé dans le whisky la source renouvelée d'un enthousiasme perdu jusqu à mon retour à Paris, j'ai « carburé au scotch ». Depuis l'aube jusqu'à l'aube – ou presque – mes heures de sommeil se trouvant de plus en plus rongées par des journées qu'une singulière et inconnue appréhension de la nuit me poussait alors à prolonger.

Aussi, je me demande quand et comment je trouvais le temps d'entretenir avec mon père ce « duel » épistolaire dont il parle régulièrement dans les lettres que j'ai gardées de lui à l'époque et que je fus toujours incapable de relire depuis sa mort jusqu'au jour où j'entrepris, avec mon voyage en Espagne, l'aventureux trajet qui me mena à écrire ce livre et qui, pour commencer, m'obligea à forcer des tiroirs secrets restés jusqu'ici tabou, à la recherche de clés qui m'aident à ouvrir des portes jusque-là condamnées. Et c'est à travers ces lettres, enfouies au plus profond d'armoires à double fond, que je découvre aujourd'hui l'ombre collée à l'image rutilante que je m'étais faite de moi-même dans les paysages niçois, et qui avait encombré ma mémoire repoussant dans l'ombre — mon ombre.

– *La rapidité avec laquelle tu as écrit presque aussitôt arrivée m'est apparue comme une sorte de défi que naturellement je m'empresse de relever.*

Je laisse pour les heures nocturnes du plus grand repos (c'est ainsi qu'écrivait le pauvre Barbeito[1] *peu de temps avant sa mort ; mais lui ne s'en rendait pas compte ; moi, si) l'examen minutieux et psychanalytique de toutes les élucubrations philosophiques de ta lettre. Il faut laisser le temps au temps avant d'arriver à une conclusion et de pouvoir discerner, parmi tes profondes méditations et déterminations si bien pesées, quelle est la part qui correspond à tes réflexions puissamment cogitées et celle qui ne serait que la simple conséquence des hypnotiques ronflements de ta compagne de voyage. J'espère qu'il y a beaucoup plus de ceux-ci que de celles-là car j'ai appris à craindre tes décisions quand elles sont très méditées ; ce qui ne veut pas dire que je voie toujours d'un œil tranquille comment s'enroulent et se détendent les ressorts de tes résolutions impulsives. Nous verrons donc ce que viendront ajouter ou enlever à tout cela l'ambiance de Bagarres : il est très possible que, ayant terminé là ton travail, tu rentres à Paris avec un succès cinématographique en poche et une richesse de bon sens que toi-même ne savais pas tenir si bien cachée. Et comme en vérité ce sont là des choses qui doivent se produire un jour ou l'autre, pourquoi ne pas penser que Bagarres soit le catalyseur qui les catalyse ? Je fais les vœux les plus fervents pour qu'il en soit ainsi, et dans cette hautaine guérite de Vaugirard j'attends de voir s'ils doivent se réaliser maintenant, ou s'il faut attendre encore un peu, pour les voir « prendre chair de réalité » comme je disais à vingt ans.*

---

1. Barbeito. Médecin de famille qui m'avait mise au monde, et qui avait pris le lait de maman pour celui d'une vache galicienne.

Je l'avais installé dans ma chambre avant de quitter Paris. Mue par une impérative urgence, il m'avait fallu, avant de partir, réorganiser la maison et l'emmener ailleurs dans l'appartement de Vaugirard, en un lieu plus vaste, plus aéré. J'avais aménagé pour lui la pièce que j'avais partagée avec maman et qui était restée la mienne ; elle me semblait ouverte à toutes les lumières et harmonieuse dans ses proportions. Je l'avais donc meublée confortablement, j'avais placé auprès du lit des étagères pour les livres, le téléphone, le poste de radio et, dès qu'il avait pu se déplacer, je la lui avais présentée. La salle de bains se trouvait à quelques pas de plus, mais comme je le lui ai fait remarquer avec la brutalité qui nous caractérisait tous dans cette maison espagnole, en période de crise il n'en serait plus à compter les pas.

Dans ce même élan, j'avais donné à Angèle la chambre qu'il libérait et elle s'y installa ainsi à demeure. Quant à Enrique – dont la présence devenait un petit supplice pour mon père et pour moi une trop lourde charge –, je le priai cette fois de se trouver un logement, du travail et un destin et de libérer la pièce qu'il occupait afin d'y installer mes propres affaires.

Et maintenant, à Nice, dans l'arrière-hiver frais et ensoleillé du midi, malgré les quelques allusions que je trouvais dans les lettres de mon père concernant les difficultés où il se débattait avec son souffle trop court, moi, l'imaginant dans son nouveau décor, je respirais mieux.

– *Ici, il neige. Il neige sans enthousiasme et sans que l'on voie tomber les flocons ; et ce n'est que par la couleur blanchâtre que prennent les toitures que l'on peut s'apercevoir qu'il a neigeoté. Et il fait froid, très froid, terriblement froid, un froid compliqué de rafales de vent spécialement envoyées pour refouler dans ma chambre toute la fumée du brûle-tout qui me grille dans les jours tièdes, mais qui, en général, s'avère inutile dans les jours froids.*

Jamais comme cet hiver je n'ai autant prodigué mes énergies, mon temps, ma santé, l'argent que je gagnais. Jamais je n'ai autant cherché ni avec une telle urgence à brûler l'instant que je ne parvenais plus à saisir. Prise dans la roue folle de mon ardente vitalité qui me jetait soudain en fuite éperdue hors de moi-même, je ne pouvais plus compter pour me retrouver que sur un reflet projeté à l'extérieur de moi-même, et dans le match que j'avais engagé avec mon père ce que je cherchais aveuglément et avidement n'était certes rien d'autre que l'image que lui seul pouvait alors me renvoyer pour me rendre à moi-même. C'est ainsi que pendant qu'il cherchait, lui, reclus dans sa cellule de Vaugirard par les rigueurs de l'hiver, à garder, à travers la radio et les journaux, le fil qui le relierait au monde, moi, livrée pour la première fois au monde, je cherchais à travers lui à me tenir au seul fil qui me reliait à moi : mon père.

— *Le froid régnant (je suppose qu'il faut mettre ça sur le compte du froid) m'a coupé de toute communication avec le monde extérieur. Bien entendu je pourrais téléphoner pour m'enquérir des amis ; mais je crains qu'ils n'interprètent la chose à l'envers et ne se croient obligés de venir me voir sans que l'envie les y pousse.*

Je consacre donc un peu plus de mon temps à la radio et à ce propos, tu dois savoir que — à ce qu'il semble — l'imbroglio de « Pour en finir avec le Jugement de Dieu » est encore loin d'être démêlé, à en juger par une belle carte d'invitation de la Radiodiffusion française où l'on te prie d'assister à « l'audition intégrale et privée » du poème d'Artaud, le lundi 23 février à 8 h 30 du soir, au studio Washington. Je veux croire qu'à cette nouvelle et encore secrète émission ils ont invité tous les pères dominicains de Paris, puisque ces derniers se sont avérés être les mieux à même d'apprécier la nécessité d'en finir une bonne fois pour toutes avec le Jugement de Dieu. Et je suppose aussi que ce ne sera pas là la dernière des « auditions privées » de cette émission, auxquelles peu à peu accourra le Tout-Paris, et qui me rappellent les exhibitions secrètes des films obscènes qui étaient si à la mode dans les temps révolus de ma jeunesse. Nous verrons bien où tout cela nous mène.

En effet. Dans les lettres qu'il m'écrivit à cette époque, à mon grand étonnement, il poursuit semaine après semaine le fil de l'affaire qui s'était nouée autour du fameux enregistrement, comme s'il trouvait dans le sort fait à l'émission ou dans la personnalité même d'Antonin Artaud un soutien énigmatique. Et quand je pense à la demande implicite qui éclatait certainement dans celles que je lui adressais alors et qu'il ne pouvait pas ne pas entendre, j'ai — aujourd'hui — le curieux sentiment que — par un étrange subterfuge — en réponse à mon appel, il me renvoyait, pour m'aider à me reprendre, l'image même que je lui avais laissée de moi lorsque, complètement ébranlée par l'approche de l'homme fou, déchiré, écorché, désincarné, j'étais revenue chez moi encore toute retournée par le choc qui, un moment, m'avait récurée de tous mes déchets, pour ne plus laisser place qu'à l'essentiel.

Mais ce n'était certes pas là l'avis de tout le monde :

— *Dans les coupures de « l'Argus » on trouve quelques références — rares — à la nouvelle audition privée du « Jugement de Dieu ». On voit que les commentateurs ont déjà perdu tout respect pour vous ... « L'Ordre » félicite M. Porché d'avoir interdit l'émission ; dans le « Parisien libéré », Marc Beigbeder souligne la froideur avec laquelle le public invité a reçu cette émission dans laquelle Antonin Artaud a déposé ses scories. ... « Carrefour » le prend à la blague, et enfin, « Le Populaire », pour faire bel étalage du langage délicat qu'il est fréquent de lire dans ce journal béni traite le « Jugement » avec le plus grand dédain et résume à peu près son opinion en ces élégants propos : « Le texte n'avait rien de terriblement obscène. Un peu de... ce que vous sentez, et même un pet (comme ça, un « pedo », un pet) de Maria Casarès. On ne peut s'exprimer de manière plus versaillesque.*

Pourtant je n'en étais pas encore à péter devant les micros et sans doute fallait-il le regretter parce que – comme le journaliste en question peut-être – je souffrais d'une mauvaise aérophagie. Mais comme lui, je faisais mieux : n'importe quoi. Comme lui, j'en étais réduite à faire péter des ballons. Car si je passais mes nuits à traîner dans toutes les boîtes de la ville bien après même qu'elles fussent désertées, durant mes journées de loisir, quand je ne les perdais pas au casino où je n'ai jamais réussi à m'intéresser au jeu, quand je n'entraînais pas ceux qui m'entouraient dans de bruyantes promenades en calèche découverte tout au long des bords de mer, quand je ne noyais pas mes compagnons sous des cadeaux aussi extravagants qu'inutiles, j'usais mon temps à remplir ma chambre d'hôtel — immense — de ballons — des ballons de toutes les couleurs que j'achetais — des dizaines et des dizaines de ballons — dans le seul but de me frayer un passage parmi eux en les faisant péter un à un avec le bout de ma cigarette allumée.

Je n'étais jamais ivre ; mais seulement dans un état d'euphorie exacerbée qui me tint debout dormant à peine sept bonnes semaines durant, aux frontières de la réalité, et qui dans le sommeil me portait dans des régions arides, éclatées, où des cauchemars de guerre futuriste mêlaient les armes et les moyens les plus raffinés que l'homme ait pu inventer pour poursuivre des fugitifs solitaires.

Ce fut aussi vers cette époque que les cours suivis dans des salles de classe oniriques en vue d'obtenir l'oral de ma seconde partie du « bac » ont commencé à hanter mes rêves.

J'étais chaste.

Et pendant que mon père s'efforçait, à travers sa fille aînée Esther, toujours retenue en résidence surveillée à La Corogne, de renouer un dialogue ouvert — *« sans cachotteries ni rébus »* — libre — direct — avec sa terre, moi, pendue à lui au-delà de ma mémoire, je faisais tout et n'importe quoi pour m'exiler à la recherche de je ne sais quelles terres libres de moi-même.

– Aujourd'hui j'ai reçu sous enveloppe une carte postale qu'Esther m'envoie sans aucun déguisement et d'une manière presque dévergondée. Je m'en réjouis ; non seulement parce que j'ai des nouvelles de ta sœur mais aussi parce que la carte en question est la photo d'un spectacle que de toute ma longue vie je n'ai jamais vu et qui ne s'était pas produit depuis un siècle : le Relleno, avec son kiosque à musique et le reste sous une épaisse couche de neige. Décidément, quelque chose d'énorme va se passer dans le monde, et ces extraordinaires présages (la neige à La Corogne, toi écrivant avec

fréquence, moi répondant par retour du courrier) annoncent que des événements fabuleux sont proches.

Ainsi en fut-il. Un colossal prurit – urticaire – eczéma – érythème – exanthème – acné juvénile – dermite ou dermatose – poussée de sang – débordement d'humeurs – jaillissement éclatement explosion ou éruption de tous les miasmes que j'avais réussi à accumuler dans je ne sais quelle part de moi-même — est venu transformer mes membres en quatre ballons ovales, rouge-cerise, tout juste bons à compléter la collection qui cloquait déjà le ciel de cette chambre d'hôtel, et sous lequel j'attendais, clouée au lit, une accalmie de la colère des dieux, m'en remettant, pour échapper au cataclysme que j'avais réussi à déclencher, aux savants docteurs qui, sur cette terre, usent leur vie à rabibocher la nôtre.

– *Je suis étonné que le médecin n'ait pas eu recours au procédé de l'autovaccin, c'est-à-dire à l'extraction de ta propre sauce afin de te la réinjecter. Je ne peux personnellement t'assurer de son efficacité, mais d'après ce que m'en a dit Magda, la replète fille de M.N., au Mexique on guérit rapidement et définitivement l'urticaire au moyen de l'autovaccin (trois piqûres en trois jours pour extraire le sang ; encore trois piqûres, encore en trois jours, pour l'injecter dans le corps du patient, et il s'en sort tout propret, débarrassé de toute urticaire pour le restant de ses jours). Magda m'a déclaré qu'elle s'était soumise au traitement avec plein succès. Elle m'a aussi déclaré, et catégoriquement, « qu'elle était née pour faire une putain de luxe » (je n'ajoute ni n'ôte un brin), et comme là-dessus elle me parut absolument véridique, je ne pense pas qu'elle m'ait au contraire menti en ce qui concerne l'urticaire.*

Étendue comme une putain de luxe au centre de cette vaste pièce impersonnelle et prétentieuse qu'on eût dit prise soudain d'allergie à ma propre personne, toute entourée et gonflée de globes prêts à éclater comme autant de cratères ouverts à une monstrueuse éruption, odalisque posée au creux de l'urticaire géante, doublée de volume et brûlante de fièvre, cramoisie et en peau de lime ardente, j'écrivais encore et toujours à mon père, comme il écrivait lui-même encore et toujours en Espagne, cherchant son souffle, pendant que le gouvernement espagnol de Paris cherchait, lui, la manière de nous représenter.

– *La persistance des températures basses et l'usage immodéré de l'étui à cigarettes ont réduit mon souffle à la moitié de son tirage normal, me contraignant à un halètement que j'avais presque oublié et qui me met d'une humeur de chien.*

Deux petites choses enfin sont venues me tirer de ma rage canine, deux petites choses dont la bouffonnerie m'a incité à réagir. Toutes deux me sont venues du Gouvernement qui nous représente, et chacune se cristallise en une admirable invitation.

Dans la première, on me prie d'assister à la réception qui aura lieu après-demain pour célébrer le dix-huitième anniversaire de l'avènement de notre République ce qui veut dire qu'ils ne sont pas encore au courant qu'il n'y a que dix-sept ans que l'événement eut lieu. La seconde invitation réclame ma présence, le même jour, pour assister à l'acte par lequel on apposera au chef du gouvernement les insignes de l'Ordre de la libération. D'où il résulte que le gouvernement, non content d'avoir créé cet Ordre fantastique avant que la libération se soit produite (et je soupçonne que jamais elle ne fut plus éloignée), s'allonge encore à soi-même, dans la personne de son président, ses plus hauts insignes, avec une modestie, une élégance et un sens de l'opportunité qu'on ne louera jamais assez. Pauvre République ! Qui eût pu lui prédire — à elle si violente et si tragique — qu'elle mourrait dans les éclats de rire !

Et toujours guidée par ces souvenirs d'alors qu'il m'a laissés et qui restituent la vraie mémoire que j'ai oubliée, j'apprends aujourd'hui sous le coup d'une double émotion la mort d'Artaud telle que mon père me l'annonça quand j'avais définitivement quitté Nice et que je séjournais à Malaucène, ce village du Vaucluse hanté par le souvenir de Laure et de Pétrarque, ouvert, éventé, et posé avec ses habitants au pied du Mont Ventoux, comme devant un dieu tutélaire à qui l'on sacrifie dans les nuits sèches et chaudes traversées d'insoupçonnables bises glacées.

— *Aujourd'hui, c'est moi qui passe à l'attaque.*

Il se peut que cet élan épistolaire naisse de l'impression que m'a produit la mort d'Artaud, que j'imaginais à Cannes, me laissant guider par un écho que j'avais lu et que je t'avais lu d'ailleurs, un peu avant ton départ pour Nice. Et maintenant je vois que non seulement il n'avait pas bougé de Paris, mais que de nouveau il avait été interné dans un asile d'Ivry. On suppose qu'il est mort subitement, ou presque subitement, car on l'a trouvé étendu sur le sol, dans sa cellule, une chaussure à la main. Comme il était poète, et fou, il était aussi voyant, car quand ses amis voulurent l'emmener sur la Côte d'Azur, il refusa de se mettre en voyage, alléguant que vers la fin février, ou début mars, il serait mort ; ce qui se vérifia. Et c'est ainsi qu'il est mort, dans les premiers jours de mars et avec une chaussure à la main.

Pourquoi cette mort m'a-t-elle impressionné, je ne saurais le dire. Sans doute comme la conséquence des vives descriptions que tu m'avais faites lors de la préparation de l'émission « Pour en finir avec le Jugement de Dieu », descriptions qui m'avaient poussé à suivre avec curiosité et intérêt les avatars de ce fou génial pour qui la mort (dans laquelle les bigotes verront le châtiment de Dieu) signifie le vrai repos absolu et la fin des cauchemars qu'il vivait. Et puisque moi, qui ne le connaissais pas, j'ai été impressionné par cette dernière et définitive pirouette, j'imagine que toi, qui n'étais pas encore parvenue à te dégager de la sorte d'envoûtement que sa présence avait produite sur toi, tu dois en avoir reçu une bien plus forte impression.

Nous marchions côte à côte, Jean Vinci et moi, sur la route qui partait de Malaucène pour aboutir au croisement de la nationale, au pied de la masse d'une colline surplombant le carrefour.

De cela je me souviens.

La nuit était très noire et le vent du Nord soufflait des frissons dans l'air déjà chaud du printemps. Nous avions fini une partie de cartes, il était près de minuit et, comme tous les soirs avant de regagner nos chambres, nous étions sortis respirer à pleins poumons l'air pur du Ventoux. Nous marchions dans une complète détente regardant droit devant nous la colline invisible qui présentait le jour, accroché à son flanc, au carrefour des deux routes, son petit cimetière provençal.

– « Tu as vu ? »

Brusquement en arrêt l'un et l'autre, nous avions parlé en même temps.

Juste devant nous, au bout, une fulguration – comme une décharge électrique jaillie au pied de la colline – avait inondé la nuit, et pendant quelques secondes l'incandescence arrondie en énorme halo dressa dans son centre, comme pour la nimber, une ombre géante ; on eût dit la haute figure d'un des larrons crucifiés avec le Christ, et dont seule la croix se serait perdue dans l'extraordinaire luminosité qui s'était posée en cercle immense sur la densité de la nuit : l'ombre épaisse d'un colosse attaché par les coudes à la croix invisible, manchot pendu par ses moignons, et carbonisé tête en avant sur un disque de métal chauffé à blanc.

– « Tu as vu ? Qu'est-ce que c'est ? »

Et d'un pas à peine plus pressé par la curiosité, sans la moindre inquiétude, tout en nous racontant mutuellement l'étrange vision – la même –, nous avancions dans la nuit, tranquilles, convaincus de trouver au bout l'explication du phénomène. Mais une fois arrivés au carrefour quand tout autour et de l'autre côté de la route nationale nous avons *vu* qu'il n'y avait *rien* – rien ni personne – rien que l'ombre quiète du petit cimetière dans la nuit, sans un mot, sans un signe, nous avons détalé au galop, comme des chevaux fous, jusqu'à la porte d'une église isolée que nous nous sommes mis à battre des poings à l'unisson jusqu'à ce qu'elle s'ouvre ; et seule l'arrivée du sacristain, de toute évidence arraché à son lit, plus hargneux que charitable, est parvenue enfin à nous dégriser d'un coup.

Mais ni le sacristain, ni personne, n'a jamais pu nous dire si nous avions été tous deux les victimes d'une même hallucination, les sujets d'une mystérieuse expérience ou les témoins d'un événement.

Or, bien plus tard, au Théâtre National Populaire, alors que je racontais cette inexplicable aventure à Jean Vilar qui était venu tourner avec nous en Provence, je l'ai vu réagir avec vivacité. Et j'eus l'explication de la pâleur qui émaciait de jour en jour son visage à

Malaucène et la raison de la maladie du sommeil qui le portait alors à dormir partout durant ja journée, entre deux prises de vue.

N'ayant pas trouvé de place à l'hôtel, la « production » lui avait retenu une chambre chez l'habitant et quand il s'y retirait, au moment même où il éteignait la lumière pour s'endormir, la nette sensation d'une « présence » toute proche le redressait d'un coup, toutes lampes allumées, pour ne jamais découvrir la moindre trace de visiteur.

Il crut d'abord à cet état de demi-veille où se glissent les ombres du rêve ; puis, il soigna particulièrement son régime évitant le soir tout excitant ; puis, il s'est convaincu que, impressionnée par la sensation éprouvée la première nuit, son imagination lui jouait des tours ; mais il ne dormait plus et, enfin, il décida de répondre au « jeu ». Toutes lumières éteintes, il attendit dans le noir. Et alors il vit la figure droite et fière d'une vieille dame habillée de noir, la tête nouée dans un fichu noir, qui se tenait droite à son chevet, et il *vit*, dans *« le visage fin au nez aquilin couvert d'une multitude de rides, les yeux clairs qui fixaient droit devant elle un regard las ».* Ensuite – cela se passait je crois une semaine après son arrivée – il s'était rendu chaque jour au rendez-vous de la nuit, sans jamais se décider à laisser la chambre éclairée, ni à parler à qui que ce fût de l'incident.

Moi, une fois la crise d'urticaire matée, j'avais repris les voies troubles et sujettes à caution que peut ouvrir l'abus de l'alcool ; Jean Vinci – à ce moment-là – ne traversait pas non plus une période d'ascèse ; et pour ce qui était de notre « vision » on pouvait penser aux fantasmes inventés par des nerfs exacerbés. Mais l'expérience de Vilar, sobre comme un moine et ennemi de toute croyance qui n'eût pu répondre à l'esprit positif de notre temps, au point de tenir quatorze nuits dans les conditions susdites sans en parler à personne pour ne pas risquer de sombrer dans le ridicule, continue aujourd'hui à me laisser perplexe.

De même que mon père ne savait dire pourquoi la mort d'Artaud l'avait tant impressionné, moi, je ne saurais expliquer pourquoi je rapporte ici ces étranges événements survenus au même moment à Malaucène ; à moins que ce ne soit pour évoquer peut-être ces zones que j'avais atteintes où la réalité éclate en sentiment de sur-réalité.

Et c'est dans ces régions frontalières que ma « crise de croissance » allait se résoudre. A vingt-six ans je venais tout juste de jeter ma gourme ; et de retour au bercail à Paris, un mauvais réveil allait m'avertir des dangers que pouvait encourir ma nouvelle maturité si je continuais à me tenir loin des paysages où j'aimais vivre.

Un matin, en ouvrant un œil lourd sur le divan de la rue de Vaugirard, j'eus la fâcheuse impression que tous les muscles de mon visage s'étaient distendus dans la nuit et qu'ils pendaient, flasques, loin de l'ossature. Terrorisée, je suis restée un instant – ou une heure je ne sais pas – dans l'attente d'un événement inconnu. Brusquement, au comble de la panique, j'ai sauté de mon lit pour aller devant la glace de ma chambre. Tout était en place, le nez, la bouche, les joues. Je me suis mise à pleurer tout naturellement comme on bâille. Mais dans la glace deux yeux magnifiques — pas les miens bien qu'ils fussent à la même place — secs, immenses, inconnus, me regardaient sans rien exprimer d'autre que le regard — Puis le vieux visage familier est revenu, entier, avec ses yeux rougis, mouillés, et il m'a souri.

Le voyage était terminé. Dans les régions que j'avais à peine explorées, nul chemin ne menait à une terre de mon élection, et, sans le savoir encore, dans un dernier effort pour m'arracher à la confusion, je venais de remettre, chacun à sa vraie place bien distincte et bien définie, mes deux « petits potes » tutélaires.

Soumise à un régime rigoureux, pendant des mois je n'ai plus goûté ni à l'alcool ni au vin. C'est alors — et alors seulement — mais — avant ou après le réveil ? — c'est alors que je suis revenue à la recherche de Jean Servais avec Gérard Philipe — non prévenu — que j'entraînais avec moi dans le bar de la rue Vineuse.

Comme s'il attendait depuis toujours, Jean était là en effet, et, sans broncher, il nous accueillit, debout devant le comptoir. Au bout d'une demi-heure passée à la recherche d'un dialogue introuvable, dans la lumière spectrale irisée en mille prismes par les verreries multicolores qui chargeaient les étagères, debout près du comptoir, ils se tenaient tous les deux côte à côte, et le néon transformait leurs visages plus ou moins décomposés en omelettes aux fines herbes.

– « Je te raccompagne ? »

Crispé, agacé, quelque peu humilié, Gérard avait posé la question sèchement.

– « Non, je reste. Tu veux bien, Jean ? »

Et je suis restée, blottie en lui comme dans le giron d'une mère qui accueillerait un temps le fils toujours prodigue. Jusqu'au jour où – quelques semaines plus tard au mois de juin 1948 – j'ai dû lui confier ce qui venait tout juste de m'arriver et que, avant même de lui parler d'une séparation désormais définitive, il eût dit :

– « Cette fois, je ne peux rien faire pour te retenir. »

Cette fois il n'y avait pas maldonne.

Le 6 juin 1948, date anniversaire du débarquement des forces alliées en France, j'allais au théâtre avec une amie, pour assister au spectacle. Nous longions un trottoir du boulevard Saint-Germain. Deux hommes nous ont croisées. Essoufflée, je me suis arrêtée une seconde et je me suis retournée pour bien voir. Dans la même position, derrière moi, à un pas de moi, comme le reflet dans une glace, Camus retourné sur moi, me regardait. Une hésitation, un imperceptible flottement nous tint tous deux muets un temps dans le boulevard brusquement vide et silencieux.

– « Où allais-tu ? »

Il avait parlé de sa voix légèrement enrouée. J'ai bredouillé quelque chose comme :

– « ...au théâtre. Et toi ?

– J'allais chez Gide. »

Et jamais plus, depuis, nous ne nous sommes quittés.

19 juin – ***Déjeuner à la maison avec Camus (au café Gérard Philipe)***

25 juin – ***Déjeuner avec A. Camus et V.***
Projection privée de* Bagarres *avec les mêmes.

31 juillet – 10 septembre } ***Vacances à Giverny avec V. et Pitou***

27 octobre – ***Générale de* l'Etat de Siège *d'A. Camus, au théâtre Marigny.***

1949

25 avril – ***Générale du* Roi Pécheur *de Julien Gracq au théâtre Montparnasse sous la direction de Marcel Herrand.***

Mai - Juin – ***Tournage de* L'Homme qui revient de loin.**

8 septembre – ***Début tournage* Orphée *de Jean Cocteau.***

24 octobre – ***Installation appareils pénicilline.***

3 novembre – ***Lit (reposition bouteilles d'oxygène).***

Et à partir de ce jour, mon père a gardé le lit ou le « mi-lit » – comme il le marque dans son agenda –, c'est-à-dire qu'il lui était encore possible selon la bonne humeur de son souffle de se lever pour faire sa toilette et de revenir vite se rasseoir dans son lit, en position de bouddha. Jusqu'au 17 février 1950.

Quant à moi, pendant ce temps, j'organisais tout, mes journées, ma maison, ma personne, pour affronter les dernières épreuves et les plus difficiles de ce que l'on pourrait confondre avec la fin d'une longue initiation. L'irruption de Camus avait chassé de ma vie toute menace de vide ou de dispersion et l'avait resserrée en noyau compact et dur. Mais il n'arrivait pas seul et il me restait à découvrir, au-delà de l'exaltation de la passion, le labeur patient de la création dont l'œuvre serait la vie même. Reprise tout entière en sa présence par la flamme d'absolu, je devais assimiler à nos dépens au-delà du *Tout ou Rien* la loi du 75 %. Réduite – comme on dit – par des faits irréductibles, placée devant une situation irrévocable, poussée par des circonstances irréversibles, face, enfin, à une sorte de fatalité que je mettais toute ma fierté à assumer, je débarquais sur des terrains inconnus où il me fallait réapprendre à avancer sur le fil tendu d'un amour dénudé de tout orgueil.

Le théâtre, les rues de Paris, la butte Montmartre, les pistes de danse dans des restaurants espagnols, russes, ou celle de la « Canne à sucre », une boîte antillaise de Montparnasse fréquentée elle aussi par des touristes anonymes, ou bien les allées du parc de Jean-Jacques Rousseau quand je tournais *L'Homme qui revient de loin,* nous réunissaient. Mais dès notre rencontre, très vite, il est parti en voyage. Et il est revenu – fatigué – grippé – malade – et il est reparti pour soigner un mauvais état de santé, et il est revenu encore, de plus en plus proche, et il est reparti enfin, longtemps, pour soigner une nouvelle poussée de sa tuberculose en montagne, dans le Midi de la France, jusqu'au jour où je l'ai appelé au téléphone, à Cabris, le 17 février 1950, pour le prévenir et lui demander de ne pas s'inquiéter de moi s'il venait à apprendre que les représentations de sa pièce, *Les Justes,* que je jouais au théâtre Hébertot, avaient été interrompues trois jours à cause de la mort de mon père.

Ma tristesse vient de lui, que j'aimais et admirais à travers toi, mais je me dis aussi que ce long calvaire n'était pas la vie pour lui. C'était un torturant effort pour vivre malgré tout, et ce n'est pas la même chose. Si triste, si affreuse qu'ait été sa vie, la patrie asservie, l'exil, la souffrance physique, je sais qu'elle n'a pas été vaine. Les deux ou trois fois où je l'ai vu j'ai compris qu'il était supérieur à ce qu'il avait souffert. Et j'ai compris aussi que tu étais sa vraie joie, sa fierté perpétuelle. Je ne le plains pas tout à fait si je le pleure avec toi, j'admire qu'il ait pu rester aussi lucide et fidèle au milieu de tant de désastres. Rien ne remplace celui qui vient de te quitter. Mais quelqu'un qui te ressemble, qui te rend justice, qui peut toujours t'aider est là, malgré la distance.

Prise d'un fou rire irrépressible, je regardais, étendu dans le cercueil de 1re classe, le corps de mon père. Son visage pâle, rendu tout droit au monde sévère de Greco, reposait sur un petit oreiller molletonné et un étroit drap blanc, impeccablement repassé, ajouré, brodé, rabattu sur une mince couverture sombre, étalait sous son menton une incroyable serviette comme celles que l'on noue autour du cou des enfants qui ne savent pas encore se tenir à table sans salir leurs vêtements.

Le hiatus était si énorme qu'il me paraissait presque impossible que la cocasserie qui s'en dégageait pût échapper au représentant des pompes funèbres — ce « partenaire » qui se tenait là devant — dans une attitude pleine de juste componction — pour me présenter la chose en silence prolongé coupé seulement de courtes phrases dévidées d'une voix parfaitement étouffée — qu'il exprimait dans les termes de la stricte rigueur avec des mots judicieusement choisis pour ne point troubler je suppose la méditation due à la circonstance — et dont le regard attentif à ne laisser passer la moindre bévue — luisait des seuls éclairs de fatuité qu'y mettait par instants la satisfaction du travail bien fait —

Ils étaient lui et le cercueil à l'image exacte que mon père nous en avait fait, quand il lui arrivait pour nous amuser de prédire le cérémonial de sa propre mort, nous mettant en garde contre les enterrements de première classe ; et qu'il nous décrivait minutieusement jusqu'au comportement de chaque visiteur, accouru « trop tard » afin de présenter ses condoléances ; avec une telle richesse et exactitude de détails qu'il nous a fallu plus tard, à Feli[1] comme à moi, quitter brusquement les lieux où nous recevions l'ami « trop tard » venu à la nouvelle d'une mort « si subite » afin de lui épargner le spectacle terrifiant de notre irrésistible fou rire.

Pour l'instant, devant le cercueil encore ouvert, seule avec l'ordonnateur funéraire, les lèvres crispées pour réfréner tout signe d'une gaieté aussi intempestive qu'incongrue, je tremblais légèrement sous l'effort qui maintenant me secouait par saccades. Avec une vivacité insoupçonnée de renard silencieux, alerte, agile, convaincu que le moment était venu de s'abstraire, « l'ami » gagna précipitamment un coin de la pièce pour attendre là — statue de stuc — la fin d'une crise de chagrin qui ne pouvait manquer d'avoir lieu ; du coup j'ai oublié l'espace d'une seconde jusqu'à la bouffonnerie du spectacle, pour

1. Compagne de Juan Negrin, qui partagea l'exil de mon pere en Angleterre.

m'assurer de son « existence ». Depuis qu'il était là, il dépensait tout son savoir, son temps, ses énergies, à s'effacer, à se nier ; et du « passeur » légendaire des temps où la mort n'était pas frappée de proscription, du mélancolique Charon des Enfers qui aidait les âmes à joindre les deux rives, il ne restait plus que ce petit bonhomme affairé et solennel que la honte inavouée de notre société actuelle face à ses cadavres transformait en larbin stylé tenu « au parfum » des secrets du foyer.

Comme je le regardais encore et cette fois-ci je ne sais plus exactement de quelle manière, il disparut enfin derrière la porte et je suis restée seule avec mon père.

On dit que ceux qui vont mourir revoient en un clin d'œil le déroulement entier de leur vie. Aussi devant ce visage impassible qui ne gardait plus des traits familiers que la noblesse et la sévérité, je cherchais désespérément à me représenter la vision dernière surgie pour lui de son agonie. Mais malgré une attention de chaque instant et l'intérêt passionné que je lui avais portés, malgré l'entente et l'intimité qui avaient été les nôtres, il m'apparaissait là avec évidence que, jusqu'à la fin, mon père avait placé sa vraie vie en un lieu où elle échappait à toute incursion étrangère et même à celle plus profonde, parce que plus clairvoyante, qu'ouvre l'amour. A la fin, je ne savais rien de lui, et de tous les êtres que j'avais approchés, il me semblait soudain que c'était lui qui me restait à jamais le plus inconnu. J'avais l'impression que de notre long compagnonnage je ne pouvais retenir que sa maladie qui nous avait attachés l'un à l'autre en posture d'attente ; j'avais le sentiment que tout ce que nous avions vécu ensemble se résumait à un seul fait : *attendre* ce moment présent et l'autre — celui qui me coucherait un jour dans une autre boîte — la même — pour nous connaître — Et, un instant, j'ai aimé cet étui étroit où il gisait et qui m'apparut tout à coup comme le moule où, réduits à la même forme, nous pouvions enfin nous trouver non pas *avec*, mais *en* l'autre. *Et où enfin l'on fait connaissance.*

J'avais beau chercher tout ce qui, dans ma mémoire, avait pu nous unir en ce nœud que je portais étroitement serré entre nous avec une totale assurance, seuls les quelques moments qui nous avaient tenus ensemble mais étrangers, l'un à l'autre — exilés l'un de l'autre — me revenaient à l'esprit pour obséder le souvenir de trois images toutes fraîches dans ma mémoire et qui nous plaçaient l'un et l'autre des deux côtés de la frontière fermée par le mur irréductible de la *vie.*

. . . .

Je revoyais sa silhouette d'un matin, assise au bord du lit dans les plis de sa robe de chambre, les pieds nus sur le sol, le bras tendu vers un mur de la pièce pour m'indiquer là, dans le vide, un *étalage de jouets* ; les yeux écarquillés et ternes, le regard avide et hébété de vieil enfant stupide, il demandait un *jouet* de cette inimaginable devanture de magasin qu'une subite démence soulevée par une forte poussée d'urée avait inventée, là, devant lui, pour le couper brusquement de tout contact avec moi, pour l'arracher quelques heures de la terre qui était la nôtre — fendue soudain comme par une secousse tellurique dont rien ne reste que l'horreur et l'interrogation.

....

Puis, dans les ressacs du raz de marée refoulé, une autre image de lui, celle du soir même de ce jour, revenait encore me couper du cercueil ouvert : sa forme au lit de frêle moine assis tourné vers les régions profondes où se tient la vie hésitante, sa posture droite et fixe pendant que j'approchais de ses lèvres la cuillère que j'avais cru remplir de la dernière médication prescrite pour combattre l'afflux de l'urée. Folle moi-même depuis le matin, encore barbouillée du maquillage de scène, j'étais rentrée précipitamment pour le trouver calmé à nouveau, mais absent, et j'avais rempli à ras bord la cuillère, du liquide d'un flacon voisin : celui de l'éther. Il y eut avant qu'il n'ouvre les lèvres sa suffocation soudaine, la toux et le rejet inconscient et libérateur. Alors seulement j'ai senti l'odeur et j'ai su que j'aurais pu le tuer. Et devant le désarroi, l'angoisse mortelle qui me remplit de glace, pendant que comme une automate je recommençais l'opération avec le vrai médicament, lui, séparé de tout, tourné vers l'intérieur de lui-même, renouait *ailleurs* le fil qui devait le ramener de notre côté des frontières.

....

Enfin — je le revoyais tel que je l'avais vu, une fois encore, le soir, vers minuit, en rentrant du théâtre : toujours assis dans le lit en position de lotus, mais tourné face au mur qui se dressait à son chevet et où il appuyait son front pour dormir. Comme il ne lui était plus possible de reposer son torse sur les oreillers, il avait trouvé petit à petit ce moyen de tenir pendant le sommeil. Depuis de longues semaines il était revenu au langage codé, à la fixité intérieure ; mais maintenant, plus présent que jamais, prodigue de ce qu'il lui restait de souffle, il profitait du moindre répit pour communiquer, et surtout pour ironiser. Tout avait été dit entre nous et, malgré la maladie et l'absence de Camus, c'était comme si, débarrassé d'un dernier tourment et le plus douloureux qui l'encombrât, il se fût senti enfin libre de jouer le dernier jeu – de main à main – seul avec la mort — en geste gratuit. Quelqu'un était là – quelque part dans le monde – dont il acceptait la présence comme la seule qui, après la sienne, pouvait prendre sa relève auprès de moi. Et maintenant, dans l'effort de concentration qui le raidissait pour garder sa maîtrise et son intégrité, il n'y avait plus la lueur de dérision qui asséchait son regard lors des crises précédentes. Ce n'était plus le veilleur entêté accroché à la vie tout au long des heures pour lui tirer minute après minute le temps de m'accompagner encore un peu plus loin *parce qu'il avait la prétention que sa présence m'aiderait à passer les mauvais caps...*

Ces derniers temps, rendu tout entier à son ironie, il semblait seulement s'amuser à épier et à saboter jusqu'au bout le travail des mystérieux maçons qui, peu à peu, de l'intérieur, l'emmuraient. Réduit depuis longtemps à ne plus occuper dans l'existence que la place réservée à l'observateur ou au témoin, il rassemblait toutes ses forces vitales pour guetter l'ultime approche et – coupé comme il était de toute divinité et de toute croyance – pour témoigner, seul, jusqu'au bout, de la dignité et de l'intégrité de l'esprit ironique qui était le sien. Fidèle à lui-même et à ses pères, sans une plainte, sans un cri, sans le moindre signe d'amertume ou d'envie, sans abandons ni complaisances aucuns, propre et net d'esprit et de corps, conscient de la vanité de son combat mais galvanisé par la volonté de rester jusqu'au bout entièrement présent au monde et à lui-même, portant comme seules armes l'humour et le sens de la *représentation,* il ressemblait plus que jamais à une épée, forgée à même la lucidité, pour me présenter le plus glorieux spectacle qu'un homme ait pu me donner.

Mais ce soir-là, les forces lui manquaient pour jouer encore. Pendant que j'étais au théâtre, il avait – paraît-il – renversé sur lui l'eau de la petite cuvette qu'il demandait chaque soir, pour faire sa toilette assis en bouddha dans son lit. Angèle avait dû remplacer les draps et pour la première fois l'aider à changer de pyjama. Puis, sur sa demande, elle l'avait laissé seul. Quand, le cœur dans un étau, je suis arrivée auprès de lui, il était déjà tourné vers le mur. Depuis l'accident, il avait dû employer toutes ses énergies, toute sa ruse, tout son temps à tourner petit à petit sur lui-même, pour appuyer son front contre la paroi. Pour m'accueillir, il me fit signe avec un doigt de la main. Puis, il voulut tourner sa tête vers moi. Il n'y parvint qu'à peine : *« Je ne peux pas... »* Et devant l'ombre de son sourire à peine perceptible, devant l'intensité insoutenable du regard où l'on eût dit qu'il mettait tout de lui-même dans un élan statique sans mesure possible, devant le constat d'impuissance et l'interrogation ouverte où pour la première fois il avouait sa déroute, devant sa véhémente demande silencieuse en vue de je ne sais quelle inconcevable assistance, moi, prise dans le piège dernier, celui qui nous pétrifie dans l'ultime pudeur, celui qui nous obture quand la porte s'ouvre à la vraie connaissance de l'autre, pour la troisième fois, j'ai manqué à mon père.

– « Va dormir, tu as l'air fatiguée. »

....

Ce fut le dernier chant du coq et cette fois ce fut comme si, exposée à la plus haute fenêtre d'où l'on pourrait tout voir, mais prise de vertige, je n'avais pu m'empêcher de fermer les persiennes. Pourtant, cette nuit même, étendue sur mon lit, j'épiais encore cette lumière qui s'était glissée dans la claire-voie de leurs fentes et qui se mêlait dans ma chambre à la réverbération d'un radiateur électrique allumé à côté de mon lit et à l'incandescence du bout de ma cigarette ravivée à chaque inspiration. J'attendais le sommeil sans vouloir dormir et je devinais dans la pénombre les rideaux jaunes, ou noir fleuri de couleurs, que je venais de faire poser, avec la moquette. Soudain, sans autre bruit que le petit grincement du pêne mal huilé, la porte vitrée qui donnait sur le reste de la maison s'entrouvrit légèrement de l'autre côté du radiateur, juste assez pour laisser passer la mince forme de mon père enveloppé dans sa robe de chambre. Je venais à peine de le laisser dans son lit incapable même de redresser la tête ; mais, au-delà de tout étonnement, engourdie, comme engoncée en une ineffable chrysalide, je restais à le regarder sans bouger. Tout en tenant toujours de sa main la poignée de la porte entrouverte il fit deux ou trois pas dans la pièce. Puis, avec un sourire qui ne semblait destiné qu'à lui-même, il dit : – *« Je voulais voir comment tu t'installes. »* Et sans me regarder ou à peine, toujours souriant, il repartit silencieux, refermant la porte tout doucement derrière lui afin d'éviter au maximum le grincement acide du pêne. Stupéfiée, je regardais toujours dans la réverbération électrique du radiateur la porte close, essayant de reconstituer dans mon esprit les pas de mon père dans ma chambre : *ses pieds ne touchaient pas le sol.* Engluée encore dans mon cocon d'inertie, j'ai voulu savoir et, comme en état second, j'ai touché du bout de ma cigarette la peau de ma main. Aussitôt la brûlure me fit réagir et j'éteignis le mégot dans le cendrier vide. Et alors, sans plus, sans me poser d'autre question, je me suis endormie. Le lendemain, réveillée à l'apparition muette d'Angèle et de son mari – blêmes – dans la chambre, prise encore de torpeur — j'ai demandé — pour la forme —

– « Qu'y a-t-il ?

– *El señor... Se ha muerto esta noche*[1]. »

C'était le 17 février 1950.

1. « Monsieur... il est mort cette nuit. »

Un petit rond rouge sur la peau de ma main gauche me brûlait encore. Le mégot de ma cigarette occupait seul le cendrier vide. Et le médecin accouru déclara la mort par arrêt du cœur vers 2 heures du matin.

Pour en savoir davantage, des derniers jours de la vie de mon père il ne me reste plus que les notes rapportées sur son agenda jusqu'à la veille de sa mort :

Jeudi 9 – *9 h 30 – Dr Le Loc'h (tension : 18/10).*
12 h – Aérosol – pénicilline.
13 h 30 – Déj. avec Vit. en mi/lit.
16 h – Visite Pitou.
18 h-18 h 40 – Aérosol – pénicilline.
20 h – Je dîne seul.
(19 h – 37°7
21 h et 22 h 30 – 37°6).

Vendredi 10 – *8 h 30 – Dr Schlumberger*
(prise de sang pour urée)
13 h 30 – (Déj. avec V. en m/l.
18 h – Aérosol – pénicilline.
18 h 30 – Visite d'Andión.
21 h – Dîner avec V. en m/l.
(37°5)

Samedi 11 – *12 h 15 – Aérosol – pénicilline.*
13 h 30 – Déjeuner avec Vit. en m/l.
17/19 h – Visite de Don Juan Negrin et Feli (Vit. présente).

21 h – *Je dîne seul en m/l.*
(37°3)

Dimanche 12 – *12 h 30 – Aérosol - pénicilline.*
12 h 45 – Vit. déjeune en m/l.
14 h – Je déjeune seul en m/l.
Dîne seul en m/l.
(37°3)

Lundi 13 –
Mardi 14 –
(36°9)

Mercredi 15 – 9 h – *Dr Le Loc'h.*
(37°1)

Jeudi 16 –

Et de sa destinée voici ce que je viens de lire dans le *Petit Robert des Noms Propres* à son sujet :

Casares Quiroga (Santiago) – Homme politique espagnol (1884-1950). Leader du parti autonomiste galicien. Il était Premier Ministre en juillet 1936 lorsque éclata le soulèvement militaire. Il démissionna alors.

LIVRE III

Privilèges de Saturne*

*Saturne (Chronos)
Dieu du temps
« Chargé de nous faire accepter les épreuves que représentent les différentes crises de croissance depuis la sortie du sein maternel jusqu'au renoncement ultime du vieillard, et qui sont une succession de [...] dépouillements.
« Dans l'Homme-Zodiaque il est maître de l'ossature – les articulations ».
Ed. du Seuil - Collection le Zodiaque.

LIVRE III

Privilèges de Saturne

Saturne (Chronos)

Dieu du temps.

[illegible]

1

L'Amnésique

Elle cherche son nom.

Depuis qu'elle a ouvert les yeux, ce matin, elle cherche son nom qu'elle ne parvient pas à retrouver. Couchée sur le dos, les yeux grands ouverts, elle essaie encore de réprimer la nausée qui a soulevé son cœur au réveil. La chambre tanguait, chavirait autour d'elle, et chaque objet que son regard fixait pour le reconnaître se posait en poids d'une extrême lourdeur au creux de son estomac. Elle referma vite les yeux et respira profondément pour ne pas vomir. Par la fenêtre entrouverte sur le large balcon l'air arriva en coulée liquide et avec lui un instant d'ineffable joie. Puis, de nouveau, le lit se mit à tanguer, et derrière ses paupières closes les images apprises d'un fauteuil, d'une armoire, d'une lourde table d'architecte, d'étagères bourrées de livres, d'un radiateur, de centaines d'objets qui dans la chambre, derrière les paupières encombraient l'espace, vinrent s'entasser et peser sur son cœur qui battait doucement. La nausée la tenait, mais elle ne voulait pas vomir ; elle se redressa un peu, cautelosamente, *respira profondément et ouvrit les yeux sur une boule romantique, d'or jaune éclatant, fixée au-dessus de son lit, au plafond. Là, elle put enfin regarder, reflétés, le fauteuil, une partie de la bibliothèque, la table, le lit, et elle, au milieu de la sphère, minuscule et grosse parce qu'elle prenait le centre de la sphère, la partie la plus bombée. Intéressée, elle oublia son malaise. Le vertige cessa ; mais il lui fallut regarder longtemps la boule avant de récupérer. Enfin elle se sentit capable de se lever et de marcher.*

Que s'était-il passé ?

Elle n'arrivait pas à retrouver le souvenir, à se retrouver. Des images qui ne semblaient pas lui appartenir affluaient, se multipliaient, se bousculaient, jouaient en course éperdue à « chat perché » et elle se hâtait harassée à leur poursuite, pour rattraper l'événement, la chose enfouie qu'il lui fallait mettre à découvert pour se retrouver. Prise de vertige, elle ferma les yeux et appuya sa poitrine contre le marbre froid de la cheminée ; quand elle les rouvrit, elle se vit devant elle, dans le miroir. Deux grands yeux étonnés et attentifs la regardaient ; mais ce ne fut là qu'une image fugitive, devinée plutôt qu'aperçue. Un battement de paupières et aussitôt, sans transition, sans vertiges, sans « retour en arrière comme au cinéma » — à croire qu'elle avait rêvé la question plantée dans ce regard neuf —, elle retrouva le vieux reflet, et une page d'un journal intime qui semblait lui appartenir lui revint, claire, à l'esprit :

— C'est alors que la grimace a commencé. Elle a bien modelé chaque trait du visage. Sournoisement. Pendant que je criais à tous vents que je m'appliquais à bien vieillir. Elle fait le masque que je regarde dans la glace — masque revêche, dur, sec, avec toutefois quelque mollesse qui apparaît ici et là. La vilaine grimace qui refuse la souffrance au prix même de cette indéfinissable vulgarité qui tremble devant les grandes joies.

« C'est alors que la grimace... »

« Alors... »

ALORS — Alors quand ? Comment ? Quoi ? —

Cherchant des dates, elle fouilla ses tiroirs, ses papiers, ses cahiers, ses lettres, pour renouer le fil de son histoire. Peut-être arriverait-elle ainsi à trouver son nom, inscrit quelque part. Enraciné.

ALORS

A bout de ressources, elle consulta le dictionnaire. Elle lut :

Alors : adv. En ce temps-là — en ce cas-là —
alors que : loc. conj. : quand bien même. Lorsque.

Elle traduisit :

c'est *en ce temps-là* que la grimace a commencé ;
c'est *en ce cas-là* que la grimace a commencé ;
c'est *lorsque...*

Deux pistes : « temps » et « cas ». Elle poursuivit.

TEMPS : durée limitée — Époque (au temps des rois) — Occasion (chaque chose en son temps) — moment fixé (le temps approche) — délai (donnez-moi le temps) — loisir (je n'ai pas le temps) — État de l'atmosphère (temps chaud) — Musique : division de la mesure (mesure à trois temps) — Grammaire : formes du verbe qui expriment le passé, le présent, le futur — A temps (assez tôt) — de tout temps (toujours) — en même temps (ensemble) — de temps en temps (quelquefois) — en temps et lieu (au moment et dans le lieu convenables) — avec le temps (par la progression du temps) — entre-temps (dans l'intervalle).

Elle traduisit comme elle put :

– C'est *à cette époque (durée limitée),* que la grimace a commencé. *Au temps des rois* — c'est *à cette occasion* que la grimace a commencé ; *chaque chose en son temps.*

– C'est à ce moment *fixé* que la grimace a commencé ; *le temps approche.*

– C'est dans ce *délai* que la grimace a commencé : *donnez-moi le temps*

– C'est *dans cette atmosphère* que la grimace a commencé – *temps chaud* – dans la division de *la* mesure – *mesure à trois temps* – dans les formes du verbe qui expriment le passé, *le présent et le futur* que la grimace a commencé ! Mais peut-être, malgré tout, *à temps ? assez tôt ?* Ou bien, *en même temps, de temps en temps, en temps et lieu, avec le temps, entre-temps !*

Elle se mit à rire comme une enfant et rêva de jeux. Le souvenir d'un prestidigitateur qu'elle avait rencontré quelque part la dressa soudain attentive. Elle revit ses mains déliées d'accoucheur aristocratique et elle l'entendit dire MORT. Elle regarda vite dans le dictionnaire des noms propres, mais ce ne devait pas être là un nom chrétien, il n'y était pas. Il l'appelait aussi Princesse et l'écho ramena des fantômes. Des voix familières, chères, si chères. Tout se brouilla et l'épouvantable nausée secoua l'espace.

Elle vomit.

....

Maintenant, étendue à nouveau sur son lit, elle respire profondément, occupée à oublier la nausée qui la guette et qui va soulever encore son estomac si elle n'y prend pas garde.

Avec des gestes d'une extrême lenteur, elle feuillette un cahier — le même — pour y cerner l'époque, la durée limitée, le temps des rois, à l'aide du dictionnaire. En se référant au contenu des textes, elle les groupe, les ordonne :

— Cela a commencé le jour où les pommes de terre ont cessé d'être ce qu'elles étaient. Sournoisement. D'une manière vague. On trouve toujours de bonnes raisons, mille explications – le gel, le Marché commun, l'épicerie qui change de propriétaire ou qui se pourvoit ailleurs, etc. Mais il n'en reste pas moins que les pommes de terre n'ont plus le même goût et en en cherchant les causes on en vient à cette surprenante conclusion : le changement est dû au bouleversement des saisons qui ne sont plus ce qu'elles étaient. Les pommes de terre n'ont plus le même goût parce que le balancement du temps s'est modifié.

— mais il y a aussi cette curieuse sensation toute nouvelle de ne plus pouvoir couper. « Dans certains cas » – disait mon père – une thérapeutique s'impose : l'ablation *(Hay que cortar por lo sano).* Seulement voilà : ce geste qui paraissait si aisé, si évidemment nécessaire, si inévitable et même parfois si voluptueux, est-il devenu impossible ? Hésitations, atermoiements, prudences, raisonnements fallacieux, compréhension ou complaisance — et la traîne s'étire à l'infini, adhérente et morte — Et cela d'ailleurs avant même la mutation des pommes de terre, quand pour la première fois la tension artérielle avait baissé. Ou bien même, avant l'altération du goût, et la baisse de tension, quand le fil qui me reliait encore à... au giron s'est brisé dans l'éclat même d'une magnifique maturité, quand j'ai dû me trouver des raisons pour grandir seule, quand disparurent, peu à peu, avec une régularité remarquable, ceux qui m'appelaient par ce qui sans doute était mon nom, quand les témoins qui tissaient mon destin s'éteignirent et que la lignée, interrompue, libéra l'œuf — Peut-être effectivement faut-il se rapporter tout bonnement à cette nuit, lors de ma première insomnie, grouillante des images grises et putrides de la mort où pour la première fois, derrière l'odeur fraîche et salée de la mer, derrière ma peau brûlée de soleil, je sentis mon corps se décomposer.

Huelo. Huelo a mujer. Huelo a persona. Huelo a humano. Huelo a muerte y a placenta. Huelo. Sangre perdida de la esterilidad ; ¿ a dónde va [1] ?

— J'y avais pourtant songé. Songé. Pensé. Réfléchi. Imaginé. Et sur le moment même, pas la moindre surprise ! C'étais prévu. Tout était prévu. Et aussi que ma mère, que mon père s'en aillent avant moi. Tout ça était naturel. Tout — sauf les trous, les trous béants, blessures insoupçonnées par où s'échappent secret et forces d'adhésion, les dons des fées.

Nada. Herida que no mata. Pero por ella abierta chorrea la vida como un torrente. Quizá la muerte llega cuando ya no hay vida para hacer de una herida una fuente.

Et avec elles, petit à petit, les objets, les rues, l'arbre, la ville glissaient hors du temps et de tout contexte ; et rendus à leurs seules formes et à leurs contours bien délimités, extraordinairement isolés, ils se tenaient dans leur épaisseur opaque, incommunicables, incommensurables, plaqués là dans *la nada* [2] comme des portes qui ne fermeraient rien, qui ne relieraient rien, les portes absurdes d'un monde dénaturé qui attend pour exister une nouvelle transfiguration.

---

1. Ce texte et ceux qui suivent me sont venus en espagnol. Ils n'altèrent en rien ni n'éclairent le sens du contexte français – sauf dans ce fait même d'être venus à moi en espagnol. J'ai jugé inutile de les traduire.

2. *La nada.* Le néant.

Et pour que le monde existe et l'objet et la rue et l'arbre, commence alors la chasse enragée aux voix souvenirs qui destructuraient la ville, afin de les bâillonner, de les réduire au mutisme, de les abattre — enterrement sur enterrement et je t'enfonce dans le néant, sous la ville, derrière la terre et j'entasse du béton pour boucher les trous, et je tasse, et je remblaie— pour continuer, pour recommencer, pour retrouver innocence et liberté. Finis les trous ! La plaine. On recommence à zéro. La trahison pour vivre. Le meurtre double et féroce pour renaître. La veulerie pour le salut. C'est alors qu'au bout de la métamorphose la grimace a commencé.

Elle lâcha le cahier.

Elle était revenue au même point sans rien savoir de ce qu'il était urgent de trouver : un nom, son nom ; sans nom elle ne présentait ni ne représentait rien.

Elle regarda encore son image dans la boule, obèse au centre de cette chambre qui fuyait vers elle, qui rétrécissait pour s'engouffrer en elle, minuscule grosseur au centre de la boule qui avalait la chambre dans son cahier ouvert sur son ventre. Il y avait certainement matière à chercher sur ces pages reflétées au plafond, dans les lettres à peine visibles qui semblaient s'ordonner loin, très loin, en énigmatiques réponses. Mais il lui aurait fallu s'appliquer avec méticulosité aux plus menus détails pour mener à bout un tel travail et l'écœurement qui la tenait lui interdisait toute minutie. Devant la page enluminée au plafond, elle se mit à rêver de libellules ; des signes qu'elles mettent sur les feuilles des nénuphars, parcheminées par la brûlure du soleil sur la rivière quand elles s'y groupent accouplées en écriture secrète comme les lettres d'un mystérieux alphabet. Et le mot « rivière » lui parla de lointaines sécurités.

Aussitôt elle reprit son cahier et choisit au hasard des mots dont elle chercha le sens dans le dictionnaire — Goût — Tension — Démon — Bouche — Elégance — Richesse — Geste.

opaque — qui ne laisse pas traverser la lumière.

Destin — Terre — Enterrement — Vivre — Innocence — Renaître — Liberté.

œuf — corps organique qui se forme chez les femelles de plusieurs classes d'animaux et qui renferme un germe d'un animal de la même espèce.

père — qui a un ou plusieurs enfants *(enfant : œufs ?)* — Nom qu'on donne à certains religieux. Père éternel — Dieu — Dieu le Père : la première personne de la Trinité.

Le mot « nom » retint son attention. Elle s'appelait peut-être « Père » si elle était comme certains religieux, ou « Dieu ». Elle chercha dans les noms propres. Elle ne trouva rien.

Elle reprit son cahier et continua à butiner les mots.

souvenir — impression que la mémoire conserve d'une impression précédente.

Le lit chavira. Elle ferma les yeux. Dès qu'elle le put, elle lut encore :

...la faculté même de la mémoire. Objet qui rappelle une chose. Objet donné par une personne pour qu'on se souvienne d'elle.

Qui m'avait donné cette boule d'or au plafond ? Et la silhouette d'un — ange — ou elfe ? ...passa rapide.

témoin — qui témoigne. Personne qui en assiste une autre dans un acte. Qui a vu ou entendu. Preuve. Tout ce qui sert de marque, de point de comparaison.

Voilà ce qu'il fallait trouver : un « témoin », quelqu'un qui ait « vu et entendu », une « preuve ». Elle respirait vite maintenant, le sang aux joues.

salut — le fait d'échapper à un danger ou à un mal. Personne ou chose qui sauve. Félicité éternelle.

Tendue à l'extrême dans un suprême effort de concentration, elle ferma les yeux pour essayer de coordonner les données. Mais le lit roulait, tanguait et elle n'arrivait pas à suivre le fil. Elle devait échapper au « danger », au « mal », elle devait retrouver « la personne la chose qui la sauve »— « la personne qui l'assiste dans un acte »— qui a vu et entendu— témoin — preuve — marque — point de comparaison — l'objet qui rappelle une chose souvenir d'objet donné par une personne pour qu'on se souvienne d'elle chercher ses lettres ses cahiers son histoire dans l'objet preuve le souvenir la chose le témoignage qui la rappellerait par son nom, les voix qui l'identifieraient qu'elle — de loin sans parvenir à saisir princesse — noire — unique — reine — mort — victoire — hélène éléna — madame — athéna — marie — mort — maria — mariquita — mort — maría victoria—
Un malaise la prit elle perdit connaissance.

Urbe.
Desierto no. Borde sin límites del desierto.
Páramos fronterizos.
No man's land.
Tierra seca y acongojada. Y en el pavoroso resplandor gris de la tormenta y el carburante
en el temblor estrepitoso en que se convierte el hombre clavado en el centro de la gran ciudad canicular
por allá lejos
en los páramos cońcavos
una grieta que estalla— río seco, cauce abierto por donde corren las aguas de esperanzas vencidas.—
y un genio...
¿ angel demonio ?,
un duende que solloza
Y en la calle.

como sombra o reflejo
una figura que se apoya al arbol respira un grito mudo
y nudos de voluntades
se desatan en cintas desoladas.
Y en la fronda del espacio interior se muere... ¿o nace ? — un duende.

Elle revint à elle, à la vie, à sa chambre, à la ville qui vociférait derrière les vitres, comme l'on revient d'un épuisant voyage ou d'une longue maladie, ou d'une cavité profonde pour regarder le soleil.

Sur la table d'architecte, des tulipes somptueuses mouraient, penchées avec une grâce et une élégance infinies pour lâcher sur le bois sombre, en lumière pourpre et or, leurs pétales.

Une coulée d'air liquide lui parvint de la fenêtre et, avec elle, un instant d'ineffable joie.

Elle reprit son cahier. Un mot y était souligné dont elle n'avait pas encore cherché la « signification » dans le dictionnaire :

trou – ouverture – cavité ;
– cavité dans laquelle loge un animal ;
– solution de continuité.

Et une seconde, elle aperçut l'océan.

Résidente privilégiée

Mon nom est Maria Casarès. Je suis née en novembre 1942 au théâtre des Mathurins. J'y ai été élevée sous la tutelle de Marcel Herrand et Jean Marchat, deux Français de pure souche, aussi dissemblables que possible, et qui ont combiné leurs efforts pour me doter, d'une part du bon lot d'humour et d'innocence qu'il faut pour vivre en coulisses et sur la scène, d'autre part du goût de l'aventure et de la capacité nécessaire pour vaincre mes pusillanimités et me permettre ainsi de m'aventurer. Ils m'ont aussi donné mon nom.

Ma patrie est le théâtre ; et les drames, les tragédies, les farces, mélodrames, saynètes, vaudevilles, miracles ou mystères, toute la comédie humaine, enfin, qui s'y joue, est celle que je vis. Les informations qu'on y apprend sur le monde et ses habitants font mes connaissances ; et mon expérience de la vie serait bien piètre s'il n'y avait pas eu, pour me l'enseigner, le kaléidoscope précipité et grossissant qui la reflète pour moi au théâtre. J'ai connu, en scène, plus de problèmes, de difficultés, d'incidents, d'accidents, d'échecs, de triomphes, de plaisirs, de joies, d'extases, d'événements de toutes sortes et de toute envergure, que l'on ne pourrait en accumuler dans la plus riche des existences.

J'ai voyagé en tous lieux, dans l'espace et dans les temps.

J'ai connu Jeanne d'Arc, Marie Tudor d'Angleterre, Catherine de Russie, Faust de Wittemberg, Thérèse d'Avila, la Médée des Grecs et saint Jean de la Croix.

J'ai vécu des mois dans l'intimité de Sénèque, de Hugo, de Péguy, Shakespeare, Calderon, Pirandello, Kleist, Ibsen, Strindberg, Racine, Marivaux.

J'ai partagé les émerveillements, les déceptions et les éblouissements des artistes de notre temps.

J'ai habité les palais de la Renaissance, les châteaux du Moyen Age, les ruines de l'Empire aztèque. J'ai chevauché les montures des Amazones. Je suis passée à travers les portes closes. J'ai traversé les siècles. J'ai marché de l'autre côté des miroirs. J'ai survécu à la guerre, à la peste, à la mort même. J'ai été la Mort, et la Vie, et l'Homme, et la Femme, une Plante, un Serpent, une Ile dans l'océan Indien. J'ai vécu cent destins. J'ai souffert des plus hauts cas de conscience. J'ai tué. J'ai trahi. J'ai été bourreau et martyre. Sadique et masochiste. Tyran et esclave. J'ai représenté les plus belles histoires d'amour.

Réceptacle des forces vives qui nous meuvent tous, changée en sorcière par le vouloir du poète et la magie du théâtre, je portais en moi le geste ancien comme celui qui allait venir. Je *connaissais* la prochaine silhouette qui serait demain à la mode. Je *savais* le chemin qui allait être inventé. J'ai *préparé* des découvertes. J'ai *annoncé* les déclins et les renaissances. J'ai appelé la guerre ou la paix.

J'ai voyagé... J'ai voyagé. Je ne sais pas si autant et dans les mêmes cieux que le drogué ; mais certainement plus et dans d'autres pays que le touriste qui a fait plusieurs fois le tour du monde. Parce que le touriste qui s'aventurerait à représenter ou à incarner les lieux et les créatures qu'il rencontre cesserait d'être touriste et ne trouverait plus dans la vie si brève qui est la nôtre le temps nécessaire pour voyager.

Assumer des destins de choix, se dépayser en des climats toujours recréés, souffrir ou jouir des grandes péripéties de l'humanité, cela suppose une sérieuse déperdition de matière première. La vitalité, l'imagination, la concentration, sans cesse sollicitées, même dans ce bûcher qu'est le théâtre où elles semblent si bien brûler pour toujours renaître, s'usent. L'oiseau perd ses longues et belles plumes ; le fabuleux phénix, traînant ses ailes roussies, n'est plus qu'un vieux perroquet, et l'acteur – celui qui est fait pour *agir* par le geste et la parole — n'est plus qu'un infâme cabot.

Et c'est que, comme les prêtresses qui entretenaient le feu sacré dans le temple de Vesta étaient condamnées quand elles manquaient à leurs vœux à être enterrées vivantes, le comédien – lui – chargé au théâtre d'entretenir la flamme de vie, se condamne à être embaumé vivant s'il cesse de souffrir la vie. Là, plus qu'ailleurs, dans cette patrie qu'est pour nous le monde de la fiction, dans cette terre vive qui tire ses lettres de noblesse de la vie même – représentée, grossie, multipliée – pour révéler, dénoncer, échapper et se retrouver, pour mettre le roi à nu et vêtir de rêves le mendiant ; dans ce rendez-vous de la frayeur, de la pitié, de la fête, des larmes et du rire — la plus grande faute, le dernier des crimes est de s'assoupir, de se distraire, de se détourner de la vie. Là, plus qu'ailleurs, il faut se tenir en état de veille. Dans le pari que le théâtre engage contre la mort, la mise est la vie elle-même, et les risques encourus et les pièges enfouis sont ceux-là mêmes – multiples, subtils, inattendus, retors – que l'on rencontre dans la vie. Comme dans la forêt vierge, chaque pas est un danger, et la constante attention et la remise en question même peuvent à leur tour, par des chemins troubles, se changer en manies pour fixer leurs tics en grimace, quand le flux de vie tarit. Pour rester dans cette étrange église un officiant digne d'appeler les fidèles, il faut se tenir en garde contre les fidèles eux-mêmes, contester, risquer, déplaire pour aimer, choquer pour attendrir, séduire pour se faire oublier, prêcher le faux pour révéler le vrai, et surtout, surtout, veiller, éveiller, réveiller, maintenir la vie tant qu'il y a vie. Mais il faut aussi se tenir en garde contre soi, et malheur au comédien qui, face au troupeau, se prend soudain pour le berger. C'est au théâtre que j'ai appris que, sur cette terre, nous ne sommes tous que des interprètes plus ou moins doués pour traduire l'assemblage de signes qui, dans ce monde, nous est donné ; et que, s'il est vrai que chacun de nous est lui aussi un de ces signes, aucun n'est le signe que nous nous devons tous de *représenter*. L'exemple à donner, si exemple il y a, revient au rôle que l'on joue et qui nous a été fixé ; mais pour ce qui est de nous, il ne s'agit dans le meilleur des cas que de choisir le texte à interpréter et de veiller ensuite à bien le représenter, c'est-à-dire, à l'*incarner*. Nous, nous ne sommes que tonneaux des Danaïdes, récipients creux où le mouvement de l'eau vive doit sans cesse couler. Un instant, au passage rapide des dieux, nous voici devenus urnes de divinités. Mais gare à celui d'entre nous qui arrête le cours du fleuve pour s'en approprier l'eau ou à celui qui oublie de la laisser s'écouler. Dans le trop plein comme dans le vide, il est voué à se retrouver statufié ou momifié. Dans un cas comme dans l'autre, à l'image même de ceux qu'il se propose de réveiller, il s'assoupit d'abord, vacille ensuite, sommeille ; puis, pareil aux morts vivants qui hantent de leurs corps en peine le monde du spectacle pour y chercher, dans des digestions faciles, l'oubli de leurs boyaux perdus, il se fige. Au mieux, en statue-souvenir que l'eau calcifiée modèle. Le plus souvent, en oiseau empaillé. Mais si les salles de spectacle – comme les chaînes d'usine, les bureaux d'administration, les salons mondains et tous les lieux de diversion ou d'abrutissement – pourraient exister encore quand il n'y aurait plus pour les fréquenter que les morts-vivants de ce monde, le théâtre, lui, par contre, meurt quand ceux qui le font ou le fréquentent ne sont plus que momies. Aussi, même si dans la salle il ne reste plus qu'un possible spectateur vraiment présent, l'acteur se doit d'agir, et, pour agir, de rester toujours vivant. *C'est une étrange entreprise que celle de faire rire les honnêtes gens,* disait Molière ; peut-être parce que déjà à son époque les honnêtes gens avaient tendance à confondre diversion et distraction.

Si le poète ne peut que répéter tout au long de son existence ce qu'il est, l'interprète ne peut mettre au service du poète et du public que ce qu'il peut contenir en lui de flux vital, cette matière première dont il se sert pour animer les images du kaléidoscope que le théâtre lui propose et qui est le sien. Mais si pour enrichir les vues de son kaléidoscope et contribuer ainsi à son tour à un choix dans l'ordre du monde, il peut trouver de l'aliment dans la fréquentation du théâtre même – et là, des textes des plus grands créateurs – sa matière première, a savoir la sève de vie sur laquelle son imagination travaille, il ne peut la trouver que dans l'existence, c'est-à-dire dans sa propre vie. La moindre distraction, ou trop d'exigence – un goût trop prononcé, par exemple, pour collectionner des images rares – risquent de le mener à oublier ce pour quoi il est fait en tout premier lieu. Occupé à contempler et à soigner ce qu'il se prend à thésauriser, castor aveugle, il entasse les murs, le cours d'eau se détourne ou tarit et, pendant que sur la scène – nouveau Narcisse – il n'est plus que masque stéréotypé, dans sa vie, son visage se pétrifie.

Au commencement il y a la sève et pour que le théâtre vive et nous la redonne, c'est donc dans notre propre vie que nous devons la trouver. Peu importe d'où elle nous vient – joie, souffrance, plaisir ou peine. Comme notre corps vivant qu'il faut nourrir pour vivre, le théâtre, creuset magique, broie, avale, assimile, transforme toute pâture en humeurs, chaleur, énergie, sang neuf ; ce sont là les matériaux que le comédien malaxe pour sculpter et animer ensuite les personnages inventés par l'auteur. Mais pour que la métamorphose soit possible, pour qu'il y ait vie nouvelle, il faut à l'ogre une pâture vive. Avec nos instruments – notre corps, notre voix, le visage, le savoir – il nous faut aussi et avant tout l'apport de sèves nouvelles, et cet apport peut aussi bien nous venir d'un grand malheur qui se transforme – au jeu – en allégresse, que du plus éclatant bonheur qui – au jeu – nous porte à compatir avec les plus cruelles douleurs ; mais pour que cela soit, il nous faut éprouver dans notre chair même plaisirs et douleurs, *vivre,* toujours et tout, sans rien esquiver de ce qui, par la vie, nous est donné. Ce sont ces avatars que je ne connaissais point encore à Madrid, quand je croyais que jouer c'était exulter, extérioriser ses joies, sa peine, à mesure qu'elles venaient, à peine voilées derrière un masque, sans en rien transfigurer ; quand je confondais encore effet de la représentation avec effet de l'orage, quand, sans le savoir, j'en étais encore au psychodrame et que la grandeur et les mystères du théâtre m'échappaient.

Chargé de sève fraîche, chaque interprète peut alors choisir librement ses personnages et ses textes quand il n'est pas choisi par eux. Quoi qu'il joue alors, par le seul fait d'exister sur une scène, il fait exister les autres et le monde. Il faut seulement qu'il *existe.* La seule voie qui au théâtre peut le frapper d'interdit est celle qui l'y présenterait vide, concave, creux, singeant la vie ; parce que alors il n'y a plus de théâtre ; et pour ne pas tomber dans cette impasse où il s'annihile avec le théâtre, il lui est interdit, dans son existence même, de se détourner de la vie et, dans la vie, des malheurs comme des joies qui la fécondent.

Tous les dieux de l'Olympe sont représentés sur la scène ; mais le sombre Saturne, dispensateur d'épreuves et maître de l'ossature inerte où s'amalgame la chair du monde en vie, sait enrichir de ses sucs médulaires les créatures qui le reconnaissent ; mais il sait aussi, si on l'abandonne, si on s'en détourne, si l'on triche avec lui, scléroser rapidement les jointures, arrêter le mouvement et, à la fin, avaler ses enfants.

Nuestras vidas son los ríos
que van a dar a la mar
que es el morir... [1]

Jorge Manrique disait cela il y a très longtemps et tous les progrès accomplis depuis par l'humanité n'ont point changé d'un iota cette condition ni rien de ce qui, en l'homme, a à voir directement avec elle.

Comme au théâtre, chacun de nous est le récipient creux où passe le flux de vie et les grands privilèges du comédien comme sa malédiction se tiennent dans la prérogative qui lui a été donnée pour disposer — afin de vivre doublement — de deux vases qui ne font qu'un parce qu'ils sont communiquants. Sa destinée consiste à garder à même hauteur les deux niveaux ; sa chance, s'il reste attentif d'un côté comme de l'autre, est de pouvoir sans cesse constater dans ce double miroir le trop plein ou les manques ; et sa misère, la tentation qui le guette de se préserver des fluctuations de l'un pour se reposer tout entier dans l'autre. Quand l'équilibre est rompu, d'un côté, dans la glace — *énorme* —, la grimace lui revient, brutale ; et si le gigantisme même du reflet ne l'empêche pas de s'y reconnaître ; si les prétextes fallacieux ou les justifications de mauvais aloi ne l'ont pas encore porté au dernier stade de l'empaillage ; si par bonheur la fraternelle nostalgie — la précieuse *morriña* — veille encore pour lui, l'attention alors ouvre lentement sa paupière et tout doucement, sans qu'il s'en aperçoive encore, l'oiseau s'éveille, s'agite, s'affole, se démène en tous sens et nous ramène de l'autre côté où, dans le double miroir, la même grimace nous attend.

C'est ainsi que la crise se révèle et qu'arrive l'heure de vérité.

« La plus belle fille du monde ne peut donner que ce qu'elle a », et le kaléidoscope d'une comédienne vouée par son goût de l'absolu et par la préparation de ses maîtres au « grand saut du dépassement », s'il ne peut rester en deçà de ce pour quoi il a été fait, ne peut non plus aller au-delà

1. Nos vies sont les fleuves qui vont se jeter dans la mer qui est le mourir...

des vues qu'il possède. C'est ainsi que, égarée dans les chemins obscurs dont je viens de parler, j'ai détraqué le mien, usé comme une vieille horloge, et qu'aujourd'hui, en ce jour de novembre de l'an 1970, il a cessé brusquement de remonter ses images, dans lesquelles je ne retrouve qu'un visage méconnaissable — cette grimace...

Où suis-je ? Où vais-je ? Que fais-je ? Qui suis-je ? Qu'est-ce qui m'a faite ainsi ? Dans ce bûcher — le théâtre — où je n'ai pas cessé de répéter que l'on y brûle pour renaître comme le fabuleux phénix et qui n'a marqué mon corps que de quelques cicatrices et points d'arthrose, j'ai l'impression d'être plusieurs fois centenaire. Pourtant il y a à peine vingt-huit ans que j'y suis née — comédienne attitrée et professionnelle. En revanche, dans la vie — puisqu'il faut bien appeler ainsi cette autre urne de l'existence qui ne porte que son seul nom —, je marche déjà sur mes quarante-huit ans d'âge et, toute estropiée, mutilée, écorchée, déformée, dénaturée que je me retrouve, je croyais encore hier être restée une enfant.

Nous sommes donc à la fin de 1970, et j'habite — quand ce n'est pas une salle de spectacle comme il y en a tant à travers le monde — un pigeonnier de la rue de Vaugirard — à Paris — où il ne reste plus en fait que les pigeons et moi. Même les meubles ont pris peu à peu le chemin de la Charente ; les voilà destinés à meubler un petit coin d'une énorme bâtisse qui — paraît-il — est la mienne, la seule création tangible qu'il me semble avoir faite en ce monde, le seul objet palpable, fait à la main, fruit d'un malheur et aussi d'un succès théâtral. Une œuvre sur laquelle on s'est mis à deux — pour l'entreprendre — deux solitaires, noués dans le partage de nos peines et de nos joies, nos rêves et nostalgies — notre folie surtout. Car il faut bien dire que si j'ai toujours cherché autour de moi la sagesse et la justesse, ce sont celles qui ne vont pas sans folie ; et dans ce sens, je n'en connais aucune qui puisse dépasser celle d'André Même pas la mienne, si différente.

Le départ de cette aventure était déjà en lui-même une extravagance : une gageure de la sagesse. Après un de ces coups fourrés que nous réserve l'existence — les pires parce qu'ils sont des coups bas que l'on reçoit là oú on ne les attendait pas — encore knock-out — je jouais sur les boulevards une pièce de Jérôme Kilty, *Cher Menteur,* qui obtint un gros succès commercial et que nous avons traînée, Pierre Brasseur et moi, à Paris, en province et à l'étranger, durant deux ans. Nous en étions les seuls acteurs, il n'y avait aucun décor et nous avions signé nos contrats au pourcentage. Résultat : ce fut la première et unique fois de ma « carrière » que je gagnais par l'exercice de mon métier beaucoup plus d'argent que le strict nécessaire pour vivre. A tel point, que tous ceux qui m'entouraient et qui pourtant me connaissaient ont cru à la fortune — Angèle, Juan, Micheline Rozan qui s'occupait de moi à l'époque, Sergio Andión pour qui j'avais loué un petit studio au septième et qui habitait avec nous, mes amis — peut-être même Pierre Reynal — ce voyant — J'avais beau les mettre en garde et déclarer que c'était là sans aucun doute la première et la dernière fois que tant d'argent me viendrait du théâtre, ils avaient tous la grosse tête, et enflés comme des poules couveuses, ils oubliaient que ce n'était pas là mon poulailler. Même André, par instants, a cru à l'aubaine ; sans en avoir l'air, bien entendu, tout en niant, en prêchant le prochain revers pour s'y préparer, pour l'exorciser, par grande sagesse, par superstition. Pensez donc ! Un revenu de cent mille francs par jour en moyenne ! Et cela six fois par semaine durant deux ans ! Jamais on n'avait vu chez moi de pareilles sommes. Même en retranchant les deux mois de vacances, quelques arrêts de-ci de-là, même en défalquant les quantités requises pour les différentes taxes réclamées par l'agence et par le fisc, il me restait au moins entre trente et trente-cinq millions de francs de l'époque. Pour vivre !

C'est alors qu'Angèle et Juan d'abord, André ensuite, se sont mis en tête de me pousser à acheter une maison de campagne — « Pour *avoir* quelque chose », disait Angèle. Pour la vieillesse. Pour que tout ça ne s'en aille pas à vau-l'eau. *Pour retenir l'eau.*

André, lui, se taisait. Mais je croyais savoir ce qu'il pensait. Le seul fait de chercher un coin pour m'y fixer pouvait peut-être m'aider à rattacher en moi les morceaux épars, sauf ceux, bien sûr, qui, dans les secousses, étaient irrémédiablement perdus. Et malgré ma répugnance – fruit de l'exil – d'*avoir* quelque chose, malgré une crainte – sourde – d'arrêter et de conserver l'eau, pour parer obscurément au plus pressé, je me suis mise à la recherche d'un coin de terre où me retrouver.

Toutes les revues, tous les journaux contenant des petites annonces sont passés entre nos mains. D'abord, nous ne retenions que les adresses données en Bretagne. Mais les prix, trop disproportionnés à notre fortune, et la distance trop grande pour nous, qui devions demeurer à Paris pour y travailler toute l'année ouvrable, nous ont fait renoncer à ce pays de mon élection qui est resté désormais pour moi de légende. Nous avons donc cherché ailleurs, avec cette idée seule qui limitait nos recherches : tout en ne s'éloignant pas trop de Paris, rejoindre au plus près l'Océan. Enfin, la photographie d'un perron que, d'ailleurs, nous nous sommes empressés de transformer en terrasse dès qu'il nous a appartenu, a retenu notre attention ; et c'est ainsi que nous sommes venus en Charente et que nous avons pris l'allée qui conduit à *La Vergne.*

Je crois qu il était inutile ou presque d'aller plus loin. Le chemin creux, juste assez large pour laisser passer une voiture, crevé de fondrières, embroussaillé d'herbes et de ronces, qui serpentait ses bosses entre deux rangées de noyers et de pommiers eût suffi – je crois – à nous retenir. Pour le reste, derrière l'abandon, la crasse, les fines parois en briques, camouflées derrière les vieilles boiseries splendides au siècle dernier et maintenant complètement vermoulues, tout n'était plus que promesse de merveilles. Peu de temps après nous signions l'acte de vente, et pendant qu'André occupait ses heures de loisir à s'atteler au « boulot », et lequel ! – dans les puces, les araignées, les vipères –, qu'il se grattait partout en compagnie de la famille Sennavoine qui cassait les parpaings des faux-murs et des faux-plafonds grouillants de vermine, moi, de mon côté, pareille au pire des grippe-sous, je comptais mes salaires à Paris, en province, en Afrique du Nord, au Liban, en Belgique, en Suisse, au Luxembourg ; puis, à Montevideo, à Buenos-Aires, et au Brésil. Les mois de vacances, je les passais à faire le ménage – une des meilleures écoles que j'aie pu fréquenter –, et à forcir mes biceps quand j'allais dehors à l'aide d'André. Et l'hiver, quand je me trouvais à Paris, nous visitions tous deux le plus assidûment possible le marché aux puces, le marché suisse, certains antiquaires, en quête d'introuvables « occasions », pour bourrer la « 2 CV » que nous avions achetée aussi d'occasion à l'usage des multiples déménagements qui nous faisaient faire la navette entre la Charente et la rue de Vaugirard. Car si nous avons trouvé à Paris presque tout le mobilier et jusqu'aux assiettes et casseroles qui sont à *La Vergne*, en revanche, il nous arrivait parfois, près d'Alloue, de « tomber », sur une « occasion » – table, fauteuil ou une poêle – que je destinais à mon pigeonnier de Paris ; parce que, il faut bien le dire, il avait un urgent besoin que l'on s'occupât de lui.

Ce qui avait été le havre ouvert qui nous avait placés, maman, Enrique et moi, comme nous revenions de l'exode, au cœur de la ville, le carrefour haut perché – aire – nid – guérite – phare – colombier – qui pendant et après la guerre avait été traversé par tous les vents, bises, brises, orages, rafales, bourrasques, tempêtes des premières années de mon existence au théâtre, puis de l'« adolescence », puis de ma somptueuse maturité, maintenant déserté paraissait comme mis à sac par des vandales. Et, bien que j'aie refusé, avant le départ définitif d'Angèle pour l'Espagne l'an dernier 1969 sa proposition d'en refaire les peintures sous prétexte que « ça n'en valait pas la peine »— bien que j'aie laissé de beaux rideaux de dentelle pendre en lambeaux gris de crasse parce que « s'ils voyaient l'eau ils tomberaient en poussière » et que « pour le moment ils nous protégeaient du moins des regards indiscrets » — ceux des macchabées, je suppose, quand ils quittaient dans leurs voitures funéraires la morgue de l'hôpital Necker — bien que je marche toujours sur des moquettes dont il ne reste plus que la trame parce que je *sens* encore et toujours que *ce n'est plus la peine* de les changer — il faut néanmoins que je continue à vivre là, et même, que j'y reçoive.

Et c'est que j'ai des obligations. Des obligations dues à mes *charges de représentations.*

Lesquelles ?

Malheureusement, depuis quelque temps, elle sont devenues un peu confuses, elles se brouillent les unes les autres, elles se contredisent même ; je les ai un peu perdues de vue et celles qui me reviennent à l'esprit, comme des lambeaux de refrains — *Tout va très bien, madame la marquise* — ne semblent pas m'appartenir.

En vérité, pour les identifier, il me faut recourir au titre de séjour délivré par la préfecture de police de Paris, signé par Maria Casarès, mais l'on retrouve aussi les noms et prénoms de María-Victoria Casares-Perez, les deux noms reliés par un trait d'union superflu car je n'ai jamais pu faire admettre aux honnêtes fonctionnaires de l'Etat français qu'en Espagne on porte toujours le nom du père suivi du nom de la mère, ces deux personnes de sexe opposé qui se sont concertées pour nous mettre au monde et qui, d'ailleurs, sont citées dans le document d'identification :

Fille de : Santiago Casares
et de : Gloria Perez
née le : 21 novembre 1922
à : La Corogne (Espagne)
cheveux : châtain foncé
yeux : verts
taille : 1,59 m
profession : art dramatique
nationalité : réfugiée espagnole
sexe : féminin
état civil : célibataire

Dans un coin, oblitérée, une photo tirée du film de Jean Cocteau, *Orphée*, présente une tête : celle de la Princesse de la Mort.

En bas, des dates
du. . . . . au . . . .
(valable pour dix ans)

Et sur la couverture, au-dessus du numéro de la carte, en grosses lettres, affiché, son titre :

RÉSIDENT PRIVILÉGIÉ

Nous y sommes. En ce jour de novembre 1970, j'ai 28 ans d'âge. J'ai vu le jour en 1922. La terre dont j'ai été faite est la Galice. Je suis née au théâtre des Mathurins. Ma patrie est le théâtre et mon pays d'origine l'*Espagne Réfugiée.* Célibataire, ma profession est l'exercice de l'art dramatique et j'habite le sixième étage du 148 de la rue de Vaugirard en tant que résidente privilégiée. Et si nous ajoutons, à ces données officielles, d'autres que je me dois de noter sur ma feuille d'impôts, le portrait se précise ; à savoir, l'adresse en Charente de ma résidence secondaire, le matricule de la 2 CV Citroën qui sert aux déménagements, les deux numéros de téléphone, les quelques chiffres d'identification ou de référence de la Sécurité Sociale – 2-22-11-99-131-363 – que j'ai mis vingt-huit ans à apprendre par cœur, ceux des congés payés, de la mutuelle des artistes, de la carte de travail, du récépissé de l'Office des Réfugiés Espagnols, de la carte professionnelle, de mon compte en banque ; et aussi les numéros-références d'identification des différentes assurances polices vignettes abonnements compteurs à gaz et électricité chômage assedic, etc., etc. Avec ça, un casier judiciaire vierge, quelques prix glanés ici ou là – rares et toujours secondaires – et deux décorations octroyées par l'Ordre de la Libération d'Espagne et les Arts et Lettres de France, voilà, je pense, de quoi constituer un dossier presque complet qui, s'il ne peut être considéré comme une carte d'identité – la seule pièce ou le seul numéro que je n'aie pas –, peut cependant fournir assez de renseignements sur les prérogatives qui sont les miennes en société et sur toutes les obligations qui m'incombent — les suivantes — et d'où – en gros – les autres découlent :

— 1°) Rester en règle. Donc, veiller à ordonner, tenir à jour, renouveler, conserver, prolonger la validité de tous ces documents d'information.

— 2°) Travailler. Pour les mériter et être digne de vivre et exister en société.

— 3°) Gagner — Gagner assez d'argent pour payer l'impôt de chaque document ou du moins subvenir aux dépenses impliquées dans les renseignements donnés par lesdits documents. Exemple : entretenir avec André ce poids lourd dont nous nous sommes chargés, *La Vergne,* qui nous oblige à courir à la recherche de moyens financiers au-dessus de nos moyens pour acquitter la dette que nous avons contractée avec la société quand nous lui avons acheté la paix nécessaire pour pouvoir vivre avec elle en paix.

— 4°) Ne pas tuer mes contemporains. Sauf en cas de guerre, et là encore, pas toujours ceux que je voudrais.

— 5°) Ne pas voler. Sauf de manière officielle, ou à la rigueur, « pour rester dans le vent », quelques bagatelles, dans les grands magasins.

— 6°) Ne pas être mêlée, plus qu'il n'est bien vu, à des agissements contre l'État.

— Enfin,

si je tiens à garder mes prérogatives, veiller à honorer mon mandat. Et comme mon mandat en société m'a été conféré pour la *représentation,* je me dois de représenter au mieux ce qui m'est confié : c'est-à-dire le monde au théâtre et, à travers les théâtres du monde, la France hors de la France, l'Espagne errante en France, et l'exil partout. En deux langues. Car bien que d'après ma carte de séjour je sois née en Galice – *ce petit bout de terre par lequel l'Espagne pointe son nez sur l'Océan* –, je suis une actrice française, faite à part entière par la France qui a accepté la matière brute qui lui était échue de l'Espagne et qui m'a modelée à son goût et selon ses critères. Mais bien qu'enfant de la France, dans ma nouvelle patrie le théâtre, ma nationalité – comme mes origines – reste espagnole ou, pour mieux dire, réfugiée espagnole en France. Or, pour être digne de la France qui m'a accueillie et qui m'a faite, moi et tous ces documents qui me représentent, je me dois d'abord de rester fidèle sinon à l'Espagne qui se tient au-delà des Pyrénées et qui est ma terre de naissance, du moins à l'Espagne errante, sans terre, qui colonise peu à peu tant de pays d'Europe et d'Amérique ; et aussi à ses sujets, mes frères – les réfugiés d'abord, les émigrants ensuite –, dont, de par ma naissance, ma filiation et mon métier public, je suis considérée comme un des emblèmes – petit drapeau, mais tout de même ! – que je me dois de représenter fidèlement afin de mériter aussi de représenter la France. Or, comment manifester l'attachement à mes frères d'exil – moi qui dois brûler mon temps et mes énergies au théâtre – si ce n'est en partageant leur condition ? C'est-à-dire : en gardant, au moins, leur statut de réfugié espagnol ? Et en attendant, pour demander la nationalité française – celle que je veux adopter afin de témoigner de ma fidélité au pays qui m'a accueillie et qui m'a faite et à mes nouveaux frères d'adoption –, le jour où je pourrai rentrer en Espagne pour m'y installer peut-être, et y vivre alors en représentant la France — Le jour où il n'y aura plus en France, ou ailleurs dans le monde, de réfugiés espagnols.

« C'est une opinion ! » – comme dirait un personnage de *La Seconde* de Colette, dont le texte tout au long de la pièce se résumait en tout et pour tout à la répétition de cette réplique qui venait ponctuer tous les dialogues : *C'est une opinion !*

Une opinion que je me suis empressée de faire mienne, parce qu'elle professait exactement la seule voie qu'il me paraissait possible de prendre. Seule avec maman en pleine occupation allemande, de retour à Paris après l'exode il semblait bien qu'il ne nous restât qu'à témoigner. Du haut de mes dix-neuf ans, rappeler dès qu'il était possible en *espagnol*, dans les grandes salles de spectacle ou dans les salons littéraires de Paris, l'assassinat de García Lorca ou bien, sous le nez même des occupants, pousser le cri d'Antonio Machado — *Alerta ! día es de alerta ! día de plena vigilancia en plena guerra*, me paraissait en effet le seul moyen de rester fidèle au théâtre, à l'Espagne bannie, au double exil de mon père, à la France, et à tous les Espagnols qui cherchaient à travers le monde une place au soleil.

Dès la fin de 1942, le nom que le théâtre me donnait, je pouvais l'employer à représenter, à cautionner, à dénoncer, à rappeler pourquoi nous étions là ; et aussi à éveiller, réveiller, alerter. Jusqu'en l'an 1948, les Pyrénées, fermées, ouvrant à peine par deux fois une étroite fente aussitôt refermée, ne nous permettaient aucune action autre que celle de témoigner. Et pour cela – en premier lieu – illustrer au mieux notre destinée de réfugiés.

Mais très vite, peut-être à cause de ce nom – public – que je voulais engager, peut-être aussi à cause de la destinée de « vilain petit canard » qui me séparait déjà de mes camarades du lycée Victor-Duruy, ma condition s'écarta une fois de plus des normes qui m'unissaient à tous ; elle se mit à ressembler de moins en moins à celle de la majeure partie de mes frères en exil, et des prérogatives ou privilèges nouveaux sont venus me singulariser. Car, en fait, dans mon existence quotidienne, ce statut souvent très dur pour ceux qui en restaient tributaires, en ce qui me concernait, n'ajoutait ni ne retranchait rien à rien.

Quelques petits problèmes de-ci de-là, un point c'est tout. Les difficultés trouvées aux frontières de certains pays où les apatrides et surtout « les rouges » étaient plus craints que la peste.

Je me souviens du *titre de voyage* dont j'étais la titulaire, qui remplaçait maintenant l'ancien et miraculeux passeport diplomatique et qui, en tournée, à la douane belge par exemple, faisait la joie de mes camarades de la Comédie-Française ou du Théâtre National Populaire —

ce minuscule livret qui, déplié soudain en mince et long bandonéon entre les mains du représentant de la police, au moment même où il me priait de le suivre à l'autre bout du train afin de me poser quelques questions, lui donnait les airs d'un musicien insolite m'invitant à danser un tango.

Je me souviens de longs interrogatoires en bonne et lourde forme subis à l'ambassade du Canada, auxquels, à bout de patience, je mettais enfin un terme en renvoyant mes questionneurs, pour ce qui était des raisons de mon voyage, à la direction du TNP, et en les assurant, quant à moi, que leur pays ils pouvaient se le f... là ou je pensais — le beau pays où j'étais pourtant si gentiment reçue tout de suite après, et où je me suis vite fait des amis.

C'est de Montréal d'ailleurs qu'il m'a fallu répondre au dernier questionnaire de l'ambassade des USA en vue d'être admise à me présenter sur une scène de Broadway, dans les théâtres universitaires, et enfin, à représenter dans la salle de l'ONU *Le Cid,* avec Gérard Philipe, l'autre *« trasgo »*[1]. Je me souviens du scandale que j'ai fait dans la loge qui servait de bureau au patient Jean Rouvet quand j'ai vu affichée au tableau de service, une note comme quoi Vilar, Gérard et moi serions les seuls à prendre l'avion pour nous rendre à New York, pendant que le reste de la troupe voyagerait en train — « Qu'est-ce que ça veut dire ? A quoi ça rime ?... »

– « M. Vilar s'est décidé à prendre l'avion pour vous accompagner tous deux, Gérard et vous. Vous n'avez l'autorisation ni l'un ni l'autre de vous promener dans les terres des États-Unis en train. » Eberluée, je regardais sur le visage de Rouvet – malicieux et débonnaire – les images précipitées de flashes tirés d'un singulier western, Gérard et moi – nouveaux Peaux-Rouges – prêts à sauter d'un wagon, pour haranguer les troupeaux – de vaches, je suppose –, ou pour faire sauter les rails avec l'orteil du pied gauche.

Je me souviens aussi des heures d'attente – plus tard, bien plus tard, quand l'Espagne fasciste était reconnue partout dans le monde sauf au Mexique — l'attente — devant le mur de Berlin — alors que je demandais à le passer avec mes camarades des Ballets du XXe Siècle, pour visiter du côté des « rouges » un musée ; et que, à l'encontre de ce que l'on aurait pu croire, le titre de voyage qui me présentait comme une réfugiée espagnole en France, et qui dans les Amériques du Nord me rendait « cramoisie », ici, sous prétexte que ce n'était pas là un passeport *réglementaire,* m'empêchait d'aller voir avec mes compagnons

---

1. *Trasgo.* Démon, en galicien.

de vieilles pierres que tout le monde – les sbires de Franco inclus – pouvait visiter.

Mais ce ne sont là que mésaventures, plutôt cocasses, dont le seul intérêt tient dans le fait qu'elles représentent toujours la singulière destinée du vilain canard du conte d'Andersen, une histoire qui, peu à peu, se reproduit de plus en plus partout dans le monde entier, afin de le remplir de canetons laids, accourus des quatre coins de l'horizon pour se déverser en tous lieux, pour apprendre une nouvelle langue et une nouvelle forme d'exister, tout en essayant de demeurer fidèles à ce qu'ils étaient, pour devenir peu à peu les seuls représentants de cette notion qui se perd de fidélité, et pour chercher – nouveaux nomades – un sol où pouvoir l'implanter ; mais dont la véritable identité – quoi qu'il arrive et quoi qu'ils fassent – restera toujours celle de *personnes déplacées.*

Quant au reste — rien dans ma situation ne me permettait ni ne me permet de me considérer frustrée. Rien : ni l'obligation où nous nous trouvions, maman, Enrique et moi, de nous rendre une fois par semaine d'abord, une fois par mois ensuite, une fois par an enfin, à la préfecture de police, afin de faire renouveler nos récépissés ou nos cartes de séjour, et où maintenant, je n'ai plus qu'à paraître tous les dix ans pour que toute démarche me soit facilitée ; ni l'interdiction d'accéder à certains postes qui ne m'ont jamais tentée ; ni même la réserve à laquelle je reste sujette quant aux affaires intérieures de l'État où je vis, par exemple l'impossibilité de voter, et qui, vu mes rapports avec la politique pratiquée en ce monde et dont je suis très tôt sortie échaudée, soulage plutôt que ne frustre ma relation avec la société. Non ; rien ; rien dans tout cela, rien à part des riens, ne peut me donner raison pour justifier une quelconque participation de fait aux peines et misères qui coupent ou empêtrent la démarche d'un réfugié politique hors de son pays. Auprès d'eux, je représentais une fois de plus et *représente encore* le canard laid ; et toutes les difficultés que je pourrais attester pour les rejoindre, tous mes « problèmes » n'ont été et ne sont que vétilles auprès du magnifique confort qui, vu mes caractéristiques et mon tempérament, s'est infiltré peu à peu insidieusement dans ma situation, pour transformer le lourd et abracadabrant bagage du banni en siège douillet et digne de l'*éternel exilé.* Métamorphose dont je ne prends vraiment conscience qu'en ce jour de novembre de 1970.

Croire que par la vertu de ma seule présence et l'étalage de mon appartenance je pouvais témoigner de ce que charriait avec elle – de grandeurs et de misères – la quête ou le rêve représentés par les réfugiés espagnols, supposait de ma part une outrecuidance dont seule la réserve dans laquelle j'ai vécu put me sauver. Et si l'impuissance où je me trouvais d'abord, la nécessité de concentrer toutes mes forces sur un seul point ensuite, m'ont permis d'échapper au ridicule, il m'a fallu l'incroyable dose de naïveté que je traîne avec moi pour ne pas tomber dans l'indécence, quand j'ai accepté la croix de Grand Commandeur de l'Ordre de la Libération que mon gouvernement de l'exil a bien voulu m'octroyer car, à part mes déclarations publiques et réitérées sur mes origines, rien dans mon activité ne la justifiait, pas le moindre petit fait glorieux. Ma situation ressemblait, plutôt qu'aux hauts plateaux de la gloire, à la douce vallée où l'on aimerait à se tapir ; et si les exploits du héros répondent à ses élans intimes comme mes « efforts » pour la libération de mon pays se sont harmonisés avec les miens, je pense qu'il serait plus juste de lui apposer la Croix du Mérite quand il se voit obligé à décamper.

Mais peut-être que l'Espagne, dans sa folle sagesse, amoureuse du geste, des mythes et symboles et par là les gardant toujours vivants, décore ses sujets non pas pour les primer ou les remercier, mais pour les obliger. Cela expliquerait bien des choses, comme la création même de cet Ordre *(fantastique)* de la Libération (dont parlait mon père), que le gouvernement de l'exil a inventé et s'est octroyé à lui-même dans la personne de son président, alors que l'Espagne semblait s'éloigner d'année en année du jour qui la libérerait. Oui, peut-être que ce haut insigne n'est accordé à ceux qui le reçoivent que pour les inciter à l'action qu'il est censé honorer. Car pour beaucoup d'Espagnols – moi, entre autres –, c'est à partir des mythes et symboles que les obligations commencent, insidieusement, parce que chacun de nous se prend à les représenter ; et que, dans les terres où jeu et vie se confondent dans ce grand théâtre péninsulaire du bout du monde, où la distanciation scientifique ou intellectuelle meurt si elle ne s'incarne pas en vie, *représenter* équivaut à s'engager.

En revanche, en ce qui concerne mes obligations avec la France, par un curieux tour de passe-passe, la formule se retourne et, là, pour conclure et tenir mes engagements, il m'a fallu d'abord *réprésenter.*

Au théâtre pour commencer — cet *envers* ou cet *endroit* de mon existence dont il n'est pas question ici car, c'est une longue histoire, dense, qu'il me faudrait peut-être un jour remémorer ; mais qui n'a pas sa place ici, sauf quand elle apparaît, soudain, dans le terrible miroir où je me surprends, hors de la scène, à *jouer* ; et cette autre existence, patrie retrouvée – perdue – toujours perdue et retrouvée – où, sans doute, en cherchant bien, je trouverais la véritable image de mon identité, n'a rien à voir, du moins à première vue, avec la destinée qui me lie aux personnes déplacées.

Il reste que, en France, il me fallut apprendre à représenter d'abord et avant tout des pièces de théâtre, œuvres de poètes et dramaturges, limitées à un choix « personnel » qui pourtant, de prime abord, comme celui qui avait présidé à l'élection de cette terre où je m'étais engagée, ne paraissait pas m'incomber. C'est pourtant de ce choix que part, à ce qu'il semble, ma seconde et nouvelle identité, celle qui m'a portée à « représenter » d'une certaine manière la culture française en France et à l'Étranger. C'est lui qui m'a valu la nomination d'officier des Arts et des Lettres (ruban-rosette-étoile ou croix dieu seul le sait), dont mon pays d'élection m'a ornée ; et aussi sur la première page de mon document d'identification, cette dénomination frappée en grosses lettres : RÉSIDENTE PRIVILÉGIÉE. Et c'est par lui, et par les titres qu'il m'a fait gagner, que le cercle recommence, le cercle vicié où je tourne sans cesse pour mériter les privilèges qui me furent décernés.

« Comédienne d'élite » – puisque le sort ou le choix m'ont portée vers les textes conçus par une élite de la société –, les succès – si succès il y eut – furent des succès « de qualité », comme les échecs – aussi, « fort honorables » – ; et une « ligne » s'est dessinée – fort « estimable » – qui me porta tout naturellement – pour la suivre – à me détourner de tout ce qui dans ma profession peut être source de profits matériels, susceptibles de me permettre le moindre faste pour honorer avec un certain éclat les charges qui m'étaient échues. Pourtant, s'il ne nous est pas demandé comme au plus obscur diplomate pignon-sur-rue-en-beaux-quartiers-et-vastes-salles-de-réception, il nous faut tout de même rester en mesure de présenter au journaliste las, à l'opulent producteur, au fan embarrassé, sinon un luxueux canapé, du moins un siège pour s'y asseoir, une lumière tamisée, et un rien du climat nécessaire à toute représentation.

Dans ce sens, l'appartement de la rue de Vaugirard, si lumineux, si harmonieux, si facile à habiller d'un rien, si attentionné, si obligeant, si vivant, s'est toujours montré à la hauteur en toute situation ; avec une charmante simplicité et juste ce qu'il faut de fantaisie, il a toujours tenu parfaitement son rang____ Comment, comment donc se fait-il qu'un lieu aussi clair, aussi chéri, aussi gracieux et gracié, traversé par tant de soleils et de pluies, qui a réuni tant de personnes estimées, admirées ou aimées, tant de peines et de joies, tant de vies, comment donc a-t-il pu ainsi se laisser aller et en arriver là__ démantelé, saccagé, sans disposer du moindre habit de gala pour accueillir nos hôtes, si ce n'est la livrée –

habit ou habitude – de la mort, dans laquelle – comme M. Risi, ce spectateur distrait dont parlait mon père [1] – il s'est assoupi — ? —

Rien, même pas la boulimie de *La Vergne* qui avale tous les fruits de mon travail, rien, malgré toutes mes absences et mes diversions, ne peut justifier l'abandon où j'ai laissé ce lieu – haut situé toujours il est vrai et toujours ouvert à tous les vents – pour que de toutes les formes qu'il a pu prendre durant trente ans, il n'ait conservé que celle, au charme suranné, mélancolique, qui le fait ressembler à un cimetière abandonné.

Pourtant, c'est là que je vis ; car je ne peux pas parler de ma nouvelle bâtisse en Charente, encore en gestation. Je la passe sous silence ; je la cache ; c'est le trou où je m'isole, le cocon où je me refais. Même mes amis les plus intimes, c'est à Paris que je les reçois, dans le pigeonnier déserté ; et quand ils y restent jusqu'à l'aube auprès de moi, saisis par son indicible paix, je ne sais rien qui les retienne si ce n'est peut-être la fascination magique qu'exercent, sur les enfants ballottés des grandes villes, les églises, les théâtres ou les cimetières désaffectés.

— Mais comment, comment donc cela lui est-il arrivé ?

Il reste peu à dire de ses années quarante. La guerre, l'arrivée enfin de la paix, de mon père — sa présence — ma jeunesse — le peuplaient. Et surtout — vivante ou morte la scintillante splendeur dont le paraient l'éclat et le sourire de ma mère. Tous les shahs d'Orient auraient pu y venir alors, ils auraient eu tort de ne pas bien s'y trouver. Je me souviens du petit vestibule juste avant la fin de la guerre, lors d'une entrevue que j'ai eue avec un journaliste espagnol, un Galicien venu tout droit du *Ferrol del Caudillo.* Il désirait me rencontrer dans le seul but de m'humilier sans doute car, à peine arrivé, sans poser la moindre question et sans préambule aucun, il s'est lancé dans le panégyrique de son maître – Franco. Maman était près de moi. Ensemble, avec la plus grande courtoisie, nous l'avons prié de quitter les lieux. – « Avant d'être obligées de manquer aux lois de l'hospitalité. Avant de le pousser dehors à coups de pied. » Il se leva tout raide, angulaire et crispé. Nous l'avons reconduit. Dans le chambranle de la porte qui ouvrait, sur l'escalier, le vestibule, il s'est retourné, figé ; et après un claquement de talons à l'allemande – faute de bottes, un crissement sourd de souliers –, la main droite levée à la romaine, il cria par trois fois :

– *« Franco ! Franco ! Franco ! »*

et par trois fois maman se signait – trois signes de croix précipités, tout

1. Lettre VII de mon père, p. 290-91.

en grommelant à la hâte et avec l'accent du terroir les expressions d'exorcisme consacrées :

— *« Jesus ! Maria ! José ! »*

comme la bigote galicienne qui use les genoux de sa foi dans les églises de Ferrol, vouées au caudillo, je suppose, puisque la ville entière où il est né lui a été dédiée —

— *« Arriba España y viva Franco ! »*

— *« Ave María purísima... »*

Et à ce moment-là, pour autant que je m'en souvienne, dans le même éclat de rire qu'alors je réprimais, pendant que le représentant du nouveau théâtre espagnol disparaissait précipitamment dans la cage d'escalier, le cadre où maman marmonnait encore ses dernières conjurations paraissait fastueux.

A partir de l'été 1945, avec la paix et l'arrivée de mon père, sont venus dans ce haut lieu enfin libéré outre ses amis les plus chers — Negrin, Feli, les Blume qui avaient partagé son double exil en Angleterre —, d'autres vieux compagnons bien-aimés, qui s'entêtaient encore à garder ou à réinventer l'ancienne nouvelle Espagne, celle qui, à peine formée, avait été expatriée. Mais ce fut de courte durée ; et quand en 1948, la mélancolique présence de maman morte eut définitivement quitté les lieux, papa seul occupait de sa maladie l'unique recoin « meublé ». Là, des rideaux épais, sombres, sont venus abriter sa chambre de l'excès de lumière, des intempéries, des bruits de l'hôpital Necker, des regards indiscrets. Parfois, de longs jours, elle ne semblait plus s'ouvrir que vers l'intérieur ; et du coup, le reste de l'appartement — ce pigeonnier perché au centre de tous les toits carrefour traversé par tous les vents —, voyant soudain son horizon réduit d'un demi-cercle, disposait maintenant ses coulis comme les baguettes d'un éventail, et tous les courants qui y arrivaient s'axaient sur un seul point, cette chambre — impasse ou cul de sac — ce territoire alors clos qui, paradoxalement, restait le seul point vivant.

C'est alors que, cherchant un nid pour y vivre une vie que pour diverses raisons je me devais de cacher, du sixième j'ai grimpé d'un cran, au septième étage, dans la « chambre de bonne » dont nous jouissions ; et afin de mieux la protéger, de la rendre encore plus secrète — je suppose —, j'eus la fière idée d'en grillager porte, fenêtre, et lit, de cretonne blanche et verte, à raies, pour pousser à l'extrême — j'imagine — le sentiment de réclusion que l'on éprouvait dans ce sinistre couloir tronqué, bizarre cachot ouvert en plein ciel, donnant sur le vide.

Quand on connaît bien l'endroit — et mes limites, il semble

naturel que par deux fois, je m'y sois surprise à désirer la mort — les deux seules fois de toute ma vie. La première, au faîte même de l'exaltation portée jusqu'à la béatitude par le sentiment d'un amour frôlant la perfection ; et qui me fit désirer, pour le garder tel à jamais, d'en fixer la magnifique plénitude en ce double suicide bien connu des amants romantiques qui ont eu ou ont la chance de connaître les brûlantes aires glacées des divines amours condamnées. Par bonheur, ce jour-là, j'y étais seule, mon aimé voyageait loin, et ma tentation n'a donc pas tiré à conséquence.

La seconde fois, le désir me vint dans le vertige des gouffres sans fond où nous jette le sentiment brusque et inattendu de la dépossession, le jour où je me suis sentie frustrée de la « divinité » de cet amour même, comme privée en plein ciel des ailes qui m'avaient été données pour voler, et qui me laissa là, pareille à une bête écorchée, avec ce seul désir : mourir. *Tout ou rien.* C'est derrière ces barreaux qui laissaient à peine filtrer à travers leur cretonne la lumière tournante du phare de la Tour Eiffel, c'est dans cette prison dorée blanche et verte, qu'en rejetant une fois pour toutes l'idée de suicide, j'ai choisi du même coup, contre le *Tout ou rien,* la vive loi douce-amère du 75 %. C'est de là que part, dans le plus pur dénuement, dans la plus authentique humilité, la création si difficile que supposent un véritable amour, une existence vécue, la quête d'une identité. Peu importe l'événement qui a pu susciter ce choix – le seul peut-être qui m'ait vraiment incombé – ; il s'agit de l'alternative posée à chacun de nous au moins une fois dans l'existence, qui s'accommode du premier prétexte pour dessiller des yeux trop longtemps fermés et, en ôtant le dernier voile d'une innocence qui aime à s'attarder, nous révèle – pour la première et unique fois –, le pacte qu'il nous faut signer – si nous voulons la *vivre* – avec la maturité — Recroquevillée sur moi-même dans un coin comme un énorme fœtus, le ventre ouvert par un invisible scalpel, à la fois nouveau-né et mère, attendant la première gifle qui me fasse pousser le cri d'une naissance que j'ignorais, je restais là, aveugle, sourde, tuméfiée, sans rien savoir de rien ni même que, dans cette affreuse douleur de mort, j'enfantais d'une femme — moi — au moment même où je prenais conscience de la condition qui m'était posée — Le torrent qui, jusque-là, prodiguait ses jeunes eaux dans le bouillonnement même de sa vitalité, prêt à remplir de ses crues le monde entier, s'échangeait en cours qui cherchait par ses douloureux méandres les terres où s'orienter ; et si, jusque-là, le pari – seul – me fixait sur la voie où je devais m'engager, dorénavant c'est dans le pacte que je devais la retrouver.

Mais je ne savais rien encore. Rien. C'est plus tard, bien plus tard que cela m'est apparu ; et si c'est en Galice que j'ai appris à dire oui au monde qu'elle a ouvert pour moi, lorsque le théâtre, aujourd'hui, me révèle la condition qui m'est donnée pour vivre, c'est pourtant dans l'étroite impasse hissée au septième étage de la rue de Vaugirard que j'ai appris à l'accepter.

Hautes cimes. Point crucial. N'empêche qu'il m'a fallu redescendre au plus vite de ces sommets pour éviter que de plus grands vertiges ne m'entraînent là d'où l'on ne revient pas. Et c'est ainsi qu'au 6e étage, les pièces ouvertes sur la façade, que j'ai occupées, se repeuplèrent de nouveau, au moment même où à l'autre extrémité, vers le Mont Valérien, Angèle, installée, irradiait son épaisseur de chair, et qu'au centre, plus vivant que jamais, sur l'impasse de l'Enfant-Jésus, mon père s'éteignait.

Ma vie intime, réduite alors au dialogue écrit, n'avait plus besoin de cachette, tout entière enfouie dans des enveloppes quotidiennes fermées, timbrées et oblitérées. Les voyages, la maladie, arrivaient à point pour séparer ceux-là mêmes qui n'avaient plus de lieu pour se rencontrer, en même temps que les séparations fréquentes et forcées venaient cristalliser un amour dont le malheur même devait à jamais souder les deux êtres qu'il séparait. Les temps qui nous réunissaient, avares, entassaient en quelques jours avec cupidité des rencontres affamées sur les pistes de danse, dans les rues du 14-Juillet, dans des coins que seuls les touristes anonymes et les étrangers fréquentent — *Barcelona, Granada,* les Russes, la *Mère Catherine,* le théâtre ; ou bien à l'occasion de ce film *L'Homme qui revient de loin,* près du parc de J.J. Rousseau, dans l'auberge que j'habitais, à Ermenonville. Le pigeonnier de Vaugirard accueillait aussi quelques tête-à-tête, pudiques, émerveillés ; mais brefs, parce que difficiles à tenir sans outrepasser la mesure que le voisinage de mon père imposait.

En revanche, mis à part les amis intimes de papa qui quelquefois le visitaient, les parents-amis-copains-compatriotes-andalous-et-navarrais que la présence d'Angèle et de Juan amenait et qui commençaient timidement à envahir les lieux, deux de mes amis le fréquentaient quotidiennement ou presque : Pitou, d'abord, et Pierre Reynal, après. Quant à la chambre toute habillée que je venais — là-haut — d'abandonner, déjà une nouvelle venue, Dominique Marcas, l'occupait.

C'est avant ou tout juste après que les représentants de la compagnie funéraire soient venus fermer le cercueil où se tenait le corps de mon père, que Pitou, le seul fil qui me reliait encore aux premières années de mon séjour en France et au lycée, s'est détachée des lieux.

Je crois que c'est moi qui l'en ai chassée et en vérité je ne me souviens plus de l'incident exact qui m'y a poussée. Je me rappelle l'expression de son visage quand je la giflais. Passive. C'est dans cette passivité que m'est venue une envie de tuer. Folle, je regardais à travers les portes-fenêtres sans les voir les toits de Montparnasse et, plus loin, la vieille gare délabrée... « Va-t'en ! » Et elle est partie, sans rien savoir au juste des raisons obscures auxquelles j'obéissais ; celles qui avaient réveillé cette colère ancestrale qui me soulevait entière, comme la montée de magma d'un volcan que l'on croyait à jamais éteint. Je n'avais aucun reproche à lui faire ; si ce n'était une amitié possessive, un peu avare, jalouse, comme tant d'autres amitiés et qui se servait de tout pour retenir mon intérêt ; peut-être même – du moins je l'ai cru – du corps présent de mon père, où déjà, elle voyait sans doute la mort de notre amitié. C'est – je pense – ce sinistre transfert qui m'a incitée à la frapper ; et mon geste et sa passivité éveillèrent soudain quelque part l'envie de tuer. Oui ; tuer devint possible. C'est là, quand j'ai voulu un monde en sang, que j'ai appris à redouter les subites éruptions de laves enfouies. Et quand les représentants des pompes funèbres sont venus fermer le cercueil je rêvais de cruautés indicibles, d'abominables barbaries. Brûlante, asséchée, folle, j'ai suivi mon père hors de la maison avec Negrin, Feli – ses amis chers, indéfectibles, présents en toute occasion... et avec Serge Andión... son compagnon d'études... et Angèle qui, jour après jour, l'avait servi jusqu'à la fin... De l'autre côté des tentures funèbres dont on avait affublé la porte du 148 de la rue de Vaugirard, se tenait un groupe d'Espagnols, représentant notre gouvernement. Je leur avais interdit l'entrée de l'appartement, je leur avais défendu d'accompagner le convoi ; et quand sur notre passage ils se sont écartés – ces fidèles – respectueusement, afin de ne pas les haïr, je suis passée les yeux grands ouverts sans les voir. Folle. A part ceux qui quittaient avec moi la maison, je haïssais l'Espagne entière, ce peuple à jamais engoncé dans sa propre mésestime, son dédain, et la vantardise vaine où il se complaît à déprécier, en lui, cela même dont il devrait tirer sa fierté.

Et puis, ce fut l'inhumation, au cimetière du Montparnasse, aux côtés de maman qui, par les soins de Juan Negrin, avait été tirée du petit lopin de terre qui l'abritait pour cinq ans, et que l'on réenterrait là, auprès de mon père, dans l'immeuble en sous-sols qui entassait dans ses étagères superposées les clients des tombes de location.

Oui, c'est à ce moment-là – juste avant ? pendant ? après ? –, quand sans verser une larme je rêvais d'un monde en sang, que Pitou a quitté pour toujours mon pigeonnier.

Mais en rentrant du cimetière et pour longtemps, j'y ai trouvé Pierre Reynal ; et c'est avec lui, Angèle, Juan, Dominique au septième ; c'est avec eux et des rideaux jaunes aux fenêtres de ma chambre, blancs de belle dentelle dans la pièce que maman et mon père avaient habitée ; c'est dans la lumière dorée que les chaudes tentures filtraient, sur des sols tapissés de noir ou de vert, dans des meubles chamarrés, devant une bibliothèque où s'entassaient des livres que Camus – absent et présent – jour après jour apportait ; c'est dans un grouillement de vie ouatée, des bruits de pas feutrés, dans de longues veillées amicales, la passion du théâtre et de l'amitié partagée ; dans des séances de musique qui exaltaient les dernières bouffées d'une adolescence manquée, les discussions de jeunesse, des disputes jaillies d'une vitalité réprimée ; et, aussi, dans les longues heures d'isolement où je cherchais avidement le compagnon qui – absent – ne devait plus jamais me quitter ; dans le silence des lectures qui me tenaient alertée jusqu'à l'aube ; dans l'attente illuminée, les retrouvailles, les luttes, les fatigues, les peines imposées par les dures lois de la maturité, le malheur, l'émerveillement renouvelé, les révoltes, la recherche avide ou ingénument appliquée pour atteindre une unité, pour parvenir à une identité

$$1 + 1 = 1.$$

C'est dans ce luxe foisonnant de désirs et d'espoirs, de soifs de création, de travail réalisé, d'exubérances maîtrisées, et de fiertés, que se présentèrent dans ce lieu les années 50 et avec elles l'épanouissement d'une maturité privilégiée.

. . . .

Quand ? Quand donc ai-je commencé à dériver ? A vouloir me fixer à l'étiquette garantie de ma fidélité ? A oublier que la fidélité n'est pas celle que l'on se fait mais celle qui nous fait ? A me rappeler que pour garder vivante ma fidélité je devais en tout premier lieu m'oublier ? Quand et où me suis-je fourvoyée ? Qu'est-ce qui a bien pu me pousser à confondre authenticité et volonté d'authenticité ? Entièrement occupée par le souci de fidélité qu'avait ancré dans mon esprit l'exil – ma patrie –, quand et comment ai-je été prise à mon propre piège, au point d'oublier le serment d'allégeance prêté aux fées de mon berceau en échange des dons de vie qu'elles me faisaient ?

Être dans un petit cercueil comme un violon...

Derrière la fenêtre fermée de la guérite désertée de Vaugirard où je restais seule pour veiller, je regardais à travers les vitres le ciel et les toits de Paris et, dans une totale dépossession de moi-même, fondue dans le paysage qui me cernait à perte de vue et au-delà, j'embrassais tout et moi-même. Avec le sentiment brûlant que *jamais, jamais plus* je ne retrouverais ce point de divine justesse, de parfait accord ; à moins que de nouvelles moissons ne viennent s'ajouter aux anciennes récoltes qu'à mon insu j'avais engrangées, pour me porter, une fois encore, au point culminant de juste harmonie, peut-être au moment même de ma mort. Et c'est à partir de là que la « courbe de température » qui marque de ses points de repère ma vie s'étale apparemment en ligne droite et nette, horizontale, haut sur la feuille, fixe et pleine pendant dix ans.

....

Alors, le pigeonnier, devenu port – nid – pays – foyer – patrie – terre haut située ouverte au ciel dans le cœur même de la cité, semblait à jamais protégé. On y parlait deux langues. Le sol était français. Un noyau de personnes déportées loin des terres où elles étaient nées l'habitait.

Au septième étage, dans la prison verte et blanche que je venais juste de quitter, logeait une frêle créature, une Normande – jeune fille qui frisait la trentaine – qui avait quitté son Havre natal sans doute pour se chercher. De deux jumelles, la seule à avoir été tirée vivante du ventre de sa mère, peut-être vivait-elle sans le savoir en quête de son autre moitié, et comme elle lui échappait, en désespoir de cause, peut-être s'était-elle mis en tête, en la représentant, de la réincarner ; et je ne pense pas que ce soit là seulement une illusion que je me fasse car, en vérité, à la voir interpréter des personnages que, à première vue, on ne serait pas tenté de lui confier, on se demande quelle est la métamorphose que le théâtre a bien pu opérer pour créer autour d'elle le climat rare qu'elle dégage sur la scène où elle se meut, à la fois naturelle et mythique, avec une élégance surannée ; pour lui rendre un visage de statuette médiévale d'une parfaite pureté et ce « parler » qui ne doit rien aux sentiments qu'elle voudrait exprimer, et qui passent, malgré elle, étrangement transposés ; ce « parler », comme détaché, coupé d'elle-même – dirait-on ; et cette manière de présenter en offrande – comme si elles ne lui appartenaient point – ses mains, à la fois vivantes et inertes, les longs doigts rassemblés comme ceux que l'on aperçoit, en premier lieu, aux porches des chapelles romanes et qui semblent s'y tenir de toute éternité. Quand parfois elle trouve au théâtre l'occasion et la liberté de représenter ce qu'elle cherche peut-être à part elle, on se demande quelle est la mystérieuse métamorphose qui vient changer son incroyable et totale absence de sexualité en virginité éternelle, et évoquer, sur sa physionomie dépourvue d'« attraits », et dans ses gestes maladroits et syncopés, le glissement « incarné » – implacable et doux dans sa souveraine quiétude — du temps. En la voyant pour la première fois dans un de ces rôles où elle semble mystérieusement couler une existence qu'elle ne vit pas, je me demandais, interloquée, si c'était bien là la petite bonne femme que je côtoyais quotidiennement, rejeton de la bourgeoisie française, orpheline d'un père qu'elle adorait — catholique pratiquant, militaire de carrière, honnête homme, mort à la fin de la guerre de 1940 de la mort anonyme et glorieuse que son ardent patriotisme lui avait fait mériter. Bonapartiste tenace, il avait laissé, parmi d'autres enfants, cette fille amputée de naissance de son autre moitié, à qui il avait donné les noms de Marcelle Napoléone Perrigault, et qui, pour les porter, chétive, souffreteuse, mal-venue à la vie, mal-aimée souvent, mal-menée, mal-informée, parfois dédaignée, dépouillée du moindre atout pour affronter le monde, cherchait, dans les contradictions qui de tous côtés l'agressaient, un moyen de retrouver une intégrité, une unité. C'est ainsi qu'elle avait quitté sa famille pour la chercher à Paris.

Je l'ai connue à l'entrée du théâtre Marigny où elle était venue me trouver, après m'avoir écrit. Petite, carrée, mal attifée, mal coiffée, sans grâce aucune, elle m'est apparue comme une des créatures les plus défavorisées et – du moins je l'ai cru – les plus désarmées, que le théâtre se plaît à appeler. De son visage, pourtant fin et régulier, on ne retenait qu'un front trop vaste qui se perdait dans des cheveux trop fins et clairsemés, et de lourdes paupières prodigieusement gonflées par les effets d'une monstrueuse allergie – pire que la mienne –, et qui touchaient presque les verres des grosses lunettes qu'elle portait. La manière dont elle offrait son bouquet, les paroles timides qu'elle prononçait, étaient des plus conventionnelles que j'aie jamais vue et entendues ; et pourtant, dans le petit œil caché à demi sous ses stores, dans la manière de s'avancer, dans la voix ferme malgré une sincère timidité, dans l'impression d'isolement qu'elle dégageait mais qu'elle portait avec une naturelle dignité, on devinait une force de vie et de courage qui, depuis, n'ont jamais cessé de me stupéfier. Ce jour-là, on l'avait renvoyée du cours catholique où elle enseignait parce que l'on avait découvert que, à ses moments de liberté, elle fréquentait d'autres cours – païens – où elle allait s'initier à l'art dramatique. Mise à la rue, sans un sou en poche, elle ne savait pas où coucher. Je venais justement de descendre de ma prison « à raies », je la lui proposai — pour la nuit — pour quelques jours — pour le temps qu'il lui faudrait — pour trouver du travail — et un lieu meilleur pour vivre mieux — Mais depuis, elle n'a jamais quitté cette chambre jusqu'à aujourd'hui, ce jour où – il faut le dire – nous sommes sur le point de déménager et où nous cherchons ensemble un nouveau nid pour nous abriter. Même quand, après la mort de Sergio Andión, le petit studio que j'avais annexé pour lui fut libéré et que, à son tour, elle put le louer pour s'y installer ; même alors, elle garda la « jouissance » de l'horrible « couloir tronqué » où, pendant des années, je l'ai vue se débattre comme une forcenée, accrochée à l'existence, en quête obscure d'affirmation ou d'identité.

Je n'ai jamais rencontré quelqu'un qui semble vivre si loin et dans une si grande ignorance de ses réelles qualités ; son choix se range toujours à celui de la moyenne des honnêtes petits Français ; mais rusée qu'elle est, en vraie Normande, peut-être choisit-elle de son plein gré cette voie éculée, afin de ne pas choquer, de ne pas gêner, pour se faire accepter par notre société, laissant ainsi libre, dans le théâtre, la porte ouverte à son autre moitié — la voie jumelle — où s'épanouit parfois sa vraie nature que la scène dévoile pour la représenter. Quant au reste, ce qui touche à sa cocasse personnalité, son innocence rouée, son ingénue perspicacité, sa connaissance innée des points faibles de l'humanité, son souci de rester fidèle à la fidélité, son obscure nostalgie de grandeurs idéalisées, son orgueil et son humilité, sa faim d'exister, son bonheur de « représenter », les aventures qui l'attendaient dans la grande ville pour l'initier, le chemin étroit qu'elle a su prendre pour subsister, pour s'épanouir, pour regagner petit à petit à la force du poignet sa place de bourgeoise attitrée — ses péripéties enfin — il faudrait un long feuilleton qui raconterait en bande dessinée comment est reçue *Bécassine* à Paris au temps où les hommes partent dans l'espace et où la première bombe atomique vient d'éclater ; et surtout qui chercherait où se cache la source de son courage ; ce courage fait de menues luttes quotidiennes, de petite guerre inlassable, têtue, contre le sort contraire, la disgrâce, la maladie, la petite misère, tout ce qui s'applique avec minutie à ronger la dignité, un courage qu'aucun panache n'ennoblit et qui persiste parce que, une fois pour toutes, on a dit *oui* à la vie. Le courage, et une innocence qui, doublée d'astuce, est l'arme des déshérités ; qui, en Espagne, fait les héros des romans picaresques – ces personnages réduits à user des moyens des bestioles de la jungle pour parcourir les chemins de leurs existences, mais qui, dans la grand-ville, depuis que le macadam a avalé avec les trottoirs les titis de Paris, se déguisent en « passants » afin de pouvoir gagner, *ni vus ni connus,* derrière leurs uniformes de « Français moyens », de quoi subvenir à leurs appétits. Le courage et l'astuce qui l'ont su garder à mes côtés.

Rejetée dès sa naissance aux frontières de la vie, Dominique Marcas, alias Marcelle Napoléone Perrigault, représentait rue de Vaugirard, dans ce carrefour de l'exil où tous les chemins semblaient passer par Paris, la gageure de la vie même disputant son gibier à la mort. Chrétienne de fond en comble au-delà de toute convention de dogme ou de parti, il y avait, dans les couches souterraines de sa vraie fidélité, le *oui* dit une fois pour toutes à l'existence qui lui avait été donnée, ce *oui* qui la tenait debout quand la mort venait trop tôt la chercher, et dans lequel je me reconnais — cette affirmation où vie et mort se confondent — et tous les temps — et que le théâtre, parfois, révèle.

D'après une manie qui s'emparait de plus en plus de moi à l'époque et qui tendait à résumer ma conception du monde en simple mais curieuse opération mathématique, la fiche anthropométrique de Dominique se réduisait à cette addition :

$$1/2 + 1/2 = 1.$$

Quelques années après l'irruption de « la Normandie » dans les lieux, après la disparition de mon père, puis celle de Juan Negrin, qui privaient Sergio Andión de tout recours pour vivre en France, comme celui-ci s'apprêtait à rentrer en Espagne où nul ne l'attendait, j'ai pu intervenir à temps pour éviter un si désolant retour.

— « Viens avec nous. La maison a besoin de toi. Tu y trouveras gîte et nourriture. Pour le reste, tu te débrouilleras. Reste. »

Et il est resté. Dans un sympathique studio mansardé — au septième — dont les fenêtres n'étaient séparées de mon balcon que par la redoutable armée de pigeons toujours dressés en rangs serrés sur la gouttière. J'ai loué cette chambre quand Maryse Lafon, la jeune et jolie femme qui l'habitait l'eut quittée pour rendre sans doute aux terres basques où elle était née la grâce qu'elles lui avait donnée ; c'était une amie de René Char et quand elle le recevait, je me demandais toujours comment faisait le merveilleux géant pour glisser sa haute carrure par l'étroit escalier et les portes-fentes qui y donnaient accès.

Andión a vécu là jusqu'au jour de sa mort, il y a de cela deux ans. Du « débrouillard » — il faut bien le dire — il n'avait rien. Introduit à la NRF pour s'essayer à un travail de traduction — il parlait très bien les deux langues, le français et l'espagnol — les premiers résultats qu'il obtint furent bons ; et je me souviens de l'expression mi-ahurie mi-attendrie de Camus le jour où il apprit chez Gallimard que Sergio, depuis deux mois qu'il avait rendu les copies, n'était jamais retourné au bureau pour s'enquérir de nouveaux textes, ni à la caisse pour toucher ce qui lui était dû. En effet, comme personne ne lui avait « fait signe », il en avait déduit que « son travail n'avait pas plu » et que, par conséquent, il n'avait pas à en être rémunéré.

Modeste de grande fierté et d'une discrétion que l'on aurait pu prendre pour l'égoïsme le plus enragé, il est mort à l'âge de 82 ans comme il avait vécu, en parfait état de santé et de propreté morale, sans usures physiques, courtoisement, sans déranger.

– « Don Sergio vous attend dans la cuisine. Il prétend qu'il est malade », et une pépite de malice luisait dans l'œil coulissant d'Angèle.

Je préparais ma valise pour partir en tournée.

– « Qu'est-ce que tu as ? »

Au centre de la fenêtre ouverte, dressé devant le Mont Valérien, il se tenait droit comme un I dans sa robe de chambre, sans que rien parût changé en lui depuis la veille, quand il avalait vite son dîner d'un bel appétit, pour ne pas manquer l'émission télévisée qui l'attendait chez lui. Rien n'avait changé, sauf peut-être un rien dans son regard qui semblait décalé de la réalité par un éclat qui me fit penser aux yeux de mes partenaires les soirs de répétition générale, quand le rideau va se lever.

– « C'est fini. »

Je l'observais, incrédule et muette.

– « Je t'assure que c'est fini. Quelque chose en moi a changé... » et d'un geste il me présentait son corps enveloppé dans sa robe de chambre en pilou, comme s'il me parlait d'un objet qui ne lui appartînt plus.

Notre docteur Le Loc'h soignait sa tuberculose loin de Paris ; son assistant ce jour-là employait son temps de « week-end » à conserver sa santé ; et pour le rassurer, pendant que je finissais mes valises, Angèle le conduisait à une clinique voisine qu'il connaissait pour y avoir été opéré avec succès. C'est alors que dans le taxi qui les emmenait tous les deux, comme il soutenait encore avec véhémence que « quelque chose en lui avait changé », il mourut.

Économiste politique émérite, remarquablement cultivé, sobre, affable, vivant de mille curiosités, positiviste enragé, athée, tranquille bien que passionné, doué d'un orgueil judicieusement maîtrisé, il était fait malgré sa timidité frisant la pusillanimité, pour vivre son époque en bonne compagnie – sans hiatus ; mais incapable d'y engager une action personnelle, et pourtant parfaitement intègre et pétri d'idées de justice et de liberté, l'engagement profond qu'il avait pris envers lui-même, il l'avait tenu et il le tenait encore dans l'exil — par procuration ; et de la même manière qu'il avait vécu à travers le mariage de mon père le seul amour qu il ait eu dans son existence, il avait souffert à travers la vie de mon père des luttes qu'il était incapable d'assumer. Et ainsi il mourut, père oncle grand-père, par intérim, de cette fille qu'il aurait rêvée et que mon père lui laissait. Hélas, même là il ne parvient pas à assumer la tâche qui lui incombait car, comme je n'ai jamais rien compris à ce qu'il était derrière son apparente simplicité, n'ayant jamais su, à vrai dire, ce que dans ce monde il quêtait, tout en le respectant et en l'estimant, jamais il ne m'est venu à l'esprit dans un moment difficile de faire appel à lui. Même après sa mort, quand je cherchais une solution à l'énigme que son existence me posait, dans les innombrables feuilles manuscrites que pendant ses années d'exil il avait entassées, les caractères de son écriture indéchiffrable m'en ont découragée ; et tout ce que j'ai pu retirer des caisses bourrées de papiers, à part des chiffres et des chiffres qui s'y succédaient, ce furent les renseignements donnés par sa carte de séjour de « Résident ordinaire », qui me confirmaient qu'à un jour près il était né en même temps que mon père ; et qui me renvoyaient pour mieux m'informer à une photographie où un visage de vieillard aimable et propret continuait, derrière ses lunettes, à garder le secret de son identité, tout en me soufflant – à travers les maniaques élucubrations de mon esprit du temps – les nombres d'une opération infinie, une algèbre fabuleuse d'où ressort cette singulière équation :

$$S^1 + S^2 = -S.$$

Rue de Vaugirard, il vint incarner mon sentiment du devoir, ma fidélité à la vieille Espagne déracinée impossible à transplanter, le chaînon qui me reliait à une société révolue dont il portait encore la fierté, la probité, le libéralisme et une forme de bonté, le goût du bon accueil, de la discrétion, d'un intellect éclairé ; une société faite pour vivre en paix, au milieu de laquelle j'avais été élevée, qui m'a toujours aimablement ennuyée, mais qui, même vidée de sa sève, m'a toujours touchée ; comme on respecte le vieux chêne creux dont on devine les anciennes et somptueuses frondaisons et que, maintenant, la première bourrasque fera tomber. Esthétiquement, dans cette maison sans enfants et que le glissement du temps ordonnait pourtant mystérieusement, dans l'étrange famille qui s'y reformait, c'était à lui que revenait la part d'ancienneté.

On l'appelait M. Andión, Don Sergio, ou – le plus souvent – « Tonton » ; et comme – à l'encontre de mon père qui y perdait son latin ou du raisonnable M. Bourcier [1] qui succomba aux opérations mathématiques – les chiffres, pour lui, passaient avant la lettre, et que, malgré ses mésaventures, il semblait toujours y trouver des solutions à

1. M. Bourcier. Cf. lettre II, p. 286.

toutes les absurdités — il était chargé, parmi nous, de l'administration, des déclarations d'impôts, de gérer les économies qu'Angèle et Juan avaient « placées » en action à Suez ou à Panama.

Le reste du temps, il lisait, il écrivait ses mystérieux cahiers, chaque jour il faisait dans le quartier un tour qu'il raccourcissait au fur et à mesure des années, et il « cultivait » Angèle qui, comme tout un chacun, le respectait et l'estimait. Le soir — à partir du moment où j'eus l'idée de lui offrir un poste de télévision, il réunissait dans sa chambre les téléspectateurs du septième qui n'avaient pas de récepteur — Juan qui, en rentrant de son travail, après avoir mangé un repas léger mais « un rien de trop » arrosé, et avoir avalé ensuite sa dose de bicarbonate pour apaiser des acidités causées par un ulcère au duodenum qui commençait à se manifester, s'installait des heures durant, muet, face aux images télévisées pour y fixer un moment la fuite des années — et enfin, Angèle qui, après avoir nourri son petit monde, après avoir tout nettoyé et rangé, « montait », non sans traîner avec elle un inexplicable sentiment de culpabilité qui s'exprimait en quelques brins de phrases : « cela fait plaisir à Tonton », ou bien « il faut bien se tenir au courant » ou enfin « pour participer aux conversations de demain ».

Angèle — Chère Angèle ! Partie charnelle à la fois si intime et si étrangère — Terre fidèle, comme la terre indifférente et chaude, brute et bienveillante — Dans ce nid qui accueillait des rejetons venus des quatre coins du monde pour y reprendre souffle, s'y rencontrer, s'y chercher, pour réinventer loin du fracas de la tôle et du macadam la fête chassée du centre de la ville et repoussée dans les couloirs des étroits trottoirs toujours rongés ; pour y trouver une écoute et des confidences et des rêves, et des aveux ; pour jouer aux vacanciers, pour aimer et être aimé, pour exister; pour se découvrir dans les miroirs secrets de l'amour ou de l'amitié, pour faire vivre l'intimité — dans ce nid, hissé au milieu des toits loin du sol de la cité, la terre se représentait dans la figure d'Angèle. Terrible et douce. Étrange et familière.

Parfois, usée jusqu'à la corde par mes journées de travail qui me ramenaient harassée, je sonnais à la porte de l'appartement et dès qu'Angèle l'ouvrait, tout doucement je me mettais à pleurer. – « Oh Vitoliña... ! Vous êtes trop fatiguée. Vous allez vite manger. » Et dans son giron, tout en reniflant les larmes d'un bonheur retrouvé et en avalant sa succulente cuisine espagnole, de nouveau j'émergeais.

Parfois, l'été, quand, étalée des heures durant sur le balcon, toute entière abandonnée à mon corps, je dérivais dans les paysages laiteux, nocturnes, des bains de soleil, les petits pas d'Angèle sourds et minutés sur le tapis venaient m'arracher à la braise noire où l'on nage en brûlant vers des régions dilatées et hasardeuses, pour me ramener sur terre :

— « Prenez quelques fruits, ça vous fera du bien. »

Parfois, quand, étendue sur mon lit dans les nuits du printemps, je lisais — comme on se drogue — jusqu'à l'aube — les livres que Camus m'avait laissés, je la voyais paraître devant moi et... rester. Debout, rivée au sol, les mains jointes, elle m'observait pendant que, incapable de poursuivre ma lecture, exaspérée, les yeux toujours fixés sur mon bouquin, subrepticement je l'épiais.

— « Vous lisez ?

— Comme vous voyez... »

Mais elle restait là, debout, masse implacable, à me regarder :

— « Vous allez avoir une indigestion. Si on parlait un peu ! »

Parfois, quand j'attendais, seule, un événement, une nouvelle, un retour, un reflux de mon appétit de vie et que je considérais, atone, debout contre la fenêtre, à travers les vitres de l'automne, dans le ciel sombre, la chute grise d'un vol de pigeons, un petit bruit régulier venait de l'autre bout du colombier me tirer de la torpeur — poisseuse — qui me prenait — parfois. Angèle, dans la cuisine, battait des œufs et la cadence qui me parvenait la personnifiait tout entière — fatigue, maladresse, forte et endurante humilité — la passion du devoir, une infinie fragilité — le plaisir solitaire à scander la musique de la fourchette sur le plat, lentement, sérieusement, dans un rituel toujours recommencé, cantilène qui chantonne des responsabilités assumées, des difficultés vaincues, des peines — l'entêtement — d'insoupçonnables fécondités enfouies — une terrible et puissante féminité. A l'écoute — je voyais ses petites mains calleuses et soignées, trop menues — et son avant-bras dodu lisse de vieux bébé — et son regard innocent, roublard et démuni, sauvage et reconnaissant ; alors, touchée dans le meilleur de moi-même, les pieds rivés de nouveau aux vraies terres — je revenais à la vie.

Elle avait tout pris sur elle, Tonton, Juan, Dominique, la maison, moi, les joies, les chagrins, les secrets, l'incompréhension même qui l'agressait parfois dans sa chair vive, ou celle — la sienne — qui la protégeait d'un écusson matelassé. Tout pris sur elle et toujours avec son air d'heureuse satisfaction. Je n'avais à m'occuper de rien, hors mon travail, mes amours, mes amitiés et — d'*elle* — que je me devais de soigner, d'éclairer, de flatter, de malmener, de dorloter, de présenter, de prévenir s'il m'arrivait de rentrer quelques minutes en retard, de « disputer », et surtout de persuader que, *sans elle*, je cessais ou tout comme d'exister ; et aussi (occupation bien connue et familiale) d'inventer mille et un subterfuges pour lui cacher la part de ma vie privée qui pouvait lui déplaire, ou pour lui faire partager mes engouements passagers, afin de ne plus la trouver devant moi, drapée dans sa dignité, l'œil baissé, la bouche pincée, ce qui diminuait du coup le plaisir que je pouvais prendre — de moitié.

En réalité, dès l'âge de vingt-huit ans bien sonnés et jusqu'à vingt ans après, je fus ramenée à cette prime adolescence qu'il faut encore étroitement surveiller ; et pour lui plaire, non seulement il me fallait représenter une fillette, mais encore une fillette gâtée. En revanche, si je respectais ce pacte, tout m'était donné — le confort, l'argent qu'elle m'avançait quand je me trouvais à court, le bouc émissaire sur qui passer mes nerfs et mes angoisses, le mur pour me protéger lorsque j'avais besoin de m'isoler, la tendresse de la terre — et la vie qu'elle mettait partout avec la magnificence qui la caractérisait.

Mais je n'étais pas la seule à jouir de ses bienfaits et elle n'était pas la seule à me combler ; un frère d'armes que je m'étais trouvé en 1945 lors des représentations des *Frères Karamazov*, au théâtre de l'Atelier, que j'avais perdu de vue et que vers l'année 48 j'eus le bonheur de retrouver, est venu jusqu'aux années 60 partager notre vie, ou presque. Nous avons brûlé en étroite fraternité une des amitiés des plus belles qu'on puisse rêver, et si j'ai pu endurer avec succès les épreuves infligées par le dur apprentissage que je faisais de la maturité, si j'ai pu rester fidèle aux dures lois où les pourcentages sont si difficiles à peser, c'est peut-être parce que les heures que je partageais avec lui en toute innocence – comme au théâtre dans lequel il m'a tant appris – étaient vécues, minute après minute, à 100 %. Libres tous deux, n'ayant nul besoin l'un près de l'autre que de compagnonnage et d'amitié, nous nous y sommes adonnés comme deux louveteaux en liberté, en jeux toujours renouvelés. Et si mon père d'abord, Camus ensuite, m'ont formée, dans l'amitié de Pierre Reynal j'ai trouvé certainement l'huile précieuse qui m'a permis de tout lier ; et pour ce qui est du théâtre, s'il n'a pas été à l'origine des textes que je choisissais – car ce sont toujours eux qui se sont imposés à moi – il fut du moins à l'origine de la manière que j'ai choisie pour les jouer.

Enfant unique d'un couple uni ne vivant que l'un par l'autre près de Bergerac, il aurait pu représenter sa famille succincte par l'addition si rare qui fait de 1 + 1 → 3. Et dans cette incarnation humble et humaine de la Trinité, Pierre tenait lieu de fils expatrié en constante, douloureuse quête du Saint-Esprit. C'est ainsi que, adolescent, il avait quitté sa terre, pour chercher à Paris, au théâtre, les chemins inspirés par sa nostalgie.

Intelligent, cultivé, passionné d'harmonie, d'équilibre, de mesure, amoureux d'art et de beauté, il portait cependant, quand je l'ai connu, plein les poches, tout un arsenal de bombes prêtes à éclater. Sans cesse écorché dans la vivacité même de son adoration pour la beauté, comme une passion il la souffrait. Généreux et exalté, il rêvait les autels sur lesquels il plaçait celui qui comblait, un instant, le gouffre béant de la mélancolie qui le creusait, à ce qu'il semblait depuis qu'il était né. Indépendant, solitaire, il ne pouvait cependant vivre longtemps hors de la cité ; les splendeurs de la nature finissaient vite par l'ennuyer, et seules l'intéressaient les manières dont les hommes pouvaient l'interpréter ou la recréer. Et c'est que ce jeune homme raffiné, brillant, spirituel, remarquablement doué mais vieux comme le monde qui l'avait fait, traînait déjà en lui les usures, les désenchantements que les vieilles civilisations inculquent à leurs nouveau-nés ; mais comme il se trouvait aussi être un adepte inconditionnel du « Tout ou rien », dans la folle exigence où sa passion jalouse pour la beauté le portait, assoiffé de perfection – ce damné – et perdu dans des lassitudes héritées, il cherchait, pour exister, un miroir où il pût la trouver, un reflet que seule la compagnie des hommes et, en premier lieu, le théâtre, pouvait lui donner. Et quand, las de lassitudes, dans le reflet qui lui était renvoyé, la beauté venait à manquer, l'ardent adolescent, pris soudain d'une sainte colère contre l'humanité, ravagé de brûlantes envies de tuer, virulent, vitupérant contre tout ce qui l'entourait, détruisait avec rage ce qu'il avait aimé ou créé, et lui-même pris dans le feu, ce scorpion se suicidait.

Je ne connais pas d'existence qui soit faite d'autant de suicides que celle de Pierre sans que pour autant il ait jamais – du moins à ma connaissance – attenté à sa vie. Mais je ne connais personne que l'on regrette autant quand — pour continuer à vivre — il faut s'en séparer — Et c'est que le même feu qui le porte à saccager le rend apte aussi à animer, à enflammer, à édifier, à galvaniser, à grandir et magnifier ceux qui l'approchent ; et possédé lui-même de beauté, l'exaltation qu'il transmet remue l'une des meilleures parts de celui qui en est touché. Après lui, je n'ai rencontré personne — ni un metteur en scène — qui, après la première représentation d'une pièce que l'on a, ensemble, préparée, vienne vous dire – « Aujourd'hui c'était à chier » — et qui, le disant, sache du même coup ôter tout regret du but manqué pour ne laisser vivante que cette impatience du lendemain, dans l'assurance que, là, le miracle aura lieu. Je n'ai pas retrouvé non plus, après lui, la joie pure du travail, celle qu'il me donnait, naturelle, désintéressée, embrasée ; le travail pour le travail, celui qui nous faisait passer des nuits blanches vers la soixantième représentation du *Diable et le Bon Dieu*, pour essayer de donner au personnage de Hilda, que je n'ai jamais trouvé, un peu plus d'existence, de chair, et de beauté.

Mais ce que j'ai appris de lui au théâtre, c'est dans un autre volet de ce livre qu'il me faudrait le rappeler ; un second volet que je me plais à imaginer et qui raconterait la même histoire et une autre, plus tard commencée et plus loin menée, la même et double existence vue depuis « l'autre côté ». Ici il s'agit surtout des *personnes déplacées*, et en tant que telle, Pierre, ce pur Français, m'apparaît aussi banni de son pays, de la société où il vit, de son époque, que l'Espagnol Flores de Rocha [1] au cœur même de son Andalousie qu'il hantait, ce dernier bandit d'honneur que l'Espagne nous ait donné.

Non — de la manière de travailler qu'il m'a apprise à travers les sonorités du piano de Lipati, la danse et la poésie, l'ineffable lumière dont Vermeer baigne la *Jeune Fille à la Perle*, la mesure inspirée dont Philippe de Champaigne fixe sa quête d'infini dans les regards d'Angélique Arnauld ; du labeur toujours recommencé, là, « sur le tas » ; de sa présence silencieusement attentive dans les salles où je répétais *La Seconde* de Colette au théâtre de la Madeleine, les *Six Personnages en quête d'Auteur* au Théâtre français ; des scènes de *Macbeth* que nous « polissions » ensemble pour le Théâtre National Populaire, de son exigence inlassable et joyeuse pour me faire gravir dans le feu du bûcher les marches de la cathédrale de Lyon où devait être présentée la *Jeanne d'Arc* de Péguy ; des enthousiasmes, découragements, instants de grâce, des disputes, des fous rires que le théâtre nous donnait — ce n'est pas ici le lieu de parler ; non plus d'ailleurs — quand Pierre commença à s'éloigner — que des « travaux forcés » qui m'ont rivée six années durant à Jean Vilar, cet autre bagnard du TNP qui, lui, y a laissé non seulement sa santé, mais aussi sa vie.

Tout au plus, dans le temps limité qui me reste — maintenant il s'agit de retourner au théâtre pour... continuer — pourrai-je évoquer les longs voyages qui nous menaient loin de cette caserne enfouie sous l'asphalte qu'était pour nous le Palais de Chaillot — ce blockhaus monstrueux interdit à l'oxygène, où nous nous démenions toute l'année, à moitié étouffés, attendant le moment de sortir sur le vaste balcon de la

1. Le fameux bandit qui hantait les environs de Ronda (cf. p. 93).

scène pour y souffler et respirer. Ces voyages qui m'emmenèrent si loin dans d'autres théâtres aussi vastes — les mêmes — dans des pays que je ne voyais qu'en passant, des villes que je traversais épuisée, toute occupée par la tâche qui m'y attendait et toujours tournée vers les soirs de « représentation », devant des peuples que j'appréhendais seulement à travers la relation que créait entre nous le monde de la fiction, sans le moindre loisir pour m'orienter ou me reconnaître étrangère ou familière dans les lieux — Pour savoir d'où me venaient la fascination et l'effroi ressentis dans la ville de New York, cette gageure fantastique relevant du plus grand pari, cette ville tirée au cordeau et qui, provocante et nue dans son étrange régularité, découpe de son arrogante géométrie le ciel même et parque la lumière pour dessiner les pointes de son défi — un défi où j'ai vu soudain s'ouvrir les ombrelles d'Hiroshima — Pour chercher, dans les révoltes qui me soulevaient à Moscou — comment en quête d'un Eden, un lointain eden qui rendrait à l'homme la liberté et le salut, on en arrive à entasser cette multitude de personnes déplacées venues de tous les coins de la Russie, qui attendent, en rang silencieux, devant le mausolée du Kremlin, le moment où elles pourront y entrer pour s'agenouiller devant deux hommes embaumés dont l'un est déjà jugé, condamné et rejeté — comment, pour rendre à chacun sa dignité, on en vient au mensonge et au mépris.

Mais peut-être puis-je encore rappeler – sans m'y attarder – comment, en quittant la Russie, quelque part près de Stockholm – cette citadelle inexpugnable, jamais touchée, toujours épargnée, cossue, qui semble détourner loin de son enceinte tout désordre qui la relierait à un monde déchiré, qui donne à celui qui l'habite des démangeaisons d'attenter à sa propre vie ou de se précipiter en Russie* — comment, assise à la table d'un restaurant suédois près d'une baie vitrée, j'eus la sensation curieuse que quelqu'un m'épiait à travers les vitres de la baie ; et comment j'ai cru voir dans le fjord qu'une invisible baguette magique — dehors — figeait, un regard vivant qui, sous la vallée dormante de son sommeil enchanté, m'observait. Comment la lagune où Venise s'enfonçait exhalait pour moi son angoisse de putréfactions et de beauté — Comment, dans la suite de mon odyssée, j'eus envie à Oslo, à Amsterdam, à La Haye, de m'embarquer sur des goélettes perdues — comment je désirai être pirate — et comment, après avoir vu la forêt vierge brésilienne venir lécher les palaces-hôtels de Rio, après m'être baignée avec les oiseaux-mouches – les paons – et les aras dans les piscines ciselées de fers précieusement forgés des haciendas

* NB. · Je suis allée en Russie au moment même de la déstalinisation.

chiliennes, après avoir tremblé avec la terre de Santiago, après avoir goûté à la douce nostalgie désolée de Montevideo, après avoir puisé à Buenos-Aires les eaux vives d'une affection qui ne cesse aujourd'hui encore de se renouveler — comment – après avoir traversé la porte étroite que les Andes entrouvraient juste assez pour laisser le passage au minuscule avion qui me portait — comment j'ai dû encore survoler une interminable plage qui s'échappait toujours devant nous vers l'horizon, ruban pris entre le rouleau ininterrompu que tourne le Pacifique en bobines blanches, et les Andes qui, à mesure que nous avancions, semblaient reculer, écarter leurs augustes jupons, afin de laisser à l'Océan, pour s'y ébattre, le dernier volant de leurs traînes — ce désert galonné de grèves tout le long du chemin qui nous menait par le corridor chilien au Pérou.

Enfin, comment j'ai pu m'asseoir un moment, au centre de l'ample vallée de Cuzco, à quatre mille mètres d'altitude, auprès d'un Indien et d'un lama pour contempler, *dans l'attente*, avec eux, la ligne délicatement ondulée des montagnes gigantesques qui de toutes parts nous entouraient, mais qu'une parfaite harmonie faisait ressembler aux douces collines toscanes, si justement façonnées à la mesure de l'homme que l'on est presque tenté de les caresser de la main — en Italie —— Cependant, à côté, un bout de terrain aplati, grossièrement arasé, servait de port d'atterrissage au seul avion qui y arrivait de Lima ; et là, devant cette piste tronquée par les barbelés, comment j'ai pu voir l'Indien venir s'asseoir avec son lama, *dans la même attente*, pour contempler, *du même regard*, l'oiseau de tôle s'envoler ou se poser — un instant —— Plus loin, dans un gouffre, comme dans la gueule ouverte d'un gigantesque serpent carbonisé qui tire encore sa langue calcinée vers les étoiles, se dressait, crevant le ciel de son monstrueux dard d'insecte fossilisé, la pointe colossale du Machu-Pichu, droite et aiguë, portant encore au bout de l'aiguillon son venin, un nid d'aigles, les ruines d'une cité d'hommes — abri, antre, guérite accrochée aux nuages, pari dressé entre ciel et terre — et — là — comment j'ai cru voir transpirer dans les rigoles que le temps a laissées le sang noirci de la vie pétrifiée.

Dans ces terres où tout redevenait possible, où tout restait encore à connaître, à nommer, aussi bien qu'au cœur de la nouvelle tribu qui s'était faite dans le nouveau colombier où l'amour me réinventait et me nommait, j'épanouissais fastueusement ma maturité privilégiée. Et de retour de voyage, je repartais parfois, l'été, pour Camaret d'abord, seule ou avec Pierre, puis pour Lacanau où je louais la petite maison des dunes, dans l'odeur et la saveur d'iode, de sel et de pins, dans la brûlure du sable – sous les pieds – et le parfum des immortelles qui, seules, poussaient dans le « jardin » afin de justifier, je suppose, le nom épicé donné à la petite masure : *Le Poivron.*

Mais il y eut aussi — tout au long des années, les séjours passés – le temps des vacances – avec Camus ; dans les Vosges, pour commencer, où je le rejoignis comme j'avais rejoint mon père en Suisse quand il y soignait encore sa tuberculose et qui, maintenant, n'était plus là — Il y eut les vignobles ensoleillés des plaines alsaciennes, les pierres dentelées des églises gothiques, Colmar et ses musées, les guinguettes de Gérardmer, le lac, la route des crêtes qui caracolait de la Schlucht au col du Bonhomme, les landes de bruyère étendues au pied des versants où se dressent les hautes forêts de sapins – épaisses, serrées, noires – formidables et sombres cathédrales ouvertes soudain à la lumière par l'œil de bœuf qui y découpe le cercle parfait d'une clairière ; et les orages qui nous surprenaient sur les chemins de la nuit — leurs crêtes illuminées en un vacarme d'enfer et la course vertigineuse du ciel où se précipitaient les images – estompées – réapparues – fondues – multipliées – hallucinations fantomatiques, échevelées, d'une imagination blessée ; et les nuits, humides ; et les bals du Petit Valtin, fêtes montagnardes de notre temps, rondes dantesques où les pêcheurs, enfermés dans des hangars – des baraquements isolés –, s'entrechoquaient en rythmes syncopés, chaotiques, vertigineux, dans les figures d'une danse dont on ne concevait plus la fin ni le commencement — damnés marqués au poignet d'un tampon, rivés les uns aux autres en grotesques accouplements, qui tournaient et tournaient sans cesse, éternellement, traînant derrière eux l'image de Paolo et Francesca da Rimini noués l'un à l'autre jusqu'à la fin des âges, pour graviter — inlassables — autour du même point — Et il y eut des voyages au bout du monde et dans le soleil couchant — des cortèges d'un autre temps — quand le couple qui nous accueillait dans sa ferme et que Camus avait rebaptisé rentrait le long chariot tiré par des bœufs, chargé de bois, portant sur son faîte « Daria », suivi de près par « Darius » sur son cheval, et précédé des enfants qui, ouvrant la marche, couraient en riant dans la lumière vert-doré des champs — Il y eut aussi la fête foraine qui longe, l'été, en Italie, sans interruption ni bavures, la côte vacancière du levant, longue bande de terre accolée au bord de la Méditerranée, boursouflée d'ombrelles colorées, de bastringues, d'hôtels, de boutiques de fortune, de postes à essence, de gargotes, de terrains de jeux, de « campings », de pistes de danse en plein air et de cinémas dont les écrans blancs semblaient attendre dans le ciel indigo qu'on les peigne ; une foire du trône que nous avons dû longer sans voir jamais la mer jusqu'à Rimini et où, dans les nuits de l'été, s'élevait parfois dans le Grand Chariot la haute stature de Gary Cooper, noire et blanche, jusqu'à frôler de son chapeau de cow-boy la lune, pleine, grosse boule d'or que l'Adriatique pend au milieu de son plafond pour lui donner un éclat particulier —

Et il y eut les traversées des Apennins à la recherche des villes ou des paysages où se trouvait encore Piero della Francesca ; et il y eut le pèlerinage embrasé d'île en île à travers la mer Egée ; et le refuge de Sainte-Foy-la-Grande, où les parents de Reynal, le couple Merveilleau, nous offrait son vin de « noces » qui attendait, couché dans la cave, depuis trente années ; et leur petite ville où nous avons assisté, médusés, à cette fin de jour qui fit venir des milliers et des milliers d'éphémères pour les abattre comme un fléau transparent sur les rues, autour des réverbères déjà allumés dans la demi-obscurité, et tapisser enfin de leur lumière lunaire les trottoirs, la chaussée, où elles battaient encore de leurs ailes à peine animées le sol qu'elles recouvraient. Puis il y eut aussi les hautes tours de Cordes avec leurs lits à baldaquin, près d'Albi.

....

Mais alors, tout était source de vie, lieu d'accueil, terre fraternelle, patrie. Je m'appelais Princesse, Unique, Vivante, Reine, j'étais la petite Galicienne choyée, élue par les meilleurs, confirmée et certaine en mon âme et conscience que je « méritais ». Oui, je vivais tant et – je le croyais du moins – si bien, si fidèle à ma fidélité et à celles que je m'étais créées que je ne m'apercevais même pas que la notion de « mérite » s'introduisait insidieusement dans la manière dont j'usais avec le gouvernail du bateau qui me portait ; je n'ai pas vu quand et comment le timonier, au lieu de veiller – oubliant là sonde, transmission d'ordres, signaux, et par là, des écueils ignorés –, se prenait peu à peu pour un fabuleux commandant de navire ; ni que, pour garder le chemin qu'il s'était tracé et mener son bâtiment à « bon » port, il oubliait l'océan qui le tenait – ses îles et ses tempêtes, son horizon – fixé qu'il était sur le coin de terre où il voulait accoster. Oui, il faut bien l'avouer, il y eut un temps où je crus *posséder* la vérité et où – comme dirait Reynal – je pensais l'avoir gagné... le coquetier.

Comment est-ce venu ? Quand cela est-il arrivé ? Car au moment même où je pactisais avec mes infidélités, je pensais toujours – et je le pense encore – vivre dans ma vérité.

Mais peu importe. C'est au théâtre que j'ai vu d'abord que j'avais dérivé ; c'est à travers le théâtre que je chercherai – un jour – le jour et le lieu où, fixant le cap, je me suis mise à ignorer le courant qui m'entraînait. Patrie, terre, racines si aisément reconquises ne font jamais le vrai sol des personnes déplacées, et le plus grand privilège de l'exilé se tient peut-être dans la chance qui lui fut donnée d'apprendre à marcher sur la pointe d'un seul pied. Or, le fait est que, bien rivée au sol d'une patrie retrouvée, je me suis crue l'élue de je ne sais quels dieux, membre d'une caste ou d'une aristocratie prédestinée, une « intouchable » que tout terrain peut porter.

....

Pourtant nuits et journées s'entremêlaient de rappels et de signaux d'alarme.

Dans les petits matins vierges que les marées laissent sur les plages de France, j'ai vu, une fois, trois hommes étendus sur la grève, grillant leur peau claire au soleil, seuls au milieu de la longue ligne blanche, comme si l'Océan, les dunes et le ciel leur appartenaient. Comme j'approchais, je les entendis parler — allemand. Et en les écoutant, un bizarre spasme vint crisper ma mémoire comme si, au creux de mes entrailles, là même où sourd l'innocence, une plante poussait ses racines fourchues pour y nouer en forme d'atroce poupée désarticulée le signe retrouvé d'une pestilente mandragore. Et des images apprises sont revenues en nausée brouiller l'étendue de sable blanc que la mer avait lavée et que seules les pattes des mouettes avaient encore marquée. Cela avait beau s'être passé loin — là-bas — dans la folie d'un homme qui usait de son peuple comme d'un talisman propre à épurer le monde de son cauchemar, je me *savais* directement liée aux massacres autour desquels l'aveuglement et la surdité d'un moment recelaient d'obscures complicités ; jusqu'à la complicité même, peut-être, de ceux qui y étaient sacrifiés. Pourtant devant ces trois hommes paisibles, parce qu'ils parlaient allemand, une horreur et un dégoût m'ont prise en les regardant, le dégoût avec lequel on considère ses propres mains quand elles ont trempé dans le sang de l'agneau que l'on vient de tuer ; des mains qui semblent rester toujours ce qu'elles étaient, avec leurs lignes mystérieusement tracées qui se prêtent à toutes les interprétations et devant lesquelles on se tait.

La nuit, sous les paupières fermées, je retrouvais mes anciennes visions familières, paysages calmes et silencieux où des oiseaux métalliques tirés à peine de la science-fiction hantaient les ténèbres, muets. Mais, parfois, les armes de la mort changeaient — Je me souviens d'une vaste salle carrée où je me tenais. Une salle parfaitement carrée, haute de plafond, dont les portes, si elles existaient, se dissimulaient dans la demi-obscurité, et qui semblait donc s'ouvrir sur un seul côté par une grande verrière qui occupait un mur entier, et donnait sur une étroite galerie où se dressait, coupant le mince chemin, une haute échelle en bois. Au-delà, dans des parcs — qui pouvaient être galiciens ___ une fine pluie ___ que je *savais* meurtrière ___ humectait, de sa bruine empoisonnée, les vitres, à travers la véranda ___ Presque au milieu de la vaste salle vide et sombre, un grand piano à queue, noir, anachronique et solitaire, brillait ___ Debout, dans une totale impuissance, je regardais ma mère ___ Dressée devant moi, la tête prise dans un turban de fines bandelettes qui encadrait son visage, très pâle, elle portait toujours la même robe en crêpe noir qui l'habillait rue de Vaugirard quand elle cirait le parquet, ou aux Mathurins, sous sa cape de zibeline, quand elle « épatait les bourgeois » ___ Maintenant, prise de je ne sais quelle révolte ou quelle urgente nécessité, elle voulait ouvrir l'étroite porte vitrée, sortir, et monter en haut de l'échelle pour chercher je ne sais qui et prouver je ne sais quoi ___ Je ne savais qu'une chose : *je savais qu'elle était morte* et qu'elle ne le savait pas ; et que, parce qu'elle était morte, elle pouvait m'échapper ; et que, *parce qu'elle était déjà morte*, rien ne pouvait lui arriver ___ Paralysée, incapable de l'arrêter, je la regardais, maintenant, grimper de l'autre côté des vitres, sur l'échelle mouillée ___ Avec le sentiment aigu de ne pouvoir me garder à l'abri et la laisser mourir seule une seconde fois, sans trahison, sans lâcheté, sans me détourner de ce pour quoi j'étais née ___ Pourtant *elle*, elle était déjà morte, et si elle ne le savait pas, *moi, je le savais* ; et moi, *je vivais* ; et une goutte de cette pluie sur ma peau me tuerait ___ Dehors je grimpai à l'échelle, pour la prendre ___ si légère dans mes bras ! ___ et redescendre, et rentrer avec elle toute mouillée contre moi, et la déposer doucement sur le piano qui luisait autour de ses vêtements noirs, où seul le visage pâle se détachait, les yeux clos, comme si elle dormait ___ Et alors, sans plus rien regarder, je me suis assise par terre et, appuyée contre le piano, les yeux ouverts dans la pénombre, j'ai guetté la mort qui venait ___

Mais, à part les visions – obsédées – d'une guerre vicieuse qui m'était devenue familière, une nouvelle créature de mes rêves venait régulièrement hanter mes nuits. Homme – femme – androgyne, ce personnage – pantalon de golf, cheveux bouclés – arrivait là où je me trouvais pour clore un cauchemar que je faisais ___ toujours le même et toujours renouvelé. En différentes circonstances, par des chemins différents, l'angoisse montait ___ irraisonnée ___ jusqu'à irruption dans les lieux ___ toujours différents ___ de ce « zombie » muet et joyeux qui dès son apparition articulait pour moi en confidence sans qu'aucun son me parvienne l'annonce d'une « affreuse nouvelle » ___ puis basculait en arrière sur un fauteuil ou un divan proches ___ pris d'un rire inextinguible et muet ___

Il y avait pour me ramener à l'état de veille ___ il y avait autant de signes que de nuits et de journées ; mais sur les routes de notre nouveau monde où les vitesses s'intensifiaient jusqu'à rouler à tombeau ouvert dans les champs qui nous menaient à la lune, il me fallait réapprendre avant tout les sentiers de la paix —— Où donc se trouvait la paix ? —

Si les fureurs de la guerre avaient arasé les terres, le ressac de sa marée d'équinoxe laissait sur les plages de la paix, après la première accalmie muette et désertée, le terrain libre pour la construction de milliers de châteaux de sable où je voyais chacun s'affairer, dans un total oubli, à ériger une titanesque Tour de Babel qui divisait les langages à l'infini pour interdire une fois de plus toute entente ; et dans la dislocation, l'épargne quotidienne en vue d'un hypothétique lendemain, la distance creusée entre ceux qui – hier encore – s'épaulaient, l'ennui de plus en plus profond qui suintait à travers des activités redoublées, l'étrange léthargie qui *à tombeau ouvert* commençait à s'emparer de ceux-là mêmes que l'action harassait, dans la place – enfin – où peu à peu nous reléguions ceux qui pouvaient nous garder à l'état de veille — j'ai cru entendre de plus en plus nettement l'appel d'une nouvelle guerre. A croire qu'il nous fallait le raz de marée du dernier danger pour faire surgir à la surface de notre humanité, avec l'étalage du pire, ce qu'il y a de meilleur en nous et, dans le voisinage de la mort, la vie même. Comme si, loin du danger, dans l'oubli, les humains s'étiolaient, mouraient à demi, et qu'un instinct profond nous poussât sinon à le réinventer du moins à nous en repaître dès qu'il apparaît ; peut-être afin de secouer les puces de notre torpeur ; pour retrouver un instant la place exacte où sourd l'eau de vie ; un repère, qui nous est donné aussi – quand ils se présentent – dans l'amour ou la beauté — quand, dans la fleur, la lumière, l'homme la femme ou l'enfant que l'on voudrait éternels, nous découvrons l'incroyable fragilité.

J'ai vu, à la nouvelle d'une catastrophe imminente quelque part dans le monde où nous ne sommes pas, j'ai vu s'allumer dans des regards éteints une étincelle – « comme qui dirait » l'ombre palpitante d'une flammèche de vie. J'ai surpris souvent cette lueur dans les coins calmes de la province où l'on s'ennuie autant qu'à Paris en jouissant néanmoins d'un temps plus plein pour savourer l'ennui. J'ai appris que c'est là un phénomène classique qui hante aussi les grandes villes et qui visite les citoyens vidés par l'énorme machine urbaine et qui ont besoin d'excitants pour continuer à pointer ; mais j'appris aussi que dans les grandes agglomérations, à l'homme plus éprouvé et plus éduqué, il faut plus qu'un fait divers pour se sentir concerné ; il lui faut l'annonce d'une guerre. Et j'ai su que si l'ignorance, l'innocence ou le désert d'une affreuse solitude peuvent me sensibiliser jusqu'à la complicité avec l'abruti, l'éternel paumé, ou le vieillard à jamais solitaire – quand j'aperçois dans leurs regards, obtus, éperdu, ou délavé déjà par la mort, l'éclair qu'y projette « la bonne nouvelle » –, par contre, la même lueur chez l'homme ou la femme dans la fleur de l'âge, jouissant d'une bonne santé, normalement nourris et dûment renseignés, me fait tourner la bile. Car maintenant, je sais que c'est *là* que les discours commencent.

J'appris comment, au nom du Christ, on aboutissait à l'Inquisition. J'appris comment les mots de liberté, progrès, dignité, fécondaient les prisons, les chaînes d'usine, les bureaux d'abêtissement ou les camps de concentration. Comment ces mots mêmes sont convertis par mauvaise usure en clichés dérisoires. Comment l'intelligence se met au service du lavage de cerveau. J'ai vu comment, à travers la confusion, le déguisement et le mensonge peuvent régner en pleine clarté. Comment on est mené à signer des manifestes qui dénoncent non pas la guerre, mais *une* guerre, celle dont on ne veut pas et qui offre une belle occasion de combattre, dans la paix, les ennemis de palier.

Il me semble que je dis là ce que chacun sait ; et pourtant, à la première annonce d'une conflagration dans quelque coin de cette terre – tout comme à la nouvelle d'un fait divers dans les voisinages d'un bourg – j'ai vu commencer aussitôt dans les tièdes cercles des soirées d'hiver le branlebas de combat — Et je me démène, et je m'exalte, et je me passionne, et je me galvanise. A distance, par ouï-dire. A en causer. A discuter. A colporter. A trancher. *A juger.* En oubliant un seul petit détail et c'est que, si j'y étais, par le seul fait d'être *là,* je serais autre, inimaginable —

A propos de ces fièvres qui brûlent soudain des masses de gens hier indifférents, et que l'éruption d'une nouvelle crise sur le globe émeut soudain de compassion, j'ai souvent entendu parler, depuis que nous avons enterré Dieu, de « mauvaise conscience », cette nouvelle appellation donnée au péché, qui essaie désespérément de s'exorciser elle-même en se nommant sur toutes les lèvres. Et j'ai remarqué en effet que, lorsqu'il s'agit d'un séisme, d'éruptions volcaniques, de pestes lointaines ou de toute autre calamité où la volonté de l'homme ne se sait point engagée, on s'attarde à peine ; après quelques paroles de condoléances et des mines de circonstance, le plexus allégé de sympathies bonasses et d'acceptation fatale — sans même regarder s'il n'y aurait pas là une image de nos fléaux intérieurs — parce que personne ne se sent alors « concerné » dans sa bonne conscience — on passe outre ; et dans ce nouveau monde où la mort est devenue malséante, qui se débarrasse de ses cadavres, de ses malades et de ses vieillards comme d'ordures que l'on conduit discrètement à la décharge, on s'empresse de reléguer l'image qui vient de nous être donnée — dans les cimetières.

Par contre, lors d'une guerre, la mort prend sa revanche. Je l'ai vue à toutes les pages des journaux, je l'ai entendue sur toutes les lèvres ; et peu importe d'où elle nous vient selon les guerres qui se succèdent — un clou chasse l'autre —, mais le trou reste où — dirait-on — il nous faut enfoncer la pointe brûlante qui nous obsède.

C'est alors, quand la mort reprenait ses droits de cité et que « concernés » directement par les causes du dernier pogrom, nous nous trouvions placés devant notre propre impuissance à « bien » gouverner ce monde que nous nous étions adjugé, c'est alors que j'ai connu l'agitation née — dit-on — de notre mauvaise conscience ; et avec elle les prises de position, les choix préalablement orientés, le tri bien défini entre les bons et les méchants comme dans les mélodrames et, par là, les germes de nouvelles divisions et de nouvelles guerres ; ceci pour combattre celles que nous nous sentions encore capables « d'avoir pu éviter ».

Mais cela aussi, tout le monde le savait. Nous savions tous quelque part en nous que cette nouvelle activité qui tournait en roue folle, ne faisait qu'ajouter à la confusion où déjà nous nous étions fourvoyés ; qu'elle ne pouvait servir en aucune manière de lavement à une conscience chargée ; que la bonne conscience, si l'on restait à l'écoute, il était vain de la chercher, sinon là où nous voulions nous en faire une à peu de frais, et que la mauvaise conscience ne pouvait être expurgée que là où l'on mourait.

C'est alors que j'ai connu, quand je voulais épurer la mienne, le seul choix qui m'était donné : rejoindre ceux qui, dans leur lutte, s'employaient là-bas à l'exorciser pour nous tous, dans la souffrance, la violence, l'horreur et la mort, ou bien rester là où j'étais et « vivre avec », en attendant le jour où ce serait mon tour de l'exorciser pour eux. Placée loin des combats, ces cratères que la guerre ouvrait sur la surface de ce corps qu'était ma terre, je les reconnaissais comme autant d'abcès où s'accumulaient et crevaient les humeurs que je portais en moi — héréditaires — dont aucune thérapeutique n'avait réussi jusque-là à me guérir ; car, depuis les sacrifices humains, pour les purger, pour soigner la conscience souillée, les progrès qui avaient été faits n'avaient encore rien trouvé de mieux que la démence des armes atomiques et les camps d'extermination. Loin maintenant des batailles, je redécouvrais dans la guerre — comme dans l'amour — comme dans le spectacle de la beauté — la part sacrée, vitale, indétachable de la vie, celle qui se tient au-delà même de la conscience, dans l'état même où elle nous met : l'*état de guerre.* Et hors de toute morale, j'ai cru voir que s'il était contraire à la vie même de s'en détourner, il était moralement scandaleux, sauf quand on y participait avec sa propre vie, de s'en servir pour – sous prétexte de religion, d'idéal ou de morale – y ajouter de nouvelles confusions qui préparaient de nouvelles guerres ; que pour la vivre sans scandale loin des batailles, il me fallait *l'imaginer,* et pour cela, incarner en moi non seulement les combattants des deux camps, non seulement les victimes avec lesquelles, comme tout le monde, je *compatissais,* mais aussi les bourreaux que, comme tout le monde, je *représentais.*

Portée par l'extraordinaire pari qui nous avait substitués à Dieu, et ancrée dans ce monde où les progrès faits par l'homme n'avaient changé en lui en l'amputant des forces exilées de l'esprit que sa conscience – de plus en plus chargée — informée du risque que j'encourais en jugeant mes semblables de rejeter seulement sur eux la part de moi que je refusais — ne trouvant plus d'autre idéal ni d'autre religion que mon obscure fidélité — j'ai choisi le chemin qui me restait — — Hors des sectes, des chapelles, je me suis appliquée à échapper aux partis pris ; sur les frontières où me rejetaient mon impuissance, mon ignorance ou mon esprit autrement renseigné, à l'orée de la conscience et au cœur de mes complexités, j'ai cherché à soigner *d'abord* mon propre mal ; afin d'aimer les autres, j'ai essayé – jusqu'à la limite de l'impossible – de m'aimer ; et quand le signe venait, criant et saignant, nous confronter tous à notre propre reflet — *avant* que le démon farceur de mon angoisse ne vienne ouvrir ma gueule à tous vents — *avant* de me précipiter dans je ne sais quelle danse folle pour y brûler *avant même* de la reconnaître ma propre terreur — j'ai essayé de m'arrêter devant le miroir qui m'était donné, pour m'y regarder, nue. Et rassemblant ce qu'il pouvait y avoir en moi de courage et de lucidité, je me suis efforcée de garder la force de mon indignation, pour la transfigurer — Selon ce que j'étais, selon les désavantages et les privilèges qui étaient les miens, j'ai cherché à l'incarner, à en témoigner par la représentation, à retrouver un lieu de catharsis, mais cette fois dans les plages de la paix.

Le choix était fait. C'est à travers le théâtre que j'allais essayer de soigner en moi la part qui me revenait de la maladie universelle. C'est en avançant, livrée à la transparence de la scène que, à travers les notions de la distanciation, ou de l'engagement direct – ce raccourci qui veut éviter les sentiers de la transposition – c'est à la lumière crépusculaire des nouvelles pensées, morales, ou religions — que j'essayais donc, jour après jour, à tâtons, de ne pas oublier – à travers les recherches, les postulats, les modes – la première condition qui m'avait été donnée au théâtre pour exister — C'est là que, forcée que j'étais – pour les refléter – de les vivre, j'ai appris mes propres contradictions ; et c'est en les vivant – afin de les renvoyer, vives, dans le miroir de la scène – que confrontée aux eaux troubles qu'il me fallait remuer dans les arcanes d'une mémoire oubliée, j'ai appris la place qu'il me fallait laisser à ... « l'insondable », afin qu'il soit lui aussi représenté — Pour ne pas tricher. Pour ne pas amputer le *reflet* de la part de mystère où sa forme était obscurément élaborée. Pour ne pas vider le théâtre de sa raison d'être, de sa complexité, de la vie même qui brûle en lui pour éveiller la vie. Pour qu'il ne devienne pas seulement un poste d'observation – lieu de simple dénonciation – chaire de pédantisme – tribune de propagande – tréteau de nouveaux mélodrames, où les anciennes morales, maintenant rejetées, laissent la parole aux partis pris de politiques nouvelles, pour amputer de nouveau la représentation de la part même qui demande à être représentée — celle que l'on s'applique toujours à étouffer — afin de clarifier — de simplifier — de rassurer — pour me permettre de me reposer sur une *idée*, pour me ranger *d'un côté*, celui des *bons* et me déclarer traître ou *mauvaise* si je penche un instant de l'autre côté.

Le choix était fait. Me détournant de tout autre moyen d'interprétation où je risquais l'égarement ou la dispersion, m'en tenant aux limites de la scène d'un théâtre, j'ai cherché dans le choix des textes, le travail en commun, la vie d'équipe, et surtout dans le miroir même que la scène me donnait et où je me retrouvais – à la fois reflet et reflétée – intimement mêlée au monde — j'ai cherché, loin des écoles – modes – académies ou partis pris – d'où qu'ils viennent, à réinventer les sentiers enfouis où courait mon obscure fidélité. Et essayant toujours de me référer à elle j'épurais, dans le creuset magique, ma santé.

Il restait cependant le tribut qu'il me fallait payer à la société où je me mouvais, la participation aux débats que de plus en plus elle semblait imposer à ses sujets ; et cette part-là, pour la vivre à part entière, tenue toujours par ma condition de canard laid, je n'ai pu l'assumer qu'à travers un homme qui prit sur lui de me représenter : Camus. Comme il prit sur lui d'une certaine manière de me représenter même auprès de mes amis quand je me trouvais dans l'impossibilité de leur venir en aide ; comme il prit sur lui – souvent – de les représenter — Tous . les

Espagnols exilés qui se serraient autour de lui — et Reynal, quand celui-ci, dans sa propre révolte, le lui permettait ; tous ceux – de par le monde – que le mensonge bâillonnait — et ma très chère Léone – Nogarède de son patronyme, Laisner de son pseudonyme, Brainville du pseudonyme de son mari, de la Grandville de son véritable nom de femme mariée – cette compagne prodigue de générosité plus jeune que moi qui parfois me rappelait ma mère quand je la voyais se débattre, solaire, entre ses quatre identités ; et tous ceux qui se cherchaient sans tricher, Monique Chaumette, la douce sœur d'armes que je m'étais faite au TNP ; et aussi, ceux-là même pris au piège de leur ruse ou de leur ingénuité — et Jean Vilar qu'il emportait dans ses bras hors de la salle de restaurant où il venait de tomber évanoui, à l'heure où le théâtre le dépouillait déjà de la justification de vivre qu'il y cherchait — *« Comme il est léger à porter... ses os mêmes semblent vidés... »* — Et Marcel Herrand qui mourait par deux fois, d'un coma médicamenteux et d'un cancer généralisé, et qu'il accompagnait jusqu'au jour où il dut aller le remplacer à Angers, pour mettre en scène, à sa place, la *Dévotion à la Croix.* Et Angèle, celle qui nous portait tous et qui, en le voyant arriver, se laissait enfin porter. Et Tonton, qui suivait avec peine. Et moi qui, à travers lui comme Tonton l'avait fait à travers mon père, vivais maintenant – par procuration – un engagement que, hors de la scène, je n'ai jamais pu vivre qu'à travers mon père et à travers Camus — — Père, frère, ami, amant et fils parfois, il remplissait de sa présence les lieux de ma vie ; le petit pigeonnier ; les rues de la ville ; les pays mêmes que, loin de lui, je découvrais ; et dans mon existence il donnait vie à cela même qui – à première vue — semblait me détourner de lui.

Mais dans les haltes que je lui procurais – et le théâtre, où il venait retrouver innocence et liberté – ses vacances – , même là, il apportait avec lui – cet inlassable vigile – les signaux d'alerte ; et dans l'émerveillement même de l'étroite fraternité que chaque jour nous nous attachions à créer et à incarner (1 + 1 = 1), comme devant le miracle de la rose ouverte à demi sous la rosée, je tremblais. Et il y avait aussi les boyaux flasques du malheur, le goût écœurant de la maladie autour de nous et en nous, les relents de notre vieille conscience de plus en plus chargée, les épées croisées de la contradiction, la lutte hâve toujours renouvelée pour reconnaître sous les déguisements l'appel de la fidélité à l'heure de la tentation, l'atroce interrogation que l'impuissance met dans le regard – à l'heure de la vérité. Il y avait *Jonas* qu'il écrivait, le *Renégat* ou *Un Esprit confus*, et la *Chute* ; cette nouvelle qui, cherchant sa place dans l'*Exil et le Royaume*, s'est mise à pousser, à grossir, malgré lui, hors de lui, comme un gros abcès dans lequel il se reconnaissait avec tous, déjà dans ce terrain vague où il n'y a plus ni exil ni royaume, mais où la plupart n'ont voulu reconnaître que lui – ou, à la rigueur, le portrait d'un voisin de palier.

Il y avait les matins de vie et de lumière, de la beauté, de l'amitié, de la gratitude éperdue, du jeu — les récréations où Don Juan s'amusait dans une liberté attrapée au vol, qu'un instant il s'était accordée.

Mais il y avait aussi les jours qui me l'amenaient, en plein midi, dans la lumière glacée, ruisselant de sueur, blême, défait, cherchant son souffle qu'il ne savait où trouver. Comme mon père, il étouffait ; mais, dans les nouveaux temps et les terres écartelées que Camus annonçait, le mal dont mon père souffrait dans ses bronches empierrées s'était répandu ; il avait gagné la cité, il s'appelait pour l'heure claustrophobie, et maintenant, en pleine santé récupérée, en pleine rue, en plein midi, Camus cherchait désespérément son souffle dans un monde de plus en plus sclérosé. Et quand je le voyais arriver ainsi durant la guerre d'Algérie et que le hasard me menait une heure après dans un cercle de gens que *je connaissais*, prise alors dans une de ces discussions de bistrot qui me sont toujours sorties par les yeux – un de ces débats greffés sur des événements qui déchirent ceux qui sont directement concernés et qui les vivent dans le plus grand dénuement, la plus terrible des interrogations, dans la mort, dans la férocité, ou muets — pour ne pas hurler, pour ne pas insulter, pour ne pas ajouter à la division et à la confusion mon envie de tuer, je me levais et je partais.

J'ai aimé et j'aime Camus parce que, pris dans ses contradictions qu'il était le premier à dénoncer, même dans les moments de diversion sans lesquels aucun homme ne peut subsister, il a employé toute son attention à ne jamais se laisser distraire de cette veine vive qu'il suivait à même la surface de la pierre sans jamais s'en détourner — au risque même parfois de « sembler » perdre de vue – dans le labyrinthe, ou quand le tracé s'enfonçait loin dans la terre – la ligne même à laquelle il s'attachait pour rester fidèle à sa passion de justice et de vérité. Parce que, malgré son besoin profond de trouver une « forme », il a employé toute sa raison à ne pas se « leurrer » sous prétexte d'ordonner son existence ou sa pensée ; et son honneur — cette folie en lui qui le tenait et le tient à l'écart des cirques de notre temps – où il ne faut point trop approcher la bête pour éviter que l'inquiétude ne gagne les gradins de l'arène — à ne jamais « leurrer » ceux qui pouvaient l'entendre. Quand il n'avait rien à dire il se taisait. Et son don-quichottisme ou sa sainte folie se tenaient tout entiers là ; s'il ne pouvait plus témoigner que par le silence, si la complexité des circonstances ou ses propres contradictions ne laissaient plus de place qu'à l'accommodement ou au mensonge, avant de crier, il osait, ce dément, mettre un bâillon dans sa bouche et rester muet ; et si, perdu face aux marais ou au désert, aucune piste ne s'ouvrait à lui pour atteindre la terre ferme et féconde, au lieu de maçonner sur-le-champ un chemin de ronde qui tourne autour du fossé, au lieu de s'appliquer à bâtir des mirages où l'on se prend à rêver de lointaines oasis pour oublier un instant sa soif, il invitait les siens à traverser avec lui les marais ou le désert — pour continuer — en s'y embourbant ou en y brûlant ensemble — parce que, « dans son arrogance et sa fierté », il les pensait dignes aussi de souffrir la vérité en toute clarté. Acculé à choisir entre la croyance qu'il avait en la justice et la défense de sa mère, menacée au nom d'*une* justice — il choisissait de défendre sa mère ; c'était là ce qu'il avait trouvé – ce funambule entêté – dans le chemin qu'il poursuivait sur le fil ténu de sa vérité ; et je ne vois pas là en quoi on peut l'accuser de trahir son engagement, ni ce que cela ôte ou ajoute à l'idée même de la justice qui était la sienne ; je ne crois pas qu'il y ait là à discuter ou à commenter, si ce n'est qu'entre la justice et la vérité, il choisissait la vérité contre toute justice mensongère ; ou bien que, sans vérité, il ne pouvait y avoir pour lui que justice mensongère.

Le sage roi Salomon devant deux femmes qui réclamaient toutes deux un enfant dont chacune se voulait être la mère proposa de découper l'enfant afin de les départager ; mais il savait que, pour défendre l'intégrité de son petit, le cri de la vraie mère viendrait en fin de compte rendre la justice à sa vérité même. Maintenant ce sont les enfants qui veulent se départager leur mère ; et dans le vacarme de la guerre, là où la justice éclate en deux camps ennemis, quand l'idée même de justice est revendiquée par chacun des adversaires, je me demande quelle serait l'attitude du nouveau Salomon placé entre les deux camps, et si, acculé à départager entre eux, et la justice et la mère, il n'en serait pas réduit à se taire.

On peut choisir un autre chemin, celui de la guerre, partager la violence de ses frères et aider même à dépecer sa mère ; mais quand on voue sa vie à refuser la terreur et qu'on se trouve loin des lieux où l'on mise sur la mort, je ne vois vraiment pas ce qu'il y aurait d'autre à faire, si ce n'est de se taire.

Il reste alors que le silence n'est plus qu'une longue clameur. C'est le cri qui hurle à la mort – continu –, au-delà des péroraisons où se liquéfient les forces vivantes de notre terre ; au-delà de ce continuel lavement qui coule par les orifices ouverts à l'expression – rhétoriques creuses ou truquées – propagandes multipliées et grossièrement déguisées – abêtissement — cette matière sirupeuse, cette sauce qui se prévaut de je ne sais quels accords pour assourdir de ses mornes rengaines les carrefours d'échange et de communication de notre monde actuel — ce stupéfiant qui berce l'ennui et endort les dernières démangeaisons de l'esprit de notre temps.

Seulement voilà : il faut qu'il y ait cri.

Eh ! oui, c'est bien le triste que nous n'arrivions pas à mettre un ordre définitif, une unité bien claire dans ce que nous sommes. Moi, je me suis toujours refusé à l'idée de mourir informe. Et pourtant... sinon informe, il faudra mourir obscur en soi-même, dispersé – non pas serré comme la forte gerbe d'épis mûrs mais délié et les grains répandus. A moins du miracle et que le nouvel homme naisse. Mais peut-être aussi que l'unité réalisée, la clarté imperturbable de la vérité, c'est la mort même. Et que pour sentir son cœur, il faut le mystère, l'obscurité de l'être, l'appel incessant, la lutte contre soi-même et les autres. Il suffirait alors de le savoir, et d'adorer silencieusement le mystère et la contradiction — à la seule condition de ne pas cesser la lutte et la quête.

C'est le long cri que j'ai entendu aux côtés de Camus quatre mois avant sa mort, quand il s'apprêtait à bâtir sur des terres à cheval sur le désert et les marais son *Premier Homme.*

....

Il y avait — il y avait autant de signes que de nuits et de journées ; et toute occupée à les saisir, à les transmettre, à recomposer au théâtre le visage du monde qui m'apparaissait en débris – ce collage où chacun de nous de moins en moins se reconnaissait –, à m'y débattre avec la nostalgie des mythes renversés au profit du dernier en date, à chercher de nouveaux masques pour y crier la parole qui mettrait l'imposture à nu, le geste qui viderait enfin la scène des momies qui l'infestaient pour appeler dans son centre les forces vives de la périphérie — toute occupée à témoigner, à alerter, à chercher dans les chemins de la paix les promesses qui nous tiendraient éveillés, les yeux grands ouverts, écarquillés — à mon tour je m'endormais. Et le dernier signe qui m'est parvenu dans ma somnolence avant d'en être arrachée par un réveil brutal me fut donné par l'Ange de *Federigo.* Une fois de plus j'étais revenue au cinéma pour y représenter une fois de plus la Princesse de la Mort, avec Jean Cocteau, dans le *Testament d'Orphée.* C'est sur le plateau où nous travaillions qu'un jour Jean Marais est venu nous annoncer que Gérard Philipe était mort. Depuis dix années nous n'avions fait que nous croiser. De loin ni de près il ne fréquentait plus ma vie. Et pourtant, la longue silhouette aérienne qui m'est à ce moment-là apparue, souriante, au bout d'un étroit passage où il entrouvrait, avec la grâce et cette aisance qui étaient les siennes, la porte, pour me montrer combien il était facile de s'y glisser, cette image dont je ne sais plus si elle fut imaginée ou rêvée et qui, quand je suis prise de *trac*, revient souvent me visiter dans mes rêves éveillés — cette illusion ou phantasme ou vision me fait croire qu'il existe d'autres rapports entre les êtres que ceux que l'on choisit ou que l'on crée — Et quand, peu de temps après sa mort, cherchant un jour à écrire sur lui un texte que l'on m'avait demandé, j'ai trouvé dans mes notes cette petite phrase à propos de la manière dont nous nous étions connus : *« La seule fois que nous avons été réunis dans une pièce, nous ne nous rencontrions jamais sur la scène »* — cette phrase ainsi conçue, bête, isolée de tout contexte, claire et impénétrable, réveillait maintenant chez moi des échos inconnus, étranges et familiers, tremblants de douceur et de vertiges. Je ne pourrais l'expliquer, cela n'est que souffle et mystère. Mais le fait est que, quand la figure de Philipe en pleine jeunesse et en plein éclat fut fauchée de la terre, cette mort, sans rien amputer dans ma vie même, venait rendre pour moi le passage tant redouté plus *facile*.

....

Être dans un petit cercueil comme un violon.

....

Six semaines après la disparition de Gérard, j'arpentais ma chambre close de rideaux sombres, de moquettes noires, de portes-fenêtres et volets fermés. Jusqu'au soir où j'ai dû quitter mon trou haut perché pour jouer au Palais de Chaillot le rôle de Titania que je tenais alors dans le *Songe d'une Nuit d'Été*. Je ne me rappelle pas le visage que le jour eut cet hiver-là. C'est dans la nuit que je veillais. Je parcourais une terre calcinée. Comme une énorme marmotte le reste du temps j'hibernais. Debout seulement pour rôder autour de ma chambre. Comme une louve malade ou affamée. Autour d'un creux. Vidée. Une dépouille, un sinistre trophée que des mains désolées venaient chercher en quête de chaleur encore vivante ; le mirage qui, un instant, juste le temps de s'habituer, pouvait leur faire penser qu'elles tenaient encore quelque part ce dont elles avaient été si brutalement dépossédées. A son tour, Albert Camus était mort.

....

J'arrivai, fatiguée d'une journée chargée, stérile et étrangement bousculée. Le matin, je m'étais mal réveillée, les mains malhabiles et tremblantes d'un malaise qu'il m'était difficile de vaincre. Vers midi le téléphone a sonné. Angèle, à son tour inquiétée, me passa le récepteur : – « La police. Ils veulent vous parler. » Dominique avait glissé sur un trottoir, elle s'était cassé le poignet ; on l'avait transportée à l'Hôtel-Dieu, et comme elle devait y rester quelques jours, elle nous faisait prévenir et demandait qu'on lui porte quelques affaires. J'ai respiré. Je ne sais pas pourquoi je m'attendais au pire et, du coup, soulagée, j'accompagnai Angèle à l'hôpital, je vis la malheureuse attendre qu'on s'occupe d'elle et, les laissant là toutes deux, je courus à la Maison de la Radio où je devais enregistrer une émission avec Alain Cuny. Nous avons vainement attendu tout l'après-midi, ensemble, la fin possible d'une grève perlée qui pour le moment immobilisait les studios ; mais à mesure que le temps passait le malaise qui m'étreignait le matin revenait. Enfin, Alain me reconduisit à la maison et je montai. Dans l'appartement le téléphone sonnait et, dans l'ouverture de la porte d'entrée, Angèle me regardait, muette avec cette étrange interrogation qui se fixe dans les yeux quand, avant une longue séparation, ils *voient* une personne chère pour la dernière fois. La sonnerie du téléphone avait cessé et elle avait recommencé. Enfin, je suis entrée dans le vestibule. Sur une chaise poussée contre le mur, j'ai vu Micheline Rozan qui m'observait. Le téléphone sonnait encore et je crois avoir demandé :

— « Qu'y a-t-il ? pourquoi ne répondez-vous pas ?

— Albert est mort », dit Micheline et Angèle disparut.

De ce mort — escamoté — le dernier qui me touchât de si près, je ne sais rien et je n'ai jamais rien su — Peut-être une photo surprise au vol dans un journal que je ne voulais pas regarder. Un visage figé derrière une vitre de voiture, la bouche ouverte, les yeux clairs écarquillés — étonné. Mais je ne sais même pas si j'ai vraiment vu ce — document ou si je l'ai rêvé. C'est le seul de mes morts — comme disent les gens dans leur désespéré besoin de possessivité — qu'il m'ait été interdit de regarder — En revanche j'ai pu voir le trou que sa mort creusait. Pendant des journées et des journées j'ai reçu ses amis et les miens qui étaient aussi les siens et des inconnus ou à peine connus qui, ici comme là-bas, venaient voir si la vraie vie continuait encore quelque part.

Mais de tout cela, il est encore trop tôt et il sera peut-être toujours trop tôt pour moi de parler.

Elle revint à elle, à la vie, à sa chambre, à la ville qui vociférait derrière les vitres, comme l'on revient d'un épuisant voyage ou d'une longue maladie, ou d'une cavité profonde pour regarder le soleil.

Sur la table d'architecte, des tulipes somptueuses mouraient, penchées avec une grâce et une élégance infinies pour lâcher sur le bois sombre, en lumière pourpre et or, leurs pétales.

Une coulée d'air liquide lui parvint de la fenêtre et avec elle un instant d'ineffable joie.

Elle reprit son cahier. Un mot y était souligné, dont elle n'avait pas encore cherché la signification :

trou – ouverture – cavité ;
– cavité dans laquelle loge un animal ;
– solution de continuité.

Dans la boule d'or pendue au plafond comme la lune de l'Adriatique exhumée de sa mémoire, le kaléidoscope détraqué entrechoquait des vues folles devant elle pour la précipiter dans le plus enragé des marathons qu'elle ait jamais entrepris, et qui l'avait ballottée dans sa danse effrénée, depuis dix années, jusqu'au moment où elle se réveilla, étendue sur le lit de sa chambre dénudée.

Il y eut, après le Songe d'une Nuit d'Eté et les virtuosités de Cher Menteur, la Plainte Funèbre pour Ignacio Sanchez Mejias et la Nuit Obscure ; Hamlet et la Recherche de Don Juan, le streap-tease de la Reine Verte et l'aridité de Yerma ; les Divines Paroles et le Repos du Septième Jour — Les Paravents — Il y eut les Enchaînés et Medea et le Triomphe de l'Amour — et Medea — et les Henry VI — et la Nuit Obscure — La Nuit Obscure — Mère Courage — La Nuit Obscure — La Nuit Obscure — Encore la Nuit Obscure. La Danse de Mort — « Early morning » (ou Très tôt le matin) — Le Borgne est Roi et la Nuit Obscure. Shakespeare — Lorca — Ohana — Shakespeare — Jérôme Kilty et Jean Cocteau — Maurice Béjart — Valle Inclán — O'Neil — Paul Claudel — Jean Genet — Sénèque et Jean Vauthier — Marivaux revenu — Shakespeare — Brecht — Strindberg — Bond — Carlos Fuentes — Saint Jean de la Croix. Avec Béjart, Lavelli, Franck, Blin, Vilar, Barrault, Tasso, Régy et Wilson comme meneurs du jeu.

Il y eut dès 1960 Paris, Montauban, Carcassonne, Sisteron, Paris, Bruxelles, Paris, toutes les villes de France où l'on s'arrête en tournée, les villes de Suisse et de Belgique, du Luxembourg, de l'Algérie, de la Tunisie, du Maroc, le Beyrouth du Liban, Montevideo, Buenos-Aires, Rio de Janeiro, Saô Paulo, Montreal — un long itinéraire consigné dans un guide Michelin, plié en accordéon comme *son* ancienne carte de résidente ordinaire. De 1960 à 1963, *sa* vie se représentait à *elle* comme le long périple touristique d'un homme d'affaires. Puis il y eut 1963-64-65 où, à Buenos-Aires, à Paris, à Bruxelles, à Buenos-Aires, *elle retrouvait une part d'elle, sa langue* — *sa langue* — *et un nom* — María — *qui l'appelait en chantant, comme s'il s'adressait à elle, mais en lui* — *énoncé en espagnol* — *elle ne se reconnaissait pas tout entière, un nom qui, chanté dans sa langue, ne la nommait pas tout entière, un appel qui la laissait étrangère avec, au bord des lèvres, cette réponse, petit bout de phrase qui revenait comme un rot :* « dame la pata que es mía » Et en même temps que je revoyais mon cher Maximino — fidèle — qui m'appelait encore Vitoliña, et des amis d'enfance, qui disaient : María-Victoria — et une ville — dans la ville — de Galiciens émigrés, ou exilés, ou bannis ou expatriés, et que je visitais leurs hôpitaux, leurs écoles, leurs cercles où ils reconstituaient une partie lointaine – perdue et réinventée –, la tía Candidita revenait me raconter l'épouvantable histoire de *María et de son Spectre.* Et comme quand j'étais petite, je me répétais que si je devais être confrontée un jour à une telle aventure, pour me sauver, il me faudrait jeûner ou tout manger du cadavre. Mais très vite il y eut un homme, puis un autre, pour s'approprier ma manie ; ils s'appelaient Béjart, Lavelli ; et comme ils s'adressaient toujours à moi comme à *María-dame-la-pata-que-es-mía,* j'ai enfin oublié que je ne m'appelais pas María.

Puis il y eut Paris où María-Maria-Marie sont devenues *une* réunies dans la langue de saint Jean de la Croix que Béjart m'avait rendue pour la chanter et la danser de pays en pays, et Lavelli avec qui je la retrouvais quand il la murmurait avec sa musique, son air d'« ailleurs » pendant le travail, sur la scène, ou dans l'intimité d'une inaltérable complicité. Et enfin il y eut à Paris la rencontre qui me rendit, entière, en plein Paris, par un étrange détour, à ma terre, celle qu'au théâtre je n'avais jamais pu représenter, la terre de Sancho Panza, celle de Lazarillo de Tormes, celle où je me reconnaissais, aux prises avec la vie en société au centre de la ville où il me fallait exister ; celle que j'avais si bien enterrée en moi que, pour l'exhumer, il m'a fallu aller jusqu'au bout de je ne sais quelle inversion pour la retrouver, pour revenir à ma réalité. La rencontre avec Genet dans la représentation qu'il m'a proposée.

Je me souviens : je n'ai pris connaissance des *Paravents* que lorsque l'on m'a proposé d'y jouer. Comme toujours je voulais approcher la pièce comme si je n'étais pas directement concernée, comme si je ne devais pas y participer. Mais ce n'était pas là un monde que je pouvais vraiment connaître sans y entrer de plain pied, avec le seul regard distancié du touriste éclairé. Pour connaître ce pays, j'étais obligée de m'y engager, entièrement disponible, dans une complète innocence pour y vivre comme un de ses habitants... ou renoncer à y entrer ; je ne pouvais rien savoir de ce qui m'y attendait sans l'expérimenter.

J'ai accepté. J'ai accepté avec ardeur, crainte, fascination, avec la fièvre qui doit saisir l'explorateur quand il s'engage dans un paysage flamboyant de fêtes nocturnes, de magies blanches, de sirènes précieuses et pierres miroitantes – améthystes – aventurines – jaspes – œils de chat — et où, seuls, quelques signes sont là pour parler le langage familier — Un univers où le risque allume à chaque pas des soleils — la vie même recréée — l'antidote même du rassurant – je n'ai jamais été confrontée à un texte théâtral qui ait exigé de moi un tel engagement ni un tel courage pour m'y engager — Diabolique, la vision m'était présentée comme venant de Dieu lui-même. Comme l'existence, je la découvrais à tâtons, par des biais ; et les rapports qui se créaient pour m'orienter me demandaient de dénuder ce que, jusque-là, au théâtre, j'avais toujours essayé d'habiller. Et je l'approchais en dansant comme les scorpions avant l'amour. Et j'étais le scarabée tournant et retournant la boule, la sphère close, à la recherche avide d'une porte, d'une fenêtre, d'une fente qui m'en ouvrirait l'accès, tournant et retournant la nourriture, avant de l'avaler. Ou — archéologue devant la montagne colossale, dans le silence pyramidal porteur de vacarmes infinis. Ou — explorateur placé devant des terres toujours nouvelles, que je me devais de déchirer, pour mettre à jour, restituer les plages vierges où il me fallait m'aventurer — fascinée par l'opacité de la brousse, la ligne d'horizon au bout de la mer, le désert et son mirage — par la promesse de vies multipliées, qui me fixaient, en arrêt, comme le chien de chasse fixe le mouvement même, là où la vie menace et exalte ses créatures.

On me demanda après : « Avez-vous eu le sentiment de vous trouver devant une dramaturgie nouvelle ? » Je n'y avais pas pensé. Je n'y avais d'ailleurs jamais songé jusque-là, sauf peut-être devant une de ces pièces classées dans la rubrique des « œuvres intéressantes », et là, sans doute, avec l'auteur, qui avait dû y penser avant moi. Ces textes où nous nous retrouvons – nous interprètes – en vieux terrain familier, où nous nous essayons à éprouver nos capacités intellectuelles – qui nous tentent afin de leur donner vie ou afin de leur prêter « forme nouvelle » ; ces « prétextes » qui nous parent un moment de faux-airs de créateurs — récréations, repos, jeux des intermédiaires. Mais ici, devant l'envergure, les dimensions, la puissance de choc que suppose une telle création, devant l'œuvre de vie, les difficultés, les pièges, les émerveillements, les découvertes, les étrangetés qui ne pouvaient être au premier abord que flairées ou devinées, ici où, pour connaître, il m'avait fallu *d'abord* m'engager si je ne voulais pas fuir ou me détourner, ici, je n'entendais rien à ces mots « dramaturgie nouvelle » qui m'apparaissaient ainsi lâchés, dépouillés de tout contexte, idiots ; à moins que l'on n'appelât « création nouvelle » celle qui éternellement recrée. C'est là où j'ai pu crier ce que pendant la guerre d'Algérie j'avais tu ; mais c'est là où, une fois de plus, j'ai su que dans le cri ou le silence n'écoutent que ceux-là mêmes qui *veulent vraiment s'engager* et que pour le reste tout est prétexte à malentendu.

Puis, de nouveau, le marathon reprit, autre cependant ; et avec Sénèque___ Marivaux___Shakespeare___ saint Jean toujours___ et Stravinsky___ je courais de Paris à Royan___ à Timgad en Algérie___ à Amiens___ à La Rochelle___ à Bourges___ à Caen___ à Saint-Étienne___ à Strasbourg___ à Villeurbanne___ à Paris___ à Montreal___ avec Lavelli___ avec Béjart, qui, après « La recherche de Don Juan », sur le même chemin, avait trouvé un autre titre à son nouveau spectacle sur le même thème : « A la recherche de... » et où la part qui me revenait s'appelait « La Nuit Obscure »___

Puis, il y eut les événements de 1968 où, par chance, je ne me trouvais pas à Paris, ce qui me permit peut-être d'entendre, sans être gênée par les parasites qui brouillent les ondes d'écoute, une réponse quelque part dans cette société où jusque-là je vivais seule. Un signe. Fulguration ? Santé ? Libération ? Écho ou réponse ? Ponts mystiques ? Dans la soupe au tapioca qui clapotait___ le feu___ là___ crachait ses bulles___ Au cœur même du vacarme j'entendais la ligne mélodique du silence___ Un couteau divisait la masse sirupeuse d'où s'échappaient, rapides, à peine aperçues, les forces de l'imagination et de l'esprit ; une lumière frissonnante d'aubes à venir éclatait sur l'eau de la Charente, hésitante, fuyante, dans des vapeurs de naissance ; et des signaux impénétrables éveillaient l'oracle, appelaient les prophètes___ Dans ma petite cuisine close de *La Vergne*, une boule de feu – étoile phosphorescence ou foudre – s'était glissée par les rainures et tournait, folle, cherchant un trou béant – cheminée, porte, ou fenêtre___ pour me rappeler à mon enthousiasme devant l'orage. Et j'attendais, sans chagrin, sans désillusion, sans amertume aucune, comme si rien d'autre ne pouvait avoir lieu, naturellement, qu'elle me montre seulement l'autre rainure par où elle allait m'échapper___ un invisible trou dans le plâtre qui bouchait l'ouverture de la cheminée.

Puis il y eut de nouveau La Havane___ Montreal___ Mexico___ Avignon___ la Hollande___ Lausanne___ Paris___ Berlin_____ dans *la nuit obscure*.

trou – solution de continuité.

Entre-temps, quand il m'arrivait de me reposer à *La Vergne*, je reprenais le joug. Et dans une activité démente contre les puces, les cloportes, les araignées, l'humidité, les mauvaises herbes qui venaient étouffer les clairières que nous avions dégagées— côte à côte auprès d'André que – hagarde – je regardais à peine sauf quand— tout à coup— toujours en partance je le voyais s'en aller— ou quand une de ses crises le foudroyaient devant moi— je notais dans un cahier des idées qui me hantaient— points de départ de nouvelles que je n'écrirais jamais—

Il y eut, dans ces brouillons, des figures à peine ébauchées, celle de l'Amante et celle de la Fiancée venue d'ailleurs, d'un autre temps, la fiancée qui me révélait— pour— quoi— l'on pouvait songer à se marier—

Je me souviens— Dans un jardin de banlieue— des gens endimanchés se croisaient dans les allées et se pressaient autour d'un buffet. Sans visage, comme dans le métro. Bien élevés comme à la mairie du Ve. Ils déambulaient, divisés, robes sages, complets bleus, masques nivelés par les bonnes manières. Parmi eux, quelques visages frais comme des pervenches qui peinaient contre la poussière. Et deux ou trois braillards qui se trompaient d'adresse, ici, ou ailleurs ; de la vie dont ils voulaient éclabousser la fête, ils ne gardaient que la bouche échancrée, la ride figée de la « joie » et le ton haut que donne l'abus de chorydrane. Ce n'était là ni la ville, ni la province, ni la campagne. Pas même un carrefour. Le no man's land. Il n'y avait là ni bons, ni méchants, ni agréables, ni repoussants, ni vilains, ni seigneurs, ni bossus, ni droits. Les limbes. S'il y existait un visage, il se cachait vite ou se déguisait pour éviter qu'on le surprenne, pour ne point provoquer de scandale, par bienséance, pour se fondre avec le pair et l'impair, pour se masser en chiffres pâles. C'était la noce. Il y avait des fleurs partout, des fleurs coupées à côté du jardin, gris-vert ; des fleurs abandonnées, lasses, dormantes, qui attendaient, et soudain tout disparut devant l'apparition insolite— beauté ?— de la Fiancée. La vie noire et drue ramassée dans un visage avide jusqu'au bord de l'angoisse, noir et serré, plus noir encore dans la blancheur de la dentelle épaisse vivement accrochée à des cheveux noirs. Anne la petite gitane, transfigurée, mythique, petite vierge baroque serrée dans son carcan de piqué blanc, secrète, donneuse, grave et lourde dans son extrême fragilité, petite reine d'une fête absente dont elle semblait porter la nostalgie comme un sceau magique. La fiancée gitane, braise vive, étoile pourpre qui se faufilait dans les cendres en s'excusant de tant d'insolite. Anne donneuse et avide, s'excusant d'extra-vagance, toutes voiles larguées en vue d'un irrémissible départ ou de je ne sais quel rituel de vie ou d'épouvante. Anne, vierge— caravelle— mante— à la fois prêtresse et victime, autel et officiante ; Anne, seule, et son regard immense, précis, insensible, et dont toute cruauté était absente. Anne sacralisée, image vivante d'anciens et éternels sacrifices.

Face à elle, à mes côtés, l'Amante, gibier de nos villes — la fugitive. la mal-aimée, l'excentrique, l'oiseau migrateur pris au piège, encagé dans le feutre, la tôle, et les chiffres — numéros de bureaux, cliniques et mercédès, numéros de contrat, de cachet, matriculée – kilomètre et téléphone ; mythe de notre société, victime – bureau de défense, vitres, lunettes noires ; soumise au caprice, tragiquement vacante, juchée là sur ses deux pattes au centre et clouée à l'affiche, amazone immolée à l'abolition des distances, au temps condamné, grande cocotte du béton, amoureuse du clochard, totem de publicité, entretenue par la Firme Société-Frères des Compagnies d'Assurances contre la mort, victime du néon. des passages cloutés, phtisique de l'essence qu'un Consortium de Collectionneurs Anonymes a placée — chat-huant naturalisé — sur l'étagère, en collant à ses pieds une étiquette : « Dame aux Camélias 1967 ».

Il y eut aussi un personnage qui s'imposait de plus en plus à mes veilles, depuis que mes nuits n'étaient plus visitées par l'affreux androgyne au pantalon de golf, qui clouait mon angoisse à « l'horrible nouvelle ». Et qui disparut après la mort de Camus — Un personnage qui hantait maintenant mes rêves éveillés et dont je voulais faire un conte ou une nouvelle — Quelqu'un qui voudrait « repartir à zéro » — Qui n'accepterait pas dans sa maison la moindre fuite d'eau à une tuyauterie et qui, pour la boucher, voudrait remettre tout à neuf au prix même de la démolition. Une ride – on se tire. Un bourrelet – on opère. Une dent qui se déforme – on la remplace. Et pour que le neuf ne soit pas choquant, pour que le travail soit propret, on enlève et on remplace ce qui est bon. Je rêvais de ceux qui prennent dix francs d'essence pour mettre dans le réservoir de leur voiture ; et de ceux qui font le plein ; et de ceux enfin qui m'intéressaient alors au plus haut point parce que j'y retrouvais un reflet familier ; ceux qui, voulant toujours le plein de carburant, seraient prêts à vidanger le réservoir auparavant, pour « repartir à neuf » avec le sentiment de rouler dans une voiture saine. Et perdue dans mes rêves, tout en faisant le ménage, j'étais arrivée à d'étranges zones qui me plongeaient dans une hébétude bizarre. Quand — par exemple, le moment venait où il ne restait que peu de papier dans le rouleau des w.-c. et que j'imaginais déjà là le nouveau rouleau, gros, blanc, somptueux, et que la tentation me prenait de hâter la fin de celui-ci pour le remplacer sans tarder par celui-là, prise du désir inexplicable de trouver des cabinets entièrement *« neufs »*... Et quand – je me souviens avec stupeur – afin que le nouveau rouleau règne sur une ère nouvelle, je ressentais la nécessité de faire le ménage « à fond », nettoyer, astiquer, y décharger une bombe d'insecticide, puis bien fermer, puis ouvrir enfin, jeter les restes d'une rondelle encore odorante de lavande *pour* y accrocher une neuve et... donner trente secondes d'attention à une étincelante serviette à raies qui me posait un problème parce qu'elle était parfaitement propre : « je la change ou pas ? » — *Repartir à zéro...*

— J'ai trouvé aussi dans mon cahier, non pas pour en faire un conte, mais pour ne pas oublier, ce « compte rendu » d'une exposition des œuvres de Chagall que je venais de visiter — Après m'être arrêtée, au milieu de la foule toujours si pressée, devant le *Cantique des Cantiques*, l'*Echelle de Jacob*, et le *Buisson Ardent*, atterrée, je regardais Abraham, ce boucher pathétique ruisselant de sang qui — après l'Ordre, l'Acceptation — après le chemin fait aux côtés d'Isaac vers l'horrible sacrifice et le bûcher — au moment même où — *virtuellement ?* — tout est déjà accompli — *quand un geste est-il accompli ?* — regarde l'Ange, messager tardif de la cruelle libération. Abruti, les yeux – et lui tout entier – injectés de sang et d'horreur, sans comprendre — Rembrandt seul, Goya parfois, et peut-être Van Gogh avec ses *Souliers*, avaient pu me tirer des larmes jusque-là. Et je ne savais plus très bien où j'étais quand, derrière moi, dans le brouhaha de bon ton qui bourdonnait dans la salle d'exposition, une voix d'homme s'écria : « Oh là la ! encore du picrate ! »

— Mais je notais aussi, au hasard, des faits divers qui ressuscitaient les Icares oubliés ; trois jeunes gens drogués qui avaient donné rendez-vous au soleil pour un dialogue « religieux ». Face à face. Les yeux dans les yeux ; et qui, aveuglés, étaient restés aveugles à jamais. Et aussi, cette nouvelle, venue d'Angleterre, qui parlait d'un garçon de café irlandais, Mike Meany, nouveau Jésus qui, à l'âge exact de trente-trois ans, s'enfonçait à trois mètres de profondeur sous le sol, dans un caisson doublé de caoutchouc-mousse, pour tenter de gagner le record du monde de survie sous terre.

— Et aussi cet autre entrefilet que j'ai trouvé en haut d'une page, dans les dernières feuilles de ce journal hétéroclite : le cosmonaute, dans le silence, entend soudain le chant solitaire de ses entrailles.

1968 – Béjart présentait « A la recherche de... » à Mexico. Je retrouvais ma sœur Esther, que j'avais croisée en Avignon en 1954 quand elle avait pu quitter La Corogne avec sa fille María-Esther et que toutes deux étaient venues me retrouver avant de partir pour Mexico. Ma sœur Esther, ma sœur qui réinventait devant moi, dans son lit, les gestes mêmes de mon père et les miens. Et cette maison où, installée dans son lit comme une araignée géante, elle tissait et retissait les fils du passé, sacrifiant autour d'elle jeunesse à sénilité. Et mon beau-frère, fidèle à sa classe et à sa fidélité, empaillé. Et au centre, cherchant son souffle, un jeune couple qui y étouffait. J'ai vu aussi Enrique « mon frère » – le même – doux, gentil et imprévu ; mais maintenant un peu alourdi et rangé. Au cœur de la ville le sang séché teignait encore de sa lèpre le Zócalo où venaient d'avoir lieu les massacres de mai 1968. Et tout près, dans les plaines cernées de volcans endormis, se superposaient ou s'élevaient côte à côte les pyramides aztèques que l'on était tenté un moment de gravir pour y être sacrifié au soleil, et les monastères des moines militants de la chrétienté qui, voulant épurer le monde de son péché, avaient brûlé là avec les idoles plus des trois quarts de l'humanité. Mexico__ C'est là que peut-être pour la dernière fois j'ai senti ma jeunesse refluer féroce et claire dans un appel de vie, que j'ai effleuré encore je ne sais quelle sauvagerie, celle qu'il ne faut jamais oublier, au risque de claustrophobie ou de barbarie__ Mexico__ le dernier ciel où des enthousiasmes pris aux effluves telluriques me donnaient des envies de crier.

Puis, ce fut de nouveau la *nuit obscure* – recherche à tâtons –, et la *mère Courage* que je confondais avec la *vagabonde Courage* ; et Jean Tasso, le Grec, avec qui nous avons cherché un pacte que j'ai manqué__ le pacte que je cherchais avidement à signer avec mes amis – d'autres et les mêmes –, ma famille créée et obstinément renouvelée__ Le pacte manqué, 1 + 1 = ?, qui me laissait de plus en plus dénudée chaque fois qu'il venait à échouer.

Nous voici comme des cons, prisonniers devant cette fenêtre fermée, grillagée d'auvents qui filtrent les barreaux de lumière que le soleil naissant allume de l'autre côté. Et une nostalgie écœurante d'aubes innocentes brouille le cœur affreusement renseigné. La gueule de bois du chagrin et de l'impuissance__ cette paralysie faite de points d'interrogation__ à l'autre ?__ à soi-même ?__ au vide ?__ a la madre que me parió ?__ J'ai l'impression d'avaler des caillots de sang que j'aurais voulu cracher. D'une nausée qui se vide à l'intérieur en vomissement prolongé. Est-ce possible qu'un cri ne puisse transformer le monde ? Est-ce possible qu'il ne déchire pas__ fût-ce le temps d'un éclair__ les ténèbres bétonnées ? Est-ce possible qu'il ne soit pas feu ou foudre pour trouver un signe de ralliement entre ciel et terre ?

J'en tremble encore comme la branche d'arbre du départ de l'oiseau...

Et tremblante encore d'une jeunesse envolée, adhérant toujours inconditionnellement à la vie, prenante toujours au moment venu où déjà je me devais de donner, sans enfants à moi qui auraient pu m'apprendre à donner, placée déjà face à la mort qui gonflait l'instant présent d'une liberté de mouvement jamais soupçonnée, dans la hâte de jouir de l'instant qui passait, dans l'ivresse de l'acte joyeux, dans l'allégresse de l'acte de plus en plus désintéressé, purement gratuit, de plus en plus dépouillée, épurée, disponible, riche seulement de ma disponibilité j'appelais la vie juteuse qui chaque matin portait son fruit d'été à ma soif toujours renouvelée — et qui s'écoulait.

Il y a la jeunesse. Il y a la vieillesse. Il y a la maturité, ce long passage qui accouche de la jeunesse, où l'on se nomme, où l'on se noue, où l'on s'affirme face au monde, où l'on devient *un* face au monde, où l'on trace ses propres limites.

Et il y a la fin de la maturité, l'âge où l'on reconnaît les limites que l'on s'est tracées : l'âge des nostalgies, des mille et une existences auxquelles on a renoncé le jour où le premier choix a été fait pour s'engager dans l'existence. L'âge où les mille et une existences que l'on n'a pas vécues hantent de mélancolie le sommeil des nuits où elles se représentent inconnues, mal connues, irrécupérables. L'âge où l'on sait que l'on n'accouchera plus que de la mort, et qu'elle seule peut donner forme et vie dorénavant au temps qui nous y mène. L'âge du rendez-vous, où je me retrouvais face à face avec la jeune femme que j'avais été et qui, à l'heure du choix pour s'engager dans l'existence, freinait brusquement — comme les personnages des dessins animés. Le moment où j'ai su que depuis lors mes cellules n'avaient fait que se reproduire de plus en plus chichement, et que maintenant il ne me restait plus qu'à savoir comment je maintiendrais en *vie* celles qui s'en allaient.

Il y a les vivants, il y a les morts, et il y a les morts-vivants, comme il y a des vivants disparus depuis longtemps. On le sait.

Il y a les végétatifs qui végètent, et qui procréent d'autres végétaux, masse compacte qui attend les titres de noblesse de la Mort au moment même de devenir poussière ; il y a les champignons qui sucent, parasites goulus, sourciers infatigables de sèves nouvelles, accrochés aux pierres vert-de-gris des cathédrales en ruines, dans les cours vermoulues des musées qu'ils vouent à l'abandon, le long des arbres rongés — apparences — oiseaux de mort et de ruine — vampires — créatures sans reflet — esclaves de l'apparence — damnés de l'éternelle apparence — ennemis des métamorphoses — figés à jamais aux contours de leur apparence ou fixés à la forme vive qui leur donne l'apparence d'exister — voués à vivre en éternels pique-assiette ou à rechercher sans cesse l'image de leur première jeunesse sur le visage avachi de leur dernière maturité. Il y a les traces de sclérose tracées dans la poussière de la vie qu'ils s'appliquent à pétrifier, et il y a la révolte de l'empaillé qui, pour défier l'approche de la mort, s'applique à garder l'apparence d'une jeunesse qui n'est plus et qui, derrière le masque momifié, s'ampute de la vie.

Il y a les bâtisseurs qui bâtissent le monde, prenant le temps à rebours, sur la charpente même de la mort, et qui inventent des jeunesses, des maturités, des vieillesses, jusqu'à ce qu'ils tombent foudroyés pour que la poussière couvre et découvre les pyramides. Et il y a les créateurs. Ceux-là vivent la mort. Ils sont le temps. Ils sont la vie et la mort. Ils sont non-nés et ils ne meurent point. Il ne sont pas parce qu'ils sont. Ils sont tout ou rien. Ils recréent les dieux. Et il y a les saints, spectateurs émerveillés d'un monde où ils se fondent.

Il y a les vivants, il y a les morts, et il y a des morts vivants. On le sait.

Il y a des vieillards jeunes ou des vieillards-nés. On les reconnaît, on les nomme, et nous voilà tous rassurés.

Mais il y a ceux qui s'engagent dans les sentiers frontaliers — passage informe entre la maturité et la vieillesse — long passage — où l'âge seul – le temps d'horloge — semble compter. Et... il y a les gradins de l'arène —

Vieillir, ce n'est pas pour moi la voix du gamin qui s'écrie : « Comment étiez-vous quand vous étiez jeune ? » et qui attend avide le secret, sésame de vie qu'il pourrait happer dans la réponse donnée. Là, vieillir n'a pas de sens ; le monde n'a pas d'âge ; la mort même disparaît dans cette parole colportée d'âge en âge et qui est la vie même ; la sénilité rejoint l'infantilisme et on se perd et on se retrouve aux carrefours des morts et des naissances.

Vieillir, ce n'est pas non plus détacher de soi la part qui a été jusqu'ici au centre de notre vie même. On meurt de ne plus vouloir et il s'agit, pour découvrir et ne pas étouffer les volontés naissantes, de se dépouiller à temps des volontés mortes — Dans la panique, le naufragé sombre accroché à l'épave sans voir près de lui à sa portée la bouée de sauvetage.

Vieillir — pour moi — est déjà métempsychose, et il y a dans la conquête de l'âge qui nous dépouille de nos anciens privilèges la richesse nouvelle de terres secrètes, de divines métamorphoses, d'aventures inconnues, de découvertes sans nombre, de promesses — une autre notion du temps, une vision neuve qui fait danser le monde, des jouissances difficiles ou impossibles à atteindre aux temps de jeunesse où d'autres jouissances venaient nous solliciter, nous enfermer, nous aveugler de leurs opaques particularités — nous différencier. Vieillir, c'est découvrir la transparence, brûler les frontières, fondre les limites, abattre les paravents, s'épandre, diluer le pourtour de notre individualité pour gagner une unité où il n'existe plus de différences.

Y a-t-il plus passionnant voyage que celui de la vie ? Jusqu'à la mort incluse ?

Pourquoi donc, dans le monde que nous avons fait, l'étroit tunnel qui nous mène de la maturité à la vieillesse semble-t-il si difficile à franchir et nous rend-il si honteux, si ce n'est parce qu'il débouche dans le dernier passage, plus étroit, que nous nous entêtons tous à vouloir occulter ?

Si la jeunesse est belle, elle passe aussi par un âge ingrat. On sourit pourtant devant la mine mièvre et hébétée pointée d'acné juvénile. Mais devant le visage sillonné qui multiplie en lui les chemins de la mort et où l'âme vit, victorieuse, à travers la grille de plus en plus serrée de sa propre vérité, là devant, les sourires se figent et les regards se ferment hostiles, furieusement étrangers, et les pattes d'oie qui dessinent déjà d'autres visages se contractent. Vieillir, alors, n'est plus que percevoir ce regard — oblique, pudibond, sournois, qui exile et qui condamne... sur les gradins.

Une fois de plus — alors — nous voici condamnés à choisir ou, au mieux, à renouveler notre premier choix. C'est l'heure de la confirmation et l'heure de vérité.

C'est aussi l'heure du défi — Les rides, l'épaisseur envahissante, on les cerne vite dans ce monde où l'on passe sa vie à vouloir rester jeune – comme si on le pouvait ! – ; mais si les premiers pas sont faits sans masque, sans fards, sous la lumière crue de midi, dans l'éclat nu de nos arènes, ils sont sans retour, et il s'agit alors de continuer à *vivre* en plein midi. Car, *alors,* on s'identifie au misérable qui nourrit ses poux au soleil, au lépreux qui expose ses plaies. Les gens passent. Et les amis, fermant les yeux, donnent l'obole. Les amis de toujours, ceux qui frôlent en même temps les limites de l'inavouable sentier. Ceux qui ont passé le cap, au contraire, nous accueillent avides et durs, nous tirent à eux avec une surprenante rage, nous tirent de l'autre côté ; mais pour les autres qui ont encore du temps – assez mais déjà court ! – pour ceux qui flairent déjà l'odeur âcre des frontières, qu'il leur est difficile, Dieu, de regarder en face, avec la curiosité de l'enfant qui veut glaner un renseignement précieux, le visage de celui qui fait ses premiers pas sur le chemin sans retour !...

Vieillir en plein midi. Vérité ? Scandale ? Ou conformisme ! peut-être y aurait-il quelqu'un pour le dire, pour confondre révolte et fuite, et mettre le dernier défi dans les laits lunaires, qui aident, sous la tricherie des masques, à jouer à cache-cache avec les ombres et la lumière.

Vivre si fort — jusqu'à en mourir — Au-delà de la petite angoisse épidermique qui nous prend à certaines heures : cette impossibilité de poser le regard sur un point du présent sans un chatouillis des viscères. Dans un certain renoncement tout arrive, et l'adhésion fraîche et neuve. Il faut oublier la beauté pour la rejoindre ou la retrouver ; il faut oublier le but pour y parvenir ; il faut oublier l'obsession de la perfection pour la frôler, au fil de l'effort, dans le chemin. Quand on veut, on a ; mais il faut *bien* vouloir. Il faut devenir vouloir en oubliant ce que l'on veut. Ah ! trésors de vie gaspillés au cours du fleuve. Et quelle source de vie plus riche que celle que l'on peut puiser à l'approche d'une mort acceptée comme la vie même ! Ah ! si j'avais pu être une autre, j'eusse aimé être cascadeuse.

Non ; ce n'était plus le temps des masques et des fards, parures de la jeunesse pour vivre mille vies en une seule. Maintenant il s'agissait de se dénuder et d'affronter les spectateurs « concernés » assis sur les gradins derrière leurs lunettes de soleil. Il s'agissait de se reconnaître en Anne, la petite vierge gitane, et en sa vérité. Il s'agissait de ne plus confondre rencontre et croisement, tout en évitant que la méfiance n'empêche la rencontre. Il s'agissait de danser toujours la vie, non plus dorénavant dans les boîtes de nuit de notre temps, mais dans la grave possession, comme les vieilles négresses, les vieilles Martiniquaises ou les vieilles danseuses de flamenco.

Je choisis de vieillir en plein midi. Et pour ce faire, de bien vieillir. Et pour ce faire, de veiller. Et, pour ce faire, de dormir de bonnes nuits mais d'éviter par tous les moyens de m'endormir en état de veille. A *La Vergne* ce fut l'époque où la devise était : « Recommencer à zéro ». Au théâtre je me débattais alors pour échapper à l'image « de marque » qui de temps en temps se créait. Dans le pigeonnier de la rue de Vaugirard, cela consista à couper avec les habitudes prises.

La chambre qui donnait sur l'hôpital Necker derrière les loques grises de ses rideaux brodés était maintenant consacrée à l'attente — comme chez le dentiste quand deux rendez-vous se télescopent. Mais elle servait aussi non pas de « salle à manger » — j'avais banni cette expression du vocabulaire de la maison — mais de petite salle où je mangeais, seule ou avec mes invités. Pour prendre mes repas je m'asseyais « derrière » une table ovale achetée en Charente, près d'Alloue, et rapportée dans la 2 CV à Paris. Placée dans un coin de la pièce devant un canapé bas en L, il me fallait d'abord l'écarter pour m'asseoir sur le siège, puis glisser, sous mon derrière, un coussin pour être à la bonne hauteur, et enfin, la tirer vers moi. C'était un rite. Comme celui du coucher ! Comme celui de se laver les dents ! — Ah !...

Un jour vint où, quand j'arrivai pour occuper ma place, le coussin était déjà installé ; et sur la table étaient disposés trois sets rouges sur lesquels se dressaient les couverts, les différents ustensiles, les verres, les bouteilles, la corbeille à pain, etc., – et le saladier avec la salade. Là où le bois de citronnier restait libre s'entassaient le téléphone et des papiers. Ces sets, je les avais inventés pour éviter l'ancienne nappe dont la blancheur immaculée me dressait en fureur contre le monde entier. « Je voulais moins de chichis — moins de travail — je voulais sentir le bois — je souhaitais une table qui ne fût pas une table — je désirais me nourrir sans prendre des repas ! — Et puis, pourquoi tant de parlotes ? je *tenais* à changer ! quoi ! j'étais libre ? non ? » —

Angèle me regarda, mi-figue mi-raisin. Elle me considéra, supputa — je perdais l'appétit, je grognais à chaque plat — elle pesa dans sa clairvoyante opacité le pour et le contre et elle accepta. Et quand je fus parvenue à faire disparaître un quatrième set qui restait à demeure sous les papiers et le téléphone, et des ronds en porcelaine qui venaient encore là pour protéger une nappe qu'ils avaient contribué à me faire prendre en haine — nous sommes entrées dans une ère nouvelle.

Il n'y avait donc plus que les trois sets sous l'assiette, les couverts, les bouteilles, la salière, le poivrier, la corbeille à pain et le saladier ; le coussin que je déplaçais pour être à la bonne hauteur ; et la table que je déplaçais pour me glisser derrière elle et que, une fois assise, je tirais à moi. Dernièrement, comme je parlais au téléphone quand le steak-frites est arrivé, je pris l'assiette et, sciemment, je la déplaçai. Écartant l'appareil et les papiers, je la posai devant moi, là où il n'y avait pas de set et – cette fois – sans coussin, assise à même le canapé, je me suis mise à manger, non sans quelque agressivité. Le lendemain, en arrivant, j'ai trouvé le set posé à la « nouvelle place » que la veille j'avais choisie, et le couvert dressé dessus. Le coussin seul manquait, et alors, assise à même le canapé, la tête à ras du veau pané, je me suis emportée. « Un plat unique ! C'est simple, non ? Pourquoi toutes ces simagrées, ces lamelles de tomate, ces « sorties » et ces entrées, ces petits plats dans les grands et ces cérémonies quand il s'agit de manger ? Tout ce travail pour rien ! Et ces gestes répétés pour moi seule ! qui me pèsent ! qui me font retrousser les doigts de pied ! qui me donnent la colique ! et qui tuent mon appétit ! Ça veut dire quoi ? A quoi ça répond ? Et ne me donnez pas comme un parangon de vie les « maisons bourgeoises » où vous dites avoir servi ! Je me fous de vos maisons « bien tenues » ! De tous ces gens qui prennent des « repas » ! Je m'en fous ! Il faut que ça change ! Que ce soit juste et léger à porter ! Il faut ôter l'importance ! Il faut un coin de table ! Un plat unique ! Sans tralala ! Toute petite déjà je ne mangeais bien qu'en bas ! Dans la loge des concierges où le pot-au-feu se présentait seul avec son succulent falbala ! Et papa était comme moi ! Avec sa boule de nourriture qui roulait dans sa joue droite et qui ne passait pas ! Et maman ! Ou alors___ il faudrait des nappes et des serviettes somptueusement brodées une immense table avec des candélabres à mille bras des assiettes en étain ciselé pour y poser celles en porcelaine émaillée et des verres de cristal travaillé à l'infini et des fleurs rares et des couverts précieux et des plats d'une telle beauté qu'en les voyant on se sentirait nourri___ rien qu'à les contempler ! (Comprenez-vous ?) Ça ! ou bien une assiette propre, ou un bol, ou une casserole pour y mettre l'aliment que je dois ingurgiter pour apaiser ma faim ! pour m'alimenter ! Car (vous êtes d'accord ?) il s'agit seulement pour moi de m'a-li-men-ter ! Pourquoi donc ces fourchettes à dessert puisque je n'en prends jamais ! A quoi bon vouloir affubler cette table qui n'est qu'un guéridon de demi-parures minables et l'entourer de gestes creux ! A un plat unique, un plateau suffirait ! Ici ou là ! Ou un bol à même le plancher !___ C'est comme votre salade ! Vous m'avez fait retrouver le goût des pommes de terre___ ou presque. Mais la salade... ! Sauf l'été peut-être (vous le savez)___ je ne tiens pas à la salade !___ je ne veux pas de salade !___ je n'aime pas la salade !___ je ne l'ai jamais aimée ! surtout quand elle m'est présentée avec parcimonie comme là !___ pâle et seule à la fin d'un repas ! Or, en assiette ou en saladier, la salade m'arrive toujours – je ne sais pas pourquoi – parcimonieusement___ Mais___ elle est toujours là ! sur la table ! là ! après n'importe quoi, à la fin de mon repas, précédant le fromage que je ne mange pas et auquel d'ailleurs je goûterais peut-être s'il était venu en premier mais___ bien sûr___ « cela ne se fait pas ! »___ Et comme le fromage auquel je ne touche pas, chaque jour la salade est là parce que d'après vous : « C'est rafraîchissant et ça fait aller. C'est la bonne santé. »___ ___ ___ Eh bien, sachez-le : dernièrement, une fois, puis une autre fois plus tard, puis encore une fois, une envie de salade m'a prise. Mais, à table, dès qu'elle arrivait, vert pâle et clairsemée, je l'écartais résolument. Imaginez-vous qu'une nuit, en plein délire d'insomnie où je remplissais mes heures de veille du vide de mon estomac, à mon grand étonnement, au lieu des images familières de restes d'omelette espagnole, ou de croquettes que vous aviez gardées dans le frigidaire, ou de cuisses de poulet — images magiques — (si vous saviez !) — qui, dans les nuits creuses, me tiraient souvent du lit et me faisaient hanter la cuisine au beau milieu de la nuit — eh bien ! cette nuit-là ! je me suis mise à rêver de salades, à inventer des salades — scaroles — frisées — batavias — laitues — mâches — pissenlits — brins d'herbes — choux — feuillages somptueux — branches — frondaisons — arbres — maquis — forêts vierges coupées en tranches et délicieusement assaisonnées ! Le lendemain, au moment même où vous l'avez apportée sur la table, un peu plus verte et un peu plus serrée que d'habitude, j'eus soudain une fringale de salade ; et alors (rappelez-vous !) devant votre regard fixe (vous vous en souvenez ?), vous vous teniez droite devant moi — debout ou assise je ne sais plus mais comme toujours rivée à la terre par les lois de la pesanteur — j'ai commencé à manger. Vous ne bougiez pas d'un pouce. Fixe, vous me regardiez, la bouche fermée comme si vous ne vouliez pas parler. Vous me guettiez. Moi, j'attendais et j'avalais des feuilles entassées prises directement à même le saladier. Sans vous regarder. Vous ne vouliez rien dire (votre silence était très épais) mais, très vite, vous n'avez pu vous empêcher de parler :

– « Ça vous fera du bien.

– Pourquoi !

– C'est bon pour vous.

– Qu'est-ce que j'ai ! »

Malgré mon ton aigre, vous vous êtes aventurée :

– « Ça fait toujours du bien. C'est rafraîchissant et ça fait aller. » Et — de rage, j'ai écarté sans que rien y paraisse le saladier où je m'étais réservé pour la fin mon feuillage préféré ! — Vous vous en souvenez ?

Angèle écoutait. A partir de ce jour, sur la table ovale comme sur un échiquier, les sets, posés aux endroits les plus saugrenus, changeaient de camp comme la Tour – la Reine – le Chevalier – et le Roi, autour du Fou qui menait la danse, le téléphone. A la place de l'assiette j'avais directement le plat avec le verre, la fourchette et le couteau, posés sur un set qui couvrait un plateau et qui était présenté « de travers » sur un autre set. Dans le grand plat, de temps en temps, il y avait une monstrueuse salade, et tout en me demandant si je voulais manger là ou ailleurs, Angèle me jetait un coup d'œil faussement craintif et « tout à fait » complice qui entendait dire : « Ça vous va ? »

Et je n'ai plus jamais répliqué, car ce fut à ce moment-là, pendant que je déjeunais, à propos des angoisses souvent spectaculaires et toujours latentes qui étreignaient son mari à la seule pensée de la maladie et de la mort, qu'à brûle-pourpoint, au milieu d'une conversation menée à bâtons rompus, elle me raconta cette manie d'un des patrons « bourgeois » qu'elle avait servis quand elle était encore jeune :

— *« Monsieur Amadeo refusait qu'on recouvrît sa couche d'un dessus de lit. L'hiver, les couvertures de laine restaient à vue. L'été, drapée d'un drap blanc elle ressemblait à une table sur laquelle le couvert ne serait pas dressé.*

Il interdisait qu'on recouvrît son lit.

Tout petit, il avait été enfant de chœur et il avait accompagné M. le Curé chez les agonisants pour leur administrer l'extrême-onction ; or, il semblerait que c'est vers ces temps-là que les dessus de lit, surtout quand ils étaient finement brodés — l'impressionnèrent. En tout cas c'est depuis lors qu'il avait transformé sa couche en table d'autel... »

Mon Angèle — Lointaine et si proche, la même que j'ai retrouvée à Paris quand elle est revenue d'Espagne dîner avec Juan dans mon nouveau logis de la rue Asseline, la même que j'ai retrouvée en Espagne à Saragosse, quand elle m'y rejoignit, après l'opération que Juan avait subie de son ulcère qui était devenu un « monumental cancer » ; la même qui m'a écrit enfin quelle était veuve. La même qui a tant aimé ma mère, qui a soigné mon père, qui m'a faite sienne, qui a incarné ma propre douleur quand j'ai dû grandir seule, et qui est partie, sans sentimentalismes, sans sensibleries, comme les bêtes larguent leurs petits, quand l'heure est venue de vivre par moi-même — Comme elle était venue, naturelle et fidèle — Comme cette fois où, en rentrant du théâtre, je l'ai vue, couchée dans son lit, aux côtés de son mari que les brûlures de plus en plus vives de son ulcère soumettaient alors à un régime de plus en plus strict, au calme, et au terrible tête-à-tête avec lui-même — C'était une nuit de Carnaval qui les avait menés, mari et femme, au Bal donné tous les ans Salle Wagram avec Grand Défilé et Prix accordés aux plus beaux travestis. J'étais allée les embrasser dans leur chambre avant de me coucher et ils me racontaient la soirée de Parade avec « Prunelle », « Grain de Beauté », « Balenciaga », « Coquette » et « Fabiola » qui étaient de la fête.

Au lit, mari et femme.

Surexcitée, gantée de blanc pour protéger les draps de la crème dont elle enduisait ses mains pour les protéger à leur tour contre les gerçures du froid et les détergents, et qui maintenant comptaient les dizaines d'un chapelet noir qui serpentait sur le nylon rose de sa chemise de nuit, elle s'exclamait :

— « Ah ! — Cette année elles étaient très bien habillées, très élégantes. Pas de falbalas. De la rigueur. Mini-jupes ou tailleurs sport. De la sobriété et de la bonne qualité. »

– « Je te plais ? » grognait Juan dans un éclat de rire étouffé__ Dans le creux de l'oreiller, à côté d'elle, son corps raide restait voilé jusqu'aux yeux par la blancheur des draps. Moukère sinistre, masque-loup de cire cendrée placé sur l'oreiller, il reposait ; dans le regard fixé au plafond passait le temps et le bilan qui se faisait__ Je ne pouvais m'empêcher de le guetter. Il avait pris l'apparence de son angoisse, il gisait tel un cadavre dont on n'aurait pas encore fermé les yeux.

Tout à coup, sous les draps, il marmonna : – « Ils vont rester là jusqu'à l'aube... Je pourrais le faire encore... »

Elle, naturelle, s'écria gaiement : – « Tu es trop vieux » ; et elle exulta encore, se souvint, rit, en évoquant le « Magic-City » et ses farandoles.

Il grogna encore : – « Le bon temps... » ; puis, toujours parfaitement immobile, les yeux encore fixés au plafond, dégustant une amère saveur de revanche, il ajouta avec une profonde tendresse :

– « Les pauvres... demain ils seront crevés pour travailler. »

C'est alors que j'ai cru percevoir de quel fil était faite l'attache qui liait, au-delà d'elle-même, Angèle et son destin à son homme.

Maintenant ils sont partis. Moi, je m'apprête à quitter le pigeonnier pour un rez-de-chaussée__ studio ? atelier ? vieille écurie ? loge de concierge ou salle d'exposition ?__ Bouché à toute vue sur la cité__ Laissant passer seulement à travers ses verrières une lumière qui parfois le transforme en aquarium et ouvert sur une cour où trois grands troènes accueillent des chats et des oiseaux__ Un trou à même le sol dans un quartier populaire où des Français, des Portugais, des Espagnols, des Algériens, se parlent encore__ Un pied-à-terre à la fois ouvert à toute intrusion et replié sur lui-même__ Un coin qui dépayse et où l'on se retrouve__ Seule__ Avec Dominique__ Mon poisson pilote__ Et dans ce terrier, au centre, l'image de *La Vergne.*

A Paris, depuis quelques jours on entend un hibou hululer ; et les trottoirs bétonnés, les façades protégées, le fil rassurant des rues, les lumières crues des lampadaires semblent arrachés à leur paisible opacité et colporter des inquiétudes nouvelles. La vieille gare Montparnasse démolie dresse du coup ses débris comme un fond fabuleux de ruines vivantes et interdites. Et la bouchère, stupéfaite, retrouve dans les cris répétés de l'oiseau insolite des *signes* éternels. Un hibou, et Paris respire.

Au plafond, dans la boule d'or qu'André m'a rapportée du Marché aux Puces et qui ramène au milieu de ma chambre la lune de l'Adriatique, le cahier ouvert sur mon ventre prend des allures de mandala. Après le pari, le pacte. Après le no man's land, la plaine nue. Et l'amnésique qui cherche son nom oublié dans le dictionnaire y trouve l'infirme qui cherche, elle, pour se nommer, l'âme jumelle —

La plaine s'étend à perte de vue : pierre et terre sèche que le soleil couvre de hardes somptueuses. Rien n'arrête le regard et l'on peut imaginer la mer. Seule, une montagne interrompt au cœur le paysage, comme l'arbre solitaire au milieu d'un champ elle se dresse, au centre de l'étendue, en contrepoint, uniquement pour l'affirmer, semble-t-il. Dans le pays le bruit court que de là-haut on peut vraiment contempler l'océan.

Ce jour-là, la lumière avait une qualité de pureté bleue et l'air portait l'odeur lourde et légère du printemps. Une boîteuse marchait, allègre, sur le chemin qui disait-on menait vers la montagne. A sa naissance, les fées, touchées par la vue de cette enfant à qui manquait une jambe, déposèrent dans son berceau tout un jeu de béquilles précieuses afin qu'elle puisse avancer. On les nomma dons ou privilèges. Et la dernière – fée ou sorcière ? – la plus tendre ou la plus subtile la favorisa en partant d'une faculté particulière : le pouvoir d'adhésion à la terre. Ainsi parée, avec armes et bagages, jouant de ses béquilles, la jeune boiteuse bien rivée au sol poursuivait son chemin, allègre, rayonnante de soleil, quand elle croisa quelqu'un qui marchait en sens contraire, devant qui elle s'arrêta et qui, à son tour, se fixa devant elle. Ils se regardèrent. L'autre avait ceci de particulier qu'il ne semblait souffrir d'aucune infirmité — rien ne lui manquait, aucun membre, aucun sens — bien qu'il semblât porter son intégralité avec un tel sentiment de honte qu'il en paraissait malade. Ils allèrent l'un vers l'autre au plus près, ils se reconnurent ; elle le nomma l'homme et sans rien dire, ils se mirent à marcher ensemble vers la montagne. A mesure qu'ils avançaient, tenus l'un par l'autre, ils abandonnaient ici et là le jeu de béquilles, ne formant plus qu'un, 1 + 1 = 1, créature double et tripède. Mais le poids était lourd de la boiteuse et il venait s'ajouter au fardeau que cet homme traînait avec lui — boiteux, manchots, borgnes, sourds, muets, aveugles, paralytiques — l'énorme fardeau qui s'agglomérait autour de cet homme — si rare parce qu'il était si riche de son intégralité — et si disponible par la honte qu'il en avait. Alors l'homme si profondément généreux de plus en plus malade fut soudain fauché du centre de la plaine. Et la boiteuse se retrouva seule, sans béquille, avec pour tout bagage le don-de-fée qu'elle formulait maintenant :

1 + 1 = 1

A terre, elle se traîna, se traîna cherchant son chemin-repère (1 + 1 = 1), mais la nuit avait saisi la plaine, le chemin ; plus de bornes, plus d'amers, une seule lumière — lumière ? — là-haut — là-haut ? — du côté de la montagne — phosphorescence ? feu follet ? 1 + 1 = ? Elle alla ainsi, en avant — en avant ? — droit devant elle — droit devant elle ? — elle allait, déboussolée, demeurée, telle l'idiote du village, et elle prit les ronces pour les fleurs, imagina un arbre, voulut y prendre appui pour se redresser et *voir*, et, enfin, se retrouva par terre avec, à la main, la branche sèche d'un arbuste déraciné. Alors elle se mit à rire, et la branche sèche à la main — son rire — appuyée sur cette canne, elle poursuivit son chemin. Et à chaque pas elle scandait sa marche retrouvée — retrouvée ? — de son rire (1 pas + 1 pas = 1 pas — en AVANT !) — et cette fois avec une idée fixe qui tournait folle dans sa tête 1 + 1 = 0 et la quête d'unité figée à − 1 jusqu'au moment où elle réussit à s'établir droite sur son pied et sa canne − son rire − et crut qu'il était possible de gravir seule la montagne (1 − 1 = 1).

Elle en était là, sur son chemin, quand un inconnu, tapi sur le bord de la route, la bouscula, brisa son bâton, la saisit, la fit culbuter et la prit. La plaine bascula. Face à face avec cet inconnu, dépouillée de sa canne, arrachée à son rire, la boiteuse retrouva intact le don de la dernière fée, et avec lui la formule lui revint lumineuse 1 + 1 = 1 ; et ivre d'énergies rappelées, elle voulut sans plus tarder « marcher ensemble » avec l'inconnu. Comme il résistait ils parlèrent, ils parlèrent ; elle chercha — chercha — Et comme il résistait encore avec violence, elle s'arrêta, le regarda, le vit et sut qu'elle avait rencontré un cul-de-jatte — et se sentant soudain nécessaire elle l'aima. Transfigurée, oubliant sa propre infirmité, portée hors d'elle-même, elle alla vers lui au plus près. Transportée, elle voulait transporter le monde avec lui (1 + 1 = 1) Tout redevenait possible ; elle était reine — déesse — fée — génie ; porteuse de forces magiques elle se voyait ensemble au sommet de la montagne contemplant la mer — avec lui — le portant en elle et elle en lui — portant à dos cette moitié dont le poids exigeait d'elle des énergies insoupçonnées ; et folle de promesses retrouvées, de nostalgies perdues, de quêtes suspendues, elle inventa dans sa démence le geste qui devait les lier. Elle se mit à aller vers lui, haletante, transfigurée, sans cannes, sans appui, nue ; elle marcha vers lui à trois pattes, tout était transfiguré et quand elle arriva tout contre lui, elle l'invita à rouler sur elle, à s'accrocher des mains à son dos, afin qu'ensemble ils parviennent jusqu'en haut de la montagne. Ce n'est qu'à ce moment-là, quand elle était tout contre lui, levant sa tête vers lui, qu'elle vit dans les pupilles dilatées de son compagnon horrifié — reflétée — la double image qui figurait une bête amputée.

Juste avant le commencement de l'hiver, par un petit matin de gel, la boîteuse – papillon piégé par la lumière – sautille et frappe les réverbères qui se fondent dans les premières lueurs de l'aube. Le ciel est bas sur la plaine sans nom, si bas que l'on devine à peine le paysage. Seul, un rayon de soleil infime – presque irréel – crève les épaisseurs charriées par l'automne pour aller piquer sa mince flèche sur la cime – proche ? – d'une montagne dont on n'aperçoit que le sommet. Qui n'a pas de pied. Boursouflure de la plaine qui s'échappe à perte de vue, cloque géante, elle semble témoigner là d'une atroce et secrète blessure – brûlure infligée aux entrailles mêmes de la terre – ; et en contemplant le rayon qui éclaire sa cime, on se demande d'où vient l'amour qui sait si bien voiler ses blessures et la glorifier de sa lumière. La boiteuse, tout occupée à garder son invraisemblable équilibre, se déplace, en sautillant sur son pied unique, comme si elle suivait le dessin d'un fantomatique jeu de marelle. Dans ses pupilles élargies, une vision d'horreur reste fixée ; et dans le monde renversé de son regard rivé au sol d'où elle se redresse, têtue, à la reconquête d'on ne sait quelle dignité perdue et rappelée, basculent tour à tour l'image reflétée du paysage — morne et monotone terrain vague déchiré ici et là par l'aboiement d'un chien affamé — et celle, plus nette, haute, illuminée, que profile au fond de ses prunelles la forme de la montagne et où commence — ou continue ? — une autre histoire.

C'est l'histoire d'un vagabond qui, à un moment donné, s'est trouvé suivre le même chemin de la plaine vers la montagne et qui porte comme signe particulier des ailes aux pieds. Léger, entrêmement léger, il vole plus qu'il ne marche. Il danse sur la route qu'il prend, qu'il quitte, sans jamais adhérer complètement à la terre. Il apparaît, il disparaît, tel un génie de la nature, se camoufle en caillou, en brin d'herbe, en rosée du matin, en béquillle, en réverbère, se cache « entre chien et loup », sautant, vaquant, déambulant, flânant autour, au-dessus, sur la route, suivant la route et un but déterminé : atteindre la mer. La boîteuse, rivée à terre, toute occupée à garder l'équilibre, entend ce compagnon de route, le reconnaît aux aspérités et aux douceurs du chemin, mais son regard, fixé sur le chemin, ne l'a jamais vu. Trop rapide, trop mobile, trop agile, trop flexible, trop subtil, trop aérien, trop libre pour épouser la démarche lourde et entravée de la boiteuse, il échappe à son regard quand celle-ci parvient à se tourner pour savoir où il adhère. Elle ne l'a jamais vu et pourtant depuis toujours — semble-t-il — elle l'a nommé : c'est l'histoire du vagabond Ariel.

II
Le Retour

Un jour du printemps de 1977, après neuf mois de travail harassant sur la pièce d'Alberti que j'avais jouée à Madrid et en une tournée qui aurait dû me conduire dans mes terres galiciennes, entièrement jaune des pieds à la tête sous mes vêtements, j'ai pris l'avion qui me ramenait de Barcelone à Paris. Derrière de grosses lunettes noires je dissimulais la couleur qui teignait de safran le blanc de mes yeux.

Je n'ai aucune mémoire de ce voyage. Je ne me souviens que de l'arrivée ; quand je dus coltiner tout au long des couloirs d'Orly le poids des quelques bagages que je rapportais. Et je me souviens de la silhouette d'André qui m'attendait. Dès le lendemain, cloîtrée dans mon nouveau pied-à-terre, je soignais avec une étrange volupté l'hépatite virale qui était venue interrompre le pèlerinage à Saint-Jacques-de-Compostelle que j'avais commencé.

Un mois après *La Vergne* m'accueillait. Puis le théâtre me reprenait pour jouer une Catherine de Russie inventée par Rezvani et mise en scène par Jorge Lavelli.

Un soir d'automne de la même année, pendant une pause entre deux répétitions de la *Mante Polaire*, debout devant la fenêtre ouverte du Théâtre de la Ville, je croquais des galettes bretonnes et je buvais un café noir. Devant la Seine. Devant la ville que depuis mon retour je sentais mienne. L'énorme fringale qui m'avait prise du fleuve, des rues, des squares, des parcs de Paris, de ses pierres et de son macadam, je la calmais un moment en avalant avec appétit mon casse-croûte. Silencieuse, j'exultais. Soudain les contours de la Conciergerie, illuminés, s'animèrent. Sur les murs il y eut des étoiles, des losanges, des masques invraisemblables, des signes et enfin des lettres vertes, rouges, bleues, jaunes, nettement dessinées. Enfin je découvris le bateau-mouche —

maintenant « tank-taon » — qui glissait le long de l'eau avec, sur le pont, trois longues rangées de chaises occupées par des touristes qui me tournaient le dos pour regarder tous du même côté sur l'autre rive les vieilles tours qu'on leur faisait visiter et où un monstrueux kaléidoscope reflétait ses couleurs et ses figures. Et ses messages : le dernier qui drapait de son écriture les espaces plats et les rondeurs des tours vénérables disait : PARIS — CAPITALE DE LA COIFFURE. Et après un long moment d'hébétude, dans le rire qui m'a prise, m'est revenue, entière, ma santé. Sur le quai, des gens couraient pour ne pas manquer le début du spectacle que ce soir-là le théâtre donnait. Je les aimais tous comme si je devais les perdre à jamais. Dans la boulimie qui me gagnait à nouveau, j'eus envie de sauter les quatre étages et d'attraper au vol le 58 qui venait de s'arrêter à mes pieds, pour longer avec lui la nuit du Luxembourg et traverser la cité.

Au cœur de la ville réconciliée où j'avais échangé mon nid haut perché pour un pied-à-terre, les amitiés comme la famille se renouvelaient. Marianne — Léone — Monique — Paule, passaient — fidèles, et nouvelles. Après Nina il y avait Danièle, « kiss-me » aux mille noms – fille ou sœur puînée – la vivante, la rebelle – paumée et gagnante – que j'avais trouvée dans les quartiers périphériques où m'avait menée la *Célestine* ; petit personnage picaresque aux prises avec l'absolu, éternelle exilée, vilain petit canard dans sa famille même, qui cherche son honneur et son Dieu à même la rue, les chemins et les drugstores. Après Marcel et après Pierre, il y avait eu Jean, Jorge, Maurice, et Jean encore, et des Michel, des André, et des Alfredo et des Eduardo. Après Vilar, il y avait Andrée, la silencieuse, la terrienne, l'harmonieuse, sa femme, qui prenait sa place auprès de moi et celle aussi qu'avait prise, auprès de mon père, Feli. Et il y avait Jean Gillibert, le seul qui sut comment me ramener au théâtre quand, fuyant une vilaine grimace, je voulais lui échapper. Après Pitou, Cricou. Après la tía Candidita et Tonton, Dominique dans la maison. Après Susita (Généreuse) et Angèle (Anges), Consuelo (Consolation), celle qui m'attendait rue de Vaugirard pour m'aider à faire mes premiers pas de femme indépendante et majeure à l'âge de quarante-huit ans. Et là-bas, à la lisière des terres charentaises, au bord du courant qui allait rejoindre l'Océan, un nouveau Mesías, Gabriel de son nom, Laventure de son patronyme, et que j'ai surnommé l'Archange, gardait pour moi les lieux où je voulais renaître.

L'exil était terminé. Avant même qu'il ne le soit en vérité. Avant que Franco ne meure. Après l'arrêt volontaire qui m'avait éloignée du théâtre où tout horizon m'apparaissait fermé. Quand je cherchais à me retrouver ou à réinventer des images fraîches ou nouvelles pour mon kaléidoscope usé. Après que Jean Gillibert m'eut ramené au théâtre, en me présentant *La Célestine* de Rojas à travers son regard « français », dont la vision m'était « néanmoins » si profondément familière ; et qu'il eût trouvé ce secret qu'il détient pour moi – celui qui me permet, sur la scène, de me réinventer. Sur la feuille de température de mon existence, je regardais une autre ligne affirmer sa continuité. J'avais le sentiment que les *trous* qui interrompaient le déroulement de mon curriculum vitae étaient, comme la rougeole, les prurits, le zona et l'hépatite virale, autant de fièvres de croissance en vue de je ne sais quelle maturité, et que la *solution de continuité* qui m'apparaissait n'était en fin de compte qu'une initiation nouvelle.

Éblouie, je considérais le choix tout neuf qui m'était présenté et que je devais faire. Derrière moi, un homme jeune, au beau visage que dessinait une sensibilité crispée, le regard clair tendu à l'extrême, se tenait dans les coulisses, comme un acteur qui, attendant son entrée, regarde un de ses compagnons s'engager sur la scène. Il s'appelait Bernard Clesca. Malgré sa nationalité reconnue et sa position assise dans notre société, je le soupçonnai d'appartenir aussi au troupeau des « vilains petits canards ». Il venait me proposer un moyen de rechercher une identité égarée. Un jour de novembre de la même année, j'ai accepté de signer le pari qu'il me présentait.

Les saisons fuyaient. En Charente, durant un mois de vacances qui m'était donné, à Bruxelles où je suis partie jouer la pièce d'un acteur – Cromwell – que Valerio Popesco m'avait proposée, à Paris où je préparais avec Jean Gillibert pour Châteauvallon l'*Agamemnon* d'Eschyle et où enfin je répétais et je jouais le *Faust* de Marlowe avec Jean-Marie Patte, dans mes rares moments de loisir, je me préparais à l'aventure nouvelle. L'année 1978 s'était écoulée.

En janvier 1979, enfin installée à *La Vergne*, j'ai entrepris le long voyage. Familière d'espaces ouverts, j'ai dû m'enfoncer sous la terre. Les saisons se poursuivaient. Tout au long de l'hiver, du printemps et de l'été, Bernard Clesca écoutait avec cette curiosité et cette prudence passionnée – que seul peut avoir celui qui sait – comment je cherchais dans l'ordonnance des mots et une possible musicalité les méandres obscurs ou confus d'une mémoire oubliée, les signes qui me révéleraient enfin une identité.

Coupée de tout, sourde et aveugle à tout ce qui m'entourait, je poursuivais mon exploration souterraine. Près de moi une nouvelle venue marchait à mes côtés pour voir sans doute si elle retrouvait quelque part hors d'elle le chemin qu'un jour elle avait choisi. Têtue, elle allégeait et obligeait. Quand elle pleurait ou souriait elle s'élevait au-dessus du sol – Avila, comme je l'appelle, celle dont le nom est Salviat qu'elle porte comme un blason, celle qui, sur la pierre, s'attache à la veine de fidélité qui me mène.

Au centre se tenait celui qui m'attendait sans m'attendre, celui qui, absent ou présent, m'accompagnait — anxieux — dans ce tunnel où en novembre 1977 j'ai voulu m'engager pour savoir qui j'étais — celui que j'ai épousé le 27 juin 1978.

Aujourd'hui je sais que, pour mieux chercher qui je suis, il faudrait à ce livre un second volet ; celui où, à travers le théâtre, les camarades de travail, les personnages de fiction dans lesquels j'ai dû me mouler, et à travers le regard que le théâtre m'a donné, je chercherais encore quelle peut être cette patrie mouvante où je me suis enracinée, et qui peut bien être cette figure qui est la mienne — la même et toujours métamorphosée — plus rêvée — à ce qu'il m'en apparaît — que toutes celles que j'ai incarnées.

Aujourd'hui voici les données pour le nouveau document qui me définit :

NOM : Maria Schlesser.
PSEUDONYME : Maria Casarès.
NOM DE JEUNE FILLE : María-Victoria Casares.
ÉTAT CIVIL : mariée.
NATIONALITÉ : française.

Il ne me manque plus que le numéro de ma carte d'identité nouvelle.

Ariel

Je le regarde, ahurie de me découvrir si près de lui, nez à nez, face à face, les yeux dans les yeux.

Un instant, stupéfaite, je me demande qui il est. Tout de suite après nous marchons côte à côte, la main dans la main. Et pourtant, à première vue, rien ne nous réunit, que la main dans la main.

J'interroge ce témoin toujours absent et présent que je me suis trouvé. Je m'interroge en lui.

Il m'apporte l'oubli de moi-même. Je disparais devant lui : je m'esfume. Le miroir qu'il me propose me renvoie un reflet où la grimace s'est transformée en oubli. Devant lui, je deviens le miroir même. Ou l'ouverture vitrée à travers laquelle je le regarde, loin très loin, regarder le monde et me regarder. Parfois, il prend la forme d'un fjord qui me rappelle des paysages enchantés. Parfois, il ressemble à l'un de mes « petits potes » ou plutôt aux deux, jumelés. L'hiver j'y vois la chaufferette pour m'y recroqueviller ; l'été, un appel lumineux qui, dans le soleil, s'en va. Il est à la fois ma girouette et les quatre points cardinaux. Par lui, fixe au centre, je me balade. Mobile autour de moi, il est partout et nulle part hors le centre. Il est celui qui toujours s'esquive mais qui jamais ne s'évade. Il est pour moi l'air même dans lequel je respire et que je renonce à toucher. Il est, à travers mon opacité cette transparence qu'il semble ne pas connaître car il ne peut la nommer, et qui est le lieu où je veux être. Il suit l'artère profonde de ma vitalité réconciliée. Il est la question toujours posée, l'inquiétude toujours renouvelée, la blessure toujours ravivée. Il incarne toutes mes maternités. Il est dans sa fragilité, le scalpel qui ouvre mon ventre devant le danger. Il est dans son isolement le monde repeuplé. Il est tous les temps en tous lieux. Il est ma béquille au-delà du chemin. Il est celui qui me réjouit et me remplit de terreur quand il me dit : je veux être enterré dans tes terres. Il est la vie et la mort devant moi — ensemble — incarnées.

Il détient quelque part en lui ma propre identité et pour savoir qui je suis, il me faut sans cesse lui demander qui il est. Il est dans ce terrain d'aventure qu'est la société où nous vivons le divin badaud que je ne me lasse pas d'interroger — Aliocha.

A Berlin, on le prend pour un Italien. A New York, pour un Portoricain. A Mexico, les touristes le photographient sur les marches des Pyramides, le prenant pour un Indien. A Hong-Kong, sur les banquettes de l'autobus, les Chinois, pour marquer leur peu de penchant à l'égard des Hindous, s'arrangent entre eux afin d'occuper les sièges et de l'empêcher de s'asseoir. En France, il peut passer pour un Algérien ou un Espagnol. A Madrid, l'entendant parler français, on se méfie.

Il a – dit-il – soixante-cinq ans ; mais rue de Flandres, devant le guichet où il se présente pour obtenir sa retraite de travailleur, ce « métier » qu'il a entrepris, il y a de cela cinquante-cinq ans, à l'âge de dix ans, les « vieux » – comme il dit – qui attendent en rang leur tour, le regardent avec cet air de commisération mêlé d'un rien de dédain que les grands aînés ont coutume de prendre devant leurs puînés ; et l'honnête fonctionnaire qui reçoit les papiers qu'il vient lui présenter demande : – « Ce monsieur est-il souffrant ? Pourquoi ne se présente-t-il pas personnellement ? » D'un air où la rouerie et la coquetterie se déguisent aussitôt en simplicité, en naturelle modestie, il dit : « C'est moi » et, du coup, les mêmes regards indifférents s'aiguisent d'un vif intérêt pour considérer ce congénère avec une stupeur où l'éclat vite estompé de l'incrédulité laisse place à une folle espérance.

Jeune homme de sa génération, homme encore jeune ou enfant parmi les hommes mûrs, adolescent seulement pour qui ne sait pas voir, à la fois ancêtre et enfant pour ses petits-enfants, au Théâtre National Populaire où je l'ai connu il y a de cela vingt-trois ans, dans la troupe dont il était le doyen après son ami Jean Vilar, on l'appelait « Le Vieux », dans un éclat de rire.

Quand on le cherche à Paris il est à Hong-Kong, quand on le croit en Laponie ses lettres arrivent tout droit d'Italie, quand il débarque au Cambodge c'est pour aller aux Philippines, quand on lui écrit en Louisiane il se trouve déjà à Santiago du Chili ; quand on lui téléphone à *La Vergne* où il est arrivé de la veille, il sonne deux petits coups légers et timides à la porte de mon atelier de Paris. Et quand il longe en canot le Rhin, il rêve déjà de la descente du Mississippi. Il s'arrête seulement pour fumer son cigare. Toujours. Ou bien, quelquefois, le temps de trouver un travail qui le fasse voyager.

Si on l'appelle, il sourit. Et, souriant, il s'en va.

En tournée quand, pour traverser l'Océan, nous prenions tous l'avion, lui partait quelques jours plus tôt, en bateau. Quand, pour aller en Russie, nous voyagions en Caravelle, lui, tout seul, traversait le continent en train. Et quand, dans les pays « surveillés », nous nous retrouvions tous autour d'une grande table centrale pour prendre nos repas *ensemble*, lui, dans un coin, assis devant un guéridon où son couvert était déjà mis, mangeait du même bel appétit le caviar ou les clous que l'on voulait bien lui servir.

Si on l'appelait, si on l'invitait, si on le pressait de nous rejoindre, il souriait de son sourire le plus exquis et il restait là où il était. Il dit : « Pour moi une troupe de comédiens c'est une famille d'amis ».

Dans les réceptions d'Ambassade, il semblait avoir le don d'ubiquité ; on le croyait au bar et il était au piano, on l'apercevait au milieu du salon et déjà on le trouvait assis dans le parc à l'ombre d'un pin, quand on l'attendait à l'entrée il venait de sortir et quand on le croyait parti il ne faisait que rentrer. Déguisé en courant d'air, en bouchon, en vase, en fleur, en meuble, en bibelot, en bulle de champagne ou en œuf de saumon — je ne sais pas comment il faisait — tout en passant, mïne de rien, sans qu'il ait eu l'air de s'y attarder, il n'avait laissé du buffet que ce que dans mon pays on appelle « la honte du Galicien », c'est-à-dire ces restes qui, joliment rangés, peuvent donner l'impression qu'il y a encore quelque chose à manger. Et l'hôtesse, qui veillait à ce qu'il n'y eût parmi nous personne de frustré (– « Vous devez être fatigués ! vous avez tant travaillé ! »), allait invariablement à *lui* pour lui dire : – « Mais prenez donc quelque chose ; vous n'avez rien mangé. » Ca ne ratait jamais.

Au hasard de la route, la mer lui arrive comme le bonheur. L'arbre, le fleuve, le volcan, la moisson ou l'incendie de forêt passent devant son regard émerveillé comme autant de splendeurs renouvelées.

– Un chien ? — Un instant il s'apprête à le mettre dans le même panier de beautés, mais il s'arrête et soliloque :

– « Un chien... Ça se discute. C'est aussi une menace qui longe les jardins clos des nuits. »

– Un chat ? — « C'est curieux. »
– Un animal sauvage ? — « Pas trop près. »
– Un oiseau de proie ? — « A sa place. »
– Un oiseau de nuit ? — « Seulement la nuit. »
– Un étranger ? — « La surprise dans le quotidien. »

Il est né en 1914 — un des premiers bébés de la Première Guerre mondiale. Et tout petit, il s'appliqua avec succès à se frayer un passage au cœur de la cité. Courtoisement, pour être accepté. Il dit lui-même qu'il aurait fait « un bon immigré », un de ceux qui aiment la France, les familles françaises, les petites Françaises et les bébés français, un de ceux qui — quoi qu'on die et quoi qu'il en soit — ne se permettent point d'aller contre le pays qui les a abrités. Mais de l'éternelle migration qui le porte selon les saisons à parcourir les cieux où il peut respirer et aimer, il ne parle jamais. C'est un fait.

Et quand je lui demande ce qu'évoque pour lui le mot *exil*, il me répond : — « Connais pas. »

Ni exilé, ni émigré, ni immigré, de la même manière qu'il oublie de dire, sauf quand on l'interroge, qu'il est Gitan, il oublie aussi de se considérer comme faisant partie des Français sauf quand vient le moment de payer son tribut d'amitié au pays qui le reconnaît. Enfant adopté par sa famille et Paris, la ville où il est né, il a ceci de commun avec les canards laids : il est profondément convaincu que la société où il vit ne lui doit rien, mais qu'il reste en revanche toujours en dette avec la société. Avec cela qui me paraît particulier : n'ayant reçu d'elle aucun privilège singulier et ayant esquivé ceux qu'elle aurait pu lui octroyer, il vit en elle comme s'il n'avait rien à se faire pardonner, avec une étrange liberté. Mais si l'on en vient à lui demander ce qu'il entendrait par ce mot liberté qu'il n'emploie jamais, il esquive encore la question sous prétexte que c'est là un mot très compliqué.

Dans notre société dite de consommation, il est, à l'encontre de l'héritier, le bâtard déshérité placé malgré lui à l'écart de la cité. Mais à l'encontre du beatnik et du hippy qui, pour respirer, fuient l'ordonnance engoncée de nos vieilles villes qu'ils répudient, lui, ennemi seulement de la consommation, tend depuis toujours à y entrer et, sans jamais chercher à s'en évader, à y vivre sans consommer. C'est ainsi que pour ne rien devoir de son indépendance il réinvente depuis soixante-cinq ans l'ascétisme éclairé.

Partout où il va parmi les hommes il y a pacte, jamais pari ; mais si jamais en lui il y avait pari, ce n'est pas *par là* qu'il se situerait.

C'est ainsi qu'en songeant au service militaire qui l'attendait deux ans après, pris entre les clauses de son contrat qu'il se devait d'honorer, et l'image des Casernes de l'Est auxquelles il se voyait condamné, il préféra devancer l'appel et à dix-neuf ans s'engager sans tarder à travers la palmeraie, la montagne, le sable et la pierre, dans les travaux de piste de l'Afrique avec les troupes marocaines. Et c'est avec cette unité et ses vieux compagnons arabes que, plus tard, en 1940, il fut envoyé, un des premiers appelés, dès le premier jour des hostilités, aux premières lignes ; ce qui lui valut d'être parmi les premiers blessés de l'hôpital de Strasbourg, et de s'en sortir, un des premiers, ravi. Bien amoché dans son ventre et son bras droit, mais sauvé dans son intégralité, il gardait pour lui un titre d'invalidité et le droit de voyager dans tous les trains de France à moitié prix.

Pendant les années d'Occupation, aucun fait héroïque ne vint le signaler. Gitan, il risquait les camps d'extermination ; mais si l'occupant s'inquiéta souvent de lui, ce ne fut jamais à cause de ses origines, mais de son nom : alsacien. Ce nom derrière lequel sa peur battait à chaque pulsation.

C'est là qu'une fois de plus il lui fallut drainer les forces de son agressivité dans le flot d'humour qui chez lui jamais ne tarit ; un humour qui prend sa source dans la poésie et qui lui fait parcourir dans le rire les terres ingrates qu'il doit traverser ; cet humour qui est son seul défi.

– « Hitler ? — ... Connais pas. »

L'officier allemand, devant lui, crut d'abord à une provocation. Il insista :

– « Adolf Hitler !

– ... Qui c'est ? »

L'officier appela d'autres officiers. La table était entourée d'uniformes bottés.

– « Notre Führer !

– Führer ?... Qu'est-ce que c'est ?

– Vous ne connaissez pas notre Führer, Adolf Hitler ?

– Je n'en ai jamais entendu parler ».

Engagé, il ne pouvait plus reculer. Cinq jours, ils le tinrent enfermé dans sa chambre. Pour voir s'il retrouvait la mémoire.

Cinq jours. Le cinquième, il s'échappa.

Mais pour se débarrasser des humeurs mauvaises engendrées par ses péchés et pour exprimer les émotions nées de ses vertus — qu'il préfère cachées — il disposait d'un autre moyen mystérieux dans son efficacité et dont il use de moins en moins avec les années : les crises d'épilepsie dont souffrent les enfants de mon pays. C'est ce moyen qu'il choisit pour terrasser le dragon qu'éveillaient parfois en lui ses relations avec la société ; et c'est ainsi qu'en allant demander la main de celle qui devait être sa première femme, dans la maison où il entra, il se retrouva couché sur un lit autour duquel, dans l'affolement — on s'interrogeait.

Sur sa carte d'identité son prénom est André. Son patronyme Schlesser. Mais on l'appelle Dadé et son véritable nom serait peut-être Mascio.

Si on lui demande ce qu'est pour lui une mère, il répond :

– « La Sainte Vierge. »

Si on lui demande ce qu'est pour lui un père, il répond :

– « Ne connais pas. »

Pourtant, avant même de partir pour le service militaire, il aurait eu déjà un « fils américain » ; un fils qui aurait passé les mers, qui friserait maintenant la cinquantaine, dans la prospérité, chez lui « dans son pays ». Puis, de son premier mariage il eut deux autres enfants, Anne et Gilles, superbes fleurons à sa couronne, qu'il se plaît à regarder comme si une part de lui eût pu enfin entrer dans la « normalité ». Puis, après son divorce, il y eut un quatrième enfant qu'il reconnaît et qui l'a reconnu. Et aussi une cinquième qui, égarée, revint à lui pour se trouver. Et quatre petits enfants qu'il a baptisés. Et une ribambelle de filleuls et de neveux qui passent à *La Vergne* « voir Dadé » et dont il s'occupe, quand ils passent, avec fidélité.

Il chante comme il vit, depuis tout petit, une longue cantilène qui l'annonce en tous lieux, avec laquelle il se présente, et où il entonne sa propre vie. Je ne connais que les oiseaux qui vivent ainsi.

Parfois aussi, devant le feu, en fumant une pipe ou son cigare Toscani, un brûlot bon à incendier toutes les forces ennemies, dans ces moments de félicité que, quoi qu'il arrive, il se donne, il se tait longuement ; ou bien il raconte ce qu'il a vu.

Il lit. Beaucoup. La nuit.

Il lit « Le Monde » de la une aux nouvelles de la dernière heure, les mots croisés et les problèmes d'échecs inclus. Il aime les jeux ; il y passerait des nuits mais avant d'y laisser sa passion prendre — il sourit.

Il lit comme il avale la nourriture, avec un rare appétit ; tout ce qui lui tombe entre les mains, et *Don Quichotte* qu'entre tous les livres il choisit.

Mais comme il peut jeûner ou caler son estomac de flan ou de radis, il peut aussi se passer de lecture, et quand « pour jouer » on lui demande quels sont les dix livres qu'il emporterait dans une île déserte avec lui, il hésite, puis objecte : « Ça fait au moins quatre kilos .»

Les fées l'ont bourré de dons à sa naissance ; mais le seul privilège qu'il se reconnaisse est celui de pouvoir « passer » et de pouvoir dire à la fin : « C'était bien .»

Le travail ? — « C'est bon pour les travailleurs et bien entendu moins pernicieux que l'ennui. »

La société ? — « Un terrain d'aventures où il faut regarder avec une certaine circonspection cela même dont parfois on ne se méfie pas. »

A l'*Écluse,* sur les rives de la Seine où il s'attacha longtemps à défendre un espace minuscule placé hors de tout courant, où il aimait à retrouver le soir les veillées des feux de camp, et où il cherchait dans la chanson et à travers le chant ses compagnons d'élection, un moment il fut propulsé « dans le vent ». Mais, l'air étant son élément, comme il demeurait impassible dans ce monde partagé, il passait sur la rive droite pour un gauchiste « évident », tandis que les habitants de la rive gauche « éclairée », avec toutefois un rien de timidité dans l'œil et un sourire de condescendance aux lèvres, allèrent jusqu'à l'accuser parfois de défendre des idées réactionnaires ou surannées. C'est alors qu'il s'est dit raciste. Dans ce sens où l'antiracisme fait basculer les données pour les retourner. D'un Noir il s'est mis à dire qu'il était noir ou brun foncé et, même, qu'il était souvent un touriste forcé. D'un Jaune, il osa dire qu'il était jaune et, de ce fait, le sosie d'un autre Jaune. D'un Israélien – puisqu'on en parle – qu'il était Juif, et aussi, d'un Juif, qu'il pouvait être Israëlien. D'un Gitan, qu'il était un Nomade et d'un Nomade qu'il pouvait être Gitan. Et il osa même dire que lui, il n'était pas Tzigane. C'est pendant qu'il parlait de son racisme qu'un Inca l'interpella : « Qu'avez-vous contre les Incas ? » – « Moi ? Rien, je n'en veux qu'aux Mayas. » – « Ah ! bien ! » répondit alors l'Inca avec un large sourire.

N'empêche que si on lui demande ce qu'il voit chez les Indiens, il répond sans hésiter : – « Une authenticité éparse. »

Le théâtre s'éprit de lui alors qu'il gagnait sa vie à vendre des journaux dans la rue. Un acteur l'y surprit et le présenta à un directeur qui le présenta à un auteur ; et après une lecture qu'il fit devant l'assemblée, il fut décidé pour lui que dorénavant il irait gagner son quotidien en Amérique dans *Le Bal des Voleurs.* Anouilh, insigne détecteur d'emplois dans ce nouveau monde de la fiction, voulut le garder pour tenir dans sa *Célestine* le personnage de Parmeno, cet enfant-pícaro échappé aux faubourgs de l'Espagne qu'il incarnait sans le savoir depuis qu'il était né. Mais le Destin, le seul maître qu'il reconnaît et auquel il s'en est toujours remis pour conduire sa vie, veillait sur lui ; et pour lui conserver sans doute le plus grand privilège dont il jouit – celui qui le place en spectateur de l'acteur et du spectateur – il fit échouer le projet en affichant dans un autre théâtre la même pièce, mais vue par un autre auteur et jouée par une autre troupe de comédiens. Déçu, un instant aveuglé, il voulut se détourner de ce métier qui lui demandait une obstination inconnue ; mais le théâtre qui n'oublie jamais les siens, seraient-ils des enfants naturels — le reprit pour lui ouvrir la juste voie qu'il cherchait pour exister en société — Par les chemins des Comédiens Routiers rencontrés au hasard des campements de bivouac — par les longs parcours où il suivit en Argentine, en Egypte, au Liban, Jean Marchat, il arriva enfin à la Roulotte qui le mena en Avignon, puis à Chaillot, où Jean Vilar inventa pour lui un singulier personnage dans son théâtre sans rideau : le serviteur de la scène. Hors de la pièce, il évoluait tout au long de la représentation pour en changer les données – le décor – à vue. Hors de la comédie ou du drame qui se jouaient, il passait, en coulisses et sur la scène comme un souffle, continu, l'air même qui unit tout ce qui est désuni. Lutin, regard qui veille, alternance, transition, mutation, métamorphose – il était le temps de la représentation. Bijou, parade, volte-face, va-et-vient, caprice, diversion, voltige, fluctuation, sérénade, *deus ex machina* – il en était l'harmonie. Un instant en coulisse comme sur la scène on ne voyait que lui. Mais c'est quand il se rendait invisible qu'il m'est toujours apparu le plus présent —

De la reprise du *Songe d'une Nuit d'Été*, ce soir de janvier de 1960 qui a suivi un événement qui nous a tous frappés et moi en particulier, je ne me souviens de rien d'autre que du visage décomposé de Vilar – et de lui. Vilar, défait, les mâchoires affreusement contractées et le visage en bois, se dressait devant moi, raidi, dans les lumières crues de Chaillot, Obéron détrôné figé dans son somptueux pelage d'oiseau vert qui, du coup, lui donnait des airs de faux perroquet. C'était pour un dialogue qui nous réunissait tous deux, seuls, en scène ; et je regardais sur sa face la grimace de l'effort insoutenable que je faisais pour parler. Je le regardais – je ne l'ai jamais tant aimé –, refoulant un rire fou que sa vue éveillait en moi avec une irrépressible envie de pleurer, et je me demandais qui de nous deux allait lâcher le premier. Au centre du plateau, un personnage blanc, intrus insolite, restait là entre nous deux, comme s'il avait oublié de nous quitter ou comme s'il s'apprêtait à changer de décor si besoin était. C'était le serviteur des lieux. Jusqu'à la fin de la scène, il resta là à veiller. Personne en coulisses ou dans la salle ne s'aperçut de cette « anomalie ». Il n'y eut, je crois, pour le *voir* que Vilar et moi — Mais c'est certainement grâce à lui que nous avons pu continuer.

Au Théâtre National Populaire, Dadé était pour nous le porte-bonheur, l amulette. Quand il y avait fête à célébrer ou trouvaille rare à chercher pour faire un joli cadeau, on l'appelait. Les jours de deuil, par son passage, il apaisait les lieux. Dans les cérémonies de baptême, de mariage, ou d'enterrement, ce constant et naturel témoin des « routines de l'affection » – comme il disait –, réconciliait dans sa présence tous les temps. Les comédiens – ces intoxiqués d'activité et de fiction — considéraient avec curiosité cette créature qui n'avait nul besoin de drogue pour jouir pleinement de la création. Perplexes, ils s'adressaient à lui avec à la fois un rien de paternalisme, un certain respect, et le rire ou le sourire que, voluptueusement, il provoquait. Mais quand en scène ou en coulisse nous l'entendions chanter, tout le monde se taisait et à la lisière de je ne sais quelle ineffable nostalgie – ensemble – on écoutait — pendant que Monique Chaumette, femme, fidèle et secrète, souriait.

Fasciné par la magie de l'enfance, ce vieillard de deux mille ans garde en lui, intact, un enfant qui va de par le monde posant autour de lui une question primordiale pour voir si elle peut avoir encore l'effet d'un talisman. Acculé à résumer son existence en une image, il se représente lui-même les bras croisés à la portière d'un train et traînant avec lui, parfois, la nostalgie des camps et des feux de bivouac.

Émerveillé devant l'univers qui lui est donné il met tout son zèle à le vivre, à en parcourir toutes les voies à la découverte de nouvelles beautés qu'il pourra regarder et de nouvelles virginités.

Le Signe pour lui c'est la Croix et sa dévotion va à la Croix. La seule parole, le verbe — musique ; et le seul geste, le sceau de la parole. L'autel, le seul lieu de vérité quel que soit l'officiant ; et sur son chemin, seul le calvaire semble lui poser une question qui ne lui permet plus de continuer son chemin de la même manière.

Devant les créations de l'homme il se méfie ou se réjouit, comme devant les insectes qui éveillent son attention ou devant les galets blanc laiteux qu'il recherche sur les grèves pour les regarder et les caresser doucement de sa main. Mais si devant un outil de menuiserie il se pâme d'admiration, devant un sillon creusé dans la terre il dit que « ce n'est pas son affaire ».

Les équations algébriques ou métaphysiques glissent sur son œil soudain obscurci. La pensée ne lui parvient que dans l'acte. Il y a l'acte – extraordinaire – et le regard sur la création.

Si on lui demande ce qu'il pense d'un homme intelligent, il répond : « Qu'il soit bon » ; d'un savant : « Qu'il continue ».

En revanche, si on lui demande ce qu'il entend par poésie, il dira que c'est là la seule réalité.

Pourtant, s'il s'extasie sur le *Pelele* de Goya malgré toute la cruauté qu'il en reçoit, devant le *Saturne* saignant du sang de ses enfants, il n'est plus tout entier que silence et chagrin.

Pourtant, si la poésie et la musique réconcilient en lui le ciel et la terre, je ne l'ai jamais vu ouvrir une anthologie poétique ; et un disque lui fait le même effet que me ferait à moi un écureuil empaillé.

D'un autre temps, ce vieillard invétéré ou cet enfant semble préférer à tout autre cheminement celui de l'artisan ou du ménestrel. Une brodeuse qui chante en brodant, c'est une fée sur la terre. Broder une nappe, c'est louer la Création même si Dieu est absent.

Dans l'art, il y a toujours un défi dont il se méfie ; aussi, pour l'aimer, faut-il encore qu'il crée l'harmonie.

L'ambition, qu'il trouve « normale », il la consume en chemin comme si elle lui brûlait les pieds. Son activité préférée est d'en changer, bien qu'au centre de chacune de ses occupations – tourner une vis, raconter une histoire, peindre une table ou chanter – il ne se trouve à l'aise que quand il se sent au mieux et au-delà de ce qu'il peut donner ; mais justement, là où un autre voudrait commencer, il ne tient même pas à demeurer.

L'or, il l'aime en pépites, en lingots, en palais, en murailles, en masses pyramidales : c'est du soleil incarné.

L'argent, il l'aime en bijoux, ciselé, travaillé par l'homme.

Le fer lui apparaît d'autant plus beau qu'il devient de plus en plus rare, comme l'élégance, comme le sentiment de l'honneur, cette condition à l'existence qui chez lui se manifeste par un pincement ou un radar qui l'avertit : halte-là !

Quant au plomb, il est bon à faire une matraque en cas de danger. C'est aussi une monnaie d'échange dans la société.

Non point orgueilleux mais fier comme on ne peut, il prétend que l'humiliation dégrade seulement celui qui humilie et que, en fin de compte, pour l'humilié ce n'est rien.

La violence et la guerre sont pour lui inhérentes à la vie et à la mort qu'il assemble.

Le sang ? – « C'est l'eau de la planète. »— Le pus ? – « Ça se nettoie. »

Tuerait-il ? – « Bien sûr. »— Quand ? – « Quand vient l'envie meurtrière. »— Qu'est-ce qui l'arrête ? – « La peur du gendarme. »

La justice ? – « C'est la loi au-dessus des lois. »

Et le danger ?— C'est la vie qui souffle sur sa nuque comme sur l'encolure des bêtes de la jungle. Il prévient quand il y a traîtrise— céleste, humaine, accidentelle— un enfant, un flic, une poutre— C'est l'haleine de la vie ; sur le chemin— il guide et il accompagne.

La peur, au contraire, c'est l'arrêt ; c'est la caverne exiguë et humide où l'on est jeté pour y pourrir. C'est la prison incompréhensible ; c'est la maladie, ce loup qui n'attaque jamais mais qui depuis toujours le suit à la trace en attendant qu'il trébuche. C'est l'interruption de tout voyage ; c'est la seule mort, la mort en vie.

Quant à la mort, qui ne cesse de l'étonner parce que toujours attendue elle ne vient jamais, et qui vient nous surprendre toujours quand on l'oublie, elle ne l'ébranle en rien.

A la fois égarée et en terrain familier, avide aussi, je l'interroge toujours. Doucement et gentiment, presque sérieusement – à une complicité près –, malgré sa répugnance que je connais pour ce genre de jeux, il me répond :

L'orthographe ?— Indispensable.

Une page blanche ?— Qu'elle le reste.

L'encre ?— Émouvant.

Des ruines ?— Des vies qui se réveillent ; une randonnée dans le temps.

L'histoire ?— Les contes des ruines.

Je vais plus loin. Je risque quelques mots dont j'ai cherché le sens dans le dictionnaire ou qui me sont familiers.

Une patrie ?— La France.

L'innocence ?— La cible.

La renaissance ?— L'espérance.

Une pierre ?— Deux coups.

Un œuf ?— Au plat.

La cervelle ?— Il y en a qui la mangent.

Souvenir et mémoire ?— Avoir un fils américain, c'est le souvenir ou c'est la mémoire ?

Nom ?— Interrogation ? recherche ? exploration ? racine ? circonstance ?

Témoin ? — Moi.

Trou ? — Un vide avec quelque chose autour ; cavité qui éveille la curiosité.

Quel serait le regard que tu souhaiterais trouver auprès de toi ? — Celui de quelqu'un qui a besoin de moi.

Pourrais-tu me dire ce que tu *regardes* autour de toi ? — Les autres enfants.

Pourrais-tu vivre complètement seul dans un lieu inhabité sans regretter la présence ou le regard d'une autre personne ? — Oui.

Voici mon mari. Le seul homme qui m'ait donné son nom après mon père ; celui à qui je suis allée tout naturellement pour qu'il m'unisse à ma patrie nouvelle. Celui que je suis en posant mes pieds sur les traces de ses pas comme je le faisais toute petite sur les traces des pas de ma mère. Il me regarde. Je l'interroge encore :

– Crois-tu qu'on se ressemble quelque part ?

– Au fond du puits.

La Vergne

30 septembre 1979.

CRÉDIT PHOTOGRAPHIQUE

2. « Par une nuit obscure... ». Photo : Atelier Roland Minnaert.
3. « Mameluco ». Collection de l'auteur.
4. Santiago Casares Quiroga. Collection de l'auteur.
5. Gloria Perez de Casares. Collection de l'auteur.
6. Photographie pour un buste (treize ans). Collection de l'auteur.
7. (Quarante-cinq ans). Photo : Saria Facio-Alicia D'Amico (Buenos Aires).
8. Bagages de l'exil. Collection de l'auteur.
10. *Le Prince qui a tout appris dans les Livres* de J. Benavente. Collection de l'auteur.
11. *Les Paravents* de Jean Genet (quarante-cinq ans). Photo : Nicolas Treatt.
12. (Dix-neuf ans). Collection de l'auteur.
    Fragment de lettre de Gordon Craig. Collection de l'auteur.
13. *Solness le Constructeur* d'Ibsen, avec Jean Marchat. Photo : E. Brücken.
    Marcel Herrand. Collection de l'auteur.
14. La chinoise et les chaussures à deux talons (douze ans). Collection de l'auteur.
15. La Sanseverina ou « La face de brute » (vingt-cinq ans). Photo : Cimura.
16. Dîner intime offert à Maria Casares par ses compatriotes exilés (Paris 1954). Collection de l'auteur.
    « La alimaña ». Collection de l'auteur.
18. *La Mante polaire* de Rezvani (répétition). Photo : Germaine Lot.
19. *Le Malentendu* d'Albert Camus (répétition). Photo : M. Jarnoux.
    La Dévotion à la Croix, de Caldéron de la Barca (répétition). Photo : Studio Bernand.
20. *Hamlet* de William Shakespeare (répétition avec Daniel Sorano). Photo : Yvon Beaugier.
21. *Macbeth* de William Shakespeare (répétition avec Jean Vilar). Photo : Agnès Varda.
22. (Cinquante-six ans). Collection de l'auteur.
23. Ariel. Photo : Pierre Duverger.
24. Photo : Pierre Duverger.

Document de couverture : El pelele (le pantin), de Francisco Goya, musée du Prado, Madrid. (Photothèque André Held.)

Document de couverture : El pelele (le pantin), de Francisco Goya. Musée du Prado, Madrid. (Photothèque André Held.)

LIVRE I
SOUS LA TUTELLE DE PLUTON

LIVRE II
AVATARS

LIVRE III
PRIVILÈGES DE SATURNE

Achevé d'imprimer en mars 1980
sur presse CAMERON
dans les ateliers de la S.E.P.C.
à Saint-Amand-Montrond (Cher)
pour le compte de la librairie Arthème Fayard
75, rue des Saints-Pères - 75006 Paris

ISBN 2-213-00779-9

Dépôt légal : 1er trimestre 1980.
N° d'Édition : 6005. N° d'Impression : 301.
Imprimé en France

H/35-6550-4